DAS DEUTSCHE STRAFRECHT

in seinen Grundzügen

Eine systematische Darstellung
von

Dr. HANS WELZEL
Professor in Göttingen

Zweite Auflage

Berlin 1949

WALTER DE GRUYTER & CO.

Vormals G. J. Göschen'sche Verlagshandlung – J. Guttentag, Verlagsbuchhandlung
Georg Reimer — Karl J. Trübner — Veit & Comp.

Der erste Teil des Buches ist zugleich die 5. erweiterte Auflage von: „Der Allgemeine Teil des Deutschen Strafrechts in seinen Grundzügen“

Archiv-Nr. 23 1[illegible] 4[illegible]

Druck: G. Braun (vorm. G. Braunsche Hofbuchdruckerei), Karlsruhe

Vorwort zur 2. (5.) Auflage.

Der Untertitel, der der neuen Auflage beigefügt wurde, soll das Hauptanliegen zum Ausdruck bringen, welches das Buch (neben dem didaktischen) von Anfang an verfolgt hat: ein widerspruchsfreies, von einheitlichen Grundgedanken beherrschtes, sachgebundenes System des Strafrechts zu entwickeln. Der Systemgedanke hat in der Strafrechtslehre nicht immer hoch im Kurs gestanden, — sehr zum Nachteil der Wissenschaft. Sachgebundene Systematik — mag sie auch immanent bleiben — ist das entscheidende Kriterium, das die theoretische Beschäftigung mit dem Strafrecht über eine bloße Rechtskunde hinaus zur Rechtswissenschaft zu erheben vermag.

Das sachliche System, das diesem Buch zugrundeliegt, wird oft unzulänglich allein vom finalen Handlungsbegriff her charakterisiert. Die Handlungslehre betrifft jedoch nur die Struktur der Seinsseite des strafrechtlichen Gegenstandes, dessen volles Verständnis allein durch eine bestimmte Grundauffassung von der spezifisch sozialethischen Funktion des Strafrechts (als eines Schutzes der rechtlichen Gesinnungswerte) möglich ist. Die grundlegende Bedeutung der sozialethischen Funktion des Strafrechts für die Lehre von der Strafe hat, wie ich mit Freude feststelle, jetzt Hafter in der Besprechung dieses Buches in der Schweizerischen Zeitschrift für Strafrecht Bd. 62 (1947) S. 486 besonders hervorgehoben. Aber sie beschränkt sich nicht hierauf. Vielmehr geht von dieser sozialethischen Erfassung des Strafrechts ein einheitlicher Gedankenzug über die Handlungs- und Unrechts-, Täter- und Schuldlehre bis hin zur Lehre von der Strafe; aus ihm kann kein einzelnes Glied herausgebrochen und für sich beurteilt werden.

Die neue Auflage unterscheidet sich von der letzten vor allem durch die Neubearbeitung der Lehre vom Verbotsirrtum gemäß meinen Ausführungen in der SJZ 1948 Sp 368ff. Dementsprechend ist auch der besondere Teil durchgesehen worden, um die konkrete Anwendung der entwickelten Irrtumsgrundsätze zu erleichtern.

Ich bedaure es sehr, infolge des Beginns der Satzarbeiten an dieser Auflage nicht mehr zu den sehr interessanten Untersuchungen Maurachs zum Problemkreis „Schuld und Verantwortung" Stellung nehmen zu können, zumal Maurach im übrigen dem hier vertretenen System weitgehend zustimmt. Das Gleiche gilt hinsichtlich der Monographie von Bockelmann „Über das Verhältnis von Täterschaft und Teilnahme". Ich bedaure es um so mehr, als Bockelmann in scharfsinnigen Untersuchungen alle vom finalen Handlungsbegriff her gefundenen Ergebnisse meiner Teilnahmelehre bestätigt, und dennoch — m. E. in Selbsttäuschung — glaubt, vom finalen Handlungsbegriff absehen zu können. Sein Versuch, trotz ausdrücklicher Anerkennung der Existenz eines schuldlosen Vorsatzes diesen gleichwohl als Schuldmerkmal zu retten, muß allerdings schon aus logischen Gründen scheitern, da ein — eingestandenermaßen — schuldindifferentes Element nicht gleichzeitig Wesensmerkmal der Schuld (sondern eben nur — zusammen mit der Handlung — die gegenständliche Grundlage und der Träger möglicher Schuld) sein kann.

Göttingen, Pfingsten 1949.

Hans Welzel

Inhaltsverzeichnis

Zweiter Teil: Die Formen der Verbrechensbegehuug. Seite

Dritter Teil: Die Stufen der Verbrechensverwirklichung. Der Versuch.

Vierter Teil: Verbrechenseinheit und -mehrheit.

Zweites Buch: Die Strafen und die sichernden Maßregeln

BESONDERER TEIL

DIE EINZELNEN VERBRECHEN

Erstes Buch: Verbrechen gegen die Persönlichkeit

Zweites Buch: Die Vermögensverbrechen

Erster Abschnitt: Die Eigentumsverbrechen.

Seite

Zweiter Abschnitt:

Straftaten gegen Aneignungs- und Forderungsrechte.

Dritter Abschnitt: Verbrechen gegen das gesamte Vermögen.

Drittes Buch: Verbrechen gegen das Gemeinschaftsleben

Erster Abschnitt:

Verbrechen gegen die sittlichen Grundlagen des sozialen Lebens.

Zweiter Abschnitt: Urkunden- und Geldverbrechen.

Dritter Abschnitt: Strafbare Störungen des Gemeinschaftslebens

Viertes Buch: Verbrechen gegen den Staat

Wichtige Abkürzungen

Binding I, II	=	Binding, Lehrbuch des gemeinen deutschen Strafrechts, Besonderer Teil 2. Auflage 1902—1906.
Binding, Hdb.	=	Binding, Handbuch des Strafrechts 1885.
DJ.	=	Deutsche Justiz.
DR.	=	Deutsches Recht.
DRZ.	=	Deutsche Rechtszeitschrift.
DStR.	=	Deutsches Strafrecht.
Dohna, Aufbau	=	Graf zu Dohna: Der Aufbau der Verbrechenslehre. 2. Auflage 1941.
Frank	=	Reinhard Frank, Das Strafgesetzbuch für das Deutsche Reich. 18. Aufl. 1931.
Frank.-Festg.	=	Festgabe für R. Frank. 1930.
Gerland	=	Gerland, Deutsches Reichsstrafrecht. 2. Aufl. 1932.
Goltd. Arch.	=	Goltdammers Archiv für Strafrecht.
GS.	=	Gerichtssaal.
Hafter I, II	=	Hafter, Schweizerisches Strafrecht, Besonderer Teil I (1937), II (1943
Hann. Rpfl.	=	Hannoversche Rechtspflege.
Hippel	=	v. Hippel, Lehrbuch des Strafrechts. 1932.
Hippel I, II	=	v. Hippel, Deutsches Strafrecht. Bd. I. 1926. Bd. II. 1930.
HRR.	=	Höchstrichterliche Rechtsprechung; Ergänzungsblatt z. DJ.
JW.	=	Juristische Wochenschrift.
KG.	=	Kammergericht.
Kohlrausch	=	Kohlrausch-Lange: Strafgesetzbuch. 38. Aufl. 1944.
LK.	=	Das Reichsstrafgesetzbuch. Erläutert von Ebermayer-Lobe-Rosenberg. 4. Aufl. 1929. (Leipziger Kommentar); 6. Aufl. 1944 (hsgg. v. Nagler) (bis § 151).
Leipz. Z.	=	Leipziger Zeitschrift für deutsches Recht.
Liszt-Sch.	=	v. Liszt-Schmidt, Lehrbuch des deutschen Strafrechts. Allgemeiner Teil 26. Aufl. 1932. Der Besondere Teil zitiert nach der 25. Aufl. 1927.
Maurach	=	Maurach, Grundriß des Strafrechts, Allg. u. Bes. Teil, 1948.
Mayer	=	Hellmuth Mayer, Das Strafrecht des deutschen Volkes. 1936.
Mezger, Lb.	=	E. Mezger, Strafrecht. Ein Lehrbuch. 2. Aufl. 1933.
MDR.	=	Monatsschrift für deutsches Recht.
MonKrimBi.	=	Monatsschrift für Kriminalbiologie und Strafrechtsreform.
NJW.	=	Neue Juristische Wochenschrift.
Olshausen	=	J. v. Olshausens Kommentar zum StGB. 11. Aufl. 1927; 12. Aufl. (bis § 246) 1942.
Probleme	=	Probleme der Strafrechtserneuerung (E. Kohlrausch zum 70. Geburtstag 1944.
RG.	=	Entscheidungen des Reichsgerichts in Strafsachen.
RG.Rspr.	=	Rechtsprechung des Reichsgerichts in Strafsachen.
Schönke	=	Schönke, Strafgesetzbuch. 3. Aufl. 1947.
SJZ.	=	Süddeutsche Juristen-Zeitung.
Weber, Gr.	=	H. v. Weber, Grundriß des deutschen Strafrechts. 1946.
ZAk	=	Zeitschrift der Akademie für Deutsches Recht.
Z	=	Zeitschrift für die gesamte Strafrechtswissenschaft

Die Bedeutung weiterer Abkürzungen ergibt sich aus dem Schrifttumsverzeichnis Seite 12.

EINLEITUNG

Das Strafrecht

§ 1. Sinn und Aufgabe des Strafrechts

Das Strafrecht ist derjenige Teil der Rechtsordnung, der die Arten der verbrecherischen Handlungen festlegt und an sie Strafe oder sichernde Maßnahmen knüpft.

Aufgabe der Strafrechtswissenschaft ist es, den Inhalt dieser Rechtsregeln in ihrem inneren Zusammenhang, also systematisch zu entwickeln und zu deuten. Als systematische Wissenschaft legt sie den Grund zu einer gleichmäßigen und gerechten Rechtspflege, da nur die Einsicht in die inneren Zusammenhänge des Rechts die Rechtsanwendung über Zufall und Willkür hinaushebt. Nicht nur darum, weil sie der Rechtspflege dient, ist die Strafrechtswissenschaft eine „praktische" Wissenschaft, sondern auch in einem tieferen Sinne darum, weil sie eine Theorie vom rechten und unrechten menschlichen Handeln ist, so daß ihre letzten Wurzeln bis zu den Grundbegriffen der praktischen Philosophie reichen.

I. Die sozialethische Funktion des Strafrechts

Aufgabe des Strafrechts ist es, die elementaren Werte des Gemeinschaftslebens zu schützen.

Jede menschliche Handlung, im Guten wie im Schlechten, unterliegt zwei verschiedenen Wertaspekten. Sie kann einmal nach dem Erfolg bewertet werden, den sie herbeiführt (Erfolgs- oder Sachverhaltswert), zweitens aber auch unabhängig vom Erreichen des Erfolges schon nach dem Sinn der Tätigkeit als solcher (Aktwert).

Beispiel: Einer der elementarsten menschlichen Werte ist die Arbeit. Ihr Wert kann einmal vom sachlichen Ergebnis — dem Werk — her, das sie hervorbringt (Erfolgs- oder Sachverhaltswert der Arbeit), gesehen werden. Aber schon unabhängig davon, ob ihr das Werk gelingt oder nicht, ist die Arbeit ein Wert im menschlichen Dasein. Das Tätigsein als solches bringt Erfüllung in das menschliche Leben, allerdings nur als sinnvolle Tätigkeit, d. h. als eine auf ein positives Werk gerichtete Tätigkeit; aber dieser Sinn bleibt ihr auch dann erhalten, wenn das Werk nicht erreicht wird (Aktwert der Arbeit). Das Gleiche gilt im Negativen: Der Unwert der Handlung kann darin gesehen werden, daß der Erfolg, den sie hervorbringt, mißbilligenswert ist (Erfolgsunwert der Handlung). Aber auch schon unabhängig vom Erreichen des Erfolges ist eine Handlung, die auf einen zu mißbilligenden Erfolg abzielt, mißbilligenswert (Aktunwert der Handlung, z. B. der Griff des Taschendiebes in die leere Tasche).

Beide Wertarten sind für das Strafrecht von Bedeutung. Das Strafrecht will zunächst bestimmte Lebensgüter der Gemeinschaft (Sachverhaltswerte) schützen, wie z. B. den Bestand des Staates, das Leben, die Gesundheit, die Freiheit, das Eigentum usf. (sog. Rechtsgüter), indem es ihre Verletzung (den Erfolgsunwert) mit Rechtsfolgen belegt. Diesen Rechtsgüterschutz erreicht es dadurch, daß es die auf Rechtsgüterverletzung abzielenden Handlungen verbietet und bestraft: also Verhinderung der Sachverhalts- oder Erfolgsunwerte durch Pönalisierung der Aktunwerte. Dadurch sichert es die Geltung der positiven sozialethischen Aktwerte, wie der Achtung vor fremdem Leben, Gesundheit, Freiheit, Eigentum usf.

Diese in der beständigen rechtlichen (d. h. legalen, nicht notwendig moralischen) Gesinnung wurzelnden Werte rechtmäßigen Handelns bilden den positiven sozialethischen Hintergrund der strafrechtlichen Normen. Ihre reale Befolgung sichert das Strafrecht dadurch, daß es den betätigten Abfall von ihnen in den treubrüchigen, zuchtlosen, unehrlichen, unredlichen Handlungen bestraft. Die zentrale Aufgabe des Strafrechts liegt also darin, durch Strafdrohung und Strafe für den wirklich betätigten Abfall von den Grundwerten rechtlichen Handelns die unverbrüchliche Geltung dieser Aktwerte sicherzustellen.

Indem das Strafrecht so den wirklichen Abfall von den rechtlichen Gesinnungswerten bestraft, schützt es zugleich die Rechtsgüter, auf die jene Aktwerte bezogen sind, wie die Treue zum Staat auf das Wohl des Staates, die Persönlichkeitsachtung auf das Leben, die Gesundheit, die Ehre der Mitmenschen, die Ehrlichkeit auf fremdes Eigentum usf. In der Strafe für den Hoch- und Landesverrat schützt es den Bestand des Staates, in der Strafe für die Unehrlichkeit das Eigentum, in der Strafe für den Meineid die Wahrheit der Beweisaussage usw. Dennoch ist die primäre Aufgabe des Strafrechts nicht der aktuelle Rechtsgüterschutz, also nicht Schutz der individuellen Person, ihres Eigentums usf. Denn dazu kommt es gerade dort, wo es real in Aktion tritt, regelmäßig zu spät. Wesentlicher als der Schutz der konkreten einzelnen Rechtsgüter ist die Aufgabe, die reale Geltung (Befolgung) der Aktwerte rechtlicher Gesinnung sicherzustellen; sie sind das stärkste Fundament, das den Staat und die Gemeinschaft trägt. Bloßer Rechtsgüterschutz hat nur eine negativ-vorbeugende, polizeilich-präventive Zielsetzung. Die tiefste Aufgabe des Strafrechts dagegen ist von positiv-sozialethischer Natur: Indem es den wirklich betätigten Abfall von den Grundwerten rechtlicher Gesinnung verfemt und bestraft, offenbart es in der eindrucksvollsten Weise, die dem Staat zur Verfügung steht, die unverbrüchliche Geltung dieser positiven Aktwerte, formt das sozialethische Urteil der Bürger und stärkt ihre bleibende rechtstreue Gesinnung. Vgl. dazu Welzel, Probleme S. 101 ff.

Während sich die Erkenntnis, daß Aufgabe des Strafrechts der Rechtsgüterschutz ist, allgemein durchgesetzt hat, ist dies bezüglich der sozialethischen Seite des Strafrechts nur ungenügend der Fall. Dies wirkt sich in einer Überbetonung der Erfolgsseite und einer damit unvermeidlichen Utilitarisierung des Strafrechts aus. Recht oder Unrecht einer Handlung bestimmen sich nach dieser Auffassung nach dem Grade ihrer Sozialnützlichkeit oder Sozialschädlichkeit. Das hat nicht nur eine starke Utilitarisierung, sondern auch eine starke Aktualisierung der Wertbeurteilung zur Folge: Der aktuelle Nutzen oder Schaden des Handlungserfolges bestimmen den Wert der Handlung. Dabei wird übersehen, daß es dem Strafrecht weniger auf das aktuelle positive Ergebnis der Handlung als auf die bleibende positive Handlungstendenz der Rechtsgenossen ankommen muß. Die Achtung vor den Rechtsgütern (also die Geltung der Aktwerte) zu sichern ist wichtiger, als im aktuellen Einzelfall ein positives Ergebnis zu erreichen.

So steht hinter dem Tötungsverbot primär der Gedanke, die Achtung vor dem Leben anderer zu sichern, also der Schutz eines Aktwertes, und gerade darum ist Mörder auch der, der ein sozial wertloses Menschenleben, wie einen zum Tode verurteilten Verbrecher, eigenmächtig tötet. Der Gedanke einer erlaubten Lynchjustiz oder gar der Privatrache wegen mangelnden aktuellen Sozialschadens der Handlung wäre ebenso unerträglich wie gefährlich. Nur dann kann die Sicherheit aller ausreichend gewährleistet werden, wenn unabhängig vom aktuellen Wert des Einzellebens die Achtung vor fremdem Leben sichergestellt wird. Der Aktwert ist relativ unabhängig vom Sachverhaltswert (Rechtsgut). Nur über die Sicherung der elementaren sozialethischen Handlungswerte ist ein wirklich dauerhafter und durchgreifender Schutz der Rechtsgüter zu erreichen. Durch die umfassendere sozialethische Funktion des Strafrechts wird der Rechtsgüterschutz tiefer und stärker gewährleistet als durch den nackten Güterschutzgedanken. Die Aktwerte der Treue, des Gehorsams, der Achtung vor der Person usf. haben den längeren Atem und den weiteren Blick als der bloße Güterschutz. Sie sehen nicht auf das Heute oder Morgen, sondern auf das Bleibende. Hinter ihnen tritt der nur aktuelle Nutzen oder Schaden zurück vor dem dauerhaften Gewinn, der in der beständigen rechtstreuen Gesinnung der Bürger liegt.

Es war ein folgenschwerer Irrtum der neueren Rechtsphilosophie und Ethik, daß sie — unter unberechtigter Berufung auf Kant — den Gesinnungsbegriff auf die moralische Gesinnung beschränkt und dabei übersehen haben, daß die moralische Gesinnung nur eine Art der Gesinnung ist. Gesinnung im Sinne des Gesonnenseins ist die seelische Dauerhaltung, die beharrliche Art des Wertens und Wollens. In diesem Sinne gibt es auch eine legale (rechtliche) Gesinnung, nämlich den beharrlichen Willen zur Erfüllung der Rechtspflichten. Für diese rechtliche Gesinnung ist es gleichgültig, ob ihre Beweggründe mehr die des egoistischen Interesses oder die des Wertbewußtseins (der Pflichterfüllung) sind. Das Recht muß auf alle diese Momente einwirken: durch seinen Wertgehalt auf das sittliche Bewußtsein, durch seine Beständigkeit auf die Gewöhnung und durch den Rechtszwang auf die egoistischen Antriebe. Diese rechtlich-legale Gesinnung zu wecken, zu prägen und zu erhalten ist eine der fundamentalen Aufgaben des Rechts, vor allem des Straf- und Staatsrechts Vgl. dazu Welzel, Das Gesinnungsmoment im Recht (Festgabe f. J. v. Gierke).

So ergibt sich: Aufgabe des Strafrechts ist der Schutz der elementaren sozialethischen Gesinnungs- (Handlungs-)werte (und erst darin eingeschlossen der Schutz der einzelnen Rechtsgüter).

1. Rechtsgut ist ein Lebensgut der Allgemeinheit oder des Einzelnen, das wegen seiner sozialen Bedeutung rechtlich geschützt wird. Dem Substrat nach kann es in verschiedenster Art auftreten: als psychophysisches oder als ideell-geistiges Objekt (jenes z. B. das Leben — dieses die Ehre) oder als realer Zustand (z. B. der Hausfrieden) oder als Lebensbeziehung (z. B. Ehe oder Verwandtschaft) oder als Rechtsverhältnis (z. B. Eigentum, Jagdrecht), ja sogar als Verhalten eines Dritten

(z. B. die Pflichttreue des Beamten, geschützt vor Bestechung). Rechtsgut ist also jeder erwünschte soziale Zustand, den das Recht vor Verletzungen sichern will. Die Summe der Rechtsgüter bildet nicht einen atomisierten Haufen, sondern die soziale Ordnung, und darum ist die Bedeutung eines Rechtsgutes nicht isoliert für sich allein, sondern nur im Zusammenhang mit der gesamten sozialen Ordnung abzuschätzen.

Diesen Rechtsgütern bietet das Strafrecht Schutz vor möglichen Verletzungen, allerdings nicht absolut, denn jedes Rechtsgut muß im sozialen Leben eingesetzt und damit bis zu einem gewissen Grade gefährdet werden (erinnert sei nur an den beträchtlichen Grad der erlaubten Lebensgefährdung im modernen Verkehr!). Rechtsgüterschutz gewährt das Strafrecht nur gegen bestimmtgeartete Angriffe.

2. Aufgabe des Strafrechts ist Rechtsgüterschutz durch Schutz der elementaren sozialethischen Handlungswerte.

Den Rechtsgüterschutz bewirkt das Strafrecht dadurch, daß es bestimmtgeartete Handlungen verbietet oder gebietet. Hinter seinen Verboten oder Geboten stehen elementare sozialethische Pflichten (Aktwerte), deren Geltung es dadurch sichert, daß es ihre Verletzung mit Strafe bedroht. Dadurch allein erzielt es einerseits einen wirklich durchgreifenden und dauerhaften Güterschutz und beschränkt ihn andererseits auf die sozialethisch verwerflichen Angriffsformen.

Inhaltlich lassen sich diese elementaren sozialethischen Pflichten in dem Gebote: neminem laede zusammenfassen, entsprechend der überwiegenden Verbotsnatur des Strafrechts: „Du sollst nicht... töten, rauben, betrügen" usf., wie auch die wenigen positiven Handlungsgebote sich auf elementare Pflichten beschränken (etwa die Fürsorgepflicht der Eltern gegenüber den Kindern und dgl.).

So gering sozialethisch die Werthöhe dieser Pflichten ist, so schwerwiegend ist ihre Verletzung, gemäß dem Grundsatz, daß je geringer die Werthöhe einer Pflicht ist, desto schwerer ihre Verletzung wiegt (und umgekehrt). Mag auch die Achtung vor fremdem Leben sozialethisch selbstverständlich sein, so gehört doch ihre Verletzung, der Mord oder Totschlag, zu den schwersten Verbrechen. Die vom Strafrecht erfaßten und unter Strafschutz gestellten sozialethischen Pflichten sind elementar in dem doppelten Sinne, daß ihre Erfüllung von geringer Werthöhe, ihre Verletzung aber besonders schwerwiegend ist.

In dieser Beschränkung auf die elementaren Pflichten erfüllt das Strafrecht, um des Rechtsgüterschutzes willen, eine bedeutungsvolle, sittenbildende Funktion. Gewiß ist das Strafrecht nur ein Faktor unter den zahllosen, die sittliche Anschauungswelt einer Zeit prägenden Kräften, aber unter ihnen ein solcher von tiefgreifender Bedeutung. Indem es die unverbrüchliche Geltung der elementaren sozialethischen Pflichten durch Verfemung und Bestrafung ihrer Verletzung vor aller Augen stellt, formt und festigt es wirkungsstark das sittliche Urteil und die rechtliche Gesinnung der Rechtsgenossen. Die Sicherheit des sozialethischen Urteils des Einzelnen hängt wesentlich von der Sicherheit ab, mit der der Staat seine Werturteile ausspricht und durchsetzt, wobei sich diese Sicherheit des staatlichen Urteils allerdings nicht so sehr in der Strenge als vielmehr in der Gewißheit der Strafe, also in der Verfolgungsintensität ausspricht. Und wo durch eine ihrer selbst unsichere Strafrechtspflege die Geltung der elementaren Sozialpflichten ins Wanken gerät, beschränkt sich die Erschütterung nicht auf die elementaren sozialethischen Pflichten, sondern ergreift die ganze ethische Wertwelt. Hierin besteht die Tiefenwirkung des Strafrechts: so sehr sich seine Normen auf die elementaren sozialethischen Pflichten beschränken, so legt es doch den Grund für den Bestand der gesamten sittlichen Wertwelt einer Zeit.

So weist das Strafrecht über sich hinaus und bettet sich in die Gesamtkultur seiner Zeit ein. Aber es erreicht diese Wirkung nur durch weise Beschränkung seiner Mittel. Eine Vielbestraferei würde seine Waffe stumpf machen. Es muß sich auf die Bestrafung von Verletzungen der elementaren sozialethischen Pflichten beschränken: insofern hat es einen „fragmentarischen Charakter" (Binding, H. Mayer). Vor allem aber darf der Staat die schweren Eingriffe in Leben, Freiheit und Ehre der Person, die die Strafe (und die präventive Freiheitsentziehung) enthält, nur innerhalb des Strafrechts als Rechtsfolge des Verbrechens verwenden (Grundsatz der Exklusivität der spezifischen Strafmittel). Sobald er sie (oder gleichschwere Eingriffe) für außerstrafrechtliche Zwecke benutzt, etwa zur Erreichung organisatorischer oder wirtschaftlicher Ziele oder gar zur Bekämpfung politischer Gesinnungen, erschüttert er die sittenbildende Kraft der Strafnormen und drängt das Strafrecht auf den Weg zu einer reinen Abschreckungsmaßnahme. Wo Strafvorschriften fast alle Lebensbetätigungen einzwängen, wo selbst Akte der Existenzverteidigung strafbar werden können, da leidet im Übermaß des Strafens das Strafrecht Not.

II. Die präventive Funktion des Strafrechts

1. Die geschilderte sozialethische Funktion des Strafrechts trifft vornehmlich solche, die überhaupt sozialethischer Bindung fähig sind. Das ist gewiß die Masse der Rechtsgenossen, die vornehmlich durch die beiden grundlegenden sozialen Bindungen: Beruf und Familie am positiven Aufbau des Gemeinschaftslebens teilhat. Diesen Rechtsgenossen gegenüber funktioniert das Strafrecht primär dadurch, daß es die Sicherheit und Stetigkeit ihres sozialethischen Urteils gewährleistet und damit in ihnen den Grund zu einer sittlichen Anschauungswelt legt, und erst sekundär dadurch, daß es gegen den Rechtsbruch im Einzelfall mit Strafe einschreitet. Die Kriminalität dieser großen Masse der Bevölkerung ist die aus einer außergewöhnlichen oder einer verlockenden Situation erwachsende Konflikts- und Gelegenheitskriminalität, die ihrerseits ebenfalls die Masse der tatsächlichen Kriminalität ausmacht. Nach dieser gesunden, das Gemeinschaftsleben tragenden Bevölkerungsschicht ist das Strafrecht einzurichten: durch klare Herausarbeitung des spezifischen deliktischen Unwerts der verbotenen Handlung in Tatbeständen. die durch feste Grenzen dem Einzelnen die erforderliche Bewegungsfreiheit im Sozialleben geben, und durch eine nach dem Maße der Schuld angemessene vergeltende Strafe (weiter durch einen Strafprozeß, der dem Angeklagten ausreichende eigene Verteidigungsrechte gibt).

2. Daneben gibt es jedoch eine andersartige Kriminalität von Menschen, denen die Bindungsfähigkeit an sozialethische Normen im weiten Umfange abgeht.

a) Die wichtigste Gruppe umfaßt die sog. Zustandsverbrecher i. e. S. Bei der Erforschung der tatsächlichen Kriminalität fällt immer wieder der tiefgehende Unterschied zwischen Gelegenheitstätern, die — an sich fest in den sozialen Bindungen wurzelnd — gelegentlich einer lockenden Versuchung oder einer außergewöhnlichen Konfliktslage erliegen, und den Zustandsverbrechern auf, die unabhängig vom Wechsel der äußeren Verhältnisse immer wieder Verbrechen begehen, bei denen das Verbrechen also in ihrer Persönlichkeit wurzelt.

Deutlich zeigt es die Statistik (Exner, Kriminalbiologie S. 210): Während Konjunkturschwankungen die Kriminalität der (bisher) Unbestraften stark beeinflussen, ändern sie die Kriminalität der vielfach Vorbestraften nur geringfügig.

Verurteilte Diebe auf je 100 000 der strafmündigen Bevölkerung:

	Unbestrafte	Mehr als 4 mal Vorbestrafte
Inflation 1922—1924	413	36,3
Aufschwung 1927—1929	100	26,4

In Herkunft, Charakter und Lebensbedingungen unterscheiden sich die Zustandsverbrecher deutlich von der übrigen Bevölkerung, der die Gelegenheitstäter voll zugehören. Sie stammen auffällig stark aus Familien, die mit schweren charakterlichen Abartigkeiten (Psychopathien) oder mit Kriminalität belastet sind, deren Erziehungsverhältnisse dementsprechend schlecht sind. Sie sind selbst zu einem hohen Prozentsatz charakterlich schwer abartig, meist haltlos oder gemütsarm. Schlechte Schulerfolge, vorzeitiger Abbruch der Lehre, bloße Gelegenheitsarbeit der meisten von ihnen zeugen von ihrer Unfähigkeit zu ernster Arbeit und zum Beruf. Statt Bindung an bleibende Werte, die dem Menschen durch Beruf und Familie vermittelt werden, beherrschen lebensbehauptende Nahziele ihr Wollen. Diese tiefverwurzelte weitgehende Bindungslosigkeit führt sie über einen meist frühzeitigen Kriminalitätsbeginn zu einem asozialen Dasein mit einer Kette von Straftaten. Zu diesen Zustandsverbrechern gehören einerseits die Gruppe der Asozialen i. e. S.: der Bettler, Landstreicher, Arbeitsscheuen, Dirnen mit einer meist leichten Kriminalität, andererseits die Gruppe der gefährlichen Gewohnheitsverbrecher mit erheblicher Kriminalität.

Ihrer Herkunft nach rekrutieren sie sich vornehmlich aus den Nachkommen der Bettler, Gauner und Landstreicher, der „Jauner" und „Jänischen" früherer Jahrhunderte, weiter aus den haltschwachen Menschen, die der modernen großstädtischen Freiheit nicht gewachsen sind, während noch ihre Eltern und Großeltern in den patriarchalischen Abhängigkeitsverhältnissen der Grundherrschaften und kleinbürgerlichen Gewerbe ein sozial brauchbares Leben führten — stammt doch die überwiegende Zahl der gefährlichen Gewohnheitsverbrecher aus der Großstadt —; zu ihnen stoßen durch Verwahrlosung und Entgleisung immerfort Splitter der sozialtauglichen Bevölkerung.

Dem Zustandsverbrecher gegenüber reicht das eigentliche Straf-Recht nicht aus, da es gegenüber ihrer weitgehenden Bindungslosigkeit keine genügend sittenbildende, haltgebende Kraft entfalten kann. Die vom Maße der Schuld begrenzte vergeltende Strafe trifft nicht die in der Täterpersönlichkeit liegende bleibende Gefährlichkeit. Diese muß durch andersartige, sichernde Maßnahmen bekämpft werden, die mit der Strafe zusammen erst den vollen Rechtsgüterschutz gewährleisten. Das geltende Recht stellt dabei für die Asozialen mit leichter Kriminalität das Arbeitshaus und für die gefährlichen Gewohnheitsverbrecher die Sicherungsverwahrung als sichernde Maßnahmen zur Verfügung (im Anschluß an die Strafe als Schuldvergeltung).

Der Weg des Straf- oder richtiger des Kriminalrechts ist also „zweispurig". Die eine Spur führt über die Schuld zur vergeltenden Strafe, die andere über die Gefährlichkeit zur sichernden Maßnahme. Es ist notwendig, sich des Verbindenden wie des Trennenden beider Spuren stets bewußt zu bleiben. Das Verbindende liegt einmal in der Voraussetzung, die für Strafe und Maßnahme das Verbrechen ist, zweitens in der Art ihrer Verhängung, die beide Male durch strafrichterliches

Urteil erfolgt. Denn auch die Verhängung der oben besprochenen Schutzmaßnahmen ist kein bloßer Verwaltungsakt, sondern Aufgabe des strafrichterlichen Amtes: Dies nicht bloß zum Zwecke der höheren Rechtsgarantien für den Betroffenen, sondern deshalb, weil das Urteil, das dem Täter wegen seiner kriminellen Gesamtpersönlichkeit das im Gemeinschaftsleben vorauszusetzende Maß an Selbstbeherrschung und Bindungsfähigkeit abspricht, ein negativ-sittliches Urteil ist, das, wie das Schuldurteil, nur dem Strafrichter obliegt.

Das Trennende liegt darin, daß beide Spuren, wenn auch im Grenzgebiet sich überschneidend, grundsätzlich zwei verschiedene Tätergruppen treffen, auf der einen Seite die Gelegenheits- und Konfliktstäter der sozialaufbauenden Bevölkerung, auf der anderen die Zustandstäter der asozialen Schicht. Während die Funktion des Strafrechts dort sozialethischer Natur ist, muß es hier vornehmlich auf präventiv-sichernden Rechtsgüterschutz bedacht sein. Während es dort klare, festumrissene Tatbestände aufstellen muß, um die soziale Handlungsfreiheit des Einzelnen nicht zu lähmen, muß es hier mit dem allgemeinen Würdigungsbegriff der „sozialen Gefährlichkeit" arbeiten, um die Rechtsgüter gegen die Asozialen wirksam zu schützen. Während es dort die feste, durch das Maß der Schuld bestimmte Strafe verhängt, bleibt hier die Dauer der Maßregel von der unbestimmten Dauer der Tätergefährlichkeit abhängig. Klare, bestimmte Grenzen dort, verschwimmende Umrisse hier: um so notwendiger ist es, beide Spuren scharf auseinanderzuhalten. Schon einmal hat die Ausrichtung auf den „schädlichen Mann" die Grundhaltung eines ganzen Strafrechts bestimmt, nämlich den gemeinrechtlichen Inquisitionsprozeß. Dieses Verfahren, in dem der Angeklagte bloßes Objekt war, dem man gegebenenfalls mit der Folter das Geständnis zu entreißen suchte, war im Kampf gegen den landschädlichen Mann der spätmittelalterlichen Unterschicht erwachsen, demgegenüber der germanisch-altdeutsche Parteienprozeß versagt hatte; es war dann allmählich auf den freien Vollbürger ausgedehnt worden mit all den Mängeln, die es trotz vieler Verbesserungen von seinem Ursprunge her an sich tragen mußte. Nicht weniger bedenklich wäre es auch heute, das von festen Tatbeständen umgrenzte, sozialethisch fundierte Strafrecht zugunsten eines allgemeinen Sicherungsrechtes aufzuweichen, wie es umgekehrt unzulänglich war, daß das Strafrecht des 19. Jahrhunderts als ausschließliches Straf-Recht die Sicherungsaufgaben gegen den schädlichen Mann übersah.

b) Gegenüber der besprochenen Gruppe der Zustandsverbrecher treten andere Gruppen von Zustandsverbrechern i. w. S. zurück: die Rauschgiftsüchtigen und die gefährlichen Geistesdefekten. Auch diesen gegenüber kann die Strafe den vollen Rechtsschutz nicht gewährleisten, sondern muß durch sichernde Maßnahmen ergänzt werden (durch Unterbringung in Entziehungsanstalten oder Heil- und Pflegeanstalten). Die Beziehung dieser Maßnahmen zum Strafrecht ist eine lockere: das Delikt ist keine Voraussetzung zur Maßregel selbst, sondern nur zur Zuständigkeit des Strafrichters. Zwangsentziehung und Verbringung in eine Heil- und Pflegeanstalt sind auch ohne deliktisches Verhalten und ohne strafrichterliches Urteil zulässig.

Ein wirkungsstarkes Strafrecht ist doppelspurig: es ist ein sozialethisch fundiertes, in feste Tatbestände umgrenztes, vergeltendes Strafrecht gegen den Gelegenheitstäter einerseits, ein — akute Sozialgefahren bekämpfendes — Sicherungsrecht gegen den Zustandsverbrecher andererseits.

§ 2. Überblick über die Geschichte des deutschen Strafrechts

Brunner-v. Schwerin, Deutsche Rechtsgeschichte, I 1906, II 1928; His, Das Strafrecht des deutschen Mittelalters, I 1920, II 1935; v. Hippel, I S 38ff., Eberh. Schmidt, Einführung in die Geschichte d. deutsch. Strafrechtspflege. 1947.

1. Dem Germanen erschienen die meisten „Missetaten" als Sippenverletzungen. Sie berechtigten und verpflichteten die Sippe — wenn nicht Buße gefordert wurde — zur Blutrache (Fehde), die durch Sühnevertrag beendet wurde. Nur in wenigen Missetaten sah man einen Bruch des Friedens des ganzen Volkes (z. B. in Kriegsverrat, Heeresflucht, Meintaten u. a.); der Täter verfiel der Friedlosigkeit und konnte bußlos von jedermann getötet werden.

Mit dem Erstarken staatlicher Gewalten im fränkischen Reich wurden in steigendem Umfang Missetaten mit öffentlicher Strafe (Leibes- und Lebensstrafen, Verbannung u. a.) bedroht und öffentlich verfolgt. Im Mittelpunkt der Strafen stand jedoch die Sühnezahlung (das Kompositionensystem der Volksrechte), die der fränkische Staat zur Zurückdrängung der Fehde begünstigte. Auch öffentliche Strafe war regelmäßig durch Friedensgeld an den Staat und Buße an den Verletzten ablösbar.

Das Wesen der Missetat sah man in der rechtswidrigen Zufügung einer Verletzung ohne (spezielle) Berücksichtigung der Willensseite. „Die Tat tötet den Mann". Darum haftete man auch für „Ungefährwerke" (Fahrlässigkeit und Zufall), während umgekehrt der Versuch grundsätzlich straflos blieb. Doch bedeutet das keine Blindheit gegenüber der Willensseite, sondern nur ein archaisches Haften am Typischen: in der verletzenden Tat steckt typisch der verletzende Wille. Daraus erklärt sich, daß gewisse typische Fälle, in denen der Wille meist fehlt (z. B. Töten beim Baumfällen) milder bestraft wurden, wie umgekehrt typische Versuchsfälle (z. B. Messerzücken) ohne Verletzungserfolg unter Strafe standen. Eine deutliche Berücksichtigung der Willensseite zeigen die besonders schimpflichen „Meintaten" oder „Neidingswerke", vor allem die heimlichen Taten wie Mord und Diebstahl (im Unterschied zum „ehrlicheren" offenen Totschlag oder Raub) u. a. Die Betonung der Tat- und Erfolgsseite bleibt jedoch ein Kennzeichen des deutschen Strafrechts bis ins StGB. hinein.

Rechtsquelle war ursprünglich allein die überlieferte Rechtsüberzeugung, die vom 6. Jahrh. an in den Volksrechten, beginnend mit der lex Salica, aufgezeichnet wurde. Dazu trat in der fränkischen Zeit das gesetzte Königsrecht (Kapitularien). Doch blieb daneben stets auch ungeschriebenes Recht in Anwendung.

2. Das weitere Mittelalter (10. bis 15. Jahrh.) brachte überwiegend eine Verschlechterung der strafrechtlichen Verhältnisse in Deutschland. Die innen- und außenpolitischen Kämpfe der deutschen Kaiserzeit führten zu einem Nachlassen der staatlichen Strafrechtspflege. Die Überhandnahme des Fehdewesens und Raubrittertums wurde seit dem 12. Jahrh. durch die Landfrieden einzudämmen versucht. Mit dem Aufblühen der Städte und dem Erstarken der Territorialgewalten seit dem 13. Jahrh. trat die öffentliche Strafrechtspflege in den Vordergrund. Der

zunehmenden Grausamkeit des Spätmittelalters entsprach jedoch eine brutale Verrohung der Strafarten. Das geschriebene Recht (Volksrechte und Kapitularien) war in Vergessenheit geraten; erst vom 13. Jahrh. an wurde das Recht wieder aufgezeichnet im Sachsen- und Schwabenspiegel, in Stadt- und Landrechten u. a. Das materielle Strafrecht erfuhr darin kaum eine Fortbildung.

3. Neue mächtige Impulse brachten erst das 15. und 16. Jahrh. unter dem starken Einfluß der italienischen Rechtswissenschaft (Glossatoren und Postglossatoren), deren wissenschaftliche Verdienste vor allem in der Herausarbeitung der allgemeinen Lehren des Strafrechts lagen. Diese Einflüsse wirkten durch Vermittlung einer popular-wissenschaftlichen Literatur auf die deutschen Partikulargesetze (sogen. Halsgerichtsordnungen) ein. Bahnbrechend wurde die Bamberger Halsgerichtsordnung Johann von Schwarzenbergs (1507) als Grundlage des ersten und auf dreieinhalb Jahrhunderte einzigen deutschen Reichsstrafgesetzbuches, der peinlichen Gerichtsordnung Karls V. von 1532 (constitutio criminalis Carolina), einer der bedeutendsten Leistungen der deutschen Rechtsgeschichte überhaupt!

Die Carolina enthält materielles und Prozeßrecht. Im Prozeß brachte sie eine rechtliche Ordnung des (sog.) Inquisitionsverfahrens. Im materiellen Strafrecht kommt das Willensprinzip endgültig zum Durchbruch: Grundsätzlich ist nur die vorsätzliche Tat strafbar; die Fahrlässigkeit wird klar vom Zufall abgetrennt. Der Versuch wird definiert und allgemein unter Strafe gestellt; ebenso, wenn auch weniger klar, die Teilnahme.

Die einzelnen Verbrechenstypen wahren überwiegend die deutschrechtliche Überlieferung. Die Sprache ist volkstümlich, klar und kraftvoll und von großem Ernst gegenüber der richterlichen Aufgabe: Jede Obrigkeit solle möglichste Sorgfalt anwenden, „damit die peinlichen gericht zum besten verordnet und niemand unrecht geschehe, alsdann zu dieser großen sachen, welche des menschen ehr, leben und gut belangen sein, dapffer und wol bedachter fleiß gehörig“ (Art. 1). Darum wird der Richter grundsätzlich an das Gesetz gebunden. Bei Gesetzeslücken soll nach Analogie des kaiserlichen Rechtes und der Carolina entschieden werden, doch soll der Richter dabei Rat beim Oberhof oder der Obrigkeit einholen oder, wenn die Obrigkeit Anklage führt, bei der nächsten Juristenfakultät (Art. 104/05, 219).

Die Carolina war Reichsgesetz mit Vorbehalt zugunsten des Landesrechts („salvatorische Klausel“). Die innere Kraft ihres Wertes hat sie in Deutschland weitestgehend durchgesetzt, so daß sie die Grundlage des gemeinen deutschen Strafrechts auf drei Jahrhunderte wurde. Ergänzend traten zu ihr die Reichspolizeiordnungen von 1530, 1548 und 1577 gegen Ausartungen im gesellschaftlichen und wirtschaftlichen Leben.

4. Die Weiterentwicklung des Strafrechts hielt sich in der Folgezeit nicht auf der Höhe der Carolina. Durch wirkliche und durch künstlich (mittels einengender Auslegung) geschaffene Lücken in der Carolina drangen uferlose römischrechtliche Deliktsbegriffe wie crimen majestatis, stellionatus und falsum (Verrats-, Täuschungs- und Fälschungsdelikte) ein. Die Umgehung der Carolina führte zu einer unerhörten richterlichen Willkür. Als Gewinn stand ihr immerhin die allmähliche Milderung der noch sehr harten Strafen der Carolina und das Aufkommen der Freiheitsstrafe an Stelle peinlicher Strafen gegenüber (wichtig war

das Amsterdamer Zuchthaus von 1595). Einflußreich wurde die junge deutsche Rechtswissenschaft, vor allem die sächsischen Juristen des 17. Jahrhunderts. Ihr Haupt war Benedikt Carpzov, der mit seiner umfassenden praktisch-kommentatorischen Behandlung des geltenden Rechts und seiner umfangreichen gutachtlichen Tätigkeit im Leipziger Schöppenstuhl die deutsche Strafrechtspflege auf hundert Jahre bestimmt hat. Im 18. Jahrh. wandte sich die Wissenschaft unter dem Einfluß des Naturrechts tiefergehenden, systemgerichteten Forschungen zu und erreichte vor allem bei J. S. F. Böhmer eine wesentliche Vertiefung der allgemeinen Lehren.

Die unhaltbar gewordenen Zustände in der Strafrechtspflege wurden durch Aufklärung und aufgeklärten Absolutismus entscheidend gebessert. Aus verschiedenartigen, z. T. entgegengesetzten Motiven führte die Aufklärung zu einer strengen Bindung des Richters an das Gesetz; sie brachte eine rationellweltliche Behandlung des Strafrechts, eine Milderung der Strafen unter dem Gesichtspunkt ihrer staatlichen Notwendigkeit, dabei eine Einschränkung der Todesstrafe und eine weitgehende Verwendung der Freiheitsstrafe, Abschaffung der Folter u. a. Literarisch wirkten vor allem Montesquieu, Voltaire und Beccaria, gesetzgeberisch Josef II. („Josephina" von 1787) und am stärksten Friedrich der Große (ALR. von 1794).

5. Auf die Gestaltung des Strafrechts im 19. Jahrh. übte die Wissenschaft einen entscheidenden Einfluß aus. Mit Anselm v. Feuerbach, einem Anhänger des kantischen Kritizismus, beginnt die Strafrechtswissenschaft im modernen Sinne, gekennzeichnet durch scharfe Begrifflichkeit und klare, sachgebundene Systematik (Lehrbuch 1801). Seine wegweisende gesetzgeberische Leistung war das bayrische Strafgesetzbuch von 1813, das durch strenge Systematik, begriffliche Schärfe, Bestimmtheit der Strafen bei Wahrung richterlicher Ermessensfreiheit, Abstufung der Strafübel, nicht zuletzt durch seine Kürze das Vorbild der deutschen Gesetzgebung im 19. Jahrh. wurde. Unter den zahlreichen Partikularstrafgesetzen aus der Jahrhundertmitte ragte das preußische StGB. von 1851 als stärkste Leistung hervor, auf das neben der reichblühenden deutschen Wissenschaft Napoleons Code pénal von 1810 eingewirkt hatte. Es ist in verbesserter Form unser RStGB. von 1871 geworden.

6. Auf dem Boden des RStGB. entfaltete sich ein reiches wissenschaftliches Leben, das sich um zwei Schulen kristallisierte. Die „Klassiker" mit Binding an der Spitze bewahrten die rechtsstaatlich umgrenzte, konservativ-autoritäre Haltung und die Vergeltungsidee, die beide als Erbe des Idealismus Kants und Hegels die geistige Luft des StGB. bestimmt hatten. Die Arbeit der Klassiker galt vor allem der Dogmatik (Hauptwerk: Bindings „Normen"). In teilweise scharfen Gegensatz dazu stellte sich die von Franz von Liszt begründete sogen. „moderne Schule". Sie sah im Strafrecht eine rationale Zweckmaßnahme der Verbrechensbekämpfung. Ihr Hauptziel war, in naturwissenschaftlich-kausaler Methode die Verbrechensursachen zu erforschen und die geeigneten Mittel für ihre Beseitigung zu finden. Beide Schulen haben — jede in gewisser zeitbedingter Einseitigkeit — unsere strafrechtlichen Einsichten wesentlich vertieft. Gesetzgeberisch jedoch blieb, trotz zahlreicher Novellen, die Grundhaltung des StGB. bis 1933 unverändert.

An den Schicksalen des Strafrechts im Dritten Reich lassen sich drei Entwicklungsreihen unterscheiden:

a) Der größere Teil der staatlich angeordneten Freiheitsentziehungen und Tötungen, deren Verhängung bisher ausschließlich im Rahmen des Strafrechts möglich war, erfolgte ohne Rechtsgarantien durch die politische Polizei oder andere politische Stellen.

b) Das Strafrecht selbst wurde trotz Beibehaltung der großen Stoffmasse in der Grundstruktur insofern verändert, als in ständig zunehmendem Maße einmal die gesetzliche Bindung des Richters gelockert wurde — durch Änderung des § 2, später durch unbestimmt gefaßte Gesetze und Verordnungen (VolksschädlingsVo. u. a.), schließlich (seit 1942) durch eine planmäßige „Lenkung der Rechtspflege" seitens des Justizministeriums — und zweitens in zahlreichen Tatbeständen die Strafdrohungen unter immer ausschließlicherer Verwendung des Abschreckungsgedankens verschärft wurden; (dabei ungeahnte Vermehrung der Todesstrafe). Dazu traten rein politische Gesetze, wie das Heimtücke- und das Blutschutzgesetz.

c) Neben dieser Politisierung der Strafrechtspflege lief eine Entwicklungsreihe unpolitischer Rechtsfortbildung einher, zumeist auf der Grundlage früherer Reformvorschläge: Einführung der Sicherungsmaßregeln §§ 42a ff., der limitierten Akzessorietät § 50, Neufassung der §§ 153ff., 211/2, 253, 267 u. a. m.

§ 3. Quellen und Schrifttum des Strafrechts

I. Übersicht über den wichtigsten Quellenbestand

1. *Das Reichsrecht*

Das Strafgesetzbuch für das Deutsche Reich ist am 15. Mai 1871 verkündet worden. Von den zahlreichen Änderungen und Ergänzungen bis 1933 sei hier nur das Jugendgerichtsgesetz vom 16. Februar 1923, erwähnt, aufgegangen im RJGG. nach der JugendstrafrechtsVO, vom 6. November 1943.

Die heute geltende Fassung bestimmt sich nach dem Kontrollgesetz Nr. 1 und 11, ferner dem Gesetz der Militärregierung Nr. 1, den Bestimmungen der Militärregierung hierzu, der Allgemeinen Richteranweisung Nr. 1.

Das Land Thüringen hat ein eigenes Gesetz zur Anwendung des RStGB. v. 1. Nov. 1945 erlassen, das zahlreiche abweichende Bestimmungen enthält.

2. *Das Landesrecht*

Nach § 2 EinfGes. zum StGB. tritt das Landesrecht außer Kraft, soweit es Materien betrifft, die Gegenstand des StGB. sind. Materie ist eine Deliktsgruppe, die Verbrechen bestimmter Art oder gegen bestimmte Rechtsgüter abschließend regelt. So bilden die Sittlichkeitsverbrechen eine geschlossene Materie und schließen landesrechtliche Strafvorschriften gegen das Konkubinat aus (vgl. RG. 33 273). Ob und inwieweit die allgemeinen Lehren des StGB. für das Landesrecht bindend sind, ist bestritten; auf jeden Fall kann das Landesrecht von den Vorschriften des StGB. über die Schuldfähigkeit nicht abweichen (vgl. Mezger, S. 63 ff.).

3. *Interlokales Strafrecht*

Durch die Zoneneinteilung Deutschlands ist teilweise eine Rechtszersplitterung eingetreten und eine weitere zu befürchten. Bei der Abgrenzung der verschiedenen Rechtsbereiche Deutschlands (sogenanntes „interlokales Strafrecht") ist das Strafrecht maßgebend, das am Tatort gilt RG. 74 219; bei mehreren Tatorten in verschiedenen Rechtskreisen ist das strengste Recht anzuwenden. RG. 75 385, 76 201, abw. RG. 75 104. Vgl. auch § 10 Thür. StGB. Dazu v. Weber, Probleme S. 120 ff.

II. Die Arbeiten an der Strafrechtserneuerung

Seit 1902 wird an der Reform des StGB. gearbeitet. Die Reihe der Entwürfe sind. VorEntw. 1909, Gegenentw. 1911, Entw. 1913, Entw. 1919, dann zusammen mit Österreich

1927 an den Reichstag, in den Reichstagsausschüssen wurde er weiter geändert zum Entw. 1930. Auch die nach 1933 unternommenen Reformarbeiten haben zu keinem Abschluß geführt.

III. Die Rechtsprechung

Die amtliche Sammlung von Entscheidungen des bisherigen Reichsgerichts ist: „Entscheidungen des Reichsgerichts in Strafsachen, hrsg. von den Mitgliedern des Reichsgerichts und der Reichsanwaltschaft". Für die Zeit von 1879 bis 1888 besteht noch eine zweite, nur mit 10 Bänden erschienene Sammlung „Rechtsprechung des Reichsgerichts in Strafsachen". Weitere Entscheidungen veröffentlichten: Deutsche Justiz, Höchstrichterliche Rechtsprechung (Ergänzungsblatt zur Deutschen Justiz), Juristische Wochenschrift (später: Deutsches Recht), Deutsche Juristen-Zeitung (später: Zeitschrift der Akademie für deutsches Recht), Goltdammers Archiv für Strafrecht (später: Deutsches Strafrecht). Heute erscheinen: Süddeutsche Juristen-Zeitung, Deutsche Rechtszeitschrift, Monatsschrift f. deutsches Recht, Neue Juristische Wochenschrift, Juristische Rundschau, Neue Justiz.

IV. Kurze Übersicht über das wichtigste Schrifttum.

Lehrbücher: Binding, Handbuch des Deutschen Strafrechts I. 1885; ders., Die Normen und ihre Übertretung I—IV, 1914—1919, ders., Lehrbuch d. gemeinen deutschen Strafrechts; Besonderer Teil 2. Aufl. 1902—05. v. Liszt-Schmidt, Lehrb., 25. Aufl. 1927, 26. Aufl. (nur Allgem. Teil) 1932; v. Hippel, Deutsches Strafrecht, Bd. I 1925; Bd. II 1930; Lehrbuch 1932; Gerland, Deutsches Reichsstrafrecht, 2. Aufl 1932; Allfeld, Lehrbuch., 9. Aufl. 1934; Mezger, Strafrecht, Ein Lehrbuch, 2. Aufl. 1933; Hellmuth Mayer, Das deutsche Strafrecht 1936; Graf zu Dohna, Der Aufbau der Verbrechenslehre, 2. Aufl 1941; v. Weber, Grundriß d. deutschen Strafrechts 1946; Engelhard, Einführung in das Strafrecht (hrsg. v. Radbruch) 1946 Maurach, Grdr. 1948.

Kommentare: Olshausen, 11. Aufl. 1927, 12. Aufl. 1942 (unvollständig); Ebermayer-Lobe-Rosenberg, 4. Aufl. 1929, 5 Aufl. (nur Allgem. Teil) 1933, fortgeführt von Nagler, 6. Aufl. 1944 (unvollständig); Frank, 18. Aufl. 1931; Schönke, 3. Aufl. 1948; Kohlrausch-Lange, 38. Aufl. 1944; Schwarz, 12. Aufl. 1948.

Strafrechtliche Zeitschriften: Der Gerichtssaal (seit 1849); Zeitschrift für die gesamte Strafrechtswissenschaft (begründet von Liszt), Monatsschrift für Kriminalbiologie und Strafrechtsform. Strafrechtliche Einzelschriften, vor allem wichtige Dissertationen, werden in den „Strafrechtlichen Abhandlungen", hrsg. von Schoetensack gesammelt.

§ 4. Der Begriff des Strafrechts

I. Umfang des Strafrechts

Der Name „Strafrecht" ist für den im StGB. behandelten Stoff vor allem seit der Novelle vom 24. Nov. 1933 zu eng geworden; denn neben der Strafe umfaßt das StGB. auch die sichernden und bessernden Maßregeln.

Rechtsgrund der Strafe ist das Verbrechen, d. i. die für die Rechtsgemeinschaft unerträgliche, sozialethisch besonders verwerfliche Handlung. Rechtsgrund der sichernden und bessernden Maßregeln ist die durch wiederholte Verbrechensbegehung indizierte Gefährlichkeit des Täters für die Gemeinschaft.

Aus dem Strafrecht scheidet das Recht der sog. nichtkriminellen Strafen aus, weil ihr Rechtsgrund nicht das Verbrechen im obigen Sinne ist:

1. Die Ordnungswidrigkeiten (das sog. Polizei- oder Verwaltungsunrecht). Ihre Tatbestände zielen auf die Erreichung eines verwaltungs-, besonders wirtschaftspolitisch angestrebten Zustands (Zwecks) hin und sichern sie durch Strafandrohung.

Der Tatunwert erschöpft sich in der schlichten Unbotmäßigkeit. Der Einsatz der Strafe erfolgt weniger wegen dieser geringfügigen Unbotmäßigkeit, als zur Sicherung des wirtschaftspolitischen Zweckes. Die Strafe ist hier primär Zweckmaßnahme, die in der Regel als „Ordnungsstrafe" von einer Verwaltungsstelle verhängt wird.

Jedoch wird auch noch vielfach statt der Ordnungsstrafe eine vom Strafrichter zu verhängende Strafe angedroht; damit wird der Strafrichter mit einer ihm wesensfremden verwaltungspolitischen Aufgabe belastet.

Die Grenze zwischen Ordnungswidrigkeit und kriminellem Unrecht wird in dem Maße flüssig, wie die unmittelbare Bedeutung des angestrebten Zweckes für das Gemeinwohl und zugleich die sozialethische Verwerflichkeit der Tat über die bloße Unbotmäßigkeit hinaus steigt.

So vor allem im Wirtschaftsnotrecht, wo vielfach wegen derselben Tatbestände sowohl Ordnungsstrafe wie an deren Stelle Kriminalstrafe möglich ist (vgl. PreisstrafrechtsVO. vom 26. Okt. 1944 [Abänderung s. Hann. Rpfl. 46 42] und VerbrauchsregelungsstrafVO. vom 26. Nov. 1941). In allen Fällen hat hier die Strafe vor allem Zweckaufgaben (Sicherung des Preisgefüges und der Ernährung) zu erfüllen.

2. Die Dienstvergehen und Verfehlungen gegen die Standesehre. Bei ersteren handelt es sich um Verletzungen der Dienstpflicht aus der Dienststellung. Die Dienststrafe verhängt der Staat als Dienstberechtigter; daher ist schwerste Strafe die Aberkennung des Amtes (Zweck: Aufrechterhaltung eines sauberen Beamtenstandes). Entsprechendes gilt für die Ehrengerichtsbarkeit der Stände, z. B. der Rechtsanwälte, Ärzte. Strafbar sind hier Verfehlungen gegen die Standesehre; die Strafe bezweckt ebenfalls Reinerhaltung des Standes.

3. Die prozessualen Beugestrafen (Zwangsstrafen); sie sollen ein bestimmtes Verhalten erzwingen, z. B. §§ 888, 889 ZPO., ferner die prozessualen Ordnungsstrafen wegen Ungebühr §§ 178, 179 GVG., wegen Nichterscheinens des Zeugen § 51 StPO., § 380 ZPO. u. dgl.

II. Die formale Verbrechensdreiteilung des § 1 StGB.

Im Anschluß an den Code pénal unterscheidet § 1 StGB. nach der Schwere der angedrohten (nicht der verhängten) Strafe: Verbrechen, Vergehen, Übertretungen. Die Dreiteilung hat heute nur noch technische Bedeutung, z. B. für Versuch § 43 Abs. 2, Beihilfe § 49, Teilnahmeversuch § 49a, Verjährung u. a. m. (jedoch nur noch im geringen Maße für das Verfahrensrecht, vgl. § 24, 73a StPO.).

§ 1. „Eine mit dem Tode, mit Zuchthaus oder mit Festungshaft von mehr als fünf Jahren bedrohte Handlung ist ein Verbrechen.

Eine mit Festungshaft bis zu fünf Jahren, mit Gefängnis oder mit Geldstrafe von mehr als einhundertfünfzig Reichsmark oder mit Geldstrafe schlechthin bedrohte Handlung ist ein Vergehen.

Eine mit Haft oder mit Geldstrafe bis einhundertfünfzig Reichsmark bedrohte Handlung ist eine Übertretung."

1. Der Einteilung des § 1 liegt eine generelle („abstrakte") Betrachtungsweise zugrunde: nicht die im Einzelfalle verwirkte, sondern die für das anzuwendende Strafgesetz allgemein angedrohte (Höchst-)Strafe bestimmt die Deliktsnatur. Daraus folgt:

a) Wird aus einem Grundtatbestand durch Hinzunahme spezieller Tatbestandsmerkmale ein neuer Tatbestand gebildet (Spezialdelikt), so bestimmt sich die Deliktsnatur nach dem neuen Tatbestand, und zwar ist dieser bei Strafschärfung ein qualifiziertes Delikt (z. B. § 243 im Verhältnis zu § 242), bei Strafmilderung ein privilegiertes Delikt (z. B. § 248a—§ 242).

b) Sind nur innerhalb desselben Tatbestandes „mildernde Umstände" vorgesehen, so ändert sich die Deliktsnatur nicht; es handelt sich nur um Strafzumessungsgründe desselben Tatbestandes.

Also bleibt der schwere Diebstahl auch bei Zubilligung mildernder Umstände (§ 243 Abs. 2) ein Verbrechen. — Gleiches gilt auch für § 213; ebenso für die Strafmilderung wegen Versuchs § 44 und Beihilfe § 49 Abs. 2, verminderter Zurechnungsfähigkeit § 51 Abs. 2.

c) Obwohl für Jugendliche die Strafrahmen des allgemeinen Strafrechts nicht gelten, bleiben diese doch im Hinblick auf den Verbrechensbegriff auch im Jugendstrafrecht maßgebend: Ob z. B. der Jugendliche wegen Versuchs einer Straftat belangt werden kann, entscheidet sich danach, ob nach allgemeinem Strafrecht der Versuch strafbar ist! Vgl. § 5 RJGG.

2. Nach Allg. Richteranw. Nr. 1, Ziffer 8 b darf bei Tatbeständen, deren Strafe nach 1933 verschärft wurde, nicht über das Höchstmaß der vor 1933 geltenden Strafdrohung hinausgegangen werden, sofern nicht die Strafschärfung durch die kriminelle Vergangenheit oder die Häufigkeit der Straftat gerechtfertigt ist (s. S. 122f.). Bei diesem Rückgang auf die alte Strafdrohung entsteht die Frage, ob sich die Deliktsnatur nunmehr auch nach der alten Strafdrohung richten muß, z. B. ob §§ 175 a, 218 Abs. 3, die jetzt Verbrechen sind, als Vergehen anzusehen sind. Die Frage kann nur generell beantwortet werden: Da in den angeführten Ausnahmefällen (kriminelle Vergangenheit, Häufigkeit der Straftat) die erschwerte Strafe zulässig ist, muß das ganze Delikt nach dem Höchstmaß der Strafdrohung bestimmt werden. Folglich bleiben §§ 175 a, 218 Abs. 3 Verbrechen.

Das ist praktisch vor allem für den Versuch wichtig. Wollte man die Deliktsnatur nach der früheren Strafdrohung bestimmen, so käme man zu der unannehmbaren Konsequenz, daß versuchte Abtreibung in § 218 Abs. 3 jetzt straflos wäre. Daher unzutreffend OLG Oldenburg, SJZ. 1946, 96; dagegen auch Steidle, SJZ. 1946, 118; ebenso v. Weber, SJZ. 1946 238.

3. Insofern bleibt die Zweifelsfrage über die Einordnung der „besonders schweren Fälle". Während RG 62 49; 72 205; 77 133 sie allgemein als bloße Strafzumessungsregeln ansprechen, versucht die Literatur ihnen von einer „konkreteren" oder ganz „konkreten" Betrachtungsweise aus, eine deliktsändernde Bedeutung beizumessen. Zwar in den Fällen der Mischung benannter und unbenannter Strafschärfungsgründe (§§ 263 IV, 266 II) wird man einen neuen Tatbestand anzunehmen haben, dagegen können die ganz unbenannten Strafänderungsgründe (die sonstigen leichteren, schweren, besonders schweren Fälle) nur als Strafzumessungsregeln angesprochen werden. Die gegenteilige Auffassung (Engisch, SJZ. 1946, 231) führt zu dem unmöglichen Ergebnis, daß z. B versuchter Raub bei mildernden Umständen straflos wäre! Noch unhaltbarer sind die Ergebnisse der auf die verwirkte Strafe abstellenden ganz konkreten Auffassung Schönkes § 1 II, 1: ein mit einhundert Reichsmark zu bestrafender Betrugsversuch müßte straflos sein, da er eine Übertretung wäre! — Nur in der VerbrauchsregelungsstrafVO ist kraft positivrechtlicher Ausnahme (§ 21) die verwirkte Strafe für die Bestimmung der Deliktsnatur maßgebend. Vgl Engisch, SJZ. 1948 660; Lange, MDR 1948 310.

§ 5. Strafrecht und Strafgesetz

I. Der Grundsatz nulla poena sine lege und seine Geschichte

1. Die ursprüngliche Fassung des § 2 lautete: Eine Handlung kann nur dann mit Strafe belegt werden, wenn diese Strafe gesetzlich bestimmt war, bevor die Handlung begangen wurde.

Diese Bestimmung besagte dreierlei: Nur ein Gesetz kann eine Handlung zum Verbrechen erklären (nullum crimen sine lege) und nur ein Gesetz kann eine Strafe für sie bestimmen (nulla poena sine lege), und beides nur, bevor die Handlung begangen wurde (Ausschluß rückwirkender Kraft strafbegründender oder strafschärfender Strafgesetze). Damit wird jede außergesetzliche, sei es durch Analogie oder durch Gewohnheitsrecht erfolgende Tatbestandsbildung und Strafbestimmung verboten. Von beiden Rechtsquellen, dem Gesetz und dem Gewohnheitsrecht, hat im Strafrecht das Gesetz den unbedingten Vorrang.

Während der Grundsatz nullum crimen sine lege die gesetzliche Bestimmtheit der Strafbarkeit, d. h. des Verbrechenstatbestandes fordert — also auch absolut unbestimmte Strafdrohungen zuläßt, — geht der Satz nulla poena sine lege noch darüber hinaus und verlangt auch gesetzliche Bestimmtheit der Verbrechensfolgen, d. h. nach Art und Rahmen mindestens relativ bestimmte Strafdrohungen. Art. 116 Weim.-Verf. umkleidete den ersten (nicht auch den zweiten) Grundsatz mit den erhöhten verfassungsrechtlichen Garantien: „Eine Handlung kann nur dann mit einer Strafe belegt werden, wenn die Strafbarkeit gesetzlich bestimmt war, bevor die Handlung begangen wurde". Eine gesetzlich nicht einmal relativ — durch Art und Strafrahmen — bestimmte Strafe, wie § 27 Ziffer 1 in der Fassung vom 6. II. 1924 in Gestalt der Geldstrafe von unbeschränkter Höhe vorsieht, war darum verfassungsrechtlich zulässig (Unbestimmte Strafdrohungen heute auch in §§ 5/6 RJGG von 1943 und in § 20 Thür. StGB.).

Art. IV Ziffer 7 d. Ges. Nr. 1 der Militärregierung setzt den Grundsatz nullum crimen sine lege i. S. von Art. 116 Weim. Verf. wieder in Kraft: „Anklagen dürfen nur erhoben, Urteile nur erlassen und Strafen nur verhängt werden, falls ein zur Zeit der Begehung der Handlung in Kraft befindliches Gesetz diese Handlung ausdrücklich für strafbar erklärt. Bestrafung von Taten unter Anwendung von Analogie oder nach angeblichem „gesunden Volksempfinden" ist verboten".

2. Der Grundsatz nulla poena (nullum crimen) sine lege ist kein römisch-rechtlicher Grundsatz. Vor allem war er der römischen Kaiserzeit und dem justinianischen Recht mit ihren crimina extraordinaria und ihren weitgefaßten, fast uferlosen Deliktsbegriffen (z. B. dem stellionatus, der „Schufterei") fremd. Er entspricht auch dem extremen römischen Willensstrafrecht nicht, das für die delicta publica galt und das keine Unterscheidung von Vorbereitung, Versuch und Vollendung, also keinerlei Tatbestandlichkeit kannte.

Auch dem germanisch-altdeutschen Recht war er unbekannt. Wohl kann man sagen, daß er dem germanischen Strafrecht (als Tatstrafrecht) näher steht als dem römischen Willensstrafrecht. So strebte jenes auch immer zu festen, klaren Deliktstatbeständen (vgl. die Bußsätze der Volksrechte). Doch stets konnte nach Gewohnheitsrecht gestraft werden, da die Voraussetzung des Grundsatzes nulla poena sine lege: die Gesetzesstaatlichkeit fehlte. Das gilt auch für die magna charta von 1215.

Die peinliche Gerichtsordnung Karls V. band den Richter grundsätzlich an das Gesetz, ließ jedoch unter gewissen Kautelen auch eine außergesetzliche Bestrafung zu (s. o. S. 8). Erst in der Aufklärungszeit setzte sich der Grundsatz nulla poena s. l. im Kampfe gegen richterliche und obrigkeitliche Willkür durch. Unter Berufung auf die Magna Charta libertatum wurde er in den nordamerikanischen Verfassungen von 1774 und in der Erklärung der Menschenrechte von 1789 proklamiert. Er fand im Strafgesetzbuch Josephs II. von 1787 und im ALR von 1794 seinen Niederschlag. Die lateinische Formulierung stammt von Feuerbach (in seinem Lehrbuch 1801). Im 19. Jahrhundert wurde er in das Strafrecht fast aller Kulturstaaten aufgenommen. Eine gewisse Ausnahme macht das dänische Strafrecht (auch das neue Dän. StGB von 1930) insofern, als es — wie es übrigens auch Binding, Hbd. S. 17 ff. befürwortete — eine analoge Bestrafung zuläßt. Eine Sonderstellung nimmt das englische Strafrecht ein, da es nur zum Teil auf gesetztem Recht — dem statute law — zum anderen Teil aber auf der richterlichen Rechtstradition — dem common law — beruht, die jedoch den Richter durch das Mittel des Präjudiz stark bindet.

Den ersten Schritt zu einem Bruch mit der kontinentaleuropäischen Tradition — nachdem schon Rußland 1917 den Grundsatz nulla poena abgeschafft hatte, — machte die Novelle vom 28. Juni 1935. Sie ermöglichte neben der gesetzlichen auch eine außergesetzliche Bestrafung aus dem „gesunden Volksempfinden", jedoch noch gebunden an den Grundgedanken eines Strafgesetzes. Diese wichtige Einschränkung benutzte ein beachtlicher Teil der Wissenschaft und der Praxis, um die Anwendung des neuen § 2 möglichst einzuengen. Diesen Bemühungen wirkte eine immer schärfer werdende politische Strömung entgegen, die den neuen § 2 mit seiner Kontrolle durch den gesetzlichen Grundgedanken zu einer bloßen „Etappe" auf dem Wege zu „einer nationalsozialistisch gesteuerten Rechtsschöpfung unmittelbar aus dem gesunden Volksempfinden" erklärte (Freisler, DJ. 1941/479). Dementsprechend wurden die späteren n. s. Gesetze, besonders der Kriegszeit (Autofallengesetz, Volksschädlings- und Gewaltverbrecherverordnung u. a.) so weit und unbestimmt gefaßt, daß sie jeder politischen „Steuerung" der Rechtspflege Raum gaben, wie sie vor allem nach 1942 durch „Richterbriefe" und Einzelanweisungen einsetzte.

II. Die Einzelausgestaltung

Nur was unter den Tatbestand eines Strafgesetzes fällt, kann mit Strafe belegt werden. Dadurch ist nicht nur jede gewohnheitsrechtliche Tatbestandsbildung verboten, sondern auch angeordnet, daß jede Gesetzesauslegung an die Grenzen des gesetzlichen Tatbestandes gebunden ist: ausgeschlossen ist die Tatbestands**erweiterung** durch Analogie oder Gewohnheitsrecht.

1. Abgesehen von dieser Einschränkung gelten die gewöhnlichen juristischen Auslegungsregeln;zusammenfassend hierzu RG. **62** 373: der Richter „muß neben Wortlaut auch Zweck und Sinn des Gesetzes beachten, für dessen Erforschung die Entstehungsgeschichte und der Zusammenhang der Vorschriften unter sich und mit anderen bereits bestehenden Bestimmungen von Bedeutung ist".

Maßgebend ist weniger der subjektive Wille des historischen Gesetzgebers, als der objektive Sinn des Gesetzes im Rahmen seines Wortlauts (obj. Auslegungstheorie). Auch ausdehnende Auslegung ist zulässig, soweit sie über eine zu enge Wortinterpretation hinaus den vernünftigen Sinn des Tatbestands zur Geltung bringt: unzulässig ist sie nur, wo sie auf einen vom erklärten Sinn des Tatbestandes nicht mehr getroffenen Fall hinausgreift. (s. w.) Vgl. Schönke § 2 V. 3; Mittermaier, Schweiz. Z. 63 403 ff.

Wo keine Tatbestands**erweiterung**, sondern nur eine Tatbestands**auslegung** in Frage steht, ist auch der Vergleich mit anderen Tatbeständen, insofern also auch „Analogie" zulässig (z. B. Vergleich des Begriffs der Öffentlichkeit in den verschiedenen Tatbeständen RG. *73* 90), vgl. Hippel II, 39. Ebenso kann zur Tatbestands**auslegung** auch Gewohnheitsrecht mittelbar bedeutsam werden (ergänzendes Gewohnheitsrecht): so vor allem für die Begriffe des allgemeinen Teils, wie Vorsatz, Fahrlässigkeit, Schuld usf.: gerade die fundamentalen Begriffe des allgemeinen Teils sind gewohnheitsrechtlicher Natur!

2. Strafeinschränkende Analogie und strafaufhebendes Gewohnheitsrecht sind unbeschränkt zulässig. RG. *56* 168.

3. § 2 schließt jedoch nicht nur eine außergesetzliche Tatbestandsbildung aus, sondern erhebt auch Forderungen an das Gesetz selbst. Ein „Strafgesetz", das erklärt: bestraft wird, wer sich grob gemeinschaftswidrig verhält, wäre mit der Idee des § 2 unvereinbar; denn es überließe die gesamte materielle Strafbarkeitsbestimmung dem ungesetzten Recht. Die Idee des § 2 setzt die Tatbestandsmäßigkeit des gesetzten Rechts voraus (s. u. § 10), d. h. es verlangt, daß das für strafbar erklärte Verhalten im Gesetz selbst plastisch umschrieben wird. Strafgesetz im Sinne des § 2 ist nicht jedes Strafe androhende Gesetz, sondern nur ein auf der Idee der Tatbestandlichkeit aufgebautes „substantielles" Strafgesetz. (Vgl. dazu: Welzel, Probleme. S. 101 ff.) Dabei kann es durchaus in einzelnen Tatbestandsbegriffen auf außergesetzliche Instanzen, wie soziale Gewohnheiten und Wer-

tungen verweisen (z. B. bei dem Begriff der „unzüchtigen Handlung"), aber die wesentliche Tatbestandsumgrenzung muß es selbst vornehmen. Eine Strafbarkeitserklärung nur auf Grund von Generalklauseln ist mit der Idee des § 2 unvereinbar.

Der Grundsatz nullum crimen sine lege schließt innerhalb derjenigen Rechtsordnung, die ihn aufgenommen hat, wesensmäßig Ausnahmen aus, da diese ihn nicht bloß einschränken, sondern aufheben würden. Dies ist gegenwärtig besonders im Hinblick auf das Problem der strafrechtlichen Beurteilung politischer Denunziationen streitig geworden. Vgl. dazu die Aufsätze von Coing, v. Hodenberg, Radbruch, Wimmer in SJZ 1946 105; 1947 61, 113 ff M. E. sind diese Fälle vom Strafrecht ohne Verletzung des Grundsatzes nullum crimen sine lege nur im Rahmen der Rechtsbeugung zu erfassen, nämlich entweder als Teilnahme an einer vorsätzlichen Anwendung einer ungültigen Norm oder als Mitwirkung an einer unvorsätzlichen Anwendung einer ungültigen Norm; in beiden Fällen ist die subjektive Seite, nämlich das Bewußtsein von der Ungültigkeit der Norm von entscheidender Bedeutung. Vgl. dazu näher u. § 71 II 2.

§ 6. Der Geltungsbereich des deutschen Strafrechts

I. Die zeitliche Geltung, § 2a

1. *Der Grundsatz: Keine Rückwirkung der Strafgesetze*

Strafbarkeit und Strafe bestimmen sich nach dem Strafgesetz zur Zeit der Tat.

Überhaupt ist für die Frage nach Rechtswidrigkeit, Schuld und Strafbarkeit die Lage zur Zeit der Vornahme der Handlung maßgebend: gleichgültig ist die Lage zur Zeit des Erfolgseintrittes. Daher wirken z. B. die zivilrechtlichen Rückwirkungen, wie §§ 142, 1953 BGB., strafrechtlich nicht zurück.

2. *Die Rückwirkung des milderen Gesetzes.*

Das zur Zeit der Entscheidung geltende mildere Gesetz kann statt des strengeren Gesetzes der Tatzeit angewendet werden (§ 2a Abs. 2); ebenso kann der Richter von Strafe ganz absehen, wenn das Gesetz zur Zeit der Entscheidung weggefallen ist, außer bei sog. Zeitgesetzen, die von vornherein nur für eine vorübergehende Notlage erlassen sind (z. B. seuchenpolizeiliche Vorschriften während einer Viehseuche) § 2a Abs. 3.

Grund: Da Milderung oder Wegfall der Strafbarkeit (in der Regel) auf einer Milderung der sozialethischen Wertung der Tat beruhen, muß dem Richter die Möglichkeit gegeben werden, dieser Milderung auch bei einer früher begangenen, aber noch nicht abgeurteilten Tat Rechnung zu tragen. Ganz anders bei den Zeitgesetzen: ihre Aufhebung beruht auf dem Wegfall der Notlage (z. B. dem Aufhören der Seuche); die sozialethische Wertung der Tat (z. B. Mißbilligung der Ein- oder Ausfuhr während einer Seuche) bleibt unberührt und begründet die Strafbarkeit der früher begangenen Tat.

Die Rückwirkung des strengeren Gesetzes ist zwar mit dem Satz nullum crimen, nicht aber nulla poena sine lege vereinbar.

Der Nationalsozialismus legte in zunehmendem Maße Strafgesetzen rückwirkende Kraft bei, z. B. dem § 239a, dem Autofallengesetz vom 22. Juli 1938 und besonders den Kriegsgesetzen. Welche Möglichkeiten eines politischen Mißbrauchs die Rückwirkung von Strafgesetzen eröffnet, zeigt das Änderungsgesetz vom 19. September 1939. Unmittelbarer Anlaß für dieses Gesetz war der Wunsch der politischen Führung, ein rechtskräftiges Zuchthaus-Urteil des Volksgerichtshofs wegen versuchten Landesverrats in ein Todesurteil umzuwandeln. Zu diesem Zweck wurden der „außerordentliche Einspruch" gegen rechtskräftige Urteile geschaffen, die Zuständigkeit des Reichskriegsgerichts für den betreffenden Fall begründet und §§ 89 Abs. 3; 90 Abs. 2 mit rückwirkender Kraft gestrichen!

3. *Bei sichernden Maßnahmen*

ist das Recht zur Zeit der Entscheidung maßgebend (§ 2a Abs. 4).

Denn sie sind nicht Sühne für die begangene Tat, sondern Sicherung für die Zukunft.

II. Der Geltungsbereich des deutschen Strafrechts §§ 3—9

Wo und von wem muß die Tat begangen sein, damit deutsches Recht auf sie anwendbar sein soll? Die Regeln hierüber sind trotz des irreführenden Namens „internationales Strafrecht" nicht Völker-, sondern nationales Recht (und zwar Strafanwendungsrecht). Die Neuregelung durch VO. vom 6. Mai 1940 beseitigte die Zentralstellung des Territorialitätsprinzips und unterscheidet nach Tätern: Für Deutsche gilt das Personalitätsprinzip, d. h. der Grundsatz der räumlich unbegrenzten Verpflichtung gegenüber dem deutschen Recht. Für Ausländer gelten vor allem das Territorialitäts- und das Schutzprinzip (Schutz deutscher Interessen).

1. *Straftaten Deutscher*

1. Grundsatz: Personalitätsprinzip: Das deutsche Strafrecht gilt für Taten deutscher Staatsangehöriger, gleichgültig wo sie begangen sind, § 3 Abs. 1.

Ob die Tat vom deutschen Recht auch wirklich erfaßt wird, kann bisweilen zweifelhaft sein, vor allem bei Taten, die sich gegen einen fremden Staat oder dessen verwaltungsmäßiges Funktionieren richten. Das deutsche Recht schützt nicht die fremde Verfassung, es bestraft auch nicht Straftaten gegen ausländische Beamte, etwa Bestechung oder Widerstand gegen die Staatsgewalt. Doch fallen unter deutsches Recht Meineid und falsche Anschuldigung vor ausländischer Behorde.

2. Ausgenommen sind solche Straftaten Deutscher im Auslande, die nach dem Rechte des Tatortes nicht strafbar sind, § 3 Abs. 2.

Die Einschränkung, daß die Taten „nach gesundem Volksempfinden wegen der besonderen Verhältnisse am Tatort nicht strafwürdig" sein dürfen, muß wegfallen, da sie die Strafbarkeit vom „gesunden Volksempfinden" abhängig macht. Dagegen den Abs. 2 ganz zu streichen (so SJZ 1946/121), würde sogar eine Straferschwerung gegenüber der bisherigen Fassung bedeuten. Praktisch gilt heute § 4 Ziffer 3 a. F.

2. *Straftaten von Ausländern*

1. Inlandstaten unterstehen dem Territorialitätsprinzip: Das deutsche Strafrecht gilt für alle auf Reichsgebiet begangenen Taten von Ausländern, § 4 Abs. 1.

2. Auslandstaten, § 4 Abs. 2 und 3: Für Taten von Ausländern im Auslande gilt das deutsche Strafrecht nur ausnahmsweise, und zwar

a) wegen des Schutzes deutscher Interessen (Schutzprinzip) für:

Verrat deutscher Betriebs- und Geschäftsgeheimnisse III, 5; Meineid im Verfahren vor deutschen Behörden III, 6; Taten gegen deutsche Beamte im Hinblick auf ihren Dienst III, 1 (2. Altern.). Ferner für Straftaten des Ausländers als deutschen Beamten III, 1 (1 Altern.) (hier handelt es sich jedoch nicht um das Schutzprinzip. sondern um die Verletzung einer Sonderpflicht).

b) nach dem Weltrechtsprinzip zum Schutze von Kulturinteressen aller Staaten für:

Münzdelikte III, 7; Sprengstoffverbrechen III, 3; Kinder- und Frauenhandel III, 4; unbefugten Vertrieb von Betäubungsmitteln III, 8; Handel mit unzüchtigen Veröffentlichungen III, 9. Für diese Taten gilt deutsches Recht, gleichgültig wo sie begangen und gegen welchen Staat oder Staatsangehörigen sie gerichtet sind.

c) nach dem Grundsatz stellvertretender Strafrechtspflege § 4 Abs. 2.

Das deutsche Strafrecht tritt an Stelle einer primär erwarteten ausländischen Bestrafung oder bei fehlender Strafgewalt ein, wenn aa) der Täter nach der Tat Deutscher geworden ist oder

bb) die Tat sich gegen das deutsche Volk oder gegen einen deutschen Staatsangehörigen richtete oder

cc) der Täter aus tatsächlichen oder rechtlichen Gründen nicht ausgeliefert wird, obwohl nach der Art der Tat die Auslieferung möglich gewesen wäre.

Voraussetzung ist, daß die Tat nach dem Recht des Tatortes strafbar ist oder der Tatort keiner Strafgewalt untersteht.

Zu a—c' Aburteilung ist nur mit Zustimmung der Mil. Regierung zulässig.

3. *Der Begriff des Begehungsortes*

1. Begehungsort ist sowohl der Ort der Handlung (bei Unterlassungsdelikten: der gebotenen Tätigkeit) wie der des Erfolgseintritts (bei Unterlassungen und beim Versuch: der Ort des erwarteten Erfolges) § 3 Abs. 3. Bei Teilnahme ist Begehungsort auch der Ort der Haupttat. RG. **74** 60.

2. Der Begriff des Inlandes bestimmt sich nach Völkerrecht. Er umfaßt das Reichsgebiet, den Luftraum darüber und das Küstenmeer in der Dreimeilenzone.

Er umfaßt auch die fremden Gesandtschaftsgebäude (RG. **69** 54), unbeschadet der perpersönlichen Straflosigkeit und der Nichtverfolgbarkeit der sogenannten Exterritorialen, §§ 18—20 GVG.

3. Als im Inland begangen gelten nach § 5 auch Taten, die auf deutschem Schiff oder Luftfahrzeug begangen sind (gleichgültig, ob Kriegs- oder Handelsschiff, und gleichgültig, wo sie sind).

ALLGEMEINER TEIL

Erstes Buch

Die strafbare Handlung und ihr Täter

§ 7. Aufgabe und Grundlagen der allgemeinen Lehren des Strafrechts

N. Hartmann, Ethik 1926; Problem des geistigen Seins, 1933; A. Gehlen, der Mensch, 1940; Welzel, Persönlichkeit und Schuld, Z. 60, S. 428 ff.

I. Aufgabe des allgemeinen Teils

Gegenstand der allgemeinen Lehren des Strafrechts sind die allgemeinen Wesensmerkmale des Verbrechens und des Täters. Jede strafrechtlich bedeutsame Handlung ist eine gegliederte Einheit objektiver und subjektiver Momente (von Tat und Wille); ihre Verwirklichung geschieht in verschiedener Weise (als Begehung oder als Unterlassung) und in verschiedenem Grade (als Vorbereitung, Versuch oder Vollendung); ihre Bewertung in der Gemeinschaft kann verschiedenartig ausfallen (als rechtmäßig oder rechtswidrig; als schuldlos oder schuldhaft); sie steht in unlösbarer Beziehung zu ihrem Täter, dessen Persönlichkeit, Wille und Gesinnung ihre Eigenart prägen. Diese Momente darzustellen, ist Aufgabe des allgemeinen Teils.

Aufgabe des besonderen Teiles ist es, die einzelnen Verbrechensarten (Mord und Totschlag, Diebstahl und Raub usf.) voneinander abzugrenzen.

II. Wesensmerkmale der Handlung und des Täters und deren strafrechtliche Bewertung

1. Jedes Gemeinschaftsleben baut auf der Zwecktätigkeit der Gemeinschaftsglieder auf. Es setzt voraus, daß der Mensch Zwecke, d. h. künftige Ziele setzen, die zu ihrer Erreichung erforderlichen Mittel auswählen und in Gang bringen kann. Diese erste Voraussetzung alles Gemeinschaftslebens ist auch das erste Kriterium menschlichen Handelns überhaupt. Das reine Naturgeschehen verläuft blind-kausal (oder in der belebten Natur, vor allem der Tierwelt bestenfalls unbewußt-zweckmäßig [instinkthaft]). Aber der Mensch vermag die Zukunft zweckbewußt zu gestalten, d. h. auf Grund von Kausalerfahrungen die verschiedenartigsten Zielsetzungen planvoll zu verwirklichen. Damit ermöglicht er die spezifische Eigenart, die Breite und Fülle menschlichen kulturell-zivilisatorischen Schaffens.

Auch das Strafrecht beschäftigt sich allein mit Handlungen im Sinne dieser Zwecktätigkeit. Wo der Mensch nur kausal wird, sei es, daß er als bloße mechanische Masse wirkt (bei plötzlicher Ohnmacht), oder daß er zweckmäßige oder zweckwidrige Reflexbewegungen ausführt (bei Krampfanfällen oder unbeherrschbaren Schreckreaktionen), da mag er u. U. als Objekt rechtlichen Einschreitens z. B. als polizeiwidriger Zustand) in Betracht kommen; strafrechtlich scheidet sein Verhalten aus.

Wie Zweckhandlungen das Gemeinschaftsleben aufbauen, so sind es Zweckhandlungen, die es verletzen. Handlungen, die sich innerhalb der Ordnung des Gemeinschaftslebens bewegen, werden von der Gemeinschaftsordnung positiv, als „rechtmäßig" bewertet. Handlungen aber, die sie verletzen, sind „rechtswidrig".

2. Der Mensch ist jedoch nicht nur ein zwecktätig handelndes, sondern auch ein für seine Handlungen sittlich verantwortliches Wesen. Er vermag nicht bloß beliebige Ziele zu setzen und planvoll zu verwirklichen, sondern auch diese Ziele zuvor nach ihrem Sinn und Wert für das Gemeinschaftsganze auszuwählen. Richtet sich der Mensch nach den von den Gemeinschaftswerten ausgehenden Sollensforderungen (z. B. nach der Pflicht zur Hilfeleistung in § 330c), so handelt er verdienstlich. Verletzt er sie, so handelt er schuldhaft. Der Mensch ist „Person" in dem doppelten Sinne, daß er zwecktätig handelndes und für seine Handlungen sittlich verantwortliches Wesen ist. In diesen beiden aufeinander aufbauenden Stufen der Zwecktätigkeit und der sittlichen Verantwortlichkeit erfüllt sich menschliche, personale Täterschaft.

Die beiden Wertungen des Strafrechts: Rechtswidrigkeit und Schuld entsprechen diesen beiden Wesensmerkmalen von Handlung und Täterschaft. Der Zwecktätigkeit entspricht die Rechtswidrigkeit, der Verantwortung die Schuld. Beide Momente sind — obwohl überwiegend verbunden — sachlich doch zu unterscheiden. Denn gewisse Menschen sind, obwohl sie zwecktätige Handlungen vollziehen können, sittlicher Verantwortung gegenüber der Gemeinschaft nicht fähig: das Kind und der Geisteskranke.

Ein 12jähriger Junge, der in Nachbars Garten Äpfel stiehlt, handelt nicht schuldhaft, weil er noch keine vollentwickelte moralische Persönlichkeit ist, die die soziale Bedeutung der Handlung wirklich erkennen und sich danach richten könnte. Seine Handlung aber ist eine Zweckverwirklichung, die aus der sozialen Ordnung (der Eigentumsordnung) herausfällt und darum rechtswidrig ist. Gerade deshalb hat auch der Erwachsene, der dem Jungen über den Zaun geholfen hat, nicht etwa bei einem rechtlichen Nichts mitgewirkt, sondern zu einer rechtswidrigen Diebeshandlung Beihilfe geleistet und ist als Gehilfe dafür verantwortlich.

Wie das „finale" Moment der Handlung (die Zwecktätigkeit) eigenständig ist gegenüber dem sittlichen Moment der Verantwortlichkeit, so ist auch die Rechtswidrigkeit eine eigenständige Wertungsstufe gegenüber der Schuld. Die Rechtswidrigkeit enthält das schlichte Werturteil darüber, daß die Handlung aus den Ordnungen des Gemeinschaftslebens herausfällt. Die Schuld ist die Verantwortlichkeit der sittlichen Persönlichkeit für ihre rechtswidrige Handlung.

3. Von dem Grundsatz, daß für das Strafrecht nur zwecktätige Handlungen in Betracht kommen und bloße Verursachungen ausscheiden, gibt es eine den Grundsatz bestätigende Ausnahme für solche Verursachungen, die von ihrem Urheber zwecktätig vermeidbar waren, das sind die fahrlässigen Handlungen. Denn sind sie zwar bloße Verursachungen, so sind sie doch dadurch, daß sie durch den möglichen Einsatz der Zwecktätigkeit vermeidbar waren, in den Umkreis menschlichen Handelns erhoben (s. u. S. 22).

ERSTER TEIL

DER AUFBAU DES VERBRECHENS UND DAS WESEN DES TÄTERS

Einleitung: Die Handlungslehre

§ 8. Der Handlungsbegriff

I. Das Grundgefüge der Handlung

Vgl. Welzel, Z. 58 502 ff.

1. *Die vorsätzliche Handlung*

Menschliches Handeln ist Ausübung der Zwecktätigkeit. Die Eigenart menschlicher Täterschaft besteht darin, Ziele gedanklich zu antizipieren, die für die Zielerreichung erforderlichen Mittel auszuwählen und sie dann planmäßig zur Verwirklichung des Zieles einzusetzen. Ganz anders bei der reinen Kausalität: bei ihr sind die Ursachfaktoren nicht vom Ziel her bestimmt, sondern das „Ziel" (die Wirkung) ist die blinde Resultante der gerade vorhandenen Ursachfaktoren. Kausalität ist „blind"; Finalität (Zwecktätigkeit) „sehend", d. h. ein vom Ziel her gelenktes Wirken.

Ein Beispiel mag das verdeutlichen: Wenn der Blitz einen auf dem Felde arbeitenden Mann erschlägt, so beruht das Geschehen darauf, daß zwischen dem Mann und der Wolke die stärkste elektrische Spannung entstanden war, die zur Entladung führte. Diese Spannung hätte genau so gut auch zwischen einem sonstigen hochstehenden Gegenstand und der Wolke entstehen können. Daß es gerade der Mann war, war in der unendlichen Kette des Geschehens gewiß ursächlich bedingt, aber das Geschehen war daraufhin nicht zielgerichtet. Ganz anders bei menschlichen Handlungen: Wer einen anderen ermorden will, wählt die Ursachfaktoren bewußt daraufhin aus und legt sie so an, daß sie das vorbestimmte Ziel erreichen. Hier ist die Ursachkonstellation auf die Zielerreichung angeordnet: Einkaufen der Waffe, Auskundschaften der Gelegenheit, Auf-die-Lauer-Legen, Zielen, Losdrücken: alles sind einem Gesamtplan unterstehende, zielgerichtete Akte.

Diese Zielgerichtetheit (aktuelle Finalität) beruht auf der Fähigkeit des Willens, in bestimmtem Umfange die Folgen seines kausalen Eingreifens vorauszusehen und dieses danach planvoll zur Zielerreichung einzurichten. Der zwecktätige Wille beherrscht durch sein Kausalwissen das reale Geschehen und gestaltet es zu einer zielgerichteten Aktion. Dadurch hebt sich die Willensverwirklichung über jede äußere Verursachung hinaus. Der Wille ist kraft seines Kausalwissens objektivgestaltender Faktor der Handlung; er lenkt das Handlungsgeschehen planvoll zur Zielerreichung hin (Willensverwirklichung). Daher gehört der Vorsatz zur Handlung als deren objektiv-gestaltender Faktor.

Über den Inhalt des zwecktätigen Verwirklichungswillens s. u. S. 40.

2. *Die fahrlässige Handlung*

Handlung im weiteren Sinne ist die zwecktätig vermeidbare Verursachung. Beispiel: Löst sich beim Reinigen eines Gewehres, das der Täter versehentlich nicht entladen hatte, ein Schuß und tötet einen Dritten, so ist der Tod die blinde (ungewollte) Folge des unvorsichtigen Hantierens. Das Geschehen ist nicht, wie bei der vorsätzlichen Tötung, auf den Tod hin zielgerichtet, sondern blindkausal. Aber von einem reinen Naturvorgang unterscheidet es sich dadurch, daß es durch die mögliche Zwecktätigkeit ihres Urhebers vermeidbar war. Während bei der vorsätzlichen Handlung die Finalität (Zwecktätigkeit) realgestaltender Faktor des Handlungsvorganges ist, ist dies bei der fahrlässigen Handlung nicht der Fall, aber das objektive Geschehen ist wenigstens auf die mögliche Zwecktätigkeit des Täters bezogen.

Die fahrlässige Handlung ist eine völlig eigenständige Handlungsform neben der vorsätzlichen Handlung. Was beide unter den Oberbegriff der Handlung stellt, ist das Moment der Finalität, das aber bei der vorsätzlichen Handlung als wirkliche Zwecktätigkeit real-gestaltender Faktor (aktuelle Finalität), bei der fahrlässigen Handlung als mögliche Zwecktätigkeit nur Bezugsmoment ist (potentielle Finalität).

Damit erledigen sich die kritischen Einwände gegen die finale Handlungslehre. Terminologisch ermöglicht es gerade die finale Handlungslehre, von fahrlässiger Handlung zu sprechen, da das Bezogensein auf die mögliche Zwecktätigkeit das Geschehen über einen bloßen Naturvorgang hinaushebt. Die angeblichen sachlichen Schwierigkeiten bei der fahrlässigen Handlung aber entstehen nur dadurch, daß man die mögliche Zwecktätigkeit der fahrlässigen Handlung unvermerkt mit der wirklichen Zwecktätigkeit der vorsätzlichen Handlung vertauscht und damit der finalen Handlungslehre eine Vermengung unterschiebt, die sie nicht begeht! Auch für die finale Handlungslehre sind die Folgen der fahrlässigen Handlung „ungewollt"; auch für sie gilt: weder erreicht der Täter immer, was er bezweckt (beim Versuch), noch entsprechen die Wirkungen seines Verhaltens immer seinen Zwecken! (Daß § 224 weitere, außerhalb des Handlungszusammenhangs [nämlich der auf leichte Körperverletzung abzielenden Handlung] liegende Folgen straferschwerend heranzieht, spricht keineswegs gegen die finale Handlungslehre: Das Gesetz spricht ja selbst von bloßer Verursachung, die sich an die Handlung anschließt!)

3. *Die Funktion der finalen Handlungslehre*

besteht darin, durch das Moment der Finalität Tat und Täter mit einem über die äußere Verursachung hinausgehenden personalen Band zu verknüpfen, das bei der fahrlässigen Handlung am schwächsten ist und das gerade bei der vorsätzlichen Handlung zeigt, wie die äußere Tat als Zweckverwirklichung vom Täterwillen geprägt, beseelt und getragen wird. Tat und Täter bilden eine unlösbare innere Einheit dergestalt, daß die Tat nur als das persönliche Werk des bestimmten Täters begriffen werden kann.

Weitgehend wie hier Weber, Gr. passim, Niethammer bei Olshausen zu § 42b vor § 51, 7—9 u. a. und Kohlrausch, zu §§ 47—49 und besonders Maurach.

II. Abweichende Ansicht: Der naturalistische Handlungsbegriff

So die überkommene Lehre: Liszt, Beling, Radbruch, Mezger, Lb. S. 108, Schönke, Vorbem. III. — Zur Kritik vgl. Welzel, Z. 51, 703 ff.; 58, 491 ff.; v. Weber, Zum Aufbau des Strafrechtssystems, 1935; Mayer, S. 163 ff.

1. *Das Verursachungsdogma*

Gegen Ende des vorigen Jahrhunderts entstand eine Lehre, die jede, also auch die vorsätzliche Handlung in zwei heterogene Bestandteile auseinanderriß: in einen äußeren Kausalvorgang auf der einen Seite und in den bloß subjektiven Willensinhalt auf der anderen. Sie vernichtete damit die Zielgerichtetheit der vorsätzlichen Handlung. Im einzelnen lehrte sie: Handlung ist blinde Willensverursachung. Zu ihr gehört alles, was der Wille in der Außenwelt verursacht (= Willenswirkung), ohne Rücksicht darauf, ob er es gewollt hat oder auch nur hatte voraussehen können (= Willensinhalt). Der Willensinhalt ist für die Handlung „ohne Bedeutung"; die Frage des Bewußtseinsinhalts „scheidet aus dem Zusammenhang des Handlungsbegriffes aus" und „ist nur von Bedeutung für die Frage der Schuld" (Mezger. Lb. S. 108).

Beispiel: Eine Tötungs-„Handlung" liegt demnach darin, daß die Haushälterin aus Ärger absichtlich ihren Herrn nicht rechtzeitig weckt, so daß dieser den Zug versäumt und mit dem späteren Zug bei einem Zugunglück tödlich verunglückt; ja, Tötungshandlung ist sogar die Erzeugung des Mörders durch die Eltern, da sie eine Ursache für den Tod des Opfers ist.

2. *Kritik*

Die Folgen der Zerspaltung der Handlung machen sich naturgemäß in erster Linie bei den vorsätzlichen Delikten bemerkbar (nicht bei der fahrlässigen Handlung, da diese objektiv ein Verursachungsvorgang ist). Eine wirklich ernsthafte Durchführung der naturalistischen Handlungslehre würde das Verständnis der einfachsten Tathandlungen des besonderen Teils unmöglich machen. „Wegnehmen" i. S. von § 242 kann niemals als blindkausaler Vorgang, sondern allein als eine auf Bruch fremden und Begründung eigenen Gewahrsams abzielende Tätigkeit verstanden werden. Noch offensichtlicher ist der finale Charakter von Tathandlungen wie „sich zueigen" § 246, „zu einer Handlung nötigen" § 253, „täuschen" § 263, „dem Wilde nachstellen" § 292 usw. Schon schlichtes Sehen zeigt, daß alle diese Tätigkeiten finale, vom Täterwillen getragene Akte sind, die niemals als bloße Verursachungsvorgänge, unabhängig vom Inhalt des Täterwillens begriffen werden können. Auch das Gesetz unterscheidet sprachlich fein zwischen dem finalen „Töten" der vorsätzlichen Tatbestände (§§ 211 ff.) und dem fahrlässigen „Verursachen des Todes" des § 222 (entsprechend bei der Körperverletzung §§ 223 ff. —§ 230; bei der Brandstiftung §§ 306 f.—309). Die naturalistische Handlungslehre muß hier versagen.

Zu tiefgreifenden Fehldeutungen aber führt sie bei der Bestimmung des Unrechtsbegriffes. Ist „Handlung" der äußere Verursachungsprozeß, so besteht ihr Gehalt in der kausalen Herbeiführung eines äußeren Erfolges. Wert und Unwert einer Handlung bestimmen und bemessen sich dann allein nach dem Erfolg, den sie herbeiführt. Die naturalistische Handlungslehre führt notwendig zum Erfolgsstrafrecht. Sie macht es unmöglich, die „personalen" Momente der Handlung (wie Willensrichtung, Gesinnung, charakterliche Haltung, Pflichtenstellung — also alles täterschaftliche (personale) Momente —, die die äußere Handlung beseelen und färben) sinnvoll in den Unrechtsbegriff einzubauen; denn der Inhalt des Wollens ist nach ihr für die Handlung ohne Bedeutung. (Mezger, Lb. S. 108.) Damit erringt die Erfolgsseite ein ungebührliches Übergewicht im Verbrechensbegriff (im einzelnen s. u. S. **31** ff.).

III. Anhang: Auseinandersetzung mit Engisch

Eine eingehende verständnisvolle Würdigung hat die finale Handlungslehre (f. Hl.) durch Engisch (Probleme S. 141 ff.) erfahren. Kritisch stößt sich E. besonders an der

Einbeziehung von Vorsatz und Fahrlässigkeit in die Handlungs- und Unrechtslehre; er will darum einen von der Zwecksetzung des individuellen Täters losgelösten Handlungsbegriff gewinnen: „Handeln ist das Bewirken bezweckbarer Folgen durch einen willkürlich vollzogenen Akt" (S. 161). Hierzu und zu den Einwänden gegen die f. Hl. habe ich zu bemerken:

1. (zu S. 154 f.) Gewiß geht die f. Hl. von der Zwecktätigkeit des Menschen aus. Aber die willentliche Zweckverwirklichung umfaßt stets mehr als bloß den erstrebten Zweck. Der Täter muß auch die Mittel zu ihm verwirklichen und Nebenfolgen in Kauf nehmen. Auch diese Mittel und Folgen muß der Täter für die angestrebte Zweckverwirklichung mit verwirklichen wollen. Vorsatz ist darum der „Verwirklichungswille" (s. unten S. 40). So grenzt er sich von der Fahrlässigkeit ab; wer die Tat unbedingt, also mit Einschluß der als möglich erkannten Folgen verwirklichen will, handelt vorsätzlich, d. h. mit Verwirklichungswillen auch bezüglich der möglichen Folgen. Wer aber das Ausbleiben der als möglich erkannten Folgen erwartet, dem fehlt dieser unbedingte Verwirklichungswille; die möglichen Folgen sind von ihm nur vermeidbar verursacht. (Unzutreffend daher E. S. 155 Anm 52. Wenn ich zur Zielerreichung den möglichen Eintritt eines rechtswidrigen Erfolges gleichgültig hinnehme, will ich diesen eventuell, d. h. falls zur Zielerreichung mitgehörig mitverwirklichen!)

2 (zu S. 156 f.) Die Unterscheidung von Tatbestands- und Verbotsirrtum ist unabhängig von der f. Hl. notwendig. Darum behandelt z. B. auch Dohna jenen in der Lehre vom Vorsatz (Aufbau S. 16), diesen in der Lehre von der Schuld (S. 41). Mit der systematischen Verschiedenheit beider Irrtumsarten muß sich jede Lehre, die auf echte Systematik Wert legt, abfinden. Daß mit ihrer getrennten Behandlung für die Schuldlehre der einförmige Ungehorsam gegen die Norm übrig bliebe (S. 172), trifft nicht zu (vgl. unten S. 80). Im Gegenteil: dadurch daß die Schuldlehre von der Vorsatzlehre entlastet wird, wird diese nur gewinnen und das Wesen der Schuld immer reiner herausstellen. So konnte man nur deshalb, weil man Vorsatz und Fahrlässigkeit als Schuldtypen ansah, auf den irrigen Gedanken kommen, auch bei der Täterschuld nach diesen suchen zu müssen (dazu Lange, Z. 62, S. 213)

3 (zu S. 158.) Die f. Hl. geht von einem schuldindifferenten Vorsatzbegriff aus und fügt die Schuld als weiteres Merkmal hinzu. Nicht sie, sondern ihre Gegner müssen den Vorsatz verdoppeln: Neben dem „eigentlichen" Vorsatz als Schuldtyp sehen sie sich auch dogmatisch immer stärker gezwungen, mit einem uneigentlichen, noch recht vage verstandenen „natürlichen" Vorsatzbegriff zu arbeiten. Hier bringt die f. Hl., wenn man sie erst einmal richtig durchdacht hat, wirklich eine große Vereinfachung!

Der Vorsatz der f. Hl. ist kein aufgeweichter juristischer und darum „natürlicher" Vorsatz, vor allem kein bloß „allgemeiner" Handlungswille, sondern der exakt gefaßte, für das Rechtsgebiet auf rechtliche Gehalte bezogene Vorsatz der Handlungslehre überhaupt: das Wissen und Wollen der Erfolgsverwirklichung (rechtlich: der Tatbestandsverwirklichung.) Als solcher ist er — vor jeder Schuldfrage — einer der juristisch-dogmatischen Grundbegriffe, das Essentiale jeder finalen Handlung: Tötung, Sachbeschädigung, Körperverletzung usw.; darum ist Vorsätzlichkeit (aktuelle Finalität) immer nur in bezug auf eine bestimmte Erfolgsverwirklichung festzustellen. So nimmt im Beispielsfalle u. S. 59, die Krankenschwester zwar keine finale Tötungshandlung vor, wohl aber eine finale Einspritzung. (Das verkennt E. S. 156 Anm. 55.)

4. (zu S. 160 f.) E.s eigener Handlungsbegriff ist aufs engste mit der adäquaten Kausalität verknüpft und setzt sich damit all den Einwendungen aus, die gegen diese als allgemeine Kausallehre erhoben werden. Darauf sei nur hingewiesen. Wichtiger ist, daß E. selbst seinen vom individuellen Taterwillen losgelosten Handlungsbegriff immer wieder in Richtung auf den f. Hb. verläßt und verlassen muß:

a) Bei den Tatbeständen mit subjektiven Unrechtselementen will E. den Vorsatz wenigstens nicht „in toto" in die Unrechtslehre einbeziehen (S 173). Aber als Unrechtselement ist die Zueigungsabsicht des § 242 doch wirklich nur an einer auf Wegnahme fremder Sache abzielenden Handlung denkbar. (An eigner oder für eigen gehaltener Sache kann ich nicht die Absicht rechtswidriger Zueignung haben.) Hier ist echter, auf Tatbestandsverwirklichung gerichteter Vorsatz, kein bloßer „Teilvorsatz" oder dgl. erforderlich. (Übrigens: Warum verweigert man der Handlung, was man den subjektiven Unrechtselementen zugesteht: das Abstellen auf den konkreten Täterwillen?) — Für den umgekehrten, rechtfertigenden Fall der ärztlichen Heilbehandlung verlangt E. selbst ausdrücklich den subjektiven Heilzweck neben der objektiven Indikation und kunstgerechten Durchführung (MonKrimBl. 30 (1939) S. 415)! Also ist hier der individuelle Täterwille für den Handlungsbegriff wesentlich!

b) Vielleicht wird E. in diesen Fällen die Einbeziehung des Vorsatzes in die Handlungs- und Unrechtslehre zugestehen (vgl. die vorsichtige Formulierung S. 174), — um so lebhafter bestreitet er das bei den Delikten, die sowohl vorsätzlich wie fahrlässig begangen werden können. Hier gerät er zunächst beim Problem des untauglichen Versuchs in Schwierigkeiten. Das ungefährliche, belanglose Tun, das objektiv-äußerlich hier vorliegt, ist als solches noch kein Unrecht, sondern ist es nur als Manifestation des individuellen bösen Willens, nicht etwa bloß der „Willkürlichkeit" i. S. von E., sondern eben des Deliktsvorsatzes. Aber auch unabhängig von der Problematik des untauglichen Versuchs gilt für jeden Versuch: welcher Tatbestand versucht und welches Unrecht begonnen wurde, hängt entscheidend vom Deliktsvorsatz ab (so entscheidet sich nach dem Vorsatz, ob versuchte Körperverletzung oder versuchter Mord begangen wurde!) Wenn aber beim Versuch der Vorsatz Unrechtselement ist, sollte er plötzlich diese Eigenschaft verlieren, wenn die Tat vollendet wird?

c) Endlich die Teilnahmelehre! E. behandelt (S. 174) leider nur die Frage nach der Möglichkeit fahrlässiger Teilnahme, die für die f. Hl. keine prinzipielle Bedeutung hat und über die ich in Z. 58 S. 540 Abs. III das mir wesentlich Erscheinende gesagt habe. Ein Prüfstein für jede Handlungslehre ist dagegen die Frage nach der (sinnvollen) Möglichkeit vorsätzlicher Teilnahme an unvorsätzlicher Haupttat. Wenn der Vorsatz Schuldelement ist, dann ist bei limitierter Akzessorietät Anstiftung und Beihilfe an rein objektiver Haupt-„Tat" anzunehmen. Zu welch lebensfremden Ergebnissen das führt, habe ich unten S. 68 gezeigt. Verlangt man aber zur Haupttat Vorsatz, wie das sachlich geboten ist und wie es auch E. anzunehmen scheint (S. 172 A. 121), so gelangt man bei limitierter Akzessorietät notwendig zum schuldlosen Vorsatz. — Hier ist der Punkt, an dem die f Hl. nicht mehr zu umgehen ist! Vgl. darum jetzt Kohlrausch, vor § 47.

5. Der tiefere Grund für die Bedenken gegen die f. Hl. liegt in der Unrechtslehre. Man fürchtet eine Gefahr für das objektive Unrecht (S. 160, 171). Dabei unterscheidet doch auch die f. Hl. Unrecht und Schuld und trägt dem Bedürfnis nach einer objektiven Rechtswidrigkeit durch die Begriffe des Handlungs- und des Sachverhaltsunwerts vollauf Rechnung. Und doch scheint das nicht zu genügen: man glaubt, die f. Hl. mache die soziale Sinnbedeutung der Handlung einseitig vom Einzelwillen abhängig (so Eb. Schmidt, Arzt im Strafrecht, S. 75 Anm. 29). Hiergegen sei einmal eindeutig festgestellt, daß diese Meinung ein Mißverständnis ist! Schon ein genauer Blick auf die „soziale Adäquanz" hätte vor diesem Mißverständnis bewahren können. Bei ihr wird ein sozial angemessenes Handeln, selbst wenn es mit schlechten Absichten und Hintergedanken vorgenommen wird, dadurch in keiner Weise in seiner sozialen Sinnbedeutung verändert. — Der Einzelne ist stets zugleich Glied eines überindividuellen Ganzen, vor allem der überkommenen Traditionswelt. Was z. B. kunstgerechte Heilbehandlung ist, daran haben Generationen vor ihm gearbeitet und ist nicht von seinem individuellen Willen allein abhängig. Aber zu ihrer Vornahme gehört auch sein individueller, zwecksetzender Wille! Darum bestimmt die f. Hl. den Begriff der ärztlichen Heilbehandlung keinen Deut anders als E. und wohl auch Eb. Schmidt, jedoch baut sie den individuellen Willen sinnvoll ein, während er in der Handlungslehre ihrer Kritiker konsequent gar nicht auftauchen dürfte! — Hegelisch gesprochen handelt es sich um den Zusammenhang von subjektivem und objektivem Geist. In die Wirklichkeit tritt der objektive Geist nur durch die Taten des subjektiven, darin liegt das Recht des letzteren und mit ihm der f. Hl.; aber die Gehalte des objektiven Geistes sind dem Einzelwillen weitgehend vorgegeben. Gerade Verf. nimmt für sich in Anspruch, die Bedeutung der objektiv-sinnhaften sozialen Ordnungen, in die das Tun des Einzelnen eingebettet ist, gegen einen weithin vertretenen Naturalismus immer wierder herausgestellt zu haben, und erst dies darf ihn berechtigen, die Anerkennung für die f. Hl. anzunehmen, daß mit ihr die Strafrechtslehre zu einem objektiven Idealismus zurückkehrt (E. S. 149).

§ 9. Das Kausalproblem im Strafrecht

Träger, Der Kausalbegriff im Straf- und Zivilrecht, 1904.
Engisch, Die Kausalität als Merkmal strafrechtlicher Tatbestände, 1931.

I. Die Problemstellung

1. Jede Handlung ist ein Indienststellen der Kausalität; die Kausalität ist daher ein Teilmoment jeder Handlung und dabei in den meisten strafrechtlichen Tatbeständen völlig unproblematisch, z. B. beim „Wegnehmen", „Schwören" usw. Nur bei wenigen Delikten (vor allem bei den Tötungsdelikten, der Körperverletzung und Brandstiftung) und auch hier meist nur in Grenzfällen kann sie problematisch werden.

Im Bereich der Tötungsdelikte ist das Problem historisch entstanden (durch die Aufsätze von v. Buri und Geyer in Goltd. Arch. Bd. 11—13, 1863—65). Zur Kritik vgl. Mayer, S. 165 ff.

2. Der Kausalbegriff ist kein juristischer Begriff, aber auch keine bloß logische, sondern eine Seinskategorie. Darum ist der Kausalzusammenhang keine bloß logische, noch weniger bloß eine „gedankliche“ Verknüpfung mehrerer Ereignisse, sondern der zwar nicht wahrnehmbare, aber im Denken erfaßbare gesetzliche Zusammenhang in der Aufeinanderfolge des realen Geschehens und ist darum als solcher ebenso real wie das Geschehen selbst. Auch das Recht muß von diesem „ontologischen“ Kausalbegriff ausgehen; es gibt keine besondere juristische Kausalität (wohl aber sind nicht alle Kausalverläufe auch rechtlich relevant!).

II. Die Theorien

1. *Die Bedingungstheorie* (*Äquivalenztheorie*)

Die Bedingungstheorie geht zutreffend vom ontologischen Kausalbegriff aus und stellt eine „heuristische“ Formel zur Auffindung von Kausalzusammenhängen und zur Ausscheidung fehlender Ursächlichkeit auf. Dabei verwendet sie den Gedanken, daß jede Wirkung eine Mehrheit von ursächlichen Bedingungen hat und daß im Ursachzusammenhang jede dieser Bedingungen für den Erfolg gleich notwendig ist und daß insofern alle Bedingungen kausal „gleichwertig“ sind (daher „Äquivalenztheorie“). Die heuristische Formel lautet:

Ursache ist jede Bedingung, die nicht hinweggedacht werden kann, ohne daß der Erfolg (in seiner konkreten Gestalt) entfiele. RG. **44** 244 (condition sine qua non).

Für Unterlassungen ist die Formel folgendermaßen zu fassen: Eine Unterlassung ist nur ursächlich, wenn die unterlassene Handlung nicht hinzugedacht werden kann, ohne daß der Erfolg wegfiele. RG. **75** 50.

Maßgebend ist stets der konkrete Erfolg, d. h. der Erfolg in seiner individuellen Gestalt, Größe und Zeit seines Eintritts. So tötet, wer den Todgeweihten umbringt, vgl. RG. **22** 325. Weiter genügt, wenn die Handlung nur eine Bedingung für den Erfolg war, auch wenn sie nur durch das Mitwirken anderer Faktoren zum Erfolg führte. Darum ist eine Handlung ursächlich, auch wenn sie nur infolge der besonderen körperlichen oder seelischen Verfassung des Verletzten (z. B. eines „Bluters“) oder infolge dessen eigener Unvorsichtigkeit (Vernachlässigung der Wunde) oder infolge des Dazwischentretens Dritter (Fahrlässigkeit des Arztes) den Erfolg herbeiführte.

Die Formel von der c. s. qu. n. führt in aller Regel zur Aufdeckung des kausalen Anteils einer Vorbedingung. Aber sie versagt da, wo von mehreren Vorbedingungen schon jede für sich allein den vollen Erfolg hätte herbeiführen können (z. B. A und B geben unabhängig voneinander je eine tödliche Giftmenge in das Essen des C und töten ihn damit, oder wo, wäre die wirksam gewordene Vorbedingung ausgefallen, sofort eine andere an ihre Stelle getreten wäre (A und B reichen C einen Stock, um X zu verprügeln; C führt die Tat mit dem von A gereichten Stock aus). Nach der Bedingungsformel kann hier jedesmal die kausale Vorbedingung hinweggedacht werden, ohne daß der Erfolg entfiele. Die Unanwendbarkeit der Formel in diesen Fällen ändert nichts an der vorhandenen Ursächlichkeit, denn die Formel ist nur ein Hilfsmittel zur Feststellung von Kausalverläufen; diese können und müssen in diesen Fällen unmittelbar auf Grund unserer Kenntnis der Kausalgesetze ermittelt werden.

Mit der Feststellung der Ursächlichkeit ist nur die elementarste Voraussetzung und äußerste Grenze strafrechtlicher Haftung für einen Erfolg ermittelt: für einen Erfolg kann nur haftbar gemacht werden, wer ihn verursacht hat! Ob er wirklich haftbar gemacht wird, hängt jenseits der Kausalfrage von weiteren Voraussetzungen ab, und zwar vom vorsätzlichen oder fahrlässigen Handlungszusammenhang und von der Tatbestandsmäßigkeit (s. u. 2). Diese Gesichtspunkte scheiden aus dem Kreis ursächlicher Bedingungen die für das Strafrecht relevanten Bedingungen aus. Niemals ist im Strafrecht der Bedingungszusammenhang allein rechtlich relevant (Grundlage des Rechtswidrigkeitsurteils).

Wenn A den B fahrlässig leicht verletzt, B aber verblutet, weil er, wie sich herausstellt, Bluter war, so hat A den Tod des B zwar verursacht, hat aber nur eine fahrlässige Körperverletzung, nicht eine fahrlässige Tötung begangen, da er den Tod nicht voraussehen konnte (Einschränkung durch den Handlungszusammenhang).

Daß im Strafrecht niemals der Bedingungszusammenhang allein relevant ist, gilt auch bei den sog. erfolgsqualifizierten Delikten. Bei ihnen wird eine schwere, äußerhalb des Handlungszusammenhangs eintretende Folge straferschwerend mit herangezogen. So wird in § 226 eine vorsätzliche Körperverletzung schwerer bestraft, wenn sie den Tod zur Folge hatte (vgl. auch §§ 178, 221, 224 u. a.). Wollte man hier, wie es das RG. grundsätzlich tut, den bloßen Bedingungszusammenhang genügen lassen, so käme man zu unbilligen Ergebnissen: Wenn B, den der A vorsätzlich leicht verletzt hatte, auf dem Wege zum Arzt bei einem Autounglück getötet wird, so müßte A nach § 226 mit Zuchthaus oder Gefängnis nicht unter 3 Jahren bestraft werden. Aus der Judikatur: RG. **5** 29; **27** 93; einschränkend RG. **64** 143.

Die Beschränkung dieser Fälle auf die relevanten Kausalverläufe muß hier über die Tatbestandsmäßigkeit erfolgen; das Prinzip hierfür hat die Adäquanztheorie entwickelt.

Wenn die Zivilsenate des RG im Gegensatz zu den Strafsenaten die Adäquanztheorie vertreten, so hat das seinen Grund darin, daß im zivilen Deliktsrecht der Täter auch für weitere, nicht voraussehbare Schäden haftet, die aus seiner vorsätzlichen oder fahrlässigen Verletzungshandlung erwachsen. Die zivilen Voraussetzungen der Schadensersatzpflicht sind also analog den erfolgsqualifizierten Tatbeständen gebaut; darum erfordern sie eine Beschränkung der Kausalverläufe.

2. *Die Adäquanztheorie*

Der Philosoph v. Kries bemerkte, daß für die Straferschwerung etwa der §§ 224. 226 offensichtlich die typische Gefährlichkeit der Körperverletzung maßgebend gewesen sein müsse. Denn schwere Folgen können auch bei sonstigen Delikten (Diebstahl usw.) eintreten. (Z. B. beim Diebstahl: der Bestohlene wird auf dem Wege zum Staatsanwalt bei einem Autounglück getötet. Hier sieht das Gesetz eine Erfolgsqualifizierung nicht vor). Nur typische, mit der spezifischen Gefährlichkeit gerade körperlicher Verletzungen leicht verknüpfte Folgen sollen offenbar nach §§ 224/226 straferschwerend wirken. Entsprechendes gilt für alle übrigen erfolgsqualifizierten Tatbestände: stets handelt es sich bei ihnen um Verletzungen, die schwere Folgen leicht nach sich ziehen können (Notzucht, Aussetzung, Freiheitsberaubung, Brandstiftung). Nicht jede schwere Folge kann daher für die erfolgsqualifizierten Delikte genügen, sondern nur die, die der betr. Verletzungshandlung „adäquat" ist.

Adäquat ist diejenige Bedingung, die generell geeignet ist, einen Erfolg dieser Art herbeizuführen.

Es scheiden also alle ganz außergewöhnlichen Kausalverläufe aus. Außergewöhnlich sind Kausalverläufe, mit denen ein verständiger Beobachter z. Zt. der Handlung nicht zu rechnen brauchte (obj. nachträgliche Prognose). Beispiel: Wenn A den B vorsätzlich verletzt und B im Krankenhaus deshalb stirbt, weil er durch unsachgemäße Behandlung eine Blutvergiftung erwirbt, so haftet A nicht wegen Körperverletzung mit tödlichem Ausgang (§ 226), da der Kausalverlauf ganz außergewöhnlich war.

Die maßgebende Einschränkung auf die rechtlich relevanten Erfolgsverursachungen ergibt sich bei den erfolgsqualifizierten Delikten also aus der Tatbestandsmäßigkeit: nur die adäquate Verursachung des schweren Erfolges ist tatbestandsmäßig relevant.

Darüber hinaus glaubt jedoch die Adäquanztheorie, daß für das gesamte Strafrecht nur adäquate Kausalverläufe rechtlich relevant seien (Vertreter: Träger, Hippel, Mezger).

Dabei gerät sie in Schwierigkeit, wenn der Täter vermöge seines besonderen Kausalwissens außergewöhnliche Kausalverläufe voraussehen konnte. Sie muß auch solche Kausalverläufe für adäquat erklären und gerät damit in einen unauflöslichen Widerspruch mit ihrem Ausgangspunkt. Die Adäquanztheorie ist als allgemeine juristische Kausallehre undurchführbar. Die Auswahl der strafrechtlich relevanten Bedingungen aus dem von der Bedingungstheorie ermittelten Ursachkomplex erfolgt durch den vorsätzlichen und fahrlässigen Handlungszusammenhang und durch die Tatbestandsmäßigkeit, und nur im Rahmen der letzteren ist die Adäquanz in den Fällen der erfolgsqualifizierten Delikte erheblich, während im übrigen jede im Handlungszusammenhang stehende Erfolgsherbeiführung und nur eine solche tatbestandsmäßig relevant ist.

3. *Die individualisierenden Theorien*

Die i. Th. versuchen innerhalb des durch die Äquivalenztheorie bestimmten Kausalzusammenhanges die für den individuellen Fall „ausschlaggebende Bedingung" festzustellen und sie allein als „Ursache" gegenüber den sonstigen mitwirkenden „Bedingungen" herauszuheben. Da die kausale Größe der Wirkungsanteile nur selten meßbar, immer aber rechtlich gleichgültig ist — denn auch der geringste kausale Kraftaufwand kann strafrechtlich entscheidend sein —, sind die i. Th. als Kausaltheorien undurchführbar und müssen Anleihen aus anderen Gebieten (Lebenssprachgebrauch, Tatbestandsmäßigkeit, Rechtswidrigkeit, Schuld) machen. Nachdem die früheren Theorien (Binding, Birkmeyer, Kohler u. a.; darüber Träger S. 80 f.) aufgegeben schienen, hat neuerdings Nagler (LK, S. 53 f.) eine i. Th. aufgestellt, die als Ausleseprinzip für die ausschlaggebende Bedingung die soziale Wertung heranzieht: „Ursächlich ist die Handlung, die innerhalb dieses Lebensausschnittes nach sozialer Wertung als für den Erfolg ausschlaggebend angesehen werden muß."

Auch diese Theorie krankt wie ihre Vorgängerinnen an der mangelnden Schärfe und kommt wie sie mit dem Abstellen auf die soziale Wertung „über einen Appell an den gesunden Menschenverstand nicht hinaus“ (M. E. Mayer). Bei der Beurteilung der Einzelfälle zieht sie überdies Rechtswidrigkeits- und Schulderwägungen heran. So lehrt Nagler (S. 55), daß einen Verkehrsunfall nur derjenige Fahrer verursacht, der entgegen den Verkehrsvorschriften fährt. Also: das Kausalurteil ist abhängig von der Rechtswidrigkeitsprüfung. Oder: wenn dem unvorsichtig fahrenden Chauffeur plötzlich ein Kind vor das Auto springt, so daß es auch bei vorsichtigem Verhalten hätte überfahren werden müssen, sei das Kind allein kausal. Aber jede soziale Wertung wird dahingehen, daß der Chauffeur das Kind durch Überfahren getötet hat (also kausal war), nur schuld daran war er nicht. Die i. Th. vermengen die Kausalfrage mit Gesichtspunkten, die erst jenseits der Kausalfrage herangezogen werden können.

III. Sonderfragen

1. *Keine Unterbrechung des Kausalzusammenhangs*

Nach einer früheren Lehre soll durch die freie vorsätzliche Handlung die Kausalität desjenigen, der eine Vorbedingung für den Erfolg geschaffen hat, unterbrochen werden.

Beispiel: Ein Jäger hängt sein geladenes Gewehr in eine Wirtsstube, in der ein schwere Schlägerei ausgebrochen ist. Ein Gast ergreift es und erschießt einen Dritten damit. — Durch das freie vorsätzliche Handeln des G soll nach der abweichenden Lehre die Kausalität der Handlung des J für den Tod des Dritten unterbrochen worden sein.

Diese Lehre ist seit einiger Zeit aufgegeben, vor allem seit RG. **64** 318, 370. Ihr Fehler ist handgreiflich: ein Kausalzusammenhang (die Ursächlichkeit) besteht oder besteht nicht, aber kann nicht „unterbrochen“ werden. Das ganze Problem ist keine Kausalfrage, sondern eine Frage der Täterschaft (J ist fahrlässiger Täter, G vorsätzlicher Täter; s. u. S. 58).

Etwas ganz anderes ist das Abbrechen einer Kausalreihe: A gibt B ein tödliches Gift; ehe es wirkt, wird B von C erschossen (oder vom Blitz getroffen). Hier ist die Giftgabe überhaupt nicht kausal für den Tod geworden. A hat darum nur Mordversuch begangen.

2. *Der Gefahrbegriff*

Im Strafrecht kommen nicht nur wirkliche, sondern auch mögliche Kausalverläufe in Betracht. Schon die Schaffung einer Gefahr, d. h. eines außergewöhnlichen Zustandes, in dem der Eintritt schädlicher Folgen mit Wahrscheinlichkeit zu erwarten ist, ist zuweilen unter Strafe gestellt (bei den sogenannten konkreten Gefährdungsdelikten, z. B. §§ 170c, 312ff).

Erstes Kapitel: Das vorsätzliche Verbrechen

Erster Abschnitt: Das Unrecht und sein Täter

a) Unrecht und Tatbestand

§ 10. Das Wesen des Unrechts

I. Rechtswidrigkeit und Schuld

Jede Straftat ist eine gemeinschaftswidrige Handlung, für die der Täter als Persönlichkeit verantwortlich ist. Persönliche Verantwortlichkeit (Schuld) für eine gemeinschaftswidrige Tat (Unrecht) sind die beiden Grundbestandteile des Verbrechens.

1. *Die Rechtswidrigkeit*

Unrecht oder Rechtswidrigkeit ist der objektive Unwert der Handlung innerhalb der Gemeinschaftsordnung, dessentwegen sie verboten ist. Diese Bewertung der Tat als rechtswidrig erfolgt vom Standpunkt der Gemeinschaftsordnung aus, also nach einem objektiv-allgemeinen Maßstab.

2. *Die Schuld*

Schuld ist die persönliche Verantwortlichkeit für die rechtswidrige Tat. Persönlich verantwortlich ist der Täter, der sich zu seiner rechtswidrigen Tat entschlossen hatte, obwohl er die rechtliche Mißbilligung der Tat erkannte oder erkennen konnte und auf Grund dessen den Entschluß hätte unterlassen können.

Wer wie der Geisteskranke zur Tat zwangsläufig getrieben wird oder wie das Kind noch nicht fähig ist, seine Triebe durch sinnvolle Willensakte zu meistern und zu steuern, der ist nicht persönlich verantwortlich. (Ist er wie gewisse Geisteskranke dauernd gefährlich, so kann die Gemeinschaft durch seine Internierung vor ihm geschützt werden, § 42 b).

3. *Der Gegenstand der Rechtswidrigkeit*

Gegenstand der Rechtswidrigkeit ist die Handlung. Wie sich im Positiven das Gemeinschaftsleben aus Handlungen aufbaut, so sind es auch im Negativen Handlungen, die es verletzen. Rechtmäßigkeit und Rechtswidrigkeit sind Wertprädikate gemeinschaftsbedeutsamer Handlungen. Als „objektive" Wertungen sind sie dabei Wertungen nach einem allgemeinen Maßstab, nämlich nach der Gemeinschaftsordnung. Was bewertet wird, ist die Handlung als gegliederte Einheit objektiv-außenweltlicher und subjektiv-willensmäßiger Momente.

II. Der erfolgsbezogene und der täterbezogene (personale) Unrechtsbegriff

Die Unterscheidung zwischen dem naturalistischen und dem finalen Handlungsbegriff wird für die Wesensbestimmung des Unrechts von entscheidender Bedeutung. Sie führt zu einem erfolgsbezogenen Unrechtsbegriff auf der einen Seite, zu einem personalen Unrechtsbegriff auf der anderen Seite.

1. *Der erfolgsbezogene Unrechtsbegriff (die Güterverletzungslehre)*

Nach der naturalistischen Handlungslehre ist Handlung bloße Willenswirkung, d. h. äußere Erfolgsverursachung. Das Wesen des Unrechts muß diese Lehre daher allein in der Verursachung des mißbilligten äußeren Erfolges oder in der „Rechtsgüterverletzung" bzw. Rechtsgütergefährdung sehen. Die Schwere des Unrechts bemißt sich daher allein nach der Größe des herbeigeführten mißbilligten Erfolges, nach dem Umfange der Rechtsgüterverletzung oder -gefährdung (vgl. dazu Mezger, Lb. S. 197, GS. Bd. **89** 245 ff.

2. *Kritik des erfolgsbezogenen und Entwicklung des personalen Unrechtsbegriffs*

Der erfolgsbezogene Unrechtsbegriff betont zwar zutreffend ein in vielen Delikten bedeutsames Moment, nämlich die Erfolgsseite. Aber weder erschöpft diese das

Unrecht, noch ist sie ihm immer wesentlich. Die Rechtsgüterverletzung ist nur ein unselbständiges Teilmoment am Unrecht, das auch fehlen kann. Dagegen übersieht jene Lehre andere wesentliche Momente am Unrecht, nämlich die „personalen" Elemente, und vermag sie nicht sinnvoll einzubauen. Im einzelnen ist zu bemerken:

a) Es ist verfehlt, alle Delikte als Erfolgsverursachungen (Rechtsgutsverletzungen oder -gefährdungen) aufzufassen.

Das zeigt schon die Strafbarkeit des untauglichen Versuchs, der Unternehmungsdelikte und aller Delikte, deren Vollendungszeitpunkt vorverlegt ist (z. B. § 267), ohne daß auch nur eine objektive Gefährdung vorliegen müßte, ferner gewisse reine Aktverbrechen (widernatürliche Unzucht, Blutschande), bei denen die Tätigkeit als solche sozial-ethisch unrein ist und ein von der Handlung unabhängiger Erfolgssachverhalt (wie die Leiche beim Mord oder der Vermögensschaden beim Betrug) fehlt.

b) Aber auch da, wo eine Rechtsgutsverletzung Tatbestandsmerkmal ist, erschöpft die Rechtsgutsverletzung nicht das Tatunrecht. So stimmen Vermögensdelikte wie Betrug, Erpressung, Wucher, Untreue im Merkmal der Vermögensbeschädigung überein; das Entscheidende, das sie voneinander trennt, ist die besondere Art und Weise der Handlung: Täuschung, Drohung, Ausnutzung, Treubruch. Das kommt in der Auffassung vom Unrecht als kausaler Rechtsgutverletzung nicht zum Ausdruck.

c) Am schwersten wiegt, daß (bei *konsequenter* Durchführung) die erfolgsbezogene Unrechtslehre die personalen Momente des Unrechts nicht mit aufnehmen kann. Wo die Handlung bloße kausale Erfolgsherbeiführung und das Unrecht Rechtsgüterverletzung ist, da ist für personale Elemente weder in der Handlung noch im Unrecht Raum; denn aller Willensinhalt scheidet (angeblich) aus der Handlung und aus dem Unrecht aus und gehört zur Schuld.

Schon die Anerkennung von subjektiven Unrechtselementen (s. u. S. 44) bringt einen unheilbaren Systembruch in die alte Lehre (vgl. *Gallas*, Z. 60 S. 383 ff.).

In Wahrheit ist, wie allgemein anerkannt wird, schon für die Frage des Unrechts entscheidend, mit welchen Absichten, Gesinnungen oder Einstellungen der Täter seine Handlung vollzieht. Ob die Tat überhaupt Unrecht ist und wie schwer dieses wiegt, hängt sehr häufig von Gesinnungsmomenten ab, wie z. B. ob der Täter „in Zueignungsabsicht" wegnimmt (§ 242), ob er „seines Vorteils wegen" hehlt (§ 257), ob er „aus Mordlust", „zur Befriedigung des Geschlechtstriebes" oder „aus Habgier" tötet (§ 211) usw. (s. u. S. **44**ff.).

Aber nur an einer zielgerichteten Handlung sind solche Gesinnungselemente als Momente des die Tat prägenden Willensinhaltes möglich, wie allgemein die Tathandlungen der vorsätzlichen Tatbestände (wegnehmen, zueignen, täuschen usw.) *nur als zielgerichtete Handlungen verstanden werden können.* Nicht die blinde Erfolgsverursachung, sondern nur die vom Täterwillen zielgerichtete und beseelte Handlung ist (in vorsätzlichen Tatbeständen) Gegenstand der Rechtswidrigkeit. Nicht der naturalistische, sondern nur der finale Handlungsbegriff kann die Grundlage des Unrechsbegriffes abgeben.

Der Täterwille (Vorsatz) gehört daher nicht erst zur Schuld, sondern schon zum Unrecht als das generelle personale Unrechtselement, das die Eigenart und Schwere des vorsätzlichen Tatunrechts vom Unrecht der bloß vermeidbaren Verursachung (Fahrlässigkeit) abhebt.

3. *Der personale Unrechtsbegriff*

Nicht die von der Täterperson inhaltlich abgelöste Erfolgsverursachung (Rechtsgüterverletzung) erschöpft das Unrecht, sondern rechtswidrig ist die Handlung nur als Werk eines bestimmten Täters, der durch seinen Willensinhalt der Tat seinen Stempel aufdrückt. Welche Zielsetzung der Täter der objektiven Tat zwecktätig gegeben, aus welcher Einstellung heraus er sie begangen hat, welche Pflichten ihm dabei oblagen, all das bestimmt maßgeblich das Unrecht der Tat neben der etwaigen Rechtsgüterverletzung. Rechtswidrigkeit ist immer die Mißbilligung einer auf einen bestimmten Täter bezogenen Tat. Unrecht ist täterbezogenes, „personales" Handlungsunrecht.

Über die praktischen Folgen siehe besonders u. S. 61f.

4. *Erfolgs- und Handlungsunwert*

Die abgelehnte Lehre von der Rechtswidrigkeit als kausaler Rechtsgutsverletzung hat immerhin das Verdienst, die Bedeutung der Erfolgs-(Rechtsguts-)Seite herausgestellt zu haben. Für die meisten Delikte ist allerdings eine Rechtsgutsverletzung oder -gefährdung wesentlich, aber nur als Teilmoment der personal-rechtswidrigen Handlung, nie in dem Sinne, daß die Rechtsgutsverletzung allein das Tatunrecht ausreichend kennzeichnet. Die Rechtsgutsverletzung (der Erfolgsunwert) hat strafrechtlich nur innerhalb einer personal-rechtswidrigen Handlung (innerhalb des Handlungsunwerts) Bedeutung. Der personale Handlungsunwert ist der generelle Unwert aller strafrechtlichen Delikte. Der Sachverhaltsunwert (das verletzte bzw. gefährdete Rechtsgut) ist ein unselbständiges Moment bei zahlreichen Delikten (den Erfolgs- und Gefährdungsdelikten). Der Sachverhaltsunwert kann im konkreten Fall fehlen, ohne daß der Handlungsunwert entfiele, z. B. beim untauglichen Versuch oder bei der dem Täter nicht bekannten Einwilligung des Verletzten (s. u. S. 99, 55).

III. Anhang: Schema für den Verbrechensaufbau

Im Mittelpunkt des strafrechtlichen Unrechts steht die Täterhandlung Sie ist eine Struktureinheit objektiver und subjektiver Momente. Sie ist ferner die Tat eines Täters: die Täterpersönlichkeit prägt der Tat ihren Stempel auf. Daher wird der Unrechtstatbestand nach den zwei sich kreuzenden Gegensatzpaaren: objektiv-subjektiv und täterschaftlich-tatmäßig aufgebaut

1. Der objektive Unrechtstatbestand.

a) Die objektiven Tatelemente:

die Ausführungshandlung mit der Rechtsgutsverletzung (soweit letztere zum Tatbestand gehört) (z. B. „einen anderen körperlich verletzen" § 223); ferner die besonderen Tatmittel und Begehungsweisen (z. B. „Waffe" oder „hinterlistiger Überfall" § 223a) und die sonstigen Handlungsmodalitäten wie Ort und Zeit (§ 243 Ziff. 7).

b) Die objektiv-täterschaftlichen Elemente (z. B. „Fürsorgeverpflichteter", § 223b, oder „Beamter", § 340)

2. Der subjektive Unrechtstatbestand:

a) Der Vorsatz (als Moment finaler Tatherrschaft).

b) Die subjektiv-täterschaftlichen Elemente: die besonderen Absichten, Tendenzen und Gesinnungsmomente des Täters, die seine Handlung beseelen (z. B. die „Gesinnungsroheit" in § 223b, die Zueignungsabsicht bei der Wegnahme des § 242 oder die unzüchtige Tendenz bei den Unzuchtsdelikten).

Nach diesem Schema vorzugehen, empfiehlt sich auch bei der Untersuchung eines einzelnen Straffalles. Stets ist erst der objektive, dann der subjektive Tatbestand zu untersuchen. (Nur bei Versuchsfällen ergibt sich eine Besonderheit insofern, als vor Erörterung des objektiven Tatbestandes kurz anzugeben ist, worauf der Deliktsentschluß gerichtet war. Die weitere Untersuchung verläuft wie gewöhnlich). Daran schließen sich, falls Anlaß hierzu besteht, noch folgende Untersuchungen an:

3. Die Strafausschlußgründe.

a. Die Unrechtsausschließungsgründe (z. B. Notwehr, Einwilligung).

b. Die Schuldausschließungsgründe (Schuldunfähigkeit, Verbotsirrtum).

c. Die persönlichen Strafausschlußgründe, z. B. § 247 Abs. 2.

4. Endlich sei für etwaige Teilnahmeverhältnisse vermerkt, daß stets erst die Haupttat (nach obigem Schema), dann die Teilnahme zu untersuchen sind. Bei mittelbarer Täterschaft ergibt sich insofern eine Besonderheit, als zweckmäßigerweise zuerst die Handlung des unmittelbar ausführenden Mittelsmannes untersucht wird, dann festgestellt wird, warum nicht er, sondern der Hintermann Täter ist, und schließlich geprüft wird, ob der Mittelsmann als Gehilfe in Frage kommt.

§ 11. Die Tatbestandsmäßigkeit des Unrechts

Beling, Lehre vom Verbrechen, 1906; Bruns, Kritik der Lehre vom Tatbestand, 1932; Claß, Grenzen des Tatbestands, 1933.

I. Das Wesen des strafrechtlichen Tatbestandes

Jedes Verbrechen ist ein individuell-zeitliches Ereignis. Der gesetzliche Tatbestand aber umfaßt alle individuellen Verbrechen der gleichen Art Er muß also von den rein individuellen Merkmalen der wirklichen Verbrechen begrifflich absehen, er muß „abstrakt“ sein. Jeder rechtliche Tatbestand ist eine Generalisation möglicher individueller Fälle. Diese Generalisationen können verschiedene Grade haben. So ließe sich das ganze Strafrecht in einen allgemeinsten Tatbestand zusammenziehen: Wer sich grob gemeinschaftswidrig verhält, wird bestraft (in diese Richtung geht etwa § 6 des sowjetrussischen StGB. von 1926).

Für die Verallgemeinerung gibt es zwei Regeln der Logik: Je höher die Verallgemeinerung ist, desto umfassender und lückenloser ist der Tatbestand, aber desto blasser und inhaltsleerer wird er, und vor allem desto weniger geeignet wird er zum Maßstab für eine gleichmäßige Rechtsanwendung. Und umgekehrt: je geringer die Verallgemeinerung, desto lebensnäher und plastischer ist der Tatbestand, aber auch desto enger und lückenhafter wird er (vgl. z. B. § 243!).

Im Verhältnis des Rechts zu diesen logischen Regeln klafft ein tiefgehender Unterschied zwischen dem Strafrecht einerseits und den übrigen Rechtsgebieten andererseits. Während in den übrigen Rechtsgebieten die Verallgemeinerung der Rechtssätze verhältnismäßig weit getrieben werden kann, muß sich das Strafrecht mit einer verhältnismäßig geringen Verallgemeinerung begnügen. Es muß das maßgebliche Tatunrecht in zwar typischen, d. h. allgemeinen, aber doch plastisch-lebensnahen Handlungsvollzügen umschreiben: das strafrechtliche Unrecht muß in diesem hervorgehobenen Sinne „tatbestandlich“ sein. Sowohl die Wahrung der deutschen Rechtstradition und das Gebot der Volkstümlichkeit der strafrechtlichen Normen, wie vor allem die besondere Wertstruktur und die Wirkungsweise des Strafrechts verlangen eine solche Tatbestandsmäßigkeit. Die Analyse der Wertstruktur des strafrechtlichen Unrechts hat gezeigt, daß der primäre und generelle Unwert aller Straftaten der Handlungsunwert ist; dieser ist nicht nur Anlaß, sondern auch wesentliche Bemessungsgrundlage der Strafe. Dagegen ist im Zivilrecht die deliktische Handlung nur Voraussetzung des Schadensersatzanspruchs, nicht seine Bemessungsgrundlage; dieser bemißt sich vielmehr allein nach dem Umfang des angerichteten Schadens. Darum ist im Zivilrecht die spezifische Art des Handlungsunrechts relativ gleichgültig und braucht nicht tatbestandlich-konkret beschrieben zu werden, so daß eine Generalnorm wie die des § 826 BGB. Voraussetzung eines Schadensersatzanspruchs sein kann. (Vgl. Probleme S. 101ff., 114.) Weiter verlangt die Wirkungsweise des Strafrechts die Tatbestandsmäßigkeit des Unrechts. Das sozialethische Verdikt des strafrichterlichen Urteils und sein tiefer Eingriff in Leben, Freiheit und Ehre des Menschen fordern grundlegend stärkere Rechtsgarantien als andere Rechtsgebiete (wie umgekehrt jene Eingriffe allein dem Strafrecht vorbehalten bleiben müssen!). Wenn der Grundsatz nulla poena sine lege kein bloßes Schlagwort bleiben, sondern einen praktischen Sinn haben soll, so darf das Strafgesetz das maßgebliche Tatunrecht in seinem Kern nicht außergesetzlichen Instanzen — gleichgültig, ob dem gesunden Volksempfinden oder den guten Sitten oder dem sittlichen Wohl u. dergl. — überlassen, sondern muß es selbst konkret umschreiben, d. h. es muß „substantielles" Strafgesetz sein (vgl. Probleme, a. a. O.). Das Zivilrecht kann den Schadensersatzanspruch an die bloße „sittenwidrige" Schädigung knüpfen (§ 826 BGB.), aber eine entsprechend allgemeine Strafvorschrift wäre mit dem Grundsatz der gesetzlichen Bestimmtheit der Strafbarkeit unvereinbar. Das Vormundschaftsrecht kann bei Gefährdung des „geistigen und sittlichen" Wohls von Kindern die elterliche Gewalt beschränken (§ 1666 BGB.), Schutzaufsicht und Fürsorgeerziehung vorsehen (§§ 56, 62 JWG.), aber eine Strafvorschrift gegen die Gefährdung des sittlichen Wohls (§ 170d) entbehrt der erforderlichen gesetzlichen Bestimmtheit des strafbaren Verhaltens (s. u. § 53 III).

Die Einzelausgestaltung der Tatbestände ist Aufgabe des Gesetzgebers. Er braucht dabei keineswegs immer eingehende Beschreibungen zu liefern, sondern kann sich plastischer Begriffe des Volksbewußtseins bedienen, falls sie das maßgebliche Tatunrecht eindeutig umschreiben, wie z. B. der „Ehebruch" in § 172, der nach dem Volksbewußtsein nur der außereheliche Beischlaf eines Ehegatten ist. (RG. **70** 173.)

Die Idee der Tatbestandlichkeit gilt in dem hervorgehobenen Sinne naturgemäß nur für die Strafbegründung, nicht auch für den Strafausschluß. (Darum verstößt § 226a nicht gegen sie.)

II. Tatbestand im dogmatischen Sinne: der Unrechtskern. Die objektiven Strafbarkeitsbedingungen

Der Begriff des Tatbestandes ist mehrdeutig. Im weiteren Sinne bezeichnet er den Gesamttatbestand, d. h. die Gesamtheit der Voraussetzungen für die Strafbarkeit.

Damit scheiden aus ihm von vornherein alle Verfolgungsvoraussetzungen aus (wie Antrag § 61ff., Vorliegen der Ehescheidung § 172 u. a.), die nur die prozessuale Verfolgbarkeit der strafbaren Handlung regeln; fehlen sie, dann erfolgt Einstellung des Verfahrens § 260 StPO., nicht Freispruch wie beim Fehlen eines Strafbarkeitsmerkmals.

Die Strafbarkeitsmerkmale des Gesamttatbestandes bilden drei Gruppen, nämlich:

1. den Unrechtskern jedes Deliktes oder den Tatbestand im engeren Sinne, d. h. die Gesamtheit der die Verbrechensart kennzeichnenden begrifflichen Un-

rechtsmerkmale, die also die einzelne Verbrechensart (z. B. den Diebstahl) von allen anderen unterscheidet.

Er enthält eine objektive und eine subjektive Seite (objektiver Unrechtstatbestand ist die Tathandlung mit dem etwaigen Erfolgssachverhalt und den etwaigen objektiven Tätereigenschaften; subjektiver Unrechtstatbestand ist der Vorsatz mit den etwaigen besonderen subjektiv-täterschaftlichen Momenten). Er umfaßt den größten Teil des Gesamttatbestandes.

2. die Schuld (Zurechnungsfähigkeit und Unrechtsbewußtsein). Sie ist generelles Merkmal aller Verbrechen und daher in den Einzeltatbeständen nicht besonders genannt.

3. die Bedingungen der Strafbarkeit (nur in wenigen Delikten). Meist begründen schon Unrechtstatbestand und Schuld die Strafbarkeit des Verbrechens. In wenigen Fällen jedoch ist die Strafbarkeit von anderen außerhalb der rechtswidrig-schuldhaften Handlung gelegenen Bedingungen abhängig.

In dem z. Zt. aufgehobenen § 102 werden hochverräterische Handlungen gegen ausländische Staaten nur dann bestraft, wenn in jenen Staaten die Gegenseitigkeit verbürgt ist. Die Verbürgung der Gegenseitigkeit ist kein Moment der rechtswidrigen schuldhaften Tat, sondern eine äußere Bedingung für deren Strafbarkeit. Das gleiche gilt z. B. für die Konkurseröffnung und Zahlungseinstellung in §§ 239 ff. KO., RG. 45 88. Die Strafbarkeit von Bankrotthandlungen vor Konkurseröffnung oder Zahlungseinstellung sind aufschiebend bedingt; daher auch ist vor Eintritt der Strafbarkeitsbedingung keine Versuchsbestrafung möglich.

Da die objektive Bedingung der Strafbarkeit kein Moment des Unrechtstatbestandes ist, braucht der Vorsatz sie nicht zu umfassen, § 59; vgl. unten S. 41.

Negativ gefaßte objektive Strafbarkeitsbedingungen sind die persönlichen Strafausschließungsgründe. Sie schließen die an sich generell gegebene Strafbarkeit des Verbrechens für bestimmte Personen aus, so z. B. früher für den Monarchen, heute noch für die Exterritorialen (s. oben S. 18); nach h. L. auch für Ehegatten oder Verwandte §§ 247 Abs. 2, 257 Abs. 2.

III. Tatbestand und soziale Adäquanz

Welzel, Z. 58 515 ff.; Olshausen, vor § 51, 4.

1. *Die Sinndeutung der Tatbestände; die soziale Adäquanz*

Tatbestand ist das nach typischen Merkmalen umschriebene strafrechtliche Unrecht. Das Unrecht umfaßt die Handlungen, die aus den sittlichen Ordnungen des tätigen Gemeinschaftslebens herausfallen (wie z. B. der Betrug aus den Ordnungen des redlichen Geschäftsverkehrs). Auch der Unrechtscharakter der Tatbestände ist daher stets nur durch Bezugnahme auf die sittlichen Ordnungen des tätigen Gemeinschaftslebens zu verstehen. Handlungen, die sich innerhalb des Rahmens der sozialen Ordnungen bewegen, unterfallen niemals Deliktstatbeständen, auch wenn man sie dem Wortlaut nach einem Tatbestand subsumieren könnte: sog. sozialadäquate Handlungen. Sozialadäquat sind alle Betätigungen, die sich innerhalb des Rahmens der geschichtlich gewordenen sozialethischen Ordnungen des Gemeinschaftslebens bewegen.

So ist etwa der Betrieb einer Eisenbahn eine sozialadäquate Tätigkeit, obwohl er trotz Beachtung aller Sicherheitsvorkehrungen notwendig mit Verletzungen rechnen muß. (Noch im Jahre 1861 erklärte das Oberappellationsgericht in München (Seuff. Arch. Bd. 14 S. 354) den Eisenbahnbetrieb für eine an sich rechtswidrige Tätigkeit!) Auch der Rat, eine Eisenbahnfahrt zu machen, ist eine sozialadäquate Handlung. Daher begeht der Neffe, der den Erbonkel zu Bahnfahrten überredet, damit er einmal bei einem Eisenbahnunglück ums Leben kommen möge, schon objektiv überhaupt keine tatbestandsmäßig rechtswidrige Handlung, wenn der Onkel wirklich verunglückt.

Viel behandeltes Beispiel, ohne daß der entscheidende Gesichtspunkt der völligen Tatbestandslosigkeit der Handlung wegen ihrer sozialen Adäquanz erkannt wurde. So will z. B. Frank § 59 IX 2 nur den Vorsatz verneinen! (Natürlich wäre das Ausnutzen eines geplanten Eisenbahnattentats sozialinadäquat. In das Adäquanzurteil gehören auch die dem Täter bekannten, die normalen Gefahren erhöhenden Umstände.)

In allen diesen Fällen ist das Abschieben der Problematik auf die adäquate Kausalität verfehlt. Beispiel: Eine Frau veranlaßt ihren Mann, den sie los werden will, Arbeit in einem gefährlichen Betrieb (Steinbruch usw.) anzunehmen, in der Absicht, ihr Mann möge bei der erhöhten Gefährdung ums Leben kommen. Wird der Mann tatsächlich vom Stein erschlagen, so liegt doch kein Tötungsdelikt vor, da der ordnungsmäßige Betrieb eines Steinbruchs sozialadäquat ist. Dagegen wäre die adäquate Kausalität nicht zu bestreiten.

2. *Fälle der sozialen Adäquanz*

Sozialadäquat sind:

Freiheitsbeschränkungen und sonstige Verletzungen als normale Begleiterscheinungen des modernen Verkehrs (Eisenbahn-, Auto-, Flugzeugverkehr).

Beispiel: Erbonkelfall s. o., oder: keine tatbestandsmäßige Freiheitsberaubung liegt darin, daß der Zug nur an bestimmten Stationen hält.

Verletzungen und Tötungen im Gefolge des ordnungsmäßigen Betriebes sog. riskanter Unternehmungen wie Eisenbahnen, Bergwerke, Steinbrüche, Fabriken u. dgl.

Wer jemanden im Bergwerk arbeiten läßt, der dann durch Steinschlag ums Leben kommt, hat keine tatbestandsmäßige Tötungshandlung begangen.

Sportverletzungen, die trotz Beachtung der sportlichen Regeln und Vorsichtsmaßnahmen normale Begleiterscheinungen des Sportes sind.

Wer einen Hochtouristen zur Kletterpartie veranlaßt, tötet nicht, wenn der Bergsteiger durch Verwirklichung der normalen Sportgefahr verunglückt.

Körperliche Eingriffe und der Todeseintritt bei kunstgerecht durchgeführten Heilmaßnahmen.

Sie sind auch dann keine tatbestandsmäßigen Körperverletzungen oder Tötungen, wenn sie gegen den Willen des Betroffenen vorgenommen werden, sondern nur Freiheitsdelikte, z. B. Nötigung § 240, denn sie bleiben unter dem Gesichtspunkt der Heilmaßnahme sozialadäquat, nicht aber unter dem der Nötigung. Vgl. auch Eberh. Schmidt, Der Arzt im Strafrecht, S. 72 ff.; Engisch, MonKrimBl. 30 (1939), S. 417 ff.

Sozialadäquate Drohungen (Drohungen mit verkehrsmäßigen Übeln) unterfallen überhaupt nicht dem Erpressungstatbestand.

Handlungen im Rahmen ordnungsmäßiger Geschäftsführung scheiden, auch wenn sie riskant sind und nachteilig ausfallen, von vornherein aus dem Untreuetatbestand aus (vgl. RG. **69** 207).

Das Äußern gutgläubiger vertraulicher Mitteilungen im engsten Familienkreis ist, auch wenn sie ungünstig lauten, in aller Regel sozialadäquat und daher überhaupt keine Beleidigung. (a. A. RG. **71** 159.)

3. *Folgerungen*

Daraus folgt allgemein: Alle Tatbestände und die in ihnen verwendeten Begriffe wie töten, verletzen, beschädigen usw. sind nicht in einem äußerlich-kausalen Sinne zu verstehen. Ihr Sinngehalt ergibt sich vielmehr erst aus ihrer Funktion im sozialen Ganzen, auf dessen Ordnungen sie sich beziehen, indem sie diese verletzen. Erst Handlungen, die die soziale Adäquanz überschreiten, sind tatbestandsmäßige Tötungen, Verletzungen, Beschädigungen, Nachteilszufügungen, Nötigungen usw. Darin besteht die methodische Funktion der sozialen Adäquanz, daß sie aus dem formalen Wortlaut der Tatbestände diejenigen Lebensvorgänge herausschneidet, die sachlich überhaupt nicht unter sie gehören, und es dadurch erst ermöglicht, daß der Tatbestand Vertypung strafrechtlichen Unrechts ist.

§ 12. Der objektive Unrechtstatbestand

I. Der Sinn der „Objektivität" im sog. objektiven Unrechtstatbestand

Der objektive Tatbestand ist der gegenständlich-reale Kern eines jeden Delikts. Verbrechen ist ja nicht lediglich böser Wille, sondern der sich in einer Tat verwirklichende böse Wille (Näheres u. § 22). Reale Grundlage jedes Verbrechens ist die Objektivation des Willens in einer äußeren Tat. Die äußere Tat ist daher die Basis des dogmatischen Verbrechensaufbaues (wie übrigens auch der Ausgangspunkt der kriminalistischen Verbrechenserforschung). Die Willensobjektivation findet tatbestandlich ihren Ausdruck in den objektiven „Tatumständen" (Ausdruck nach § 59), deren Gesamtheit den objektiven Tatbestand ausmacht. Dieser sog. objektive Tatbestand ist nun keineswegs etwas rein objektiv „Äußerliches", das von subjektiv-seelischen Momenten völlig frei wäre. Schon die „objektiven" Tathandlungen des „Zueignens" (§ 246), des „Täuschens" (§ 263), aber auch des „Nötigens" (§ 253), des „Wegnehmens" (§ 242), wie überhaupt alle Tathandlungen vorsätzlicher Verbrechenstatbestände lassen sich ohne die sie tragende und beseelende Willenstendenz gar nicht erfassen (s. o. S. **24**, **32**; für die „unzüchtige Handlung" bes. eindringlich RG. **67** 112). Der objektive Tatbestand ist nicht objektiv im Sinne des dem Subjektiven Fremden, sondern im Sinne des Objektivierten. Er umfaßt das, was vom Tatbestand in der Außenwelt objektiviert vorliegen muß.

II. Die Merkmale des objektiven Tatbestandes

1. *Die Tathandlung*

Der objektive Kern aller Delikte ist die Tathandlung, regelmäßig zusammen mit einer Rechtsgutsverletzung oder -gefährdung als dem Erfolgssachverhalt der Handlung. Danach unterscheidet man die Verletzungsdelikte (z. B. § 211) von den Gefährdungsdelikten, und bei den letzteren trennt man wieder die konkreten Gefährdungsdelikte (z. B. § 221 oder § 313) von den abstrakten (z. B. § 366 Ziff. 2 oder § 306), je nachdem ob die Tat wirklich eine Gefahr geschaffen haben muß oder ob es genügt, daß die Handlung üblicherweise Gefahren mit sich bringt. Zur Tathandlung treten gegebenenfalls die besonderen Tatmittel (z. B. „falscher Schlüssel" in § 243 Ziff. 3) und die besonderen Handlungsmodalitäten (Zeit und Ort der Tat, z. B. in § 243 Ziff. 7) als weitere objektive Tatumstände einzelner Tatbestände hinzu. Die Kennzeichnung im einzelnen gehört zur Aufgabe des besonderen Teils des Strafrechts. In manchen Fällen ist die bloße Tathandlung als solche strafbar, wo der Akt als solcher sozial-ethisch unrein oder verwerflich ist, z. B. bei der Blutschande (§ 173), der widernatürlichen Unzucht (§ 175), d. h. bei denen reinen Aktverbrechen (s. dazu u. S. 62 f.).

2. *Der Täter*

In den meisten Tatbeständen wird der Täter objektiv nicht weiter gekennzeichnet. Täter ist jeder, der die Handlung vornimmt: der namenlose „Wer" der meisten Tatbestände.

Bei vielen Delikten ist jedoch das spezifische Tatunrecht an einen konkreter bezeichneten Täter gebunden. Ein Amtsverbrechen kann nur ein Beamter begehen. Nicht die Tathandlung allein, sondern auch die besondere Pflichtenstellung des Täters bestimmen hier das Unrecht, so die Stellung als Beamter bei den Amtsdelikten §§ 331 ff., als Soldat bei den militärischen Verbrechen usw. (Objektiv-täterschaftliche Momente des Unrechtstatbestandes). Man spricht hier von Sonderverbrechen und unterscheidet bei ihnen die unechten von den echten, je nachdem ob die besondere Pflichtenstellung des Täters die allgemein gegebene Strafbarkeit nur erhöht (z. B. bei der Amtsunterschlagung § 350 gegenüber der gewöhnlichen Unterschlagung § 246) oder sie überhaupt erst begründet (z. B. bei der Rechtsbeugung § 336).

Auf diesen objektiv-täterschaftlichen Unterschieden beruht auch die strengere Bestrafung des Aszendenten gegenüber dem Deszendenten bei der Blutschande § 173 oder die Unterscheidung des „Mitschuldigen" vom Ehebrecher in § 172.

§ 13. Der subjektive Unrechtstatbestand

I. Der Vorsatz als finales Handlungsmoment

1. *Das Wesen des Vorsatzes*

Jede bewußte Handlung wird durch den Handlungsentschluß getragen, d. h. durch das Bewußtsein davon, was man will, — das intellektuelle Moment —, und die Entschlossenheit dazu, daß man es durchführen will, — das voluntative Moment. Beide Momente zusammen als gestaltende Faktoren einer wirklichen Handlung bilden den Vorsatz. Die objektive Handlung ist die zweckhafte Durchführung des Vorsatzes. Diese Durchführung kann in ihrem Anfangsstadium stecken bleiben: beim Versuch; hier geht der Vorsatz über das, was er erreicht, hinaus. Wo der Tatentschluß bis zum Ende zweckhaft durchgeführt wird, da ist die Tat vollendet. Hier ist die ganze Tat nicht nur vorsätzlich gewollt, sondern auch vorsätzlich durchgeführt. Der Vorsatz ist hier in seinem ganzen Umfange ein finales Element der Handlung.

Vorsatz als bloße Tatentschlossenheit ist strafrechtlich irrelevant, da das Strafrecht die bloße Gesinnung nicht treffen kann. Nur da, wo er zur wirklichen Tat führt und sie beherrscht, wird er strafrechtlich erheblich. Der strafrechtliche Vorsatz hat stets zwei Dimensionen: er ist nicht nur der auf Tatverwirklichung abzielende, sondern auch der der Tatverwirklichung mächtige Wille (s. u. S. 95). Diese objektiv-finale Funktion des Vorsatzes für die Tat wird im Strafrecht stets vorausgesetzt, wenn man den Vorsatz als Tatbewußtsein und Tatentschlossenheit definiert. In dieser Funktion gehört er zur Handlung, weil er die finale Struktur der vorsätzlichen Tatbestandshandlungen von der nur kausalen Verursachungsstruktur der fahrlässigen Tatbestandshandlung unterscheidet.

Vorsatz ist das Wissen und Wollen der Tat, wodurch er deren Durchführung objektiv beherrscht.

2. *Die Arten des Vorsatzes*

Vorsatz als Tatwille bedeutet also Verwirklichungswille. „Wollen" heißt im Strafrecht nicht „haben" oder „erreichen" wollen (i. S. des Erstrebens), sondern „verwirklichen" wollen.

Wer sein Haus anzündet, um die Versicherungssumme zu erlangen, will nur das Geld „haben". Die Zerstörung des Hauses als notwendiges Mittel dazu bedauert er vielleicht sehr, ebenso wie die Vernichtung des Mobiliars oder etwa den Tod einer gelähmten Hausbewohnerin, von der er weiß, daß sie beim Brande umkommen muß. Und doch hat er die Zerstörung des Hauses, die Vernichtung des Mobiliars und den Tod der Frau verwirklichen wollen.

In dem Gesamtkomplex, den der Täter zur Erreichung seines Zieles verwirklichen muß, ist meist nur ein Teil, eben das Ziel, erstrebt. Das übrige muß er als notwendigen Begleitumstand verwirklichen: auch dieses unterliegt dem Verwirklichungswillen. Der Tatvorsatz umfaßt daher alles, worauf sich der Verwirklichungswille erstreckt, d. h. nicht nur das erstrebte Ziel, sondern auch die notwendigen Mittel und Nebenfolgen.

Verfehlt ist daher der Einwand, die finale Handlungslehre könne den nicht erstrebten Folgen nicht gerecht werden. Als ob der finale (zwecktätige) Verwirklichungswille nicht auch die zur Zielerreichung notwendigen Mittel und Nebenfolgen mitumspannen müßte! Vgl. auch o. S. 25.

Herkömmlicherweise unterscheidet man:

a. den direkten Vorsatz (dolus directus). Er umfaßt alles, was der Täter als notwendige Folge seines Tun voraussah, gleichgültig, ob es ihm erwünscht oder unerwünscht war;

b. den sog. bedingten Vorsatz (dolus eventualis). Der Name ist irreführend: es handelt sich nicht um einen eventuellen (bedingten) Tatwillen, sondern um einen unbedingten Willen zur Tat, der sich auf möglicherweise (eventuell) Eintretendes miterstreckt.

(Das bedingte, d. h. unentschlossene Wollen ist überhaupt noch kein Vorsatz, vgl. RG. 63 341; 71 53.)

Weiß der Täter im obigen Beispiel, daß die Frau sicher umkommen wird, so handelt er mit dolus directus (mit Verwirklichungswillen gewiß eintretender Nebenfolgen). Hält er es nur für möglich, will er aber die Inbrandsetzung auch für diesen Fall durchführen, so liegt dolus eventualis vor (Verwirklichungswille möglicher Folgen), d. h. er will die Tat unbedingt, selbst wenn gewisse strafbare Nebenfolgen eintreten sollten.

Hierdurch unterscheidet sich der dolus eventualis von der bewußten Fahrlässigkeit. Beim dolus eventualis will der Täter die Tat unbedingt auch für den Fall, daß mögliche kriminelle Nebenfolgen eintreten. (Er nimmt sie mit in Kauf.) Bei der bewußten Fahrlässigkeit handelt er in der Erwartung, die als möglich vorgestellte kriminelle Folge werde er vermeiden bzw. der als möglich vorgestellte Umstand liege nicht vor. RG. **21** 420. Hier fehlt der unbedingte Tatwille, der auch die möglichen Nebenfolgen mit in Kauf nimmt. RG. **73** 168.

Für die außerordentlich schwierige Beweisfrage in diesen Fällen leistet die sog. 2. Franksche Formel gute Dienste: Unbedingter Tatwille ist anzunehmen, wenn es für die Willensbildung des Täters gleichgültig war, ob er die rechtswidrige

Folge sich als sicher oder als nur möglich vorstellte, m. a. W. wenn er sich sagte: „Mag es so oder anders sein, so oder anders werden, auf jeden Fall handle ich" (Frank § 59 V).

Beispiel: Ein Knecht hat dadurch einen Brand verursacht, daß er mit brennender Zigarre den Heuboden betrat, wobei ihm die Gefährlichkeit seiner Handlung bewußt war. — Hatte er darauf vertraut, daß kein Schadenfeuer entstehen werde, so handelte er (bewußt) fahrlässig. War er dagegen mit der möglichen Folge einverstanden (z. B. weil er sich gerade mit dem Bauern überworfen hatte), so hat er den Brand mit dolus eventualis herbeigeführt. — Zu beachten ist dabei stets, daß dolus eventualis nur vorliegen kann, wenn sich der Täter der möglichen Folge wirklich bewußt war. Hatte er garnicht an sie gedacht, hätte er sie aber erkennen können, so handelt er nur (unbewußt) fahrlässig, niemals mit dolus eventualis (vgl. RG **73** 168).

Die hier vertretene Auffassung folgt der in der Rechtsprechung (RG. **33** 6; **59** 3 und Literatur herrschenden Einwilligungstheorie auf der Grundlage des Verwirklichungswillens. — Im Gegensatz zu ihr unterscheidet die sog. Wahrscheinlichkeitstheorie den dolus eventualis von der bewußten Fahrlässigkeit durch den höheren Grad der vom Täter vorgestellten Wahrscheinlichkeit des Erfolgseintritts. Sie muß daher im obigen Beispiel infolge des hohen, dem Täter bewußten Wahrscheinlichkeitsgrades in jedem Falle Vorsatz annehmen. Gegen sie spricht, daß sie das voluntative Element des Vorsatzes zugunsten des intellektuellen vernachlässigt. Allerdings kann die Größe der Wahrscheinlichkeit des Erfolgseintritts, mit der der Täter rechnete, ein Indiz dafür sein, daß er den möglichen Erfolg mit in Kauf genommen hatte.

Danach entscheidet sich der Fall des Lacmannschen Schießbudenfräuleins: Auf Grund einer Wette will A dem Schießbudenfräulein eine Glaskugel aus der Hand schießen und trifft die Hand. — Glaubte der Täter, durch sein Können den Erfolg zu vermeiden, so handelte er fahrlässig; überließ er es dagegen seinem Glück, d. h. dem Zufall, so handelte er vorsätzlich, denn er wollte die Tat (den Schuß) unbedingt, auch wenn der Erfolg anders werden sollte, als er wünschte.

Zu a und b:

Wo das Gesetz „vorsätzliches" Handeln schlechthin bestraft, umfaßt der Vorsatz auch den dolus eventualis. Im Unterschied hierzu fordert ein Handeln „wider besseres Wissen" positive Kenntnis des Täters, also Vorsatz unter Ausschluß des dolus eventualis (vgl. §§ 145d, 164, 187, 278). Dagegen verwendet das Gesetz den Ausdruck „wissentlich" mehrdeutig. In älteren Gesetzen (bis etwa 1925) bedeutet er meist „vorsätzlich" unter Einschluß des dolus eventualis (z. B. in §§ 48/9, 156, 257, 354, 357); anders aber in § 352/3; in neueren Gesetzen dagegen bedeutet er nur den direkten Vorsatz (z. B. in §§ 330b, 346). Vgl. RG. **66** 302.

c. Kein dolus subsequens. Da der Vorsatz das finale Element der Handlung ist, muß er bei der Begehung der Tat vorliegen; einen nachträglichen Vorsatz (dolus subsequens) gibt es nicht.

3. *Der Umfang des Vorsatzes.* § 59

a. Der Grundsatz. Die Handlung ist bewußte Gestaltung der Wirklichkeit. Der Vorsatz eines Deliktes erfordert daher die Kenntnis der Tat in allen den Merkmalen, die zum objektiven Unrechtstatbestand gehören. § 59.

Nicht erforderlich ist die Kenntnis der objektiven Strafbarkeitsbedingungen, da sie nicht zum Unrechtstatbestand gehören (s. o. S. **36**).

b. Ausnahmen. In seltenen Ausnahmefällen braucht der Vorsatz abweichend von § 59 bestimmte objektive Merkmale des Unrechtstatbestandes nicht zu umfassen, nämlich den schwereren Erfolg bei den erfolgsqualifizierten Delikten, die Unwahrheit der beleidigenden Tatsache in § 186, die Begehung der Tat im Rausch in § 330a u. a. (nach RG. **55** 161 auch die Rechtmäßigkeit der Amtsausübung in § 113 (s. u. § 66 II 2).

Beleidigung liegt nur vor, wenn der Täter eine unwahre Tatsache behauptet (Mitteilung wahrer Tatsachen ist kein Unrecht). Daher ist die Unwahrheit ein Merkmal des Unrechtstatbestandes der §§ 185/6 und keine unrechtsfremde Strafbarkeitsbedingung, wie h. L. und RG. annehmen; wie hier Frank, § 186 III. Dem Täter wird vielmehr abweichend von § 59 aus dem Grunde schärferen Ehrenschutzes der irrige Glaube an die Wahrheit der Tatsache nicht zugute gehalten. — Über § 330 a vgl. Z. 58 523 Anm.

c. Die Einzelausgestaltung. Der Vorsatz erfordert also

α) die Kenntnis der bereits vorhandenen Tatumstände,

β) die Voraussicht des Erfolges und

γ) die Voraussicht des Handlungsverlaufs (des Kausalzusammenhangs).

d. Die Voraussicht des Handlungsverlaufs insbesondere. Das äußere Geschehen ist nur dann die Tat eines zwecksetzenden Willens, wenn es so, wie es abläuft, vom Willen zweckbewußt gestaltet war, d. h. wenn es der Tatherrschaft des Willens unterlag. Vorsätzlich herbeigeführt ist daher der Erfolg nicht schon dann, wenn er lediglich infolge der Verkettung ungeahnter Umstände als zufällige Folge des Handlungswillens eintrat, sondern nur dann, wenn er in seinem konkreten Eintritt vom Willen zweckhaft gesetzt war.

Beispiel: A schießt mit Tötungsvorsatz auf B und verwundet ihn nur. B kommt infolge eines Krankenhausbrandes um. Der Erfolg hängt zwar mit der Tötungshandlung des A ursächlich zusammen, ist aber in seiner konkreten Herbeiführung nicht zweckhaft von A gesetzt; darum nur versuchte Tötung; vgl. auch RG. 70 258.

Allerdings ist eine bis ins einzelne gehende Lenkung des Kausalverlaufs für den Menschen nie möglich. Entscheidend ist, daß der Geschehensverlauf wenigstens in seinen wesentlichen Zügen vom Täter vorausgesehen und gewollt war und damit seiner Lenkung unterlag. „Wesentlich“ bedeutet, daß die Abweichung nicht ungewöhnlich war, nicht außerhalb der täglichen Erfahrung lag (vgl. auch RG. **70** 258; DR. **1943** 576).

Also liegt z. B. vollendete vorsätzliche Tötung dann vor, wenn zwar die Beilhiebe nicht tödlich waren, aber der Tod durch Infektion infolge des Beilhiebes eintritt; denn diese Abweichung des Geschehensverlaufs liegt im Rahmen der täglichen Erfahrung, RG. 70 258 (anders wenn die Infektion auf unsachgemäßer Behandlung im Krankenhaus beruht). Ebenso besteht keine wesentliche Abweichung, wenn A den B von der Brücke wirft, um ihn zu ertränken, B sich aber schon durch das Aufprallen auf den Brückenpfeiler das Genick bricht. Vgl. auch RG. DR. 1943 576.

Nach diesen Grundsätzen sind die sog. Abirrungsfälle zu entscheiden:

α) Das Fehlgehen des Angriffs (aberratio ictus). Die gegen ein bestimmtes Handlungsobjekt gerichtete Tat trifft nicht dieses, sondern ein anderes gleichwertiges.

A will B erschießen, trifft aber den danebenstehenden C.

Lag die Möglichkeit des abweichenden Geschehensverlaufs im Rahmen der täglichen Erfahrung und ist der herbeigeführte Erfolg tatbestandlich dem gewollten gleichwertig, so liegt ein vollendetes vorsätzliches Delikt vor.

Also vollendeter Mord an C! So Frank § 59 III 2c; Liszt-Schmidt S. 268. — RG. 58 27 und die überwiegende Lehre (Mezger, Lb. S. 314) nehmen dagegen nur versuchtes vorsätzliches Delikt in Tateinheit mit vollendetem fahrlässigen Delikt an.

Ist der herbeigeführte Erfolg tatbestandlich dem gewollten nicht gleichwertig, so liegen allerdings nur Versuch des vorsätzlichen Verbrechens und fahrlässiges Delikt in Tateinheit vor.

Beispiel: A will fremde Katze erschießen und trifft den B: versuchte Sachbeschädigung in Tateinheit mit fahrlässiger Körperverletzung.

β) Die Objektsverwechselung (error in persona vel objecto). Sie ist kein

Abirrungs-, sondern ein Verwechselungsfall. Der Täter richtet seine Tat gegen ein Angriffsobjekt, das er auch trifft, das er aber mit einem anderen verwechselt hatte.

Beispiel: A will X erschießen. Er verwechselt in der Dämmerung den daherkommenden Y mit X und erschießt ihn.

Sind die Objekte tatbestandlich gleich, dann ist der Irrtum unbeachtlich. Das Recht verbietet generell die Tötung eines Menschen, und diese hat A auch mit der Tötung des Y vorsätzlich begangen.

Der Irrtum des Täters ist auch für den Anstifter unbeachtlich, da der Täter die Tat aus dem Vorsatz heraus beging, den der Anstifter in ihm erregt hatte: Fall Rose-Rosahl, Preuß. Obertribunal, Goltd. Arch. 7 S. 332, RG. 70 295, h. L.

Sind die Objekte tatbestandlich nicht gleichwertig, dann ist der Irrtum beachtlich:

Ein Dorfbewohner verkennt im Warenhaus eine Stoffpuppe und glaubt, ein fremder Herr fixiere ihn; er ohrfeigt die Puppe, diese zerbricht (Dohna-Fall): versuchte Körperverletzung (straflos) und eventuell fahrlässige Sachbeschädigung (auch straflos).

γ) Der sog. dolus generalis ist den Abirrungsfällen (α) verwandt: Der Täter glaubt die Tat vollendet zu haben, während der Erfolg erst durch eine weitere Handlung eintritt, mit der er die Tat zu verbergen sucht.

Beispiel: Das totgeglaubte Opfer wird ins Wasser geworfen, um die Tat zu verbergen, und stirbt erst da.

Das Problem besteht darin, ob zwei verschiedene Handlungen vorliegen mit zwei verschiedenen Vorsätzen, also eine vorsätzliche Tötung, die nur bis zum Versuch gelangt, und anschließend die Verbergung des vermeintlich toten Opfers, in welcher höchstens eine fahrlässige Tötung steckt. Oder ob ein einheitliches Handlungsgeschehen (heimliche Tötung) vorliegt, das auch im zweiten Teil noch von dem Mordvorsatz mitumspannt wird. Letzteres liegt näher: das Verbergen des Opfers ist nur ein unselbständiger Teilakt der auf heimliche Tötung gerichteten Gesamthandlung: daher vorsätzliche vollendete Tötung. Vgl. RG. **67** 258; bes. Dohna, Aufbau, S. 18; Liszt-Schmidt S. 268 Anm. 7. Abweichend anscheinend RG. **70** 258 und die h. L.: Versuch in Konkurrenz mit fahrlässigem Delikt.

Der umgekehrte Fall (das Opfer stirbt schon an den Schlägen, mit denen der Täter es nur betäuben wollte, um es dann töten zu können) ist in aller Regel eine unwesentliche Abweichung des Kausalverlaufs. Hier untersteht schon die Vorhandlung dem Tötungsvorsatz. RG DStR. 1939 177.

4. *Die Art des Wissens von den Tatumständen*

Die meisten Tatbestandsmerkmale sind Begriffe des täglichen Lebens und dem Täter geläufig, gleichgültig ob sie tatsächlich beschreibend („deskriptiv“ wie z. B. „Mensch“) oder wertend („normativ“ wie z. B. „unzüchtig“) sind. Jedoch verwenden viele Tatbestände auch Begriffe technischer, medizinischer, juristischer Art, deren genauer Inhalt dem Laien unbekannt ist, z. B. „Urkunde“, „Beamter“, „fremde“ Sache, „Geisteskrankheit“ u. dgl.

Hier wird nicht gefordert, daß der Täter diese Tatmerkmale juristisch-exakt qualifiziert. Er muß vielmehr nur eine Kenntnis davon haben, welche besondere Bedeutung und Funktion im sozialen Leben die mit jenen Begriffen bezeichneten Sachverhalte besitzen, auf der auch ihre juristische Einschätzung beruht. Die soziale Einschätzung der realen Tatumstände durch den Täter muß der juristischen parallel gehen: „Parallelwertung in der Laiensphäre“ (Mezger, Lb. S. 328; dazu auch Binding, Normen III. 146 ff.)

Beispiele: Über die zum Teil recht schwierigen und bestrittenen Eigentumsverhältnisse am Wild (etwa Wild in Wildgattern oder in Schlingen RG. 60 273; 29 216) weiß kein Laie wirklich Bescheid. Für den Vorsatz der Fremdheit (§ 242) wie des fremden Jagdrechtes (§ 292) genügt gleichermaßen das Bewußtsein, daß das Wild einem anderen „gehört", mag dann der Jurist dieses „Gehören" als Eigentum oder als Jagdberechtigung am Wilde qualifizieren: je nachdem liegt Diebstahl (Unterschlagung) oder Wilderei vor. Binding, Normen III 146 ff., 150.

Der Täter braucht nicht den juristischen Begriff der Urkunde zu kennen, aber er muß wissen, daß die für den Rechtsverkehr bestimmten Schriftstücke einen besonderen Glauben im sozialen Leben genießen.

5. *Der Irrtum* (*Tatbestandsirrtum*)

Die Irrtumslehre ist die umgekehrte Vorsatzlehre. Irrt der Täter über einen vom Vorsatz zu umfassenden objektiven Tatumstand, der zum Unrechtstatbestand gehört, so wird der Vorsatz ausgeschlossen (§ 59): z. B. der Täter zerstört eine fremde Sache im Glauben, es sei seine eigene. (Irrtum bedeutet dabei sowohl das Falsch- wie das Nichtwissen.) Beruht der Irrtum auf Fahrlässigkeit, so bleibt der Täter wegen fahrlässiger Tatbegehung strafbar, falls ein entsprechender Fahrlässigkeitstatbestand besteht, § 59 Abs. 2 (s. auch u. S. 81 f.).

Nimmt der Täter irrtümlich eine strafmildernde Sachlage an (z. B. die Kindesmörderin hält ihr eheliches Kind für unehelich, vgl. § 217), so liegt nur der Tatvorsatz des milderen Tatbestandes vor, und der Täter ist darum in analoger Anwendung des § 59 nur auf Grund der milderen Strafbestimmung strafbar (im Beispielsfalle also nur nach § 217, nicht nach §§ 211/2). Vgl. Mezger, Lb. S. 322 ff.

6. *Das Bewußtsein der Rechtswidrigkeit der Handlung*

Das Bewußtsein der Rechtswidrigkeit der Handlung gehört nicht zum Tatvorsatz, sondern ist Moment der Schuld (s. u. S. 80 ff.).

II. Die subjektivtäterschaftlichen Handlungsmomente (die sog. subjektiven Unrechtselemente)

1. *Das Wesen der subjektiv-täterschaftlichen Elemente*

Neben dem Vorsatz als demjenigen generellen subjektiv-personalen Moment, das die Handlung als zweckgerichtetes Geschehen trägt und gestaltet, kommen im Tatbestand häufig besondere subjektiv-personale Momente vor, die den sozialethischen Gehalt der Handlung in einem bestimmten Sinne färben. Aus welcher subjektiven Haltung oder Einstellung heraus der Täter die Handlung vornimmt, danach bestimmt sich vielfach maßgeblich der besondere sozialethische Sinn der Handlung. So ist die Wegnahme einer fremden Sache eine vom Vorsatz beherrschte zweckgerichtete Tätigkeit; ihr sozial-ethischer Sinn ist jedoch durchaus verschieden, ob sie zum Zwecke vorübergehenden Gebrauches oder ob sie in Zueignungsabsicht erfolgt: nur im letzteren Falle liegt der besondere sozial-ethische Unwert des Diebstahls vor. Oder: eine körperliche Betastung kann medizinische Untersuchung oder unzüchtige Handlung sein, je nach der Willensrichtung des Täters. Der spezifische sozialethische Unwertgehalt einer Handlung bestimmt sich also in vielen Fällen nach der subjektiven Haltung oder Einstellung des Täters, aus der heraus er die Handlung vornimmt. Es handelt sich hier um subjektiv-täterschaftliche Momente der Handlung, da es die seelische Haltung oder Einstellung des Täters ist, die die Handlung in einer besonderen Weise färbt und beseelt.

Andererseits betreffen sie, da sie sinnbeseelende Momente der individuellen Handlung sind und nicht einen dauernden kriminellen Wesenszug des Täters kennzeichnen, nicht die „Tatertypik" (s. u. S. 73ff.). („Gesinnung" bedeutet in diesem Zusammenhang also das aktuell-einmalige Gesonnensein bei der Tat, nicht [notwendig] eine Dauerhaltung.)

Diese Momente sind als „subjektive Unrechtselemente" von der Lehre bereits seit langem anerkannt. Ihre Entdecker sind: H. A. Fischer (Rechtswidrigkeit 1911), Hegler (Z. 36 19ff) und Mezger (GS. 89 207ff.), s. dazu Mezger, Lb. S. 168ff.

2. *Die Arten der subjektiv-täterschaftlichen Elemente*

a. Die Absicht als überschießende Innentendenz. Bei der Absicht ist die Verwirklichung des objektiven Tatbestandes nur das Mittel zu einem weitergehenden Zweck, z. B. die Wegnahme ist nur das Mittel zur beabsichtigten Zueignung (§ 242) oder die Täuschungshandlung nur das Mittel zur Erlangung eines Vermögensvorteils (§ 263). Die Mittel-Zweck-Beziehung zwischen objektiver Tathandlung und Absicht zeigt, daß hier die Absicht der Beweggrund für die objektive Tathandlung sein muß. Absicht im strafrechtlich-technischen Sinne ist der Beweggrund der objektiven Tat; die gleiche Bedeutung haben die Wendungen „um ... zu" in §§ 253, 229 u. a. m.

Daher begeht der ausbrechende Gefangene keinen Diebstahl an der Gefängniskleidung, die er tragt; denn er nimmt sie nicht mit, um sie sich zuzueignen. RG. Rspr. 6 443.

Niemals aber bedeutet Absicht den Endzweck der Tat. Z. B. kann der erstrebte Vermögensvorteil in § 263 seinerseits nur Mittel zur Erreichung weiterer Zwecke sein, z. B. das erschwindelte Geld als Mittel zu einer Nordlandreise; entscheidend ist, daß die Vorteilserreichung (das Erlangen des Geldes) der Beweggrund für die Vornahme des objektiven Tatbestandes (für das Täuschen) war.

Bei einigen wenigen Delikten bedeutet Absicht, da sie sich auf den objektiven Tatbestand, nicht auf ein jenseits dessen liegendes Ziel bezieht, nur den direkten Vorsatz (unter Ausschluß des dolus eventualis) z. B. in § 225, §§ 239ff. KO. s. RG. 66 88.

b. Die besondere Handlungstendenz. In Frage kommt vor allem die wollüstige Tendenz bei den Unzuchtsdelikten. Unzüchtige Handlung ist nur die von subjektiv-wollüstiger Tendenz getragene objektive Verletzung des Schamgefühls (RG. **67** 112, **70** 159).

c. Die besonderen Gesinnungsmomente. Zu den Merkmalen in a und b sind seit der Ausbildung der Lehre von den subjektiven Unrechtselementen weitere über den Vorsatz hinausgehende Gesinnungsmomente getreten, die den besonderen sozialethischen Unwertgehalt der Tat kennzeichnen; z. B. „roh", „böswillig", „eigennützig", „gewissenlos" in § 170a—d, § 223b, §§ 1, 9 Tierschutzges. vom 24. XI. 1933; ferner endlich zur Kennzeichnung des Mordes in § 211 als des Tötens „aus Mordlust, zur Befriedigung des Geschlechtstriebes, aus Habgier oder sonst aus niedrigen Beweggründen, heimtückisch, grausam ...".

Auch diese Momente sind nicht Schuld-, sondern subjektive Unrechtselemente. weil sie das soziale Unwerturteil über die Tat erst begründen oder verstärken. Besonders klar kommt das in §§ 1, 9 Tierschutzges. zum Ausdruck: Mißhandlungen von Tieren sind nur dann deliktisches Unrecht, wenn sie „roh" erfolgen.

Jedoch dürften in bestimmten Tatbeständen manche dieser Gesinnungsmomente zugleich Schuldelemente sein, d. h. sie konnen nur vom schuldfähigen Täter vollzogen werden, z. B. „gewissenlos" in § 170 c u. d. Eine Wegnahme in „Zueignungsabsicht" kann auch der Schuldlose (der Geisteskranke oder das Kind) verüben. Aber gewissenlos die Hilfe versagen (§ 170c) kann nur der Schuldfähige. Hier gehen die Grenzen von Unrecht und Schuld ineinander über: auch bei den vorsätzlichen Tatbeständen gibt es Delikte, deren Unrecht nur vom schuldhaft handelnden Täter verwirklicht werden kann.

Diese neuen vom Gesetzgeber verwendeten Gesinnungsmomente vermögen zwar die subjektive Seite der Deliktsbeschreibung über den verhältnismäßig groben Begriff des Vorsatzes hinaus außerordentlich zu verfeinern, aber sie können leicht dazu führen, die objektive Deliktsgrenze nicht mehr mit der gleichen Sorgfalt zu ziehen wie bisher, in der Meinung, durch die zusätzlichen Gesinnungsmomente werde schon der Tatbestand auf das notwendige Maß eingeschränkt. Das ist ein gefährlicher Fehlschluß! Denn Gesinnungsmomente wie gewissenlos, böswillig u. dergl. sind unabhängig davon, ob die objektive Rechtsverletzung bedeutsam oder unerheblich ist. Wo also der objektive Tatbestand auch strafrechtlich unerhebliches Verhalten mitumfaßt, führen diese Gesinnungsmomente nicht zu einer Einschränkung des Tatbestands, sondern zur Gesinnungsbestrafung! Dieser Gefahr ist der Gesetzgeber in §§ 170a u. d erlegen (s. u. § 53 III). Hier liegt die entscheidende Gefahrenstelle für die Einsickerung eines Gesinnungsstrafrechts.

§ 14. Die rechtfertigenden Ausnahmetatbestände (Die Rechtfertigungsgründe)

I. Das Wesen der Rechtfertigungsgründe

1. Wer tatbestandsmäßig handelt, handelt grundsätzlich rechtswidrig. Da der Tatbestand Unrechtstypisierung ist, ist mit der Tatbestandserfüllung grundsätzlich das Unrecht gegeben. Eine weitere positive Begründung des Unrechts erübrigt sich. Natürlich ist dabei der Tatbestand sinngemäß, d. h. unter Berücksichtigung der sozialen Adäquanz (s. o. S. 36ff.) zu verstehen. Der Tatbestand ist die Grundlage der Rechtswidrigkeit. Jedoch gibt es Ausnahmetatbestände, die besondere Ausnahmesituationen umschreiben, in denen das tatbestandsmäßige Handeln rechtmäßig ist, z. B. Notwehr und Notstand. Neben den Unrechtstatbeständen als den Regeltatbeständen gibt es also Ausnahmetatbestände typisch rechtmäßigen Handelns (die sog. Rechtfertigungsgründe).

2. Ihr Unterschied zur sozialen Adäquanz liegt im folgenden: Sozialadäquates Handeln ist sozial-übliches, normales Handeln; ein Verhalten, wie es innerhalb der Ordnungen des Soziallebens üblich ist. Sozialadäquates Handeln ist daher rechtmäßig, weil es gar nicht tatbestandsmäßig ist.

So werden die „Freiheitsberaubungen" des normalen Verkehrs (s. o. S. 37) nicht erst durch Einwilligung oder dergleichen gerechtfertigt, sondern sie scheiden von vornherein aus dem Tatbestand der Freiheitsberaubung aus.

Rechtfertigungsgründe dagegen beruhen auf Ausnahmesituationen, auf Lebensverhältnissen, die von vornherein aus den Grundordnungen des normalen Soziallebens herausfallen, z. B. die Notwehrlage. Die in ihr erforderliche Ausnahmehandlung (z. B. unmittelbare Tötung eines Angreifers) ist aber auf Grund dieser Notlage gerechtfertigt. Sie überschreitet das sozialübliche Maß und ist daher tatbestandsmäßig, aber wegen der rechtfertigenden Ausnahmesituation rechtmäßig.

Die Grenzen zwischen sozialer Adäquanz und Rechtfertigungsgrund können im Einzelfall flüssig sein, wie überhaupt die Grenzen zwischen Norm und Ausnahme. Trotzdem ist die Beachtung des grundsätzlichen Unterschiedes unerläßlich. Denn wäre jede rechtsgutverletzende Tätigkeit tatbestandsmäßig, so unterfiele fast das gesamte soziale Leben den Deliktstatbeständen, da alles soziale Leben mit Beeinträchtigungen und Verletzungen fremder Rechtsgüter verknüpft ist (Beispiele s. o. S. 37 f.). Das wäre eine völlig lebensfremde Betrachtung! Dogmatisch hätte sie zur Folge, daß der Tatbestand aufhörte, grundsätzlich Unrechtsvertypung zu sein. Denn das weitaus meiste rechtsgutverletzende Handeln ist ja rechtmäßig! Mit der Tatbestandserfüllung wäre also grundsätzlich das Unrecht nicht gegeben, sondern dieses müßte anderswoher begründet werden. (Woher? Etwa aus der unbestimmten Maxime: Unrecht ist, was nicht rechtes Mittel zum rechten Zwecke ist? Vgl. Dohna, Aufbau S. 22.)

3. Als echte Ausnahmesituationen und damit als echte Rechtfertigungsgründe kommen vor allem folgende drei Gruppen in Frage:

a) die Not (Notwehr, Notstand, Güterkollision);

b) Situationen, die sofortige Zwangseingriffe erforderlich machen (Selbsthilfe, vorläufige Festnahme);

c) die Einwilligung des Verletzten und die mutmaßliche Einwilligung.

Die modernen Versuche einer Systematisierung der Rechtfertigungsgründe (Mezger, Dohna) sind m. E. unergiebig. Ein allseitiges System von Ausnahmesituationen ist ebenso unmöglich wie ein allseitiges System strafbaren Unrechts.

II. Die Notwehr

Notwehr ist diejenige Verteidigung, welche erforderlich ist, um einen gegenwärtigen rechtswidrigen Angriff von sich oder einem anderen abzuwehren. § 53.

Ihr Grundgedanke ist: das Recht braucht dem Unrecht nicht zu weichen.

1. *Die Notwehrlage*

Sie wird hervorgerufen durch einen gegenwärtigen rechtswidrigen Angriff.

a) Angriff ist die durch menschliche Handlung drohende Verletzung rechtlich gegeschützter Lebensinteressen (Rechtsgüter).

Angriff ist grundsätzlich positives Verhalten, nicht reines Nichtstun (RG. 19 298); jedoch ist Angriff auch die Verwirklichung eines Begehungsverbrechens durch Unterlassen.

Wehrfähig ist jedes rechtlich, nicht nur strafrechtlich anerkannte Rechtsgut: Leib Leben, Freiheit, Ehre, Verlöbnis (RG. 48 215), Eigentum, Besitz (RG. 60 278).

Gegen Tierangriffe steht Notstand (§ 228 BGB.) offen (dazu Olshausen § 53, 1).

b) Der Begriff der Rechtswidrigkeit des Angriffes ist im untechnischen Sinne zu verstehen. Er blickt nicht vom Angreifer, sondern vom Angegriffenen aus. Er betrifft keinen Handlungsunwert des Angriffs, sondern den Sachverhaltsunwert, den der Angegriffene nicht zu dulden braucht. Rechtswidrig ist daher der Angriff, den der Angegriffene nicht zu dulden braucht. Deshalb braucht er weder tatbestandsmäßig-rechtswidrig, noch gar schuldhaft zu sein. Daher ist Notwehr z. B. zulässig gegen drohende unvorsätzliche Sachbeschädigung und gegen Angriffe Schuldunfähiger (Kinder und Geisteskranker), ja sogar in gewissen Fällen gegen Handlungen, die in ihrem Handlungswert nicht rechtswidrig sind, die der Betroffene aber nicht zu dulden braucht (wie die Notstandshandlung nach §§ 52/54 (s. u. S. 52 ff.)).

Eine Duldungspflicht für den Betroffenen besteht vor allem:

aa) gegenüber rechtmäßigen Amtshandlungen;

bb) gegenüber den Not- und Zwangsrechten Privater und den Züchtigungsrechten.

Zu den Notrechten gehören die Notwehr selbst (daher keine Notwehr gegen Notwehr) und der zivilrechtliche Notstand §§ 228, 904 BGB.; über Zwangsrechte s. u. S. 54; vgl. zum Ganzen Binding, Hdb. I, 735 ff.

c) Gegenwärtig ist der Angriff, der nahe bevorsteht oder noch andauert (RG. HRR. **1940** Nr. 1102). Nicht erforderlich ist, daß der Angriff schon bis zu einem strafbaren Deliktsversuch gediehen ist (RG. **53** 132: Notwehr des Försters gegen den Wilderer, der auf Aufforderung das Gewehr nicht weglegt). Der Angriff dauert auch nach formeller Vollendung eines Delikts solange an, als er die Verletzung des Rechtsguts noch intensiviert; daher ist Notwehr gegen den mit der Beute fliehenden Dieb zulässig (RG. **55** 82).

2. *Die Verteidigungshandlung*

Sie ist die zum Zwecke der Abwehr vorgenommene Handlung. Der Abwehrende muß den Verteidigungswillen haben. RG. **60** 262.

Darum keine Notwehr, wenn der Täter verletzen wollte und dabei ahnungslos einen Angriff des anderen abwehrte, RG. **54** 199.

Die Verteidigungshandlung muß zur Abwehr erforderlich sein. Die Erforderlichkeit bestimmt sich nach der realen Stärke des Angriffs. Die Verteidigung kann soweit gehen, wie zur realen Abwehr des Angriffs erforderlich, aber nicht weiter, als hierzu unbedingt notwendig ist. Daher muß der Angegriffene das leichteste Mittel anwenden, das jedoch gegebenenfalls bis zur Tötung gehen kann, falls diese das letzte Mittel zur Abwehr ist (RG. **55** 82). Die Erforderlichkeit ist dabei ex ante zu beurteilen, d. h. vom Zeitpunkt der Vornahme der Handlung aus.

Ist ein Schuß auf weite Entfernung die erforderliche Abwehr, so ist er gerechtfertigt, auch wenn er tödlich trifft, obwohl Kampfunfähigkeit genügt hätte. Denn die Fähigkeit, die Wirkungen von Handlungen absolut abzumessen, besitzen wir nicht. (Ist die Abweichung jedoch so erheblich, daß sie für den Täter unter den gegebenen Umständen vermeidbar war, so kommt Fahrlässigkeit in Betracht. RG. **56** 285.)

Die Erforderlichkeit ist unabhängig von einer Proportionalität zwischen dem angegriffenen Gut und der zu seinem Schutz notwendigen Verletzung. Auch reine Sachgüter können notfalls durch Tötung des Angreifers geschützt werden (denn das Recht braucht auch hier dem Unrecht nicht zu weichen!).

Jedoch muß das Notwehrrecht da seine Grenze haben, wo die Schwere der Verletzung im Verhältnis zur Unerheblichkeit des Angriffs sozial untragbar wäre, z. B. bei Tötung des Angreifers wegen Wegnahme eines Stück Brotes. Mayer S. 256, LK. § 53 II 3, VIII. Flucht ist dem Angegriffenen grundsätzlich nicht zuzumuten, wohl aber, sofern er seiner Ehre nichts vergibt, ein Ausweichen vor dem Angriff (besonders gegenüber Schuldlosen) oder die Annahme fremder Hilfe (RG. **71** 134; **72** 58). Bloße Unfugabwehr (etwa Störung der Nachtruhe) scheidet aus dem schneidigen Notwehrrecht ganz aus und ist nur im Rahmen einer proportionalen Verteidigung zulässig; s. Ötker, Frankfestg. I S. 360 f.

3. *Rechtliche Folgen*

Die Verletzung des Angreifers und der Angriffsmittel (gleichgültig, wem sie gehören) in zulässiger Notwehr ist rechtmäßig. Daher ist gegen die Verteidigungshandlung nicht wieder Notwehr möglich. Verletzungen unbeteiligter Dritter werden durch die Notwehr nicht gedeckt (RG. **58** 29); jedoch wird meist Notstand diesen gegenüber vorliegen.

Beispiel: A wird von B in einer Gastwirtschaft angegriffen; A verteidigt sich gegen den B, indem er ihm einen Stuhl entgegenwirft, der den neben B stehenden C mit verletzt. Nur die Verletzung des B ist aus Notwehrgesichtspunkten rechtmäßig, hinsichtlich der Verletzung des C liegt Notstand (§ 54) vor mit der wichtigen Folge, daß C seinerseits gegen A Notwehr üben konnte, da er die Verletzung durch A nicht zu dulden brauchte.

Das Notwehrrecht steht auch dem zur Seite, der den Angriff mit verursacht hat (z. B. durch Hänseln) RG. **73** 341; dagegen entfällt ein Notwehrrecht bei einem Angriff, der absichtlich herausgefordert wurde, um unter dem Schein der Notwehr den Angreifer zu verletzen (denn hier liegt keine Verteidigung des Rechts gegen das Unrecht vor). RG. **69** 262; HRR. **1940** Nr. 1143 (vgl. u. S. 61).

Wo zwei zum Raufen Entschlossene sich gegenübertreten, kann sich keiner dem anderen gegenüber auf Notwehr berufen: Jeder hatte den Angriffswillen. RG. 72 183, 73 341 (anders, wenn der eine über das Maß der von beiden vorausgesetzten Rauferei hinausgeht und etwa ein Messer zieht oder der andere erkennbar den Kampf aufgibt. HRR. 1940 Nr. 1143).

4. *Nothilfe*

Notwehr ist auch in Form der Nothilfe zugunsten angegriffener Dritter zulässig.

5. *Überschreitung der Notwehr*

Überschreitung der Notwehr in Bestürzung, Furcht oder Schrecken (Notwehrexzeß) ist rechtswidrig, mildert aber die Schuld, da die Möglichkeit des Andershandelns durch die Erregung erschwert war. Allzu starr ist dieser Milderungsgrund in § 53 Abs. 3 zu einem völligen Strafausschluß gemacht worden.

6. *Die Putativnotwehr*

Nimmt der Täter irrtümlich eine Notwehrlage an, so ist die Tat rechtswidrig, aber infolge des Irrtums über die Rechtswidrigkeit ist die Schuld ausgeschlossen. Bei Vermeidbarkeit des Irrtums ist der Täter milder strafbar, a. A. h. L., dazu u. S. 84.

III. Der bürgerlich-rechtliche Notstand

1. *Die Sachwehr (defensiver Notstand)* § 228 BGB.

Sachwehr ist gegen gefahrdrohende Sachen (und Tiere) zulässig, sofern der angerichtete Schaden gegenüber der drohenden Gefahr nicht unverhältnismäßig groß ist.

Für den wichtigsten Fall des defensiven Notstands, den Abschuß wildernder Hunde und Katzen, gibt § 40 RJG. eine Sonderregelung.

2. *Der aggressive Notstand* § 904 BGB.

Eingriffe in fremdes Eigentum zur Abwehr gegenwärtiger Gefahr sind rechtmäßig, falls der drohende Schaden unverhältnismäßig groß wäre.

In beiden Fällen ist eine Güterabwägung ein mitbestimmendes Moment der Rechtfertigung. Im geringen Maße bei der Sachwehr; bei ihr steht der Wehrgedanke im Vordergrund, die Güterabwägung korrigiert ihn nur dahin, daß nicht jeder geringfügige (drohende) Schaden ohne Rücksicht auf Vernichtung großer Werte abgewehrt werden kann. Beim aggressiven Notstand steht die Güterabwägung im Vordergrund. Hier muß die Güterkollision so gelöst werden, daß das geschützte Rechtsgut höherwertig als das verletzte ist.

§§ 228/904 gewähren Notrechte, denen eine Duldungspflicht des Betroffenen gegenübersteht; daher ist Notwehr gegen sie unzulässig; wohl aber kann der Betroffene selbst in Notstand geraten.

IV. Der strafrechtliche Notstand (§§ 54, 52)

Strafrechtlicher Notstand liegt vor, wenn Leib oder Leben schuldlos in Gefahr geraten sind — der zivilrechtliche Notstand ist hierauf nicht beschränkt! — und sich der Täter aus ihr nur unter Verletzung strafrechtlich geschützter fremder Interessen retten kann. (Der zivilrechtliche Notstand kennt nur Opferung von Sachen.)

Notstand ist ein Fall der Güter- oder Pflichtenkollision: Leib oder Leben sind in Gefahr und können nur unter Verletzung fremder Güter oder rechtlicher Pflichten gerettet werden. Die Betrachtung der Güterkollission hat in den letzten Jahren unter falschen Gesichtspunkten gestanden: Die Rechtmäßigkeit einer Handlung bestimme sich allein nach dem Schlußergebnis. Wo das gerettete Gut mehr wert ist als das geopferte, da sei die Handlung rechtmäßig; in allen übrigen Fällen sei sie rechtswidrig, werde aber wegen des übermäßigen Drucks des Selbsterhaltungstriebes entschuldigt. Der Selbsterhaltungstrieb hebe die Motivationskraft der Rechtsnorm auf. Darum könne dem Täter ein normgemäßes Verhalten nicht zugemutet werden.

So die „Differenzierungstheorie", die nach dem Schlußergebnis der Handlung (je nach Sozialnützlichkeit oder -schädlichkeit) entweder rechtfertigt oder bloß entschuldigt (auch „Entschuldigungstheorie"). RG. 61 249 gegen RG. 57 268; h. L.; s. Eberh. Schmidt, Z. 49 350 ff.

Hiergegen ist geltend zu machen:

a) Die These, rechtmäßig könne eine Handlung nur sein, wenn ihr Erfolgssachverhalt mehr Nutzen als Schaden bringt, ist ein utilitaristisches Dogma; es scheitert schon positiv-rechtlich an § 228 BGB. (s. o.). Der Erfolgsunwert ist im Strafrecht immer nur Teilmoment des umfassenderen Handlungsunwerts, für den stets weitere Gesichtspunkte als die bloße Erfolgsseite in Betracht kommen.

b) Die Entschuldigungstheorie erfaßt die Bedeutung der Selbsterhaltung im Notstand unter einseitig psychologischen Gesichtspunkten, nämlich ob der seelische Motivationsdruck so stark ist, daß „normalerweise" der Selbsterhaltungstrieb die motivierende Kraft der Norm aufhebt. — Jedoch handelt es sich nicht um diese psychologische Frage des Motivationsdrucks, sondern um die sozialethische Wertungsfrage, ob der Akt der Selbsterhaltung in bestimmten Kollisionsfällen gebilligt werden kann oder nicht. In den Fällen, in denen die eigene Existenz (Leib oder Leben) mit gleichgeordneten oder höherwertigen Rechtsgütern anderer (z. B. Leben gegen Leben, leibliche Unversehrtheit gegen Leben) in Kollision gerät, aus der jene nur auf Kosten dieser gerettet werden kann, wird der Akt der Selbsterhaltung nicht mißbilligt. Dieser sozialethische Sinn liegt dem § 54 zugrunde und bestimmt seinen Inhalt und seine Grenzen; **nur** soweit der Akt der Selbsterhaltung noch billigenswert ist, gilt auch § 54. Es gibt Gefahrenlagen, in denen sogar der Einsatz des eigenen Lebens verlangt wird: vom Soldaten, der Polizei, Feuerwehr u. a. Die psychologische Deutung versagt hier völlig; die motivierende Einwirkung des Selbsterhaltungstriebes ist hier um nichts anders und geringer als in sonstiger Gefahr. Verschieden ist allein die **Wertung** der Tat: die Rettung aus der Gefahr auf Kosten der militärischen Schlagkraft um der Selbsterhaltung willen wird mißbilligt, während in den Grundfällen des § 54 die Selbsterhaltung auf Kosten anderer Rechtsgüter nicht mißbilligt wird.

Die Entschuldigungstheorie kann hierin nur positiv-rechtliche Ausnahmen sehen. Vgl. **Liszt-Sch.**, S. 293.

c) Die unhaltbaren Konsequenzen der Entschuldigungstheorie zeigen sich jetzt bei der Teilnahme. Wer einen von Leibes- oder Lebensnot Bedrängten zur Rettungstat anstiftet oder ihm hilft, ist (nach der hier vertretenen **Rechtfertigungstheorie**) straflos, da die Haupttat nicht rechtswidrig ist. Nach der Entschuldigungstheorie aber müßte er als Anstifter oder Gehilfe bestraft werden, da die Haupttat rechtswidrig ist (denn durch die Neufassung des § 50 ist die Teilnahme an schuldlos-rechtswidriger Haupttat heute strafbar, s. u. S. **65**), — ein unbilliges Ergebnis! Vgl. **Niethammer**, DRZ 1946 S. 169.

d) Der richtige Gedanke der Differenzierungstheorie ist lediglich eine gewisse Differenzierung in den Notstandsfällen: §§ 228, 904 BGB. geben **Notrechte** mit entsprechender Duldungspflicht; § 54 rechtfertigt die Notstandshandlung nur in ihrem Handlungswert, legt aber keine Duldungspflicht bezüglich des Sachverhaltsunwerts auf (s. u. 1 c).

Die rechtliche Ausgestaltung:

1. *Der Grundtatbestand* (§ 54)

a. **Die Notstandslage.**

Sie ist nur bei gegenwärtiger Leibes- oder Lebensgefahr vorhanden. Gegenwärtig ist sie dann, wenn befürchtet werden muß, die Abwehr werde zu spät kommen, wenn nicht sofort gehandelt wird. RG. **59** 69, **66** 225. Wie die Zusammenstellung: Leibes- und Lebensgefahr zeigt, ist Leibesgefahr nur das Drohen einer **erheblichen** Schädigung der Gesundheit oder körperlichen Unversehrtheit, sie muß so erheblich sein, daß sie die freie Selbstbestimmung des Betroffenen einschränkt (Leibesgefahr: auch eine durch ihre Dauer körperlich wirksame Einsperrung. RG. 54 338).

Über **Dauergefahr** s. RG. **60** 318: Ein gemeingefährlicher Trunkenbold bildet, auch wenn er im Augenblick ruhig ist, eine Dauergefahr, wenn jeden Augenblick neue schwere Wutanfälle mit lebensgefährlichen Folgen zu erwarten sind. Das Reichsgericht billigte seine Tötung; s. auch RG. **66** 222.

Die Notlage muß **unverschuldet** sein; verschuldet ist sie nicht schon dann, wenn lediglich die Gefahr, sondern nur dann, wenn auch die Notwendigkeit der Verletzung fremder Rechtsgüter pflichtwidrig herbeigeführt war.

Zwei Freunde machen eine Segelfahrt und verunglücken dabei. Beide retten sich an eine Planke, die nur einen von ihnen trägt. Der eine stößt den Gefährten weg, dieser ertrinkt. Hier ist zwar die Gefahr (die Möglichkeit eines Segelbootsunglücks) bewußt herbeigeführt, nicht aber gerade die Notwendigkeit der Verletzung des anderen Gefährten. Darum ist die Handlung nach § 54 gerechtfertigt. Über die Pflichtwidrigkeit s. auch RG. **36** 340.

Ist an der Notlage der in ihr Befindliche schuld, so darf auch ein Angehöriger ihn nicht unter Verletzung fremder Rechtsgüter retten (bestr.).

b. Die Notstandshandlung.

Sie muß der letzte Ausweg sein. Von mehreren Möglichkeiten muß der Täter das kleinste Übel wählen und muß subjektiv den Rettungszweck verfolgen.

c. Die rechtlichen Folgen.

Die Notstandshandlung ist rechtmäßig, auch wenn der angerichtete Schaden größer ist als die drohende Gefahr.

A. A. die Entschuldigungstheorie: Die Notstandshandlung ist rechtswidrig, aber entschuldigt den Täter wegen der anomalen Motivationslage. So Frank § 54 III; Mezger, Lb. S. 369; Liszt-Sch. § 42; Olshausen § 52 2; RG. 61 249, unentschieden 60 88; 57 268. Wie hier bes. v. Hippel II S. 231 ff.; Mayer S. 247, z. T. abweichend Nagler § 54 III 2.

Die Notstandshandlung wird zwar in ihrem Handlungswert nicht mißbilligt, enthält aber kein Notrecht, dem auf der anderen Seite eine Duldungspflicht entspräche. Daher ist Notwehr gegen sie zulässig. (Im Ergebnis hier ebenso die Entschuldigungstheorie. Dagegen führen die beiden Theorien in der Teilnahmelehre zu verschiedenen Ergebnissen, s. o. S. 51).

d. Grenzen der Notstandsrechtfertigung.

Die Notstandshandlung ist rechtmäßig, weil und soweit das Recht die Selbsterhaltung in Notlagen auch unter Opferung anderer Güter positiv würdigt. Die Rechtmäßigkeit entfällt, wenn die Selbsterhaltung auch in der Not mißbilligenswert ist. Diese Sonderfälle ergeben sich teils aus dem normierten Recht selbst, teils aus der immanenten Schranke des § 54:

α) Zur Ertragung von Leibes- und Lebensgefahr sind verpflichtet: der Soldat (§§ 49, 84 ff. MilStGB.), der Seemann (§§ 34, 41 Seemanns-Ordng.), die Polizei, Feuerwehr, der Wettermann im Bergwerk (RG. **72** 246), die Frau bezüglich der normalen Gefahren des Geburtsaktes.

β) Zur Rechtfertigung einer schweren Straftat ist die Gefahr einer erheblicheren körperlichen Beeinträchtigung erforderlich als zur Rechtfertigung einer leichteren Straftat; s. RG. **66** 397 betr. Meineid, Binding, Hdb. S. 784.

5. Eine Nothilfe ist nach dem Gesetzeswortlaut nur für Angehörige zulässig.

Diese Einschränkung ist sachlich verfehlt! Da die Teilnahme Dritter an fremder Notstandshandlung sowohl als Beihilfe wie als Anstiftung straflos ist (s. o. S. 51), kann auch die unmittelbare Nothilfe durch einen Dritten nicht strafbar sein, denn sie ist nicht wesentlich anders als die Teilnahme an fremder Notstandstat zu werten. Vgl. Mayer, S. 252.

2. *Der Nötigungsnotstand* (§ 52)

Er betrifft die Zwangslage, die von einem Menschen durch Nötigung geschaffen wird. § 54 ist die allgemeinere Bestimmung; bei ihr ist es gleichgültig, wodurch die Zwangslage geschaffen ist, ob durch Naturkräfte oder durch menschliches Verhalten, sofern es nur nicht darin besteht, daß es die Notstandshandlung abnötigt: hierfür tritt speziell § 52 ein (s. RG. **66** 225).

a. Die Zwangslage: Nötigung durch

α) unwiderstehliche Gewalt. Hier kommt nicht die vis absoluta in Betracht, die jeden Willen des Genötigten und damit jede eigene Handlung ausschließt, vielmehr die vis compulsiva, d. h. die beeinflussende Gewalt, wie Prügeln, Foltern usw., um eine bestimmte Handlung zu erzwingen. (Die vis compulsiva unterscheidet sich von der Drohung dadurch, daß erstere das Übel selbst enthält, während letztere es nur ankündigt.)

β) oder Drohung, d. h. Ankündigung eines vom Drohenden zu befördernden Übels. Das Übel muß im § 52 eine gegenwärtige Leibes- oder Lebensgefahr des Täters oder eines Angehörigen sein und darf nicht anders abwendbar sein.

Die Drohung kann vom Angehörigen selbst ausgehen und ihn selbst betreffen, z. B. Drohung mit Selbstmord (RG. **38** 127).

Im Gegensatz zu § 54 kann die Notlage vom Betroffenen auch verschuldet sein. Sonst gelten aber die übrigen Grundsätze des Notstandes, insbesondere oben 1 a—d.

b) Die abgenötigte Straftat ist für den Notstandstäter rechtmäßig. (A. A. die Entschuldigungstheorie, RG. **64** 30.) Der Nötigende handelt aber rechtswidrig, ist also mittelbarer Täter (s. u. S. 59).

c. § 52 Abs. 2 definiert unabhängig vom BGB. für den Bereich des Strafrechts den Begriff des Angehörigen. Für Verwandtschaft, Schwägerschaft, Verschwisterung kommt hiernach auch das uneheliche Kind in Betracht. (Die Fiktion des § 1589 Abs. 2 BGB. gilt für das Strafrecht nicht.)

V. Der sog. übergesetzliche Notstand

1. *Das Problem*

Die gesetzlichen Notstandsregeln erschöpfen die Fälle beachtlichen Notstandes nicht. Es gibt Notlagen, in denen einerseits nicht bloße Sacheingriffe in Frage kommen, andererseits aber auch die engen Voraussetzungen der §§ 52, 54 StGB. nicht zutreffen (z. B. wenn die Not keinen Angehörigen trifft). Berühmt geworden ist der Fall der ärztlichen Schwangerschaftsunterbrechung in RG. **61** 242: ein Arzt unterbricht die Schwangerschaft einer schwer nervenkranken Frau wegen unmittelbarer Selbstmordgefahr. Ähnliche Notsituationen tauchen im Bereiche der ärztlichen Schweigepflicht auf. Beide Fälle sind jetzt gesetzlich geregelt:

a) Zulässig (rechtmäßig) ist die Schwangerschaftsunterbrechung aus medizinischen Gründen bei ernster Gefahr für Leben oder Gesundheit der Mutter, wenn sie von einem Arzt kunstgerecht durchgeführt wird. Dazu sind grundsätzlich die Einwilligung der Frau selbst und die Zulassung durch eine Gutachterstelle erforderlich. Vgl. § 14 Gesetz vom 14. Juli 1933.

b) Die Preisgabe eines ärztlichen Berufsgeheimnisses ist rechtmäßig, wenn sie zur Erfüllung einer rechtlichen oder sittlichen Pflicht oder zu berechtigtem Zwecke erfolgt und das bedrohte Rechtsgut überwiegt, § 13 Abs. 3 RÄrzteO. vom 13. Dezember 1935 (entsprechend ReichsapothekerO. vom 18. April 1937), vgl. RG. **71** 21.

Trotzdem bleiben Notfälle übrig, die wegen ihres Ausnahmecharakters nicht übersehbar sind und darum im einzelnen gesetzlich nicht geregelt werden können.

Beispiel: Jemand stört den Gottesdienst (§ 167) durch Rufe „Feuer, Feuer", weil im Dorfe ein Brand ausgebrochen ist, RG. **5** 258. Ein Arzt befährt einen gesperrten Weg, um einem Schwerkranken sofortige Hilfe zu bringen, HRR. **1940** Nr. 255. RG. **77** 113.

2. *Richtlinien bei der Lösung*

Infolge der unübersehbaren Verschiedenartigkeit derartiger Fälle ist eine konkrete, unmittelbar anwendbare Regel ausgeschlossen. Eine umfassende Formel wie die der „Zwecktheorie" —: die Notstandshandlung ist rechtmäßig, wenn sie das angemessene Mittel zu einem rechtlich anerkannten Zweck ist — ist zu unbestimmt (wann ist das Mittel angemessen?). Eine konkrete Formel trägt die Gefahr in sich, wichtige Gesichtspunkte unberücksichtigt zu lassen und zu allzu äußerlicher Anwendung zu verführen. Diese Gefahr besteht für die in der Praxis herrschende Güterabwägungstheorie:

In Lagen, in denen ein Rechtsgut nur auf Kosten eines anderen erhalten werden kann, handelt der Täter rechtmäßig, wenn er das geringerwertige Rechtsgut zur Erhaltung des höherwertigen opfert. RG. **61** 254.

Dieses Prinzip hat sich grundsätzlich als praktisch brauchbar erwiesen, wenn folgendes beachtet wird:

a) Eine äußerliche Anwendung würde nicht nur geringerwertige Rechtsgüter gegenüber höherwertigen vogelfrei machen, sondern auch den Gehorsam gegenüber der Norm und die rechtstreue Gesinnung erschüttern. Die wesentlichste Aufgabe der Rechtsordnung ist jedoch die Herstellung des Rechtsfriedens und vor allem die Wahrung der rechtstreuen Gesinnung. Darum muß die übergesetzliche Rechtfertigung wirklicher Ausnahmefall in schwerer Not bleiben; besonders müssen Beeinträchtigungen, die das normale Leben mit sich bringt, ohne weiteres ertragen werden.

Bei plötzlichem Platzregen darf eine Frau nicht einem einfach gekleideten Mädchen den Regenschirm wegnehmen, um ihr teures Kleid zu retten.

b) Zur Rechtfertigung verlangt die Praxis eine pflichtmäßige Prüfung der Sachlage durch den Täter. Fehlt es an dieser, so entfällt jede Rechtfertigung, auch Putativnotstand scheidet aus. RG. **62** 138, HRR. **1940** Nr. 255.

Dagegen kann sich der Täter dann auf Putativnotwehr berufen, wenn er auf Grund sorgfältiger Prüfung irrig die Notlage annahm. RG. **77** 116.

3. *Anhang: Die Unzumutbarkeit*

Der übergesetzliche Notstand ist auf die Rettung eines höherwertigen Rechtsgutes beschränkt. Bei Rettung gleich- oder geringerwertiger Güter ist die Berücksichtigung nahestehender subjektiver Interessen in §§ 52, 54 StGB. (und in § 228 BGB.) erschöpfend geregelt. Die Ausweitung der §§ 52, 54 über die Fälle der Leibes- und Lebensnot hinaus (z. B. auf wirtschaftliche Not) zu einem übergesetzlichen Strafausschließungsgrund der Unzumutbarkeit — wonach die Schuld überall ausgeschlossen sein solle, wo dem Täter ein normgemäßes Verhalten nicht zugemutet werden könne —, wird bei vorsätzlichen Begehungsdelikten mit Recht allgemein abgelehnt (RG. **66** 397).

Über die Frage der Zumutbarkeit bei der Fahrlässigkeit und den Unterlassungsdelikten s. u. S. 87, 93. Bei Begehungsdelikten kann der Gedanke der Zumutbarkeit nur bei wenigen Delikten (wie der Begünstigung) bedeutsam werden, s. RG. **60** 101; **70** 390; **73** 267.

VI. Die außerordentlichen Gewaltrechte (Zwangsrechte Privater)

1. Die Selbsthilfe zur Sicherung eines ohne sofortigen Eingriff gefährdeten zivilrechtlichen Anspruchs, §§ 229—231 BGB.; vgl. auch § 561, Besitzwehr u. Besitzkehr §§ 859/60, 865 BGB.

Die Selbsthilfe berechtigt zur Wegnahme, Beschädigung oder Zerstörung von Sachen, zur Festnahme des fluchtverdächtigen Verpflichteten (z. B. des ausrückenden Zechprellers) und zur Beseitigung des Widerstandes des Verpflichteten gegen eine Handlung, die er zu dulden hat. — Eine Proportionalität zwischen Eingriff und drohendem Schaden ist nicht vorgesehen. Doch muß die Selbsthilfe wie die Notwehr (s. o. S. 48) da eine Grenze haben, wo die Schwere des Eingriffs in keinem Verhältnis zu der Geringfügigkeit des drohenden Schadens steht. Vgl. RG. **69** 308.

2. Die vorläufige Festnahme eines auf frischer Tat Betroffenen oder Verfolgten, wenn er fluchtverdächtig ist oder seine Person nicht sofort festgestellt

werden kann. § 127 StPO. Sie berechtigt nach RG. **65** 394, **69** 311 nur zur gewaltsamen Verhinderung der Flucht, aber nicht zur Verletzung des Fliehenden an Leib oder Leben.

Nach dem Grundgedanken des § 127 StPO. wird man die Anwendung maßvoller Mittel gegen den unbekannten Täter zum Zwecke seiner Überführung zulassen; z. B. die Beifügung eines Abführmittels zu Wein, um den unbekannten Wein-Dieb zu entlarven.

Weitergehend als § 127 StPO.: Ges. über den Waffengebrauch der Forst- und Jagdschutzberechtigten vom 6. Februar 1935 (AusfVO. vom 7. März 1939).

VII. Das Handeln auf Grund erteilter Einwilligung des Verletzten

1. Die Einwilligung kann strafrechtlich verschiedene Bedeutung haben:

a) Sie kann den Tatbestand ausschließen, und zwar überall da, wo ein Handeln gegen den Willen des Betroffenen zum Tatbestand gehört, z. B. in §§ 236/7; ferner in §§ 123, 176 Ziff. 1, 177: die „vis haud ingrata“ zum Beischlaf ist keine Notzucht! (Ebenso kein Gewahrsamsbruch bei Einwilligung des Gewahrsamsinhabers in die Wegnahme; keine Urkundenfälschung, wenn der Erklärende seinen Namen durch einen Dritten unter die Urkunde setzen läßt.)

Meist wird dadurch das Tun ganz tatbestandslos; doch kann auch ein anderer Tatbestand bestehen bleiben; z. B. Einwilligung des vom Eigentümer verschiedenen Gewahrsamsinhabers in die Wegnahme schließt zwar den Gewahrsamsbruch (§ 242) aus, nicht aber die Zueignung (§ 246).

Die tatbestandsausschließende Einwilligung ist im Gegensatz zur Einwilligung des Verletzten rein tatsächlicher Natur. Darum gelten deren Regeln für sie nicht, vor allem nicht der Grundsatz von der Unwirksamkeit der Einwilligung in sittenwidrige Tat (s. u. 4 b).

Die vis haud ingrata ist trotz ihrer Sittenwidrigkeit keine Notzucht. Ebenso bleibt auch bei einer zu Täuschungszwecken gegebenen Ermächtigung eines Dritten durch den Namensträger zum Zeichnen mit fremdem Namen die Urkunde echt! Vgl. u. § 58 I 1.

b) Sie kann die Rechtswidrigkeit ausschließen. Dies setzt, im Unterschied zu a) voraus, daß der Tatbestand voll erfüllt ist. Hier allein erhebt sich die Frage der Einwilligung als Rechtfertigungsproblem.

2. Die Einwilligung ist Einverständnis mit der Tat (nicht bloßes Geschehenlassen) und enthält den Verzicht auf den Rechtsschutz. Einen solchen Verzicht kann nur leisten, wer alleiniger Träger des rechtlich geschützten Interesses ist. Wo zugleich öffentliche Interessen geschützt werden, ist die Einwilligung des individuell Betroffenen wirkungslos. Aber auch die Einwilligung allein rechtfertigt noch nicht.

Wäre allerdings das Strafrecht lediglich ein Güterschutzrecht, so müßte bei Freisgabe des geschützten Interesses durch den Verletzten die Rechtswidrigkeit der Handlung ohne weiteres entfallen. Dies lehrt auch die Güterschutztheorie, z. B. Mezger, S. 209 (sog. Willensrichtungstheorie). Da sich jedoch das strafrechtliche Unrecht nicht in der bloßen Güterverletzung erschöpft, sondern sozialethisch unerträgliche Handlung ist, kann nicht die Einwilligung als solche, sondern nur das Handeln auf Grund erteilter Einwilligung der rechtfertigende Tatbestand sein. Der Täter muß daher die Einwilligung kennen und auf Grund ihrer handeln; nur unter dieser Voraussetzung ist die Tat rechtmäßig. Die bloße Einwilligung beseitigt nur den Erfolgsunwert, aber nicht den Handlungsunwert. Der Täter bleibt wegen Versuchs am untauglichen Objekt strafbar.

Diebstahlsversuch, wenn der Eigentümer ohne Wissen des Täters in die Zueignung einwilligt.

Es ist unbegreiflich, wie die Willensrichtungstheorie hier zur Bestrafung kommen will, wenn die Einwilligung schon als bloße innere Zustimmung die Tat rechtfertigen soll.

3. Stets ist nachträgliche Genehmigung strafrechtlich bedeutungslos. Die Einwilligung ist bis zur Tat frei widerruflich.

Mit der Einwilligung des Verletzten darf die vertragsmäßige Einräumung eines Eingriffsrechts nicht verwechselt werden. Der Mieter benutzt die Mietsache nicht etwa auf Grund der Einwilligung des „verletzten" Vermieters, sondern auf Grund seines Mietrechts. Ein jederzeitiger „Widerruf", wie er bei der nackten Einwilligung möglich wäre, kommt hier gar nicht in Betracht. Einwilligung liegt nur vor, wo das Einverständnis — zivilrechtlich gesprochen — die einzige „causa" der Handlung ist. Vgl. Honig, Einwilligung d. Verletzten S. 152.

4. Ausdrücklich geregelt ist das Handeln auf Grund erteilter Einwilligung als Rechtfertigungsgrund nur bei der Körperverletzung (§ 226a). Für sie gelten folgende Grundsätze:

a) Der Einwilligende muß die erforderliche Urteilskraft haben, um die Bedeutung der Tat und seiner Einwilligung zu überschauen. Dabei sind nicht die zivilrechtlichen Maßstäbe der Geschäftsfähigkeit, sondern die Einsichtsfähigkeit des Einwilligenden in die Bedeutung des Eingriffs entscheidend. Für den hiernach nicht genügend Willensfähigen kommt die Entscheidung des Sorgeberechtigten in Betracht, der sie jedoch nicht mißbrauchen darf (§ 1666 BGB.); s. Engisch, Z. **58** S. 38ff. Sehr weitgehend RG. **74** 350 (dazu Engisch, ZAk. **1941** S. 129, Eb. Schmidt, MonKrimBi. **33** [1942] S. 85).

b) Die Tat darf trotz der Einwilligung nicht gegen die guten Sitten verstoßen. (Ist schon die Einwilligung sittenwidrig, so ist sie ohnehin unwirksam (str.).)

Beispiel: Eine berufstätige Frau willigt in sadistische Verletzungen ein, um nicht ihr Brot zu verlieren. Die Einwilligung kann hier billigenswert sein, die Tat ist aber sittenwidrig und darum nicht gerechtfertigt.

Anwendungsfälle des § 226a bilden besonders Transplantationen und Blutentnahmen, Operationen zu wissenschaftlichen oder kosmetischen Zwecken. Dagegen sind medizinisch indizierte kunstgerechte Heilbehandlungen überhaupt keine Körperverletzungen, s. o. S. 36, a. A. RG. 25 375, 74 92; st. Rspr. (Die Rechtmäßigkeit des Heileingriffs ergibt sich für RG. aus der Einwilligung bzw. mutmaßlichen Einwilligung. RG. 61 256.) Werden Heileingriffe wider den Willen des Patienten bzw. Sorgeberechtigten vorgenommen, so liegt ebenfalls keine Körperverletzung, sondern ein Freiheitsdelikt vor, s. o. S. 37.

5. Für andere Delikte, in denen nicht unmittelbar Interessen der Allgemeinheit betroffen sind, gelten die Grundsätze des § 226a entsprechend, z. B. für Beleidigungen RG. **60** 35, dagegen nicht für Ehebruch, da bei § 172 nicht der Schutz der individuellen Ehe, sondern die Unantastbarkeit der Ehe als sozialethischer Institution im Vordergrund steht (RG. Goltd. Arch. **54** 305; a. M. Frank § 172 IV). Für die Tötungsverbrechen zeigt schon § 216 die Unwirksamkeit einer Einwilligung. Bei den Vermögensverbrechen ist die Einwilligung meist wirksam, ausgenommen bei solchen Delikten, bei denen ein Einverständnis des Verletzten ohnehin zum Tatbestand gehört, z. B. beim Wucher. Für die Einwilligung kommen praktisch vor allem Diebstahl, Unterschlagung und Sachbeschädigung in Frage. Bei ihnen ist

rechtsgeschäftliche Einwilligung erforderlich, da nach Zivilrecht nur der Vollgeschäftsfähige über die Sachgüter verfügen kann.

6. Einwilligung kommt auch gegenüber Fahrlässigkeitstaten in Frage, z. B. beim Tellschuß der Artisten.

VIII. Das Handeln im Interesse und mit mutmaßlicher Einwilligung des Verletzten

Kann der Verletzte nicht einwilligen, so ist die in seinem Interesse erfolgende Tat rechtmäßig, wenn nach objektivem Urteil seine Einwilligung zu erwarten gewesen wäre.

Z. B. Aufbrechen des Nachbarhauses, um die schadhafte Wasserleitung zu reparieren. Töten eines waidwunden Rehes, um es dem Jagdberechtigten zu bringen.

Der primär rechtfertigende Grund ist hier nicht die Preisgabe des Interesses durch den Verletzten, sondern das positive Handeln in seinem Interesse. Das Erfordernis der mutmaßlichen Einwilligung soll nur übereifrige Fürsorge Dritter verhindern. Insofern liegt eine Kombination von Einwilligungsgesichtspunkten mit materieller Rechtsbetrachtung vor (keine formelle Rechtsverletzung, wo materiell im Interesse des Betroffenen gehandelt wird). Eine positiv-rechtliche Anwendung der Kombination beider Gesichtspunkte ist die Geschäftsführung ohne Auftrag (§§ 677ff. BGB.). Daher wird vielfach die unmittelbare Anwendung der Geschäftsführung ohne Auftrag auch im Strafrecht empfohlen (Zitelmann, v. Hippel II S. 249). Dagegen betonen Mezger, Lb. S. 218ff. zu einseitig nur den Einwilligungs-, Frank vor § 51 III zu einseitig nur den Interessengesichtspunkt.

Hierher gehört auch die angemessene Züchtigung fremder Kinder wegen grober Unart bei Abwesenheit der Erziehungsberechtigten, RG. 61 191. Ein entgegenstehender Wille des Erziehungsberechtigten ist in schweren Fällen aus dem Gesichtspunkt des höherstehenden öffentlichen Interesses (übergesetzlicher Notstand!) unbeachtlich (entsprechend § 679 BGB.), sehr str.; wie hier v. Hippel II S. 255, a. A. RG. 61 193.

IX. Anhang: Irrtümliche Annahme von Rechtfertigungsgründen

Nimmt der Täter irrtümlich die tatsächlichen Voraussetzungen eines anerkannten Rechtfertigungsgrundes an (Putativnotwehr, -notstand, -einwilligung), so bleibt die Tat rechtswidrig, aber die Schuld ist wegen Irrtums über die Rechtswidrigkeit ausgeschlossen; war jedoch der Irrtum vermeidbar, so ist der Täter milder strafbar, a. A. h. L.; s. u S. 84.

b) Der Täter des Unrechts

§ 15. Die Täterschaft

Vorbemerkung: Unrecht ist personales Unrecht, d. h. ihm ist die Bezogenheit auf den Täter wesentlich. Wie der Täter das Unrecht mitprägt, so gehört zur Unrechtslehre, wie er zum Täter wird. Die Täterlehre hat das personale Aktionszentrum des Unrechts herauszustellen.

Diese zentrale Bedeutung der Täterlehre mußte die erfolgsbezogene Unrechtslehre verkennen. Da für sie das Unrecht in der äußeren Rechtsgutsverletzung liegt, für die der Täter zwar den kausalen Anstoß gibt, aber inhaltlich nichts beiträgt, so entwickelte sie das Unrecht unabhängig vom Täter gleichsam als freischwebende verbrecherische Tat und behandelte die Taterschaft erst später im Rahmen der Teilnahmelehre als eine der „Erscheinungsformen des Verbrechens".

Die Täterlehre gehört zur Unrechtslehre, weil schon das Unrecht personaler Natur ist. Die Schuldlehre bestimmt dann, welcher Täter für sein Unrecht verantwortlich ist.

I. Die beiden Grundarten der Täterschaft: der vorsätzliche und der fahrlässige Täter

Es gibt zwei völlig verschiedenartige Täterbegriffe:

a) die auf der finalen Tatherrschaft aufgebaute Täterschaft der vorsätzlichen Verbrechen,

b) die auf der vermeidbaren Erfolsverursachung aufgebaute Täterschaft der fahrlässigen Tatbestände.

Beide haben nichts miteinander zu tun, und gerade deshalb können sie in der Realität nebeneinander treten, ohne daß sie sich gegenseitig beeinträchtigen: Nur so kann der fahrlässige Täter das Werkzeug eines vorsätzlichen Täters sein (s. u. S. 59)

1. Die fahrlässige Täterschaft ist vermeidbare Erfolgsverursachung. Jeder, der in vermeidbarer Weise für den Tod eines anderen ursächlich geworden ist, ist Täter des § 222. Jede Form der vermeidbaren Mitursächlichkeit ist fahrlässige Täterschaft. Daher gibt es im Bereiche der fahrlässigen Delikte keine Teilnahme. Denn auch sie wäre nur vermeidbare Mitverursachung und daher fahrlässige Täterschaft (Beispiel: s. o. S. 30).

2. Täter einer vorsätzlichen Handlung ist nicht, wer lediglich einen Erfolg verursacht, sondern wer zweckbewußter Herr über die Tat ist. Hier hebt sich der Täter durch das Merkmal der finalen Tatherrschaft über jede sonstige Beteiligung hinaus. Anstifter und Gehilfe sind nicht Herren über die Tat, sondern haben nur den Entschluß zu ihr angeregt oder waren bei ihrer Durchführung behilflich. Eine echte Teilnahme ist daher nur möglich innerhalb der vorsätzlichen Tatbestände.

Zu argen Fehldeutungen führt die Annahme einer Beihilfe oder gar Anstiftung zu unvorsätzlicher Haupttat: soll etwa die Erschleichung eines unrichtigen Urteils (d. h. der Prozeßbetrug) „Anstiftung" oder „Beihilfe" zur (unvorsätzlichen) Rechtsbeugung § 336 sein? Vgl. Welzel Z. 61 211 f (Unrichtig Schönke § 48 V, VI., § 49 IV.) Hier bewährt sich der finale Handlungsbegriff, s. u. S. 65. Übereinstimmend mit der hier vertretenen Auffassung: Weber Gr. S. 63 ff.

Im folgenden wird nur der finale Täterbegriff behandelt, da die fahrlässige Täterschaft zum Aufbau der fahrlässigen Tatbestände gehört und dort ihre Erörterung findet (s. u. S. 85 f.).

II. Der finale Täterbegriff

Er ergibt sich aus den Grundbestimmungen des finalen Handlungs- und des personalen Unrechtsbegriffs, da ja die Täterlehre nichts anderes bezweckt, als das personale Aktionszentrum der rechtswidrigen Tat herauszustellen. Daher gehört zur Täterschaft allgemein die finale Herrschaft über die Tat (als das generelle personale Unrechtsmoment der vorsätzlichen Tatbestände); dazu treten in vielen

Fällen als spezielle täterschaftliche Momente die objektiv- und subjektiv-persönlichen Merkmale des Unrechts.

Zum Täterbegriff gehören:

1. das generelle Tätermerkmal: die finale Tatherrschaft. Herr über die Tat ist, wer sie auf Grund seines Willensentschlusses zweckhaft durchführt.

2. die speziellen täterschaftlichen Merkmale:

a) die objektiv-persönlichen Tätermerkmale: die besondere Pflichtenstellung des Täters, z. B. als Beamter, Soldat, usw.;

b) die subjektiv-persönlichen Tätermerkmale: die besonderen Absichten, Tendenzen und Gesinnungsformen, z. B. Zueignungsabsicht, unzüchtige Tendenz, Gesinnungsroheit.

Die finale Tatherrschaft ist das allgemeine Merkmal der Täterschaft. Dagegen sind die persönlichen Tätermomente nur dort erforderlich, wo sie im einzelnen Tatbestand Voraussetzung der Täterschaft sind, z. B. bei den Amtsdelikten §§ 331 ff., Absichtsdelikten §§ 242, 263 u. dgl.

III. Die mittelbare Täterschaft

Der Täter braucht die Tat grundsätzlich nicht in jeder Phase mit eigener Hand durchzuführen, sondern wie er sich hierzu mechanischer Werkzeuge bedienen kann, so kann er auch das Handeln Dritter für seine Zwecke einspannen, sofern er nur dabei selbst im Gegensatz zu dem Dritten die volle Tatherrschaft behält. Der Dritte bleibt „Werkzeug", solange ihm eine der notwendiger Tätervoraussetzungen fehlt, während sie bei dem ihn zu seiner Handlung veranlassenden Hintermann vorliegen. Daher gibt es folgende Grundformen der mittelbaren Täterschaft:

1. Mittelbare Täterschaft infolge fehlender finaler Tatherrschaft des benutzten Dritten.

Finale Tatherrschaft bedeutet die zwecktätige Durchführung des eigenen Tatentschlusses. Daher fehlt die finale Tatherrschaft in zwei Fällen, nämlich beim Fehlen der Zwecktätigkeit (im Hinblick auf den Deliktserfolg) und beim Fehlen des eigenen Tatentschlusses beim Werkzeug. Mittelbare Täterschaft liegt also vor:

a) bei Benutzung eines unvorsätzlich handelnden Dritten, wobei es gleichgültig ist, ob der Dritte fahrlässig oder ganz schuldlos handelt.

Ein Arzt übergibt mit Tötungswillen einer Krankenschwester eine zu starke Morphiumspritze zur Anwendung bei einem Kranken. Die Schwester injiziert die Spritze, der Patient stirbt. Der Arzt ist vorsätzlicher Täter (Mörder); die Schwester, je nachdem ob sie die zu starke Dosis hätte erkennen können oder nicht, fahrlässige Täterin oder ganz schuldlos.

b) bei Benutzung eines im Hinblick auf den Deliktserfolg zwar zweckhaft, aber unfrei handelndenden Dritten. Das ist der Fall:

α) beim Nötigungsnotstand § 52, s. o. S. 53.

A nötigt die schwangere B unter schweren Drohungen, ein Abtreibungsmittel einzunehmen. B handelt nicht rechtswidrig; A ist (mittelbarer) Täter der Abtreibung, RG. 31 395. — Überhaupt bei absichtlicher Herbeiführung einer Notlage (Notstand, Notwehr) für einen Dritten, die diesen, wie der Täter wollte, zur Verletzung eines anderen zwingt (s. u. S 61).

β) in ähnlichen Fällen, in denen der Dritte lediglich fremden Willensentschluß unfrei ausführt. Hierbei kommen zwei Gruppen in Betracht.

αα) Die erste ist der Nötigungsnotstand zur Selbstverletzung (bes. Selbstmord). Da die Selbstverletzung nicht tatbestandsmäßig ist, scheidet § 52 aus, wohl aber liegt die gleiche Bindung an fremden Willensentschluß vor, die die Täterschaft des nötigenden Dritten begründet. Die Tat ist darum s e i n Werk und in seiner Person als tatbestandsmäßige Fremdverletzung strafbar.

Ein Lehrherr zwingt seinen Lehrling, ein ungereinigtes Stück Darm zu essen. Der Lehrherr ist mittelbarer Täter der Körperverletzung, RG. 26 242.

Fall der Hildegard Höfeld: Veranlassung eines 16jährigen Mädchens zum Selbstmord durch seelische Zermürbung und durch Drohungen: Mord in mittelbarer Täterschaft. Vgl. dazu Z. 58 544.

Abgesehen von diesen Nötigungssituationen ist jedoch die Veranlassung und Unterstützung von Selbstverletzungen nicht strafbar. So RG. 70 315 für Beihilfe zum Selbstmord. (Wie die vorsätzliche, so bleibt auch die fahrlässige Beihilfe zum Selbstmord als Mitwirkung an einer nichttatbestandsmäßigen Handlung straflos (übersehen von N a g l e r LK. S. 50).

ββ)) Bei der zweiten Gruppe handelt es sich um die Benutzung kleiner Kinder oder gewisser willenloser Geisteskranker, die zwar zweckhaft handeln, aber fremden Willen willenlos ausführen, die also der Täter völlig in seiner Hand hat. — Jedoch gilt das nicht generell: Auch das Kind (etwa ein 12jähriger Junge) oder ein Geisteskranker kann durchaus einen eigenen Willen entfalten; dann liegt bei Teilnahme Dritter an diesen Taten Anstiftung oder Beihilfe vor (s. u. S. 65).

γ) bei Benutzung eines gutgläubig handelnden Untergebenen zur Durchführung eines rechtswidrigen Befehls.

2. Mittelbare Täterschaft infolge Fehlens der persönlichen Tätermerkmale bei dem zur Ausführung des Verbrechens benutzten Dritten: Fehlen der

a) objektiv-persönlichen Tätermerkmale;

Ein Beamter veranlaßt einen Nichtbeamten zu einem echten Amtsdelikt, z. B. zu einer Falschbeurkundung (§ 348 Abs. 1): Der Beamte ist Täter, der Nichtbeamte, dem das objektiv-persönliche Tätermerkmal der Beamteneigenschaft fehlt, nur Gehilfe (sog. q u a l i f i k a t i o n s l o s e s W e r k z e u g).

b) subjektiv-persönlichen Tätermerkmale.

Ein Bauer läßt in Zueignungsabsicht von einem Knecht, der die Sachlage erkennt, fremde Hühner in seinen Stall treiben. Der Bauer ist Dieb, der Knecht, dem die Zueignungsabsicht als subjektives Tätermerkmal des § 242 fehlt, nur Gehilfe. Sog. a b s i c h t s l o s e s d o l o s e s W e r k z e u g.

Z u II. u n d III.:

Der hier vertretene Täterbegriff ist insofern ein „objektiver“, als er die Täterschaft an den wirklichen Besitz der finalen Tatherrschaft knüpft. Im Unterschied zu ihm sieht eine subjektive Tätertheorie von dem Besitz der finalen Tatherrschaft ab und spricht auch demjenigen die Täterschaft zu, der den unmittelbar handelnden Täter zur Tat veranlaßt, sofern er den „Täterwillen“ hat, insbesondere die Tat „für sich“ begehen lassen will. So K o h l r a u s c h, Bumke-Festschrift S. 45f., L a n g e, Der moderne Täterbegriff und der deutsche StGB-Entwurf (1935); vgl. auch § 47 Thür.StGB. Diese Lehre überträgt also die für die Unterscheidung von Mittäterschaft und Beihilfe entwickelte Theorie des RG. vom animus auctoris auf die Abgrenzung von Täterschaft und Anstiftung.

1. Die subjektive Tätertheorie setzt sich allen Einwänden aus, die gegen die subjektive Teilnahmetheorie des RG. einschließlich der „Interessenformel" vorgebracht werden (darüber s. u. S. 64). Auch die Ergebnisse, zu denen sie gelangt, befriedigen ebensowenig wie die Ergebnisse der subjektiven Teilnahmetheorie des RG.

a) Wenn A. seinen Feind F. durch den hierzu gedungenen B. verprügeln läßt (Kohlrausch a. a. O. S. 46, 1), ist B. nach der hier vertretenen Auffassung Täter, weil er die finale Tatherrschaft besitzt, A. nur Anstifter, da ihm die finale Tatherrschaft abgeht; das eigene Interesse kann den Anstifter ebensowenig wie den Gehilfen zum Täter machen (s. u. S. 64). Nach Kohlrausch dagegen „begehen A und B beiderseits Körperverletzungen". — Wie aber, wenn B. die Tat nicht ausführt? K. muß dann den A. wegen versuchter Körperverletzung strafen (S. 43 und 47) — ein Ergebnis, das den Lebensverhältnissen sicher nicht gerecht wird und die Tatbestandsmäßigkeit wesentlich überdehnt, weil der hier mit Recht straflose Anstiftungsversuch zum strafbaren Tatversuch gemacht wird. Hier wird offenbar, daß A. trotz seines Interesses doch nur Anstifter geblieben ist.

b) Der in Geldschwierigkeiten geratene A. veranlaßt den B., zur Behebung von A.'s Geldnoten in die von ihm, dem B., verwaltete fremde Kasse zu greifen. Hier will K. (S. 46, 2) den B. wegen Unterschlagung, den A. aber wegen Diebstahls — ohne Gewahrsamsbruch! — bestrafen, ein mit dem Gesetz nicht in Einklang zu bringendes Ergebnis. Vielmehr ist A. Anstifter zur Unterschlagung des B.

(Der von K. S. 46, 3 angeführte Fall der Veranlassung zur Selbsttötung ist nur unter den oben III 1 b genannten Voraussetzungen strafbar.)

c) A. veranlaßt den B. zum Diebstahl, indem er ihm eine günstige Gelegenheit nachweist unter der Bedingung, an der Beute beteiligt zu werden. B. sagt das zu, begeht den Diebstahl, läßt aber nichts mehr von sich hören. A. hat die Tat (auch) „für sich" begehen wollen, aber die Annahme einerTäterschaft am Diebstahl statt einer Anstiftung würde wiederum den Lebensverhältnissen nicht gerecht werden. Nur durch Einbau des objektiven Halts der finalen Tatherrschaft kann der Täterbegriff lebensecht bestimmt werden.

2. Allein von diesem objektiven Täterbegriff her ist auch das Problem der Täterschaft durch einen rechtmäßig Handelnden zu lösen (vgl. § 47 Thür. StGB.), nämlich allein unter der Voraussetzung, daß der Veranlasser die finale Tatherrschaft über die rechtswidrige Tatbestandsverwirklichung besitzt, während der Ausführende in bezug auf sie nur sein Werkzeug ist.

a) Eine mittelbare Täterschaft durch ein rechtmäßig (bzw. tatbestandslos) handelndes Werkzeug ist in folgenden Fällen möglich:

α) beim Nötigungsnotstand (s. o. III. 1 bα);

β) bei der Nötigung zur Selbstverletzung (s. o. III 1 bβ);

γ) bei sonstiger Herbeiführung einer Notlage für einen Dritten, in der der Dritte rechtmäßig handelt (A. reizt den geistesschwachen oder betrunkenen B., den er beseitigen will, den X anzugreifen; dieser tötet den B. in Notwehr. Hierher gehört im Grunde auch die Notwehr gegen provozierten Angriff: der Täter führt für sich selbst die Notwehrlage herbei); entsprechendes gilt bei Herbeiführung eines Notstandes (III 1 bα); s. u. S. 132.

δ) Über die Veranlassung eines objektiv unrichtigen Urteils durch bewußt widerrechtliche Denunziation, also über die Benutzung eines rechtmäßig (amtspflichtmäßig) handelnden Richters zur Deliktsbegehung s. u. § 71 II 2.

In diesen Fällen sind auf Grund des finalen Handlungs- und personalen Unrechtsbegriffs (s. o. S. 22, 32) zwei Handlungen zu unterscheiden:

einmal die Rettungshandlung des in Not Befindlichen (α—γ), die infolge der besonderen personalen Situation (Not) rechtmäßig oder überhaupt tatbestandslos (β) ist;

zweitens die auf rechtswidrige Erfolgsherbeiführung abzielende Handlung des Hintermannes, welche die erste Handlung als unselbständigen Bestandteil umfaßt, da der Hintermann die umfassende Tatherrschaft auch über sie hatte; denn er hatte die Notlage geschaffen, die das Werkzeug zur Rettungshandlung zwang. Diese finale Tatherrschaft über den gesamten Vorgang begründet die Täterschaft des Hintermannes über die auf eine Rechtsgutverletzung abzielende Gesamthandlung, welche rechtswidrig ist, weil ihr die rechtfertigende Situation der Not nicht zur Seite steht.

b) Wo dagegen der Hintermann nicht die finale Tatherrschaft nach den oben angegebenen Merkmalen besitzt, ist eine Täterschaft durch einen rechtmäßig Handelnden ausgeschlossen; so vor allem da, wo der Hintermann die Notlage nicht geschaffen hat. Wer dem rechtswidrig Angegriffenen zur Verteidigungshandlung rät oder ihm dabei hilft, desgl. wer einem in Notstand Befindlichen zur Rettungshandlung rät oder ihm hilft, begeht straflose Teilnahme zu rechtmäßiger Haupttat, selbst wenn er böse Hintergedanken hat und es ihm weniger an der Rettung des Bedrängten als an der Verletzung des Angreifers etc. liegt, er diese also „für sich" wollte. Anderenfalls käme man zur Bestrafung der bloßen bösen Gesinnung. Auch hier zeigt es sich, daß der Täterwille zum Kriterium der Täterschaft ungeeignet ist und daß dieses allein in der wirklichen finalen Tatherrschaft liegen kann.

Vgl. zu dieser Problematik auch **Hegler**, Rich. Schmidt-Festschrift S. 23, Der junge Rechtsgelehrte VIII S. 273, **Mezger** Z. 52/529.

3. Dennoch steckt auch im „Täterwillen" ein berechtigter Kern, aber dieser besteht nicht getrennt und unabhängig von der wirklichen Tatherrschaft, sondern ist das subjektive Bewußtsein des Täters vom Besitz der wirklichen finalen Tatherrschaft. Täter ist nur, wer auch weiß, daß er die finale Tatherrschaft hat. Diese wird deutlich in den seltenen Ausnahmefällen, in denen die wirkliche Tatherrschaft und das Bewußtsein von ihr auseinanderfallen (s. u. S. 72).

IV. Die eigenhändigen Verbrechen

Es gibt Verbrechen, bei denen nicht die zwecktätig geleitete Herbeiführung eines Erfolges, sondern die körperliche Vornahme eines verwerflichen Aktes als solchen das entscheidende Unrecht ist. Der Akt als solcher ist sozialethisch unrein oder verwerflich. Deshalb kann Täter nur der sein, der diesen Akt leiblich vornimmt, mittelbare Tatbegehung ist hier ausgeschlossen (RG. **74** 24). In Frage kommen: der **Meineid** (unstreitig wegen § 160; das entscheidende Unrecht ist die unwahrhafte feierliche Beteuerung der Wahrheit), die delicta carnis (**Fleischesverbrechen**), bei denen der unreine fleischliche Akt als solcher den Strafgrund bildet, z. B. der Ehebruch (§ 172), die Blutschande (§ 173), die widernatürliche Unzucht (§ 175), die Schändung (§ 176 Z. 2); überhaupt Taten, bei denen die körperliche Vornahme des tatbestandsmäßigen Aktes das maßgebende Unrecht ist, z. B. die **Fahnenflucht** (§ 69 MilStGB.).

Macht sich die Hamburger Bordellwirtin das „Pläsir", einen Seemann mit seiner Schwester, ohne daß sie sich kennen, zusammenzubringen, so begeht sie nicht Blutschande (§ 173), sondern schwere Kuppelei (§ 181 Ziff 1); vgl. u. § 54 III, a. A. Mezger, Lb. 419; wie hier Mayer S. 330. — Teilnahme (Anstiftung und Beihilfe) ist am eigenhändigen Verbrechen wie an jedem sonstigen Verbrechen möglich. Dabei ist, wie überall (s. u. S. 65), eine vorsätzliche Haupttat vorausgesetzt. Deshalb bleibt im obigen Fall auch bei limitierter Akzessorietät die Tat der Bordellwirtin Kuppelei und ist nicht, wie Kohlrauch vor § 47 III A 3d (S. 180) annimmt, jetzt als „Anstiftung" zur „Blutschande" zu bestrafen (ebensowenig wie die Veranlassung zum unvorsätzlichen Falscheid jetzt zur „Anstiftung" zum „Meineid" geworden ist, sondern in § 160 nach wie vor mit Recht als Sonderdelikt unter Strafe steht).

V. Die Mittäterschaft (§ 47)

Mittäterschaft ist Täterschaft, deren Besonderheit darin besteht, daß die Tatherrschaft über die einheitliche Tat bei mehreren gemeinsam liegt. Mittäter ist, wer im Besitze der persönlichen Tätereigenschaften Mitträger des gemeinsamen Tatentschlusses ist und auf Grund dessen an der Durchführung des Verbrechens mitbeteiligt ist.

Die Mittäterschaft beruht auf dem Prinzip der Arbeitsteilung. Jeder Mittäter ergänzt mit seinem Tatanteil die Tatanteile der übrigen zum Verbrechensganzen; darum haftet er auch für das Ganze, § 47.

Das Gesetz verlangt im § 47 eine gemeinschaftliche Ausführung der Tat. Dazu gehören:

1. der gemeinsame Tatentschluß (das gegenseitige ausdrückliche oder stillschweigende Einverständnis mit der gemeinsamen Tatbegehung.

Das gegenseitige Einverständnis kann auch erst im Laufe der Tat hergestellt werden, nachdem der erste Täter einen Teil schon ausgeführt hat, sog. sukzessive Mittäterschaft. Der Hinzutretende haftet dabei nicht für die bereits abgeschlossenen Erschwerungsgründe, z. B. nicht für das bereits erfolgte Erbrechen der Tür; h. L., a. A. Frank § 47 III.

Jeder haftet nur soweit, als das Einverständnis geht (also keine Haftung für den Exzeß des anderen).

2. die gemeinsame Tatausführung.

a) Nach der objektiven Theorie (früher h. L. in der Literatur) ist „Ausführung" im technischen Sinne zu verstehen, d. h. als Vornahme einer Tatbestandshandlung. Wer nur eine vorbereitende oder unterstützende Handlung vornimmt, der ist nur Gehilfe.

ABC verabreden einen Einbruchsdiebstahl. A steht Schmiere, B stemmt die Türe auf, C stiehlt aus dem Gebäude. B und C begehen Ausführungshandlungen i. S. von § 243 Ziff. 2 (B: das Einbrechen, C: das Stehlen); sie sind also Mittäter. A ist Gehilfe, da er keine Ausführungshandlung vornimmt.

b) Nach der subjektiven Theorie (so RG. **2** 162, st. Rspr. auf Grund der Motive) ist „Ausführung" untechnisch zu verstehen. Es genügt jede beliebige Tätigkeit, die ein Beteiligter auf Grund des gemeinsamen Verbrechensplanes zur Durchführung des Verbrechens vornimmt; also genügen auch bloß vorbereitende oder unterstützende Handlungen, ja sogar bloßes Bestärken des Tatwillens beim Ausführenden (RG. **15** 295; **58** 279).

Natürlich muß die Tat bei einem der Beteiligten wenigstens bis zum strafbaren Versuch gediehen sein.

Der entscheidende Unterschied zwischen Mittäterschaft und Beihilfe liegt auf subjektivem Gebiet. Der Mittäter handelt mit einem animus auctoris, d. h. er will die Tat als eigene. Der Gehilfe handelt mit animus socii, d. h. er will die Tat als fremde. In beiden Fällen ist es gleichgültig, welchen Tatbeitrag objektiv der Teilnehmer leistet (RG. **2** 162; **3** 182 usw.); „Animus-Theorie".

Klarer RG. **3** 182: Der Gehilfe hat einen vom Täter abhängigen Willen, d. h. er unterwirft seinen Willen dem des Täters, sodaß er diesem anheimstellt, ob die Tat zur Vollendung kommen soll oder nicht. Der Mittäter kennt dagegen keinen ihn beherrschenden fremden Willen.

Die späteren Entscheidungen verwenden die Worte „die Tat als eigene oder als fremde wollen" meist allein als Kriterium der Täterschaft. Dadurch verblassen sie vielfach zu bloßen Schlagworten. Dies rügt sehr scharf RG. **15** 303: Die bloße Behauptung, jemand habe die Tat als eigene gewollt, sei „ein bloßes Wort ohne greifbaren Sinn".

Die Formel erstarrt im Laufe der Zeit derartig, daß ihre Verwendung geradezu groteske Formen annimmt, besonders in RG. **71** 364: Auch fremder Beischlaf könne als eigene Tat gewollt sein!

„Das RG. hat in ständiger Rechtsprechung den Unterschied zwischen Täter und Gehilfen in der Willensrichtung des Mitwirkenden gefunden, und es liegt kein Grund vor, von dieser allgemein durchgeführten Rechtsprechung dann abzugehen, wenn die strafbare Handlung in einer Beischlafsvollziehung besteht". Allerdings genüge es nicht, in einem solchen Falle „die Täterschaft allein durch eine solche formelhafte Wendung (!) festzustellen". Für natürliche Betrachtung sei die Tätigkeit dessen, der nicht den Beischlaf vollzieht, nur Beihilfe.

Damit gesteht das Reichsgericht selbst ein, daß die Formel vom animus auctoris nichtssagend und unbrauchbar ist. Sie ist unbrauchbar, weil sie zu subjektiv ist.

Denn was heißt es, die Tat als eigene oder als fremde wollen? Steht es etwa im Belieben des Handelnden, ob er die Tat „als eigene" oder „als fremde" will? Kann jemand durch seinen bloßen Willen die Tat zur „eigenen machen oder durch einen entsprechenden Gehilfenwillen die Tat „als fremde" von sich abschieben? Das ist unmöglich: Die Tat muß wirklich das Werk des Täters sein. Der besondere Täterwille des Reichsgerichts ist nach zwei Richtungen hin als Kriterium der Täterschaft unbrauchbar: 1. Er besagt nicht, wann die Tat das eigene Werk des Täters ist, und 2. ist er, wenn man ihn als besonderes Täterbewußtsein fassen wollte, nämlich als Reflexion des Handelnden darüber: „Ich will aber auch Täter dieser Tat sein", gänzlich überflüssig

Die ganze animus-Formel des RG. ist ein Kunstgriff, mit dem an die Stelle einer Begründung eine Behauptung gesetzt und dann diese Behauptung in der Form der Begründung vorgetragen wird: Jemand ist Täter, weil er den Täterwillen hatte, — warum er den Täterwillen besaß und was dieser besagen soll, bleibt reine Behauptung!

Das RG. griff zuletzt statt zur animus-Formel vielfach auf die schon im 19. Jh. aufgegebene Interessentheorie zurück:

Ob jemand die Tat als eigene will, richte sich nach dem Grad des eigenen Interesses am Erfolg (RG. **74** 85). — Diese Argumentation scheitert positiv-rechtlich schon an § 216 und an den vielen Fällen, in denen die Erstrebung eines Vermögensvorteils für einen anderen zur Täterschaft genügt, z. B. in §§ 253, 263, vor allem aber an folgendem: Wie der Tatvorsatz Verwirklichungswille ist (s. oben S. 39), so genügt auch bei der Beteiligung mehrerer für den Tätervorsatz der Verwirklichungswille, d. h. es ist nicht erforderlich, daß der Täter den kriminellen Erfolg für sich wünscht oder an ihm interessiert ist, sondern es genügt, daß er ihn verwirklichen will.

c) Die eigene Ansicht.

Weder die objektive noch die subjektive Theorie genügen, weil die Trennung objektiv—subjektiv da, wo Handlungsprobleme infrage stehen, unzulänglich ist; denn die Handlung ist eine untrennbare Synthese objektiver und subjektiver Momente. Darum läßt sich das Mittäterproblem nicht mit schlagwortartigen Formeln (Täterwille oder Ausführungshandlung) lösen.

Mittäterschaft ist eine selbständige Form der Täterschaft neben der Alleintäterschaft. Mittäterschaft ist Täterschaft. Daher muß jeder Mittäter Täter sein, d. h. die (objektiven und subjektiven) persönlichen Tätereigenschaften besitzen, und bei eigenhändigen Verbrechen muß jeder den unreinen Akt selbst vornehmen (damit erledigt sich RG. **71** 364).

Im übrigen ist für das tatmäßige Moment der Mittäterschaft die finale Tatherrschaft maßgebend. (Darum scheidet das Werkzeug eines mittelbaren Täters von vornherein aus der Mittäterschaft aus.) Jeder Mittäter muß also subjektiv Mitträger des gemeinsamen Tatentschlusses sein, d. h. mit den übrigen zusammen den unbedingten Verwirklichungswillen haben, und objektiv durch seinen Tatbeitrag die Tatbeiträge der übrigen ergänzen. Stets ist dabei Mittäter, wer — im Besitze der persönlichen Tätereigenschaften — auf Grund des gemeinsamen Tatplans eine Ausführungshandlung im technischen Sinne vornimmt; denn in der willentlich-zwecktätigen Vornahme der Ausführungshandlung kommt der eigene unbedingte Verwirklichungswille am klarsten zum Ausdruck. Aber auch der objektiv bloß Vorbereitende oder Helfende ist Mittäter, wenn er Mitträger des gemeinsamen Tatentschlusses ist. Ihm muß daher die Teilnahme am Verbrechensentschluß besonders nachgewiesen werden, wofür die gesamten objektiven und subjektiven Tatumstände als Indizien heranzuziehen sind. Das Minus in der objektiven Mitbeteiligung muß durch das Plus des besonderen Nachweises der Mitbeteiligung am Verbrechensentschluß wettgemacht werden sonst kann der objektiv weniger Beteiligte nur als Gehilfe bestraft werden. Darum kann nur durch sorgfältiges Aufdecken des gesamten Verbrechenskomplotts und des Maßes der objektiven und subjektiven Beteiligung aller Beteiligten — nicht aber durch schlagwortartige Formeln — die Frage der Mittäterschaft beantwortet werden. Vgl. Welzel, SJZ **1947** 645 ff.

VI. Die Nebentäterschaft.

Sie ist das Zusammenwirken mehrerer an der Herbeiführung eines Erfolges ohne gegenseitiges Einverständnis. Die Tat eines jeden wird für sich betrachtet und beurteilt (RG. **55** 79; **68** 256).

§ 16. Die Teilnahme.

I. Grundsätzliches.

1. Teilnahme im engeren Sinne ist nur Anstiftung und Beihilfe; im weiteren Sinne auch die Mittäterschaft (z. B. für § 50).

2. Teilnahme sind nur die Beteiligungsakte zur Begehung der Haupttat. Wer nach materieller Beendigung der Tat den Täter unterstützt oder die Beute sichert, begeht nicht Teilnahme, sondern Begünstigung oder Hehlerei (§§ 257/9).

a) Nicht immer ist die Tat mit ihrer formellen Vollendung auch schon beendigt. So ist die Freiheitsberaubung mit der Einsperrung vollendet, aber beendigt erst dann, wenn der Eingesperrte die Freiheit wiedererlangt; bis dahin ist Beihilfe möglich. RG. **38** 417. Das gilt für alle Dauerdelikte wie Fahnenflucht, Entführung, Hausfriedensbruch u. a.

b) Aber auch abgesehen von den Dauerdelikten kommt es für die Frage der Teilnahme nicht auf die formelle, sondern auf die materielle Vollendung der Tat (d. h. ihre sachliche Beendigung s. u. S. 96) an. Besonders bei den verkümmert zweiaktigen Delikten (§§ 146, 267 u. a.) und den kupierten Erfolgsdelikten (§§ 253, 263 u. a.) fallen beide auseinander. Erst mit der Erreichung der Verbrechensabsicht sind sie materiell vollendet, so daß bis dahin Teilnahme an ihnen möglich ist.

Beispiel: Wer als doloser Bote im Auftrag des Täters die von diesem gefälschte Urkunde dem zu Täuschenden überbringt, unterstützt den Täter bei der materiellen Vollendung der Tat (die schon mit der Fälschung formell vollendet ist!) und ist Gehilfe des § 267. Oder: Komplize des Erpressers holt das erpreßte Geld vom Opfer ab: Beihilfe zu § 253. HRR. 1940 469.

3. Jede Teilnahme ist wesensmäßig auf eine Haupttat bezogen. Es gibt keine Anstiftung oder Beihilfe „an sich“, sondern nur eine Anstiftung oder Beihilfe zu einer Tat: sog. Akzessorietät der Teilnahme. Diese Abhängigkeit der Teilnahme von der Haupttat äußert sich nach zwei Richtungen:

α) Welche Strafbarkeitsmerkmale (Rechtswidrigkeit, Schuld, Strafbarkeit) muß die Haupttat aufweisen? (Intensiver Umfang der Akzessorietät).
β) Wieweit muß die Haupttat verwirklicht sein? (Extensiver Umfang).

a) Der intensive Umfang der Akzessorietät.

Für die kriminelle Beschaffenheit der Haupttat ist erforderlich und genügend, daß sie vorsätzlich-rechtswidrig ist, ohne daß sie schuldhaft zu sein braucht, § 50 Abs. 1 (sog. limitierte Akzessorietät).

Also sind Anstiftung oder Beihilfe zur Tat eines Schuldunfähigen (z. B. eines Geisteskranken oder eines Kindes) als Teilnahme strafbar. — Anders die frühere Auslegung der §§ 48, 49 in der Praxis und h. L.! Sie forderte eine schuldhaft-rechtswidrige Haupttat. Diese sog. extreme Akzessorietät ist durch Strafrechtsangleichungs-VO. vom 29. Mai 1943 mit Neufassung der §§ 48 bis 50 beseitigt.

Wenn auch die limitierte Akzessorietät keine schuldhafte Haupttat mehr verlangt, so setzt sie doch eine vorsätzliche rechtswidrige Haupttat voraus. Das beweisen eindeutig die Sonderdelikte: das Erschleichen eines unrichtigen Urteils ist nicht Beihilfe, noch weniger gar „Anstiftung“ zur „unvorsätzlichen“ Rechtsbeugung (§ 336) — das wäre eine ganz lebensfremde, im schlechten Sinne „juristische Konstruktion" —, sondern Prozeßbetrug. Vorsätzliche Veranlassung einer unvorsätzlichen Falschbeurkundung ist nicht „Anstiftung" oder „Beihilfe" zu § 348, sondern wird mit Recht in § 271 als selbständiges Delikt bestraft. Veranlassung zum unvorsätzlichen Falscheid ist nicht „Anstiftung" zum „Meineid" (!), sondern ebenfalls ein Sonderdelikt nach § 160 (s. dazu u. § 70 V)! — Aber auch unabhängig von den Sonderdelikten würde die Annahme einer „Anstiftung" zur unvorsätzlichen Haupttat zur völligen Verkehrung der Lebensverhältnisse und zu ganz unvolkstümlichen Vorstellungen führen. Im Arztfall S. 59 ist der Arzt der Haupttäter, nicht die Schwester; er hat nicht die Schwester zur fahrlässigen Tötung „angestiftet" — welche verkehrte Vorstellung! —, noch hat er die Ahnungslose gar zum „Morde" angestiftet, sondern er ist der Mörder (als mittelbarer Täter). Nur das ist die lebensmäßig richtige und volkstümliche Beurteilung der Tat.

Aber auch die Annahme einer Beihilfe zur unvorsätzlichen Haupttat würde die Lebensverhältnisse verkehren. Das zeigen ebenfalls die schon genannten Beispiele der Sonderdelikte. Unabhängig davon gilt: Wer wissentlich einen unvorsätzlich Handelnden unterstützt, ist mittelbarer Täter; denn er hatte die finale Tatherrschaft über den Erfolg, weil er die Unvorsätzlichkeit des Mittelsmannes vorsätzlich zur Erfolgsherbeiführung ausnutzte (s. o. S. 59) und es wäre unbillig, ihn nur wegen Beihilfe zu bestrafen. Wer dagegen irrig glaubt, einen vorsätzlich Handelnden zu unterstützen, begeht Beihilfeversuch (in Tateinheit mit fahrlässiger Täterschaft, wenn der Erfolg herbeigeführt wird); s. u. S. 72.

Wie hier v. Weber, Gr. S. 66 ff., im wesentlichen auch Maurach, A. T. S. 144 ff., ferner Kohlrausch zu §§ 47 bis 49 (unzutreffend Beispiele S. 180, 3 u. 5 [zu 3 s. o. S. 63]). A. A. dagegen Schönke, § 48 V, VI; § 49 IV.

b) Der extensive Umfang der Akzessorietät.

Grundsätzlich sind Teilnahmehandlungen nur strafbar, wenn die Haupttat wirklich begangen oder wenigstens strafbar versucht wurde. Versuchte Teilnahme, bei der also die Haupttat nicht oder unabhängig von ihr begangen ist, ist nur im Hinblick auf Verbrechen gemäß § 49a, sonst nur vereinzelt (z. B. §§ 111, 159) als Sonderdelikt strafbar.

Der Grund für die weitgehende Straflosigkeit des Teilnahmeversuchs liegt einmal darin, daß die Teilnahme in aller Regel ihre kriminelle Gefährlichkeit erst dann zeigt, wenn sie zu einer wirklichen Haupttat führt; zweitens darin, daß — vor allem bei der Beihilfe — die Bestrafung des bloßen Teilnahmeversuchs die Gefahr einer reinen Gesinnungsstrafe heraufbeschwört (s. u. III. 6).

4. Der innere Grund für die Bestrafung des Teilnehmers liegt nicht darin, daß der Teilnehmer den Täter in Schuld und Strafe geführt hat, sondern darin, daß er eine sozial unerträgliche, rechtswidrige Tat veranlaßt oder gefördert hat (s. dazu Lange, Notwendige Teilnahme S. 36 ff. u. Welzel, Z. **61** S. 213).

Nur so wird die limitierte Akzessorietät verständlich, ferner die Tatsache, daß der Nichtbeamte oder Zivilist Teilnehmer an einem Beamten- oder militärischen Delikt sein kann.

II. Die Anstiftung (§ 48).

Anstiften ist vorsätzliches Bestimmen zur vorsätzlichen Tat (durch geistige Beeinflussung). Entscheidend ist das Hervorrufen der Tatentschlossenheit beim Täter, nicht notwendig auch Hervorrufen des Tatplanes. Daher ist Anstifter, wer dem Mörder, der sich von selbst zur Tat gegen Geld zur Verfügung gestellt hatte, das verlangte Geld gibt.

1. Die Art des Anstiftungsmittels ist belanglos; Überredung, Rat, sogar scheinbares Abraten. Die in § 48 genannten Mittel: Drohung, Gewalt und Irrtum dürfen nicht soweit gehen, daß der Täter nicht mehr vorsäzlich auf Grund eigenen Entschlusses handelt, sonst liegt mittelbare Täterschaft vor (s. o. S. 59). Darum kommt z. B. nur Irrtum im Motiv in Frage (RG. **71** 98).

2. Die Haupttat muß entweder begangen sein oder wenigstens zu einem mit Strafe bedrohten Versuch geführt haben.

Versuchte Anstiftung ist nur bei Verbrechen strafbar (s. u. 7). Immerhin kann auch bei Vergehen in der (versuchten) Anstiftung eines schon entschlossenen Täters (= omnimodo facturus) psychische Beihilfe durch Bestärken des Entschlusses liegen. RG. 72 375.

3. Als Anstiftervorsatz genügt dolus eventualis. Nach RG. **15** 172 muß der Anstifter auch den Erfolg der Haupttat gewollt haben. Wollte der Anstifter nur den Versuch der Haupttat, um den Täter zu überführen (agent provocateur), dann ist er nach dieser Auffassung straflos (str.).

4. Der Anstifter muß eine bestimmte Tat gewollt haben. Bloßes Reizen verbrecherischer Neigungen genügt nicht. Er muß sich an einen bestimmten Täter oder wenigstens an einen individuell bestimmten Täterkreis wenden; andernfalls kommt nicht Anstiftung, sondern § 111 in Frage.

5. Der Anstifter haftet nur soweit, als die Tat mit seinem Vorsatz übereinstimmt. Abweichungen, die für den Täter unerheblich sind, sind es auch für ihn, z. B. der error in objecto des Täters (s. o. S. 42).

Für den Exzeß des Täters haftet er nicht, außer für den schweren Erfolg bei den erfolgsqualifizierten Verbrechen.

Z. B. der Täter wird zum Diebstahl angestiftet, begeht aber einen Raub: nur Anstiftung zum Diebstahl.

6. Der Anstifter wird nach dem Strafrahmen der Haupttat bestraft.

7. Versuchte Anstiftung (d. h. die Aufforderung zu einer (vorsätzlichen) Haupttat, die entweder überhaupt nicht oder unabhängig von der Aufforderung begangen wurde) ist nur bei Verbrechen strafbar; die Strafe kann gemäß § 44 gemildert werden. § 49a Abs. 1. (Ebenso Art. 24 Abs. 2 Schweiz.StGB.).

Versuchte Anstiftung begeht auch derjenige, der im irrigen Glauben, einen vorsätzlich Handelnden zur Tat zu bestimmen, einen unvorsätzlich Handelnden zur Tat veranlaßt (s. u. S. 72).

Die „Aufforderung" des § 49a Abs. 1 ist sachlich versuchte Anstiftung und muß wie diese (s. o. Z. 3) ernstlich auf die Begehung eines Verbrechens gerichtet (RG. **57** 172) und nach Tat und Täter individualisiert sein. Sie muß abgegeben sein, braucht aber nicht dem Empfänger zugegangen oder von ihm verstanden worden zu sein (a. A. RG. **26** 81). Nicht erforderlich ist, daß der Auffordernde die Tat juristisch exakt als Verbrechen qualifiziert, sondern es genügt, daß nach seiner Vorstellung die Tat in der Person des Täters alle die objektiven und subjektiven Merkmale aufweist, die das Gesetz zur Qualifikation als Verbrechen i. S. von § 1 verwendet (RG. **20** 198; **32** 267).

Wenn die Tat nur für den Teilnehmer (z. B wegen Rückfalls), nicht aber für den Täter ein Verbrechen ist, scheidet § 49 a darum aus. Im umgekehrten Falle ist § 50 II zu beachten: der Teilnehmer, für den der Qualifikationsgrund (z. B. § 244) nicht zutrifft, ist nur nach dem Strafrahmen des Grunddelikts (§ 242) strafbar Maurach, AT. 142. In den Fällen strafloser notwendiger Teilnahme bleibt selbstverständlich auch der erfolglos notwendig Teilnehmende straflos! Binding II 863, a. A Mezger, LK. 4 f. — Freiwilliger und endgültiger Rücktritt macht straffrei, ebenso freiwilliges und ernstliches Bemühen, die Tat oder den Erfolg zu verhindern, selbst wenn diese unabhängig davon ausbleiben. § 49 a Abs. 4. — Auch die versuchte mittelbare Anstiftung (d. i. die versuchte Anstiftung zur Anstiftung) fällt unter § 49 a Abs. 1; dagegen nicht — entgegen dem Wortlaut des § 49 a Abs. 1 — die Aufforderung zur Beihilfe; sie gehört unter Abs 3. denn sie ist versuchte mittelbare Beihilfe (s. u. III) und kann nicht anders behandelt werden wie die erfolglose Beihilfe selbst. — Obwohl nicht ausdrücklich angegeben, ist § 49 a (wie bisher) subsidiär gegenüber §§ 48/49.

III. Die Beihilfe (§ 49)

Beihilfe ist vorsätzliche Hilfeleistung zur vorsätzlichen Tat (ausgenommen sind Übertretungen).

1. Über die Unterscheidung von Beihilfe und Mittäterschaft vgl. o. S. 63 ff.

2. Beihilfe kann durch Rat oder Tat, also auch geistig geleistet werden; auch durch Unterlassen, falls eine Pflicht zum Einschreiten bestand.

3. Die Beihilfe muß die Haupttat (objektiv) fördern und der Gehilfe dies (subjektiv) wollen.

„Fördern" heißt: einen ursächlichen Beitrag zur Begehung der Haupttat leisten, also bei Erfolgsdelikten auch einen Beitrag zum Erfolg. Wer dem Dieb einen Dietrich leiht, mit dem dieser vergeblich die Tür zu öffnen versucht, begeht, wenn der Dieb dann durch ein Fenster einsteigt, doch nur Beihilfe zum Versuch (sofern nicht für die ganze Tat psychische Unterstützung durch den Gehilfen vorliegt). Olshausen § 49, 3, 6. Diese in RG. 58 113 bestrittene Ansicht ist heute durch § 49 a Abs. 3 sichergestellt.

Daher liegt keine Beihilfe vor, wenn der „Gehilfe" die Tat gar nicht fördern will.

RG. 60 24: wissentliche Verabreichung eines völlig untauglichen Abtreibungsmittels ist keine Beihilfe.

4. Im übrigen gelten die Grundsätze zur Anstiftung o. II 2—5 entsprechend auch hier.

5. Die Beihilfe kann entsprechend der Versuchsmilderung (§ 44) milder bestraft werden, § 49 Abs. 2 n. F., während sie bis 1939 milder bestraft werden mußte (§ 49 a. F.). Dazu ist jetzt Allgemeine Richteranweisung Nr. 1 Ziff. 8 zu berücksichtigen! S. u. S. 121 f.

Ist die Haupttat nur versucht, so ist bei Beihilfe daran eine doppelte Reduktion möglich.

6. Auch die versuchte Beihilfe, d. h. die Unterstützungshandlung zu einer Haupttat, die entweder überhaupt nicht begangen wurde oder zu der jene keinen ursächlichen Beitrag leistete, ist nur bei Verbrechen strafbar. Dabei kann die Strafe gemildert oder sogar von ihr abgesehen werden, § 49a Abs. 3. Für den Rücktritt gilt dasselbe wie bei der versuchten Anstiftung, s. o. II 7.

Der Wortlaut der Bestimmung ist sprachlich nicht in Ordnung: wenn die Haupttat überhaupt nicht oder unabhängig von der Hilfeleistung ausgeführt ist, kann der „Gehilfe" auch nicht wirklich zu ihr „Hilfe geleistet" haben Er kann vielmehr nur Handlungen vorgenommen haben, die auf Hilfeleistung abzielten! Das aber führt ins Uferlose der reinen Gesinnungsstrafe (s. u. S. 73), denn zu solchen Handlungen gehören die entferntesten Vorbereitungsakte, die die spätere Tat fördern sollten. Dazu kommt, daß die gleichen Vorbereitungshandlungen — vom Gehilfen vorgenommen — strafbar, — vom Täter vorgenommen — straflos sind (denn Vorbereitungshandlungen des Täters sind straflos, s. u. § 21)! Darum ist bei der versuchten Beihilfe die Möglichkeit, von Strafe abzusehen, besonders zu beachten!

IV. Zusammentreffen mehrerer Beteiligungsformen

1. Bei mehrfacher verschiedenartiger Beteiligung einer Person an derselben Handlung werden die leichteren Beteiligungsformen von der schwersten konsumiert (RG. **62** 75; über Ausnahmen s. RG. **70** 138, 296).

2. Anstiftung zur Anstiftung ist mittelbare Anstiftung zur Tat. Beihilfe zur Anstiftung, Anstiftung zur Beihilfe, und Beihilfe zur Beihilfe sind mittelbare Beihilfe zur Tat. (Daher ist im letzten Fall keine doppelte Reduktion zulässig!) RG. **14** 318; **23** 300; **59** 396.

3. Wird durch ein und dieselbe Handlung zu mehreren Taten angestiftet, so liegt doch nur eine Anstiftung vor (s. u. S. **104**) RG. **70** 31.

V. Der Einfluß persönlicher Verhältnisse auf die Teilnahme (§ 50 Abs. 2)

Die deliktische Natur der Teilnahme richtet sich nach der Art der Haupttat. Jedoch wird die deliktische Natur der Haupttat vielfach von persönlichen Tätereigenschaften mitbestimmt, und zwar entweder von straferhöhenden oder strafmildernden (bei den sog. unechten Sonderdelikten, z. B. der Amtsunterschlagung § 350) oder gar von strafbegründenden (bei den echten Sonderverbrechen, z. B. der Rechtsbeugung § 336) (s. o. S. **38**). Welche Bedeutung hat es, wenn solche Eigenschaften nur beim Täter oder nur beim Teilnehmer vorliegen? Soll sich die deliktische Natur der Teilnahme auch in diesen Fällen uneingeschränkt nach der Haupttat richten?

1. Für straferhöhende, strafmildernde und strafausschließende persönliche Eigenschaften oder Verhältnisse macht § 50 Abs. 2 eine Ausnahme; sie sind nur denjenigen Tätern oder Teilnehmern zuzurechnen, bei denen sie vorliegen.

Hilft ein Nichtbeamter einem Beamten bei einer Amtsunterschlagung, so wird der Beamte nach § 350, der Nichtbeamte als Gehilfe nach §§ 246/49 bestraft.

Über strafausschließende persönliche Eigenschaften s. o. S. 35. Beispiel: Wer einen Ehegatten anstiftet, den anderen Gatten zu bestehlen, wird wegen Anstiftung zum Diebstahl bestraft, während der Ehegatte straflos bleibt. § 247 Abs. 2, § 248a Abs. 3.

Persönliche Eigenschaften und Verhältnisse sind nach h. L. nur zuständlich-dauerhafte Momente, d. h. neben den objektiv-persönlichen Tätermomenten die Gewerbs- und Gewohnheitsmäßigkeit, die Eigenschaft als gefährlicher Gewohnheitsverbrecher und der Rückfall. Diese Einschränkung entnimmt die h. L. einer reinen Wortauslegung, die um so bedenklicher ist, als der Gesetzestext bewußt allgemein gehalten ist (vgl. auch Art. 26 schweiz.StGB.: „persönliche Eigenschaften, Verhältnisse und Umstände"); gegen sie mit Recht schon der ORA in RG. **26** 369. Sachlich besteht kein Grund dagegen, auch vorübergehende Gesinnungen, Absichten und Motive zu den persönlichen Eigenschaften des Täters im Hinblick auf die konkrete Handlung(!) zu rechnen; erst damit gelangt man zu gerechten Ergebnissen. (Wie hier: Liszt, Beling, Finger, P. Merkel.)

So wird der Teilnehmer an einem gewinnsüchtigen Verwahrungsbruch (§ 133 II) nur nach § 133 I bestraft, wenn er selbst keine gewinnsüchtige Absicht besaß (a. A. RG. 62 206, 247). Von einschneidender Bedeutung ist die Entscheidung der Frage für die Teilnahme am Mord (s. u. § 33).

Zu beachten ist, daß § 50 die grundsätzliche Teilnahmeordnung, d. h. das begriffliche Wesen von Anstiftung und Beihilfe und deren Abhängigkeit von einer vorsätzlichen Haupttat voraussetzt. Das bedeutet, daß § 50 für das Verhältnis von Vorsatz und Fahrlässigkeit ausscheidet, da die Teilnahmeregelung der §§ 48/9 nur innerhalb der vorsätzlichen Tatbestände Bedeutung hat. Nur innerhalb vorsätzlicher Beteiligungskomplexe läßt § 50 solchen persönlichen (subjektiven oder objektiven) Momenten einen Einfluß zu, die die Strafbarkeit erhöhen, vermindern oder ausschließen.

2. Für strafbegründende persönliche Eigenschaften gilt § 50 Abs. 2 nicht: Die Art der Haupttat bestimmt uneingeschränkt das Unrecht der Teilnahme. Maßgebend ist also, ob der Täter die strafbegründenden Eigenschaften hat. Die Teilnahme richtet sich dann nach der Haupttat. Stiftet ein Nichtbeamter einen Beamten zu einem echten Amtsdelikt, z. B. einer Rechtsbeugung (§ 336) an, so wird er nach § 336/48 bestraft, — ein unbefriedigender Rechtszustand!

Strafbegründendes persönliches Merkmal ist die ‚Böswilligkeit" in § 1 Kriegswirtschafts-VO, so daß hier § 50 unanwendbar ist; denn die KWVO wird man — auch in dem weiteren Sinne, wie es für § 50 zulässig ist (vgl. Frank II 2) — kaum als „Strafschärfung" gegenüber der Verbrauchsregel.Str.VO ansprechen dürfen! Nicht beachtet in LK. 3 und OLG. Celle Hann. Rpfl. 1946 76; insoweit zutreffend Theis SJZ. 1946 215.

3. Veranlaßt umgekehrt der Beamte einen Nichtbeamten zur Vornahme eines Ausführungsaktes eines echten Amtsdelikts (z. B. § 348 Abs. 1), so scheidet § 50 Abs. 2 ganz aus; es liegt mittelbare Täterschaft vor (s. o. S. 60).

VI. Die sog. notwendige Teilnahme

Lange, Notwendige Teilnahme 1940.

Bestimmte Verbrechen verlangen ihrem Wesen nach die Mitbeteiligung anderer Personen außer dem Täter, z. B. der Wucher (§ 302a ff.), die Unzucht mit Abhängigen (§§ 174/76), die Gefangenenbefreiung (§ 120), die Kuppelei (§ 180). Da das Gesetz nur die Tätigkeit eines Mitbeteiligten für strafbar erklärt, folgt daraus die Straflosigkeit des anderen, jedenfalls soweit dessen Tun nicht über das vom Gesetz vorausgesetzte Mindestmaß an Mitbeteiligung hinausgeht. Macht er sich aber dann strafbar, wenn er das Mindestmaß verläßt und etwa den Täter anstiftet? Seine Straflosigkeit kann nicht aus allgemeinen Erwägungen über das Wesen von Teilnahme und Täterschaft abgeleitet werden (so zuletzt Lange, a. a. O.; dazu Welzel, Z. 61/212), sondern kann nur dem materialen Sinn des jeweiligen Tatbestandes entnommen werden. Hierbei sind drei Tatbestandsgruppen zu unterscheiden:

1. Der Tatbestand bezweckt den Schutz des notwendig Beteiligten (z. B. §§ 302a ff., 174/6) oder behandelt diesen als bloßes Objekt der Straftat (z. B. § 237): dann ist jede Beteiligungsform dieser Personen straflos.

Darum ist auch die 18jährige Schülerin straflos, die ihren Lehrer zu unzüchtigen Handlungen an ihr anstiftet (§ 174 Ziff. 1) RG. 18 181.

2. Der Tatbestand privilegiert eine besondere personale Situation des notwendig Beteiligten, insbesondere eine besondere Motivationslage (z. B. Freiheitsdrang §§ 120, 257, Abhängigkeit § 173): damit ist aus dem gleichen Grunde, der ihre

Täterschaft ausschließt, auch jede Beteiligunwg straflos. Frank § 47 V, Lange; a. A. RG. **61** 31: nur die notwendige Teilnahme ist straflos, nicht die Anstiftung!

3. Auch in den übrigen Fällen bleibt die das notwendige Mindestmaß übersteigende Beteiligung straflos, wenn sie die nach dem Tatbestand typische Beteiligungsform ist, wenn also in dem betreffenden Tatbeständen die Initiative typischerweise von dem notwendig Beteiligten ausgeht: so bei der Kuppelei § 180 a. A. RG. **25** 369, bei § 241 KO. a. A. **61** 315.

VII. Irrtumsfälle: Auseinanderfallen von objektivem und subjektivem Tatbestand bei Täterschaft und Teilnahme.

Nach dem oben analysierten Täterbegriff ist Täter, wer objektiv die finale Tatherrschaft besitzt und subjektiv dies weiß. Diese beiden Seiten sind in aller Regel vereint, aber es gibt auch Fälle, in denen sie auseinandergehen.

1. Jemand hat die finale Tatherrschaft, ohne es zu wissen.

Beispiele: α) Die beiden Jagdpächter A und B sind auf Jagd. A veranlaßt den B, einen Bock jenseits der Reviergrenze zu schießen, wobei er fälschlich glaubt, B übersehe die Sachlage β) A leiht dem irrenden B das Gewehr zum Schuß über die Grenze, wobei er ebenfalls fälschlich glaubt, B übersehe die Sachlage.

In beiden Fällen hat A die wirkliche Tatherrschaft, indem er den unvorsätzlichen B zur Tat benutzt, aber er weiß das nicht. Hier sind drei Lösungen denkbar:

a) Die objektive Lösung: A ist unabhängig von seinem Bewußtsein Täter, weil er die wirkliche Tatherrschaft hatte. Diese Lösung verbietet sich im Falle β) ganz, da sie den Gehilfen ungerechterweise zum Täter macht. Sie läßt sich aber für den Fall α) mit folgender Begründung vertreten: A ist objektiv Täter, subjektiv Anstifter; da nun Täterschaft und Anstiftung in der Strafwürdigkeit gleich sind, genügt zur Bestrafung wegen Täterschaft auch der Anstiftervorsatz, wenn die Tat wirklich begangen wurde.

b) A begeht Anstiftung und Beihilfe zu einem unvorsätzlichen Delikt Diese Lösung wäre denkbar, wenn wir selbständige Teilnahmeformen auch zu Fahrlässigkeitstaten hätten. Solche haben wir mit Recht nicht. Denn Veranlassung oder Unterstützung unvorsätzlicher Taten, die der Hintermann als solche erkennt, ist mittelbare Täterschaft; jede sonstige Veranlassung oder Unterstützung fahrlässiger Taten aber gehört als fahrlässige Mitverursachung zur fahrlässigen Taterschaft.

Dagegen ist es unmöglich, die Veranlassung oder Unterstützung unvorsätzlicher Taten als Anstiftung oder Beihilfe zu einem vorsätzlichen Delikt zu qualifizieren, eben weil eine vorsätzliche Tat gar nicht begangen wurde! (Vgl. den Arztfall S. 60.) Auch Werturteile stützen sich auf Seinssachverhalte und können die Gesetze der Logik nicht aufheben! Und dieser Verstoß gegen die Logik verfälscht auch das Werturteil. Wenn die Teilnahme grundsätzlich erst dann strafwürdig wird, wenn die Haupttat — und zwar nicht eine beliebige, sondern die vom Teilnehmervorsatz umfaßte vorsätzliche Haupttat — wirklich begangen wurde, so wird durch jene Konstruktion der Teilnahmeversuch zur vollendeten Teilnahme umgefalscht. Darum ist es auch im obigen Jagdpächterfall unmöglich, A wegen Anstiftung oder Beihilfe zu einem vorsätzlichen Jagddelikt des B zu bestrafen, da B nun einmal nicht vorsätzlich gehandelt hat.

So bleibt (neben der Lösung zu a) nur folgende Lösung übrig:

c) A begeht Anstiftungs- bzw. Beihilfeversuch zum vorsätzlichen Delikt (und wenn die Tat des Ausführenden als fahrlässige strafbar ist, zugleich fahrlässige Mitverursachung des betr. Fahrlässigkeitstatbestandes.) Dieser Teilnahmeversuch ist im obigen Jagdpächterfall straflos, da er nicht auf Begehung eines Verbrechens gerichtet ist.

2. Jemand glaubt die finale Tatherrschaft zu haben, ohne sie zu besitzen.

Beispiel: Im obigen Jagdpächterfall veranlaßt A den B zum Schuß über die Grenze, indem er umgekehrt wie oben fälschlich glaubt, B erkenne die Sachlage nicht.

Hier ist B Täter; A ist objektiv Anstifter, hält sich aber im Besitz der finalen Tatherrschaft Der Veranlasserwille bleibt hier nicht wie oben, hinter der Wirklichkeit zurück, sondern geht über sie hinaus, umfaßt also auch das Weniger der Anstiftung, sodaß A wegen Anstiftung bestraft werden kann.

VIII. Anhang: Strafbare Vorbereitungshandlungen aus dem Täter-Teilnehmerkreis

Außer dem Teilnahmeversuch stellt § 49a weitere gefährliche Vorbereitungshandlungen zum Verbrechen unter Anstifterstrafe, und zwar das ernstliche Erbieten zu einem Verbrechen, die Annahme eines solchen Erbietens, ferner die Verabredung eines Verbrechens (dazu RG. 58 393) und schon den Eintritt in eine ernsthafte Verhandlung darüber, § 49a Abs. 2.

Die Neufassung durch Nov. 1943 erweitert den bisherigen Duchesne-§ noch stärker als bisher in das Gebiet der sonst straflosen Vorbereitungshandlungen hinein, indem sie einmal das mündliche Erbieten und dessen Annahme schon dann bestraft, wenn es nicht an die Gewährung von Vorteilen geknüpft ist, und zweitens auch die Verabredung zu einem Verbrechen, ja schon den bloßen Eintritt in ernsthafte Verhandlungen darüber unter Strafe stellt! Sie führt damit in bedenklichster Weise zu einem Gesinnungsstrafrecht, das nicht bloß Willensbetätigungen, sondern schon auf künftige Handlungen zielende Gesinnungsäußerungen bestraft!

Auch hier gilt die erweiterte Rücktrittsmöglichkeit des § 49a Abs. 4.

§ 17. Der Täter als kriminologischer Typ

Wolf, Vom Wesen des Täters 1932, Bockelmann, Studien zum Täterstrafrecht I, II, 1939/40; Lange bei Kohlrauch, § 20a; Welzel, Z. 60, S. 428 ff.

I. Handlungstypik und Tätertypik

Die im Vorangegangenen entwickelte Handlungs-, Unrechts- und Täterlehre baute auf der Einsicht auf, daß der Täter durch seine Tat und die Tat durch ihren Täter bestimmt wird. Diese wesensmäßige Bezogenheit von Täter und Tat nahmen wir jedoch bisher unausgesprochen in einem bestimmten Sinne, nämlich so, daß die einmalige Tat den Täter zum Täter macht. Mörder ist, wer einen Mord, Dieb, wer einen Diebstahl begangen hat usw. In dieser Weise sind grundsätzlich die Tatbestände unseres StGB. aufgebaut, d. h. als Handlungstypen in dem hervorgehobenen Sinne, daß die individuelle Handlung den Täter zum Täter macht.

Täterschaft kann aber noch in einem anderen Sinne verstanden werden, nämlich als dauerndes Aktionszentrum bestimmter Handlungen. Dieb in diesem Sinne ist, wer gewohnheitsmäßig Diebstähle begeht; Raufbold, wer zu Schlägereien neigt usw. Täter ist hier ein „kriminogener" Typ, der aus seinem kriminellen Sein heraus dauernd Straftaten begeht. Dieser kriminogene Tätertyp kann schon innerhalb der handlungstypischen Tatbestände bei der Strafzumessung berücksichtigt werden. So wird der Richter den rückfälligen Raufbold wegen Körperverletzung erheblich schwerer anpacken als den sonst harmlosen Beteiligten, der zufällig in die Schlägerei mithineingezogen wurde. Aber in einigen gesetzlichen Bestimmungen nimmt der Tatbestand ausdrücklich den kriminologischen Tätertyp in sich auf und beschränkt die Täterschaft auf ihn. Das wichtigste Beispiel hierfür liefert der § 20a. Hier tritt Strafverschärfung ein, wenn der Täter mindestens drei Taten begangen hat und wenn die Gesamtwürdigung ergibt, daß er ein gefährlicher Gewohnheitsverbrecher ist. Der Täter wird hier nicht lediglich durch die Begehung dreier Taten bestimmt; denn diese drei Taten könnten ja Gelegenheitstaten eines sonst unkriminellen Menschen sein; sondern der Täter wird schwerer bestraft, weil er die Tat als „Gewohnheitsverbrecher" begangen hat, d. h. weil jene Taten der Ausfluß eines eingewurzelten Hanges zum Verbrechen sind.

Während bei den handlungstypischen Tatbeständen die Begehung der einmaligen Tat den Täter zum Täter macht, wird bei der Tätertypik der Täter durch ein dauerndes kriminogenes Merkmal bestimmt und die Handlung als Ausfluß dieses Merkmals gewertet.

Das kriminogene Merkmal kann dabei das Unrecht der Tat vertiefen (wie bei § 20 a) oder überhaupt erst begründen. So bestraft § 361 Ziff. 3 den, der „als Landstreicher" umherzieht. Das Umherziehen also solches ist noch kein Unrecht, sondern wird es erst dann, wenn es der Ausdruck einer asozialen Person, eben des Landstreichers ist, d. h. eines Menschen mit eingewurzeltem Hange zu ziel- und zwecklosem Umherziehen, der der Allgemeinheit dabei zur Last fällt. RG. DR. 1939 S. 365.

II. Arten des kriminologischen Tätertyps

Es lassen sich drei Arten des kriminologischen Tätertyps unterscheiden, deren Merkmale sich jedoch überkreuzen können.

1. Der dispositionelle Tätertyp: das belastete Individuum. Dieser Täter ist durch seine natürlichen Anlagen charakterisiert, die ihn zum Verbrechen treiben; der vermindert Zurechnungsfähige § 51 Abs. 2, soweit er eine abartige Persönlichkeit (Psychopath) ist.

2. Der charakterologische Tätertyp. Dieser Täter wird durch Züge des erworbenen Charakters gekennzeichnet, die ihn zur verbrecherischen Tätigkeit bestimmen: schlechte Gewohnheiten, erworbener Hang. Hierher gehören der gefährliche Gewohnheitsverbrecher § 20 a, der gewohnheitsmäßige Wilderer, Hehler, Wucherer usw. §§ 292 Abs. 3, 260, 302 d, 150, 180 u. a. (Vgl. jedoch auch unter 3.)

Wurzeln der Hang oder die Gewohnheit überwiegend in Persönlichkeitsbelastungen, so liegt der dispositionelle Tätertyp vor.

3. Der soziologische Tätertyp. Bei ihm handelt es sich um eine kriminelle soziale Lebensform: die schmarotzerische Existenz, ohne daß diese in einer naturhaften Belastung wurzeln oder zu einer dauernden charakterlichen Entartung geführt haben müßte. Hauptform ist der gewerbsmäßige Spieler („Wer aus dem Glücksspiel ein Gewerbe macht" § 285), überhaupt der gewerbsmäßige Verbrecher §§ 260, 302 d, 292 Abs. 3, 175 a Ziff. 4; vor allem der Zuhälter § 181 a., darüber s. u. § 54 IV, 2.

Im weiteren Sinne umfaßt dieser soziologische Tätertyp auch den gewohnheitsmäßigen Verbrecher, sofern bei der Bewertung seiner Tat nicht so sehr der Hang, sondern die kriminelle Lebensführung im Vordergrund steht. (Wichtig für die Frage der „Sammelstraftat" s. unten S. 108.)

Zu 1.—3.: Die Abgrenzung der tätertypischen Tatbestände von reinen Handlungstatbeständen mit täterschaftlichen Gesinnungsmomenten (s. o. S. 44) ist nicht immer einfach. Tätertypik liegt nur da vor, wo der Tatbestand ein dauerndes kriminogenes Merkmal des Täters voraussetzt, sei es Anlage, Charakterzug oder Lebensweise. Bei täterschaftlichen Gesinnungsmomenten dagegen genügt die einmalige Willensrichtung bei der Tat.

Vom kriminologischen Tätertyp ist der „tatbezogene" oder normative Tätertyp zu unterscheiden, der von Dahm Mezger u. a. entwickelt wurde. Danach gehöre grundsätzlich zu jedem handlungstypischen Tatbestand ein Tätertyp („Mörder", „Brandstifter", „Kuppler"), der ihn verdichte und einschränke. Die Lehre dürfte heute allgemein aufgegeben sein. Sie wäre mit dem Grundsatz der gesetzlichen Bestimmtheit der Strafbarkeit nicht mehr vereinbar.

Zweiter Abschnitt: Die Schuld

§ 18. Persönlichkeit und Schuld

Rothacker, Die Schichten der Persönlichkeit, 2. Aufl. 1941; H. F. Hoffmann, Die Schichttheorie, 1935; N. Hartmann, Ethik, 1926; Welzel, Z. 60 S. 428ff.

Der vorige Abschnitt entwickelte das Wesen und die Merkmale der rechtswidrigen Handlung und ihres Täters. Jetzt erhebt sich die Frage, welcher Täter (im weiteren Sinne, also auch Anstifter und Gehilfe) für seine rechtswidrige Handlung verantwortlich gemacht werden kann. Die Verantwortlichkeit für rechtswidrige Handlungen ist die Schuld.

I. Wille und Schuld

1. Die Willensschuld

Alle Schuld ist Willensschuld in einem hervorgehobenen Sinne. Nur das, wofür der Mensch willentlich etwas kann, kann ihm als Schuld vorgeworfen werden. Seine Gaben und Anlagen — alles das, was der Mensch nur „ist" — mögen wertvoll oder minderwertig sein (können also auch gewertet werden!), aber nur das, was er aus ihnen gemacht hat oder wie er sie eingesetzt hat im Vergleich zu dem, was er aus ihnen hätte machen oder wie er sie hätte einsetzen können und sollen, nur das ist Gegenstand der sittlichen Wertungen Verdienst und Schuld.

Schuldig kann sich allein der mit einem Willen begabte Einzelmensch, nicht eine Körperschaft oder sonstiges Kollektiv machen. Eine andere Frage ist es, ob und wieweit eine Körperschaft für die durch ihre Organe begangenen Delikte haftet. Vgl. §§ 393, 416 RAbgO.; § 4 VerbrauchsregelungsstrafVo.

2. Wille und Antriebe

Der Begriff des Willens ist mehrdeutig, je nachdem ob er von der Willensverwirklichung oder von der Willensbildung (Entschlußfassung) her betrachtet wird. Im ersten Falle ist Wille der Verwirklichungswille überhaupt, d. h. der Faktor zweckhafter Tätigkeit, gleichgültig, wie die Entschlußfassung erfolgte (ob triebhaft oder wertabwägend). In dieser finalpraktischen Funktion haben wir ihn im vorigen Abschnitt behandelt. Jetzt rückt die zweite engere Bedeutung des Willens in den Vordergrund: Beruhte die Entschlußfassung auf bloßen Triebregungen oder unterlag sie sinnvollen Werterwägungen, d. h. der Willenssteuerung i. e. S.?

Der Mensch ist ein mehrschichtiges Wesen: auf dem Grunde seiner Vitaltriebe (der Selbst- und Arterhaltung) und seiner höheren seelischen Strebungen, seiner Gefühle und Empfindungen („Tiefenschicht") erheben sich als Faktoren sinnvoller Steuerung der aus der Tiefenschicht kommenden Antriebe: das sich auf einsichtige Gründe stützende Denken und der sich nach Sinn und Wert richtende Wille („personeller Oberbau"). Jeder Willensakt ist eine Einheit der aus der Tiefenschicht kommenden Antriebe und der aktiven Steuerungsakte des Willens.

Materielle Voraussetzung jedes Willensaktes sind Antriebe der Tiefenschicht. Nur das, wozu ein Trieb oder eine Strebung uns reizt und antreibt, nur was uns „interessiert", kann ein Willensziel werden. Von diesen Antrieben wird das Ich ergriffen, gepackt, mitgerissen, „affiziert"; es steht ihnen rezeptiv (leidend) gegenüber. Bleiben sie sich jedoch überlassen (im sogen. Kampf der Triebe), so wird das Ich das Opfer des kausal stärksten von ihnen; der Entschluß beruht dann allein auf dem „pathischen" Drang.

An Stelle dieser passiven Hinnahme der Antriebe ist das Ich auch einer aktiven Stellungnahme und Entscheidung ihnen gegenüber fähig. Hierbei tritt es den Antrieben aktiv lenkend und steuernd gegenüber, indem es diese nicht lediglich in ihrem bloßen Drang empfindet, sondern indem es sie in ihrer Bedeutung für eine sinnvolle Lebensgestaltung versteht und nach ihrem Wert zum Willensziel macht. Der Wille ist hier frei gegenüber dem kausalen Drang der Antriebe, aber gebunden an den Sinn und Wert, den das Antriebsziel entsprechend einer Wertordnung (hier der Rechtsordnung) besitzt.

Es gibt zwar Freiheit vom kausalen Zwang, aber keine Freiheit vom Wert, sondern nur eine Freiheit zum Wert. Freiheit ist stets sinnvolle Notwendigkeit, sinnvolles Gebundensein an den einsichtigen Grund oder den wertvollen Gesichtspunkt. So gibt es keine „willkürliche", sondern nur eine „gebundene", „determinierte" Freiheit, aber determiniert nicht durch blinde Ursachen, sondern durch sinnvolle Gesichtspunkte. Vgl. Z. 60 S. 450 f. — (Diese sinnvolle Willenssteuerung erfolgt daher auch „final", nur handelt es sich hier um die Finalität (Sinnbestimmtheit) der Willensbildung, nicht wie bei der Handlung um die Finalität (Zwecktätigkeit) der Willensverwirklichung! Über die Finalität der Willensbildung speziell Z. 60 443 ff.

3. Das Wesen der Schuld

Zusammengefaßt ergibt sich folgendes: Jeder Willensakt ist eine Einheit von pathischen Antrieben und aktiven Steuerungsakten. Voraussetzung für jede Zielsetzung sind Antriebe, die den Menschen zu bestimmten Zielen anregen. In der Willenssteuerung werden diese Antriebe nicht bloß in ihrem Drang empfunden, sondern aktiv vom Ich in ihrem Wertgehalt erfaßt und danach die einen zugelassen, die anderen zurückgestellt oder abgewiesen. Zwischen den beiden Polen des pathischen Angetriebenwerdens und der aktiven Steuerung bewegt sich die Entschlußfassung. Der eigentlich sittliche Akt ist der Einsatz der werterfassenden Steuerungsakte in die pathische Antriebslage in dem Augenblick, da gewisse Antriebe (z. B. Zorn, Habsucht, Leichtsinn usf.) den Menschen von seinen Aufgaben (Pflichten) abzulenken drohen. Dieser Einsatz ist das eigentliche Geheimnis der Willensfreiheit, das uns in den Akten des „Sich-Zusammennehmens", des „Sich-nicht-gehen-lassens" unmittelbar vertraut ist. Schuld ist das Verfehlen von rechtlichen Sollensforderungen (Pflichten) infolge mangelnden oder unzulänglichen Einsatzes der werterfassenden Willenssteuerung gegenüber rechtsfeindlichen Antrieben.

II. Grenzen der Verantwortlichkeit

1. Die Fähigkeit, die Antriebe nach den Anforderungen des Rechtes zu steuern, ist nicht ohne weiteres vorhanden. Im Kinde herrschen noch die pathischen Regungen vor, erst allmählich werden sie im Zusammenwirken von körperlicher und seelischer Reifung, Erziehung und Lebenserfahrung unter die Willenssteuerung genommen. Für den Zeitpunkt, in dem dieser Reifungsprozeß erfahrungsgemäß zur selbstverantwortlichen Persönlichkeit geführt hat, stellt das Recht feste Altersgrenzen auf (s. u. S. 78).

2. Durch abnorme Geisteszustände, vor allem Geisteskrankheit wird das Vermögen werterfassender Willenssteuerung abgetragen. Es bleibt die Schicht reiner Triebregungen übrig (gegebenenfalls unbeschadet der Fähigkeit zur zwecktätigen Verwirklichung triebhafter Entschlüsse): die Fälle der Zurechnungsunfähigkeit, § 51.

3. Endlich kann die werterfassende Willenssteuerung zwar vorhanden, aber durch die Triebschicht vorbelastet oder zurückgedrängt sein. Das ist bei den Psychopathen der Fall. das sind Menschen mit einem abnormen Gefühls- und Antriebsleben, die an ihrer Abnormität leiden oder unter deren Abnormität die Gesellschaft leidet. Für die Kriminalität kommen vor allem die Willenlosen, Explosiblen, Geltungssüchtigen und Gemütlosen in Betracht.

Bei ihnen ist die Willenssteuerung durch die Triebschicht abnorm vorbelastet, entweder weil die sozialen Antriebe nicht oder kaum vorhanden sind (bei den Gemütlosen) oder weil entweder die Antriebe zu stark (bei den Explosiblen) oder gewisse Antriebe überbetont sind (bei den Geltungssüchtigen u. a.) oder weil die Willenssteuerung zu schwach ist ((bei den Willensschwachen), so daß die Antriebe die Willenssteuerung immer wieder zu durchschlagen drohen

Da die Psychopathen (die dispositionellen Tätertypen) durch das Vorherrschen der Triebschicht (also durch Belastungen, für die sie in der Regel nichts können) gekennzeichnet sind, ist ihre Schuld in schweren Fällen gemildert; denn je schwerer das Anders-handeln-können ist, desto geringer die Schuld. Ob deswegen aber auch das Strafübel zu mildern ist, ist eine andere Frage (darüber s. u. S. 122).

III. Einzeltat-, Lebensführungs- und Charakterschuld

1. Die Schuld bezieht sich in erster Linie auf das konkret-einzelne rechtswidrige Handeln, ist also Einzeltatschuld.

2. Das rechtswidrige Verhalten braucht jedoch keine abgegrenzte Einzeltat zu sein, sondern kann in einem Stück der Lebensführung bestehen (beim soziologischen Tätertyp, z. B. dem Zuhälter oder dem gewerbsmäßigen Verbrecher). Die Schuld erstreckt sich hier auf die bestimmt geartete verbrecherische Lebensführung; sie ist Lebensführungsschuld.

Der Ausdruck „Lebensführungsschuld" (Mezger) wird allerdings meist für das verwendet, was wir als Charakterschuld bezeichnen.

3. Schließlich kann sich die Schuld auf einen erworbenen Charakterzug des Täters beziehen, aus dem seine Verbrechen erwachsen (beim charakterologischen Tätertyp). Der Grund hierzu liegt in dem engen Zusammenhang zwischen unseren Handlungen und unserer charakterlichen Haltung. Neben Erziehung und Umwelt als den äußeren Faktoren der Charakterbildung ziehen wir durch unsere eigenen Taten die uns beherrschenden Antriebe in uns groß, drängen andere zurück und bilden damit den erworbenen Charakter aus, in welchem unsere Fähigkeiten und Anlagen zu ihrer sehr verschiedenen Ausbildung gelangen. Der Schuldvorwurf bezieht sich auf den durch lebensgestaltende Akte erworbenen Charakterzug. Dieser Vorwurf kann entweder bei der Strafzumessung für die Einzeltat oder aber unmittelbar bei den Tatbeständen mit charakterologischer Tätertypik (wie § 20a) in Anschlag gebracht werden.

§ 19. Die strafrechtliche Schuld im einzelnen

I. Der Schuldbegriff

Strafrechtliche Schuld ist die persönliche Verantwortlichkeit des Täters für seine rechtswidrige Tat vor der Rechtsgemeinschaft (nicht bloß vor dem Gewissen oder vor Gott). Ihr Gehalt liegt im Verfehlen der Rechtspflichten infolge unzulänglichen Einsatzes der sich nach Sinn und Wert bestimmenden Willenssteuerung gegenüber rechtsfeindlichen Antrieben.

II. Die Voraussetzung der Schuld: Die Schuld- oder Zurechnungsfähigkeit

Die Fähigkeit, im konkreten Fall schuldhaft zu handeln, ist nicht ohne weiteres gegeben, sondern setzt die Erreichung einer bestimmten geistigen und sittlichen Reife voraus. Erst dann ist die generelle Schuldfähigkeit („Zurechnungsfähigkeit") vorhanden.

1. Die Schuldfähigkeit (Zurechnungsfähigkeit) ist die Fähigkeit des Täters

a) das Unrecht der Tat einzusehen und

b) den Willen dieser Einsicht gemäß zu bestimmen (s. § 3 RJGG., §§ 51, 58 StGB.).

Die Schuldfähigkeit hat also ein erkenntnismäßiges (intellektuelles) und ein willensmäßiges (voluntatives) Moment: Erst beide zusammen machen die Schuldfähigkeit aus (vgl. RG. **73** 122). Für das intellektuelle Moment ist maßgebend die Einsicht ins „Unrecht" der Tat, wie es § 3 RJGG. ausdrückt, nicht ins „Unerlaubte", wie § 51 dem Wortlaut nach zu weit sagt. In allen Fällen handelt es sich um die Einsicht in das materielle Unrecht. Weder ist notwendig, daß der Täter die Tat als gesetzwidrig erkennt, noch genügt das Bewußtsein, eine bloße Immoralität zu begehen, sondern der Täter muß wissen, daß seine Tat ein Verstoß gegen solche soziale Normen ist, die für das Zusammenleben unentbehrlich sind.

2. Stufen der Schuldfähigkeit

Vgl. Reichsjugendgerichtsgesetz vom 6. November 1943.

a) Grundsätzlich unbedingt schuldunfähig ist das Kind bis zum vollendeten 14. Lebensjahr infolge gesetzlich präsumierter geistiger und sozialer Unreife (§ 3 Abs. 2 RJGG.).

Ist jedoch der Täter zur Tatzeit wenigstens zwölf Jahre alt, so wird er wie ein Jugendlicher strafrechtlich zur Verantwortung gezogen, wenn der Schutz des Volkes es wegen der Schwere der Verfehlung fordert. § 3 Abs. 2 RJGG. Voraussetzung ist natürlich die Schuldfähigkeit des Kindes!

Die unter generalpräventiven Gesichtspunkten stehende Herabsetzung der Strafmündigkeitsgrenze ist sehr bedenklich. Immerhin ist zu beachten, daß in den letzten 20 Jahren eine Vorverlegung (und Beschleunigung) der Reifezeit zu beobachten ist (vgl. Schwabenbauer, Z. f. angewandte Psychologie und Charakterkunde 64 S. 241 ff.

b) Bedingt schuldfähig ist der Jugendliche vom vollendeten 14. bis zum vollendeten 18. Lebensjahr (§ 3 RJGG.); seine Schuldfähigkeit ist im Einzelfall zu prüfen. Ist er schuldfähig, so wird er jugendgemäß zur Verantwortung gezogen, nämlich mit Jugendgefängnis (Höchstmaß 10 Jahre) bestraft oder mit

Zuchtmitteln (Jugendarrest, Auferlegung besonderer Pflichten, Verwarnung) belegt (s. u. § 31). Von beiden ist abzusehen, wenn Erziehungsmaßregeln oder Unterbringung in Heil- oder Pflegeanstalt ausreichen. § 2 RJGG.

Ist er nicht schuldfähig, so kann der Richter die vormundschaftsgerichtlichen Erziehungsmaßregeln verhängen.

c) Bedingt schuldfähig ist der Taubstumme, der wegen seines Leidens geistig zurückgeblieben ist. Auch hier erfolgt Prüfung im Einzelfalle; ist die Schuldfähigkeit vermindert, dann tritt Strafmilderung ein (§ 58).

d) Grundsätzlich unbedingt schuldfähig sind Personen über 18 Jahren. Bei ihnen wird die Schuldfähigkeit nur im Zweifelsfalle geprüft.

3. Die Schuldunfähigkeit und die verminderte Schuldfähigkeit infolge schwerer geistiger Störungen (§ 51).

a) Die Voraussetzung der Schuldunfähigkeit.

Die Fähigkeit, das Unrecht zu erkennen und dementsprechend zu handeln, setzt das Intaktsein der obersten geistigen Kräfte einer Person voraus, die das Dasein einer sittlichen Persönlichkeit überhaupt erst ermöglichen. Wo diese geistigen Funktionen durch kausale Einflüsse ausgeschaltet sind, da ist auch die Schuldfähigkeit ausgeschlossen.

Das Gesetz verwendet zur Kennzeichnung derartiger anomaler Geisteszustände eine „kombinierte biologisch-psychologische Methode" (Mezger): Es zählt bestimmte abnorme Geisteszustände auf und weist den Richter an, nachzuforschen, ob im Einzelfall die Schuldfähigkeit dadurch ausgeschlossen war.

In Frage kommen allein folgende abnorme Geisteszustände:

aa) die Bewußtseinsstörung: Vorübergehende Störungen des Bewußtseins von kürzerer oder längerer Dauer, mögen sie physiologischer oder pathologischer (krankhafter) Natur sein, z. B. die Schlaftrunkenheit, Ohnmacht, Hypnose, die Fieberdelirien, hochgradige Affektzustände, der Rausch (auch Alkoholrausch) u. dgl.

bb) die krankhafte Störung der Geistestätigkeit. Hierher gehören alle echten Geisteskrankheiten (die Psychosen im medizinischen Sinne); auch hochgradige Psychopathien können hierher gehören. RG. **73** 121.

cc) die Geistesschwäche: der Schwachsinn, d. h. die Idiotie, Imbezillität und Debilität, und überhaupt geringere Grade krankhafter Geistesstörungen.

b) Die strafrechtlichen Folgen:

aa) Schuldunfähige bleiben grundsätzlich straflos; sind sie gefährlich, so können sie in einer Heil- und Pflegeanstalt interniert werden. § 42 b (s. u. § 30).

Prozessual: Sicherungsverfahren nach §§ 429 a ff. StPO.

bb) Ausnahmsweise wird der Täter trotz Schuldunfähigkeit z. Zt. der Vornahme der Verletzungshandlung bestraft, und zwar:

α) bei der actio libera in causa: der Täter versetzt sich in den schuldunfähigen Zustand (z. B. in den Rausch), um darin ein Delikt zu begehen, oder obwohl er die Deliktsbegehung voraussehen konnte.

Beispiel: A will den B verprügeln und trinkt sich dazu Mut an Begeht er dann die Körperverletzung im schuldunfähigen Zustande, so ist er wegen vorsätzlicher Korperverletzung haftbar, weil er sich selbst schuldhaft gleichsam als Werkzeug zur Verbrechensbegehung benutzt hat: s RG 73 183 — Einen Fall fahrlässiger actio libera in causa zeigt RG 60 30.

β beim Vollrausch § 330a: das vorsätzliche oder fahrlässige Sichbetrinken ist strafbar, wenn der Täter im Rausch eine mit Strafe bedrohte Handlung begeht (s. u. § 62 II).

c) Die verminderte Schuldfähigkeit (§ 51 Abs. 2).

Wo die unter a) genannten abnormen Geisteszustände die Schuldfähigkeit nicht völlig ausschließen, sondern nur stark beeinträchtigen, dort vermindern sie die Schuldfähigkeit und berechtigen den Richter gemäß § 51 Abs. 2 zu einer Strafmilderung nach den Grundsätzen der Versuchsbestrafung (§ 44), daneben unter Umständen zur Verhängung der Unterbringung in einer Heilanstalt nach § 42b (s. u. § 30). Doch kann der Richter die Strafe, statt sie zu mildern, auch verschärfen, z. B. um einen haltlosen Täter durch eine empfindliche Strafe künftig abzuschrecken. Vgl. RG. DR. **1942** 329 u. S. 122.

Praktisch allein wichtig: die vorübergehenden geistigen Störungen, die Psychopathien und der Schwachsinn Dagegen ist bei den echten Geisteskrankheiten die Schuld stets ausgeschlossen; eine sog. partielle Zurechnungsfähigkeit dürfte es praktisch nicht geben.

III. Grade der Schuld.

Schuld ist das Verfehlen von Rechtspflichten.

1. Volle Schuld ist bewußtes Zuwiderhandeln gegen das Recht und verlangt daher das Bewußtsein der Rechtswidrigkeit der Handlung.

Unter „Bewußtsein“ der Rechtswidrigkeit ist dabei nicht zu verstehen, daß sich der Täter die Widerrechtlichkeit der Handlung bei ihrer Vornahme wirklich vorgestellt haben müßte — das fehlt z. B. bei Affektverbrechen —, sondern es genügt, daß er sie kannte, d. h. jederzeit aktualisieren konnte.

2. a) Gemindert ist die Schuld, wenn der Täter das Verbotensein der Handlung zwar nicht kannte, aber bei Anwendung der erforderlichen Sorgfalt hätte erkennen können. (Vermeidbare Unkenntnis der Rechtswidrigkeit.)

Sie besteht vor allem, wenn der Täter es absichtlich unterläßt, sich die erforderliche Kenntnis zu verschaffen (ignorantia affectata) oder wenn er wegen grob nachlässiger Gewissensanspannung das Unrecht der Tat nicht erkennt (ignorantia crassa).

b) Geminderte Schuld besteht ferner bei bedingter und verminderter Schuldfähigkeit (§ 3 RJGG., § 58 Abs. 2, § 51 Abs. 2).

Zu 1—2: Innerhalb des durch die Schuldgrade gezogenen Rahmens hängt das Maß der Schuld im Einzelfall vom Unwert oder Wert der bei der Entschlußfassung beteiligten Beweggründe und Tatanreize (z. B. Eigensucht, Not, Leichtsinn, Verführung usf.) und deren Verwurzelung in der Persönlichkeit des Täters ab (letzteres für etwaige Charakterschuld). Die Abwägung dieser Momente ist die höchste und schwierigste richterliche Aufgabe, die Voraussetzung eines gerechten Urteils und bildet das Kernstück bei der richterlichen Strafzumessung.

3. Schuld fehlt völlig bei fehlender Schuldfähigkeit und bei unvermeidbarer Unkenntnis der Rechtswidrigkeit.

IV. Das Bewußtsein der Rechtswidrigkeit, insbesondere der Verbotsirrtum.

1. Das Problem.

Der Täter kann die Tat in ihrer realen Gestalt genau kennen, er braucht darum aber nicht notwendig zu wissen, daß sie unrecht ist. Z. B. der Täter, etwa ein Ausländer, kann genau wissen, daß er homosexuelle Handlungen vornimmt; aber ihm braucht nicht bewußt zu sein, daß die Handlung strafwürdiges Unrecht sei. Für die Hauptdelikte des StGB. (Verbrechen und Vergehen) dürfte allerdings das Bewußtsein der Rechtswidrigkeit dieser Handlungen bei erwachsenen Deutschen allgemein vorhanden sein; doch kann auch bei ihnen ein Irrtum über die Rechtswidrigkeit dadurch entstehen, daß der Täter einen rechtlich nicht anerkannten oder einen nicht rechtsgültigen Rechtfertigungsgrund fälschlich annimmt, z. B. ein unbeschränktes Züchtigungsrecht gegenüber ungezogenen fremden Kindern oder eine Handlungspflicht aus offensichtlich rechtswidrigem Befehl. Ferner kann das Bewußtsein der Rechtswidrigkeit bei Taten fehlen, die nach Nebengesetzen, z. B. dem Steuer-, Devisen- oder Wirtschaftsrecht strafbar sind. Wir müssen daher unterscheiden:

a) den Irrtum über die „Tatumstände" des Unrechtstatbestandes (Tatbestandsirrtum). Er allein ist im § 59 geregelt (Ausschluß des Vorsatzes, satt dessen u. U. fahrlässige Tatbegehung) s. o. S. 44 f.;

b) den Irrtum über das Verbotensein (die Rechtswidrigkeit) der Handlung (Verbotsirrtum). Er ist im StGB. nicht geregelt. Dagegen findet sich im Steuerrecht § 395 RAO. und im Devisenrecht § 71 Ges. über die Devisenbewirtschaftung vom 12. Dezember 1938 eine Regelung: Unverschuldeter Verbotsirrtum schließt die Strafbarkeit aus, verschuldeter Verbotsirrtum mildert sie.

Die Unterscheidung des Tatbestandsirrtums vom Verbotsirrtum macht historisch bedingte Schwierigkeiten, da sie immer wieder mit dem schiefen Begriffspaar der Digesten: error facti und error juris zusammengeworfen wurde. Tatbestandsirrtum ist das Verkennen irgendeines zum Unrechtstatbestand gehörigen objektiven Tatumstands, sei er tatsächlicher (deskriptiver) oder normativer Art. Tatbestandsirrtum ist also nicht nur der Irrtum über „Tatsachen" wie Sache, Körper, Kausalität, sondern auch über „Unzüchtigkeit" der Handlung, „Fremdheit" der Sache, „Beschlagnahme" (in § 137), „Urkunde", „Beamter". Ganz verfehlt ist darum der Ausdruck „Tatsachenirrtum" (mißverständlich auch „Tatirrtum"). Der maßgebende Unterschied der beiden Irrtumsarten bezieht sich nicht auf den Gegensatz: Tatsache—Rechtsbegriff, sondern auf den Unterschied: Tatbestand—Rechtswidrigkeit. Wer einem anderen eine Sache wegnimmt, die er irrtümlich für seine eigene hält, befindet sich im Tatbestandsirrtum (er weiß nicht, daß er eine fremde Sache wegnimmt). Wer aber glaubt, ein Selbsthilferecht zu haben, eine fremde Sache wegzunehmen (z. B. als Gläubiger gegenüber dem zahlungsunfähigen Schuldner), der befindet sich im Irrtum über die Rechtswidrigkeit seines Tuns. Wer nicht weiß, daß die von ihm beiseitegeschaffte Sache gepfändet ist, irrt über ein Tatbestandsmerkmal; wer es weiß, aber irrig glaubt, ein Recht zur Entstrickung zu haben, befindet sich im Verbotsirrtum.

Tat- und Rechtsirrtum auf der einen Seite und Tatbestands- und Verbotsirrtum auf der anderen sind also zwei völlig verschiedenartige Begriffspaare. Es gibt Rechtsirrtümer, die Tatbestandsirrtümer sind: z. B. der Irrtum über normative Tatbestandsmerkmale wie Fremdheit der Sache; und es gibt Tatirrtümer, die Verbotsirrtümer sind: der Irrtum über die tatsächlichen Voraussetzungen eines Rechtfertigungsgrundes (hierüber s. u. 4).

Im Einzelnen ist zu bemerken:

α) Die Rechtswidrigkeit wird auch dadurch, daß sie — völlig überflüssig — im Tatbestand genannt wird (z. B. in §§ 123/4, 303—305, 317 u. a.), nicht zum Tatbestandsmerkmal, sondern bleibt Bewertung des Tatbestandes.

Wohl aber sind Tatbestandsmerkmale: rechtsgültig in § 110; rechtmäßig in § 113.

β) „Unbefugt" ist nicht identisch mit rechtswidrig, sondern bedeutet: ohne Ermächtigung des Verfügungsberechtigten oder der berufenen Stelle (so in §§ 123, 168, 290, 299, 300 — §§ 127, 132, 132a, 296a). Unbefugt ist also Tatbestandsmerkmal, so daß der Irrtum über die Befugnis (d. i. die Ermächtigung) den Vorsatz ausschließt.

Es kann jemand unbefugt (d h. gegen den Willen des Hausberechtigten) in fremdem Hause weilen (§ 123) und doch rechtmäßig handeln; z. B. im Notstand.

γ) Bei Blankettstrafgesetzen, das sind Strafgesetze, die nur die Strafdrohung enthalten, bezüglich des Tatbestands aber auf andere Normen verweisen, z. B. § 366 Ziff. 1), ist die Unkenntnis der ausfüllenden Norm ein Verbotsirrtum

Zum Ganzen vgl. D o h n a, Aufbau S. 44 f., W e i z, Die Arten des Irrtums, Strafr. Abh. 286; W e l z e l, SJZ. 1948 368 ff.

2. D i e L e h r e d e s R e i c h s g e r i c h t s ü b e r d i e B e h a n d l u n g d e s V e r b o t s i r r t u m s.

Das Bewußtsein der Rechtswidrigkeit ist nach Ansicht des RG. keine Voraussetzung der Strafbarkeit: error iuris nocet. RG. 2 269: „Das Strafgesetz fordert für seine Anwendung mehr nicht, als daß der Täter das Bewußtsein derjenigen Umstände gehabt habe, in welchen das Gesetz die Merkmale einer strafbaren Handlung erblickt. ... Es kann nicht gefordert werden, daß der Täter sich der Rechtswidrigkeit, des Unerlaubtseins seiner Handlung bewußt gewesen sein müsse."

Diese Auffassung des RG. ist mit dem Schuldprinzip unvereinbar: Niemand kann schuldig gesprochen werden, der weder wußte noch wissen konnte, daß das, was er tat, unrecht ist. Vgl. W e l z e l, Vom irrenden Gewissen (Festschrift für Radbruch).

Im Einzelnen unterschied das RG. zwischen einem strafrechtlichen und einem außerstrafrechtlichen Irrtum:

α) Handelt es sich um Unkenntnis s t r a f r e c h t l i c h e r Vorschriften, dann ist der Irrtum u n b e a c h t l i c h: error iuris criminalis nocet.

β) Betrifft die Unkenntnis a u ß e r s t r a f r e c h t l i c h e Rechtsnormen (z. B. das Zivil- oder Verwaltungsrecht), dann ist der Irrtum b e a c h t l i c h. Er steht dem Tatbestandsirrtum gleich und schließt daher den Vorsatz gemäß § 59 aus.

Die Unterscheidungen dabei sind völlig willkürlich: Weiß jemand nicht, daß er Kaufmann im handelsrechtlichen Sinne ist und deshalb Handelsbücher führen muß, so irrt er über die strafrechtlichen Bestimmungen des § 240 Ziff. 3 KO., RG. 8 147. Dagegen ist der Irrtum über die Beamteneigenschaft nach RG. 23 374 ein außerstrafrechtlicher; auf anderem Standpunkt steht jedoch in demselben Falle RG. Goltd. Arch. 69 343; RG. 73 171. Besonders kraß ist RG. 57 235: Erblasser diktiert Testament und Unterschrift. Hält der Schreiber den Auftrag zur Niederschrift des Testaments für wirksam, dann befindet er sich im Zivilrechtsirrtum; hält er aber das Testament für formgerecht und gültig, dann war er im Strafrechtsirrtum! Das soll das Untergericht dann feststellen und der Laie verstehen!

γ) Die gleiche Unterscheidung trifft das RG. auch bei B l a n k e t t s t r a f g e s e t z e n. Der Irrtum über die das Blankettgesetz ausfüllende Norm sei außerstrafrechtlicher Art und schließe den Vorsatz aus. RG. **57** 15, **76** 41; vgl. O l s h a u s e n § 59, 15 u. 18; abw. S c h ö n k e § 59, VI 2b.

In zunehmendem Maße verlangt die neuere Praxis zur Schuld die Möglichkeit des Bewußtseins der Rechtswidrigkeit. So schon das Reichsverwaltungsgericht für das Ordnungsstrafrecht (DR. 1943 1011; ganz allgemein OLG. Kiel, DRZ. 1946 126; KG., DRZ. 1947 198; OLG. Frankfurt, SJZ. 1947 626).

3. Nach der fast einhelligen Lehre gehört zur Schuld die Möglichkeit des Bewußtseins der Rechtswidrigkeit. In der Einzelausführung unterscheiden sich zwei Auffassungen:

a) Die Vorsatztheorie (Mezger, Olshausen, Schönke und die oben angeführten OLG.-Entscheidungen).

Sie lehrt, daß das Bewußtsein der RW. zum Tatvorsatz gehört und daß darum der Vorsatz ausgeschlossen sei, wenn das Bewußtsein der RW fehlt. Sie behandelt also den Verbotsirrtum ebenso wie den Tatbestandsirrtum: beide schließen den Vorsatz aus und lassen, falls der Irrtum vermeidbar war, nur eine Bestrafung wegen fahrlässiger Tat zu.

Das Bewußtsein der RW. bedeutet jedoch nicht „Vorsatz". Im Gegensatz zum Vorsatz braucht der Täter bei seiner Tat keine aktuelle Vorstellung von der RW. gehabt zu haben (s. o. III 1). Die Vorsatztheorie verkennt das spezifische Wesen des Verbotsirrtums: Wer einen anderen verletzt im irrigen Glauben, dazu berechtigt zu sein, verletzt ihn vorsätzlich und irrt lediglich über die RW seiner vorsätzlichen Tat. Wird aber diese Tat in eine fahrlässige umgedeutet, so wäre sie nur in den Fällen strafbar, wo überhaupt fahrlässiges Handeln strafbar ist, während in den meisten Fällen der unentschuldbare Verbotsirrtum straflos bliebe (z. B. bei der Freiheitsberaubung, den Sittlichkeitsdelikten usf.).

Die Vorsatztheorie hat darum de lege ferenda für diese Fälle einen Aushilfstatbestand der „Rechtsfahrlässigkeit" vorgeschlagen, der den unentschuldbaren Verbotsirrtum überall da, wo fahrlässiges Handeln nicht unter Strafe steht, mit Gefängnis bis zu 2 Jahren bedroht (so E. 1936). Aber diesem crimen culpae fehlt die Beziehung zur konkreten Tat, und es läßt die schwereren Schuldstufen des Verbotsirrtums unberücksichtigt. In den Fällen des leichtfertigsten Verbotsirrtums — der sog. Rechtsblindheit — will die Vorsatztheorie darum die Tat „wie" eine vorsätzliche behandeln, arbeitet also mit einer Fiktion! Vgl. dazu Welzel, SJZ. 1948/368 ff

b) Die Schuldtheorie (Dohna, Aufbau S. 41 ff.; v. Weber, Gr. S. 122 f.; v. Hippel II 349; Eb. Schmidt, SJZ. 1948 574; Welzel, SJZ. 1948 368 ff.).

Nach ihr gehört das Bewußtsein der RW. nicht zum Tatvorsatz, sondern zur Schuld. Wer einen anderen verletzt in der Meinung, hierzu berechtigt zu sein, verletzt ihn vorsätzlich, aber seine Schuld, d. h. die Vorwerfbarkeit seiner Tat, ist ausgeschlossen, wenn sein Irrtum trotz der von ihm zu erwartenden Sorgfalt unvermeidbar war; sie ist gemildert, wenn sein Irrtum bei Anwendung der erforderlichen Sorgfalt vermeidbar war, und zwar nach dem Maße der Entschuldbarkeit seines Irrtums. Der unvermeidbare Verbotsirrtum schließt die Schuld aus; der vermeidbare mildert sie im Maße seiner Entschuldbarkeit, läßt aber die Vorsätzlichkeit der Tat unberührt. In analoger Anwendung des § 51 Abs. 2., in dem der Grundgedanke der Schuldlehre, daß geringere Schuld geringere Strafe verdient, in einem generellen Milderungsschlüssel zum praktischen Ausdruck gelangt ist, kann die Strafe nach den Vorschriften über die Versuchsbestrafung (§ 44) gemildert werden.

Damit ist bereits im geltenden Recht die adäquate Lösung für das Problem des Verbotsirrtums erreicht.

So auch § 20 Abs. 2 E. 1930; § 58 Thür. StGB.; art. 20. schweiz. StGB.

Die Sachrichtigkeit der Schuldtheorie gegenüber der Vorsatztheorie zeigt sich auch beim Versuch und der Teilnahme. Versucht eine Frau, ihre Frucht abzutreiben, im Glauben, hierzu berechtigt zu sein (ein bei den gegenwärtigen verworrenen Rechtsverhältnissen leicht vorkommender Fall), so begeht sie einen vorsätzlichen Abtreibungsversuch, der nach dem Maße der Entschuldbarkeit des Irrtums milder zu bestrafen ist. Die Vorsatztheorie müßte sie, da es keinen fahrlässigen Versuch gibt, auch bei erheblich verschuldetem Irrtum straffrei lassen! — Hilft ihr dabei ein Dritter, der die Unrechtmäßigkeit der Tat kennt, so begeht er vorsätzliche Beihilfe zur vorsätzlichen Abtreibung, wobei ihm der bei der Frau vorliegende Schuldmilderungsgrund des Verbotsirrtums gemäß § 50 nicht zugute kommt. Die Vorsatztheorie dagegen gerät mit der Annahme einer Beihilfe zur fahrlässigen Abtreibung in die größten Schwierigkeiten. — Hier zeigt der finale Handlungsbegriff wieder die in den sachlichen Verhältnissen liegende Berechtigung der These, daß der Vorsatz zur Handlung und nicht zur Schuld gehört.

4. Einen Fall des Verbotsirrtums bildet die irrtümliche Annahme eines Rechtfertigungsgrundes. Streckt jemand einen anderen, von dem er sich angegriffen glaubt, durch einen Faustschlag nieder (s. o. S. 49), so nimmt er vorsätzlich eine Körperverletzung vor, die er aber wegen der subjektiven Annahme einer Notwehrlage irrig für erlaubt hält. Die Tat bleibt objektiv rechtswidrig, aber die Schuld ist ausgeschlossen, wenn sein Irrtum unvermeidbar war; war der Irrtum vermeidbar, so ist die Strafe wie in 3 b zu mildern.

Gemäß der verfehlten Unterscheidung zwischen Tat- und Rechtsirrtum hält die h. L. — hier auch das RG. (RG. 54 199; 63 219; 72 302) — den Tatvorsatz für ausgeschlossen und wendet § 59 an. Legt man dagegen das richtige Begriffspaar: Tatbestand — Rechtswidrigkeit zugrunde, so ergibt sich ohne weiteres, daß sich der Täter nicht über die Tatbestandsverwirklichung, sondern über die Rechtswidrigkeit seiner Tat irrte.

Auch hier gelangt die h. L. zu willkürlichen Ergebnissen. Sie straft zwar eine in schuldhaft-irrtümlicher Selbsthilfe = oder Notstandssituation verübte Körperverletzung (§230), muß aber eine unter den gleichen Voraussetzungen begangene Nötigung oder Freiheitsberaubung straflos lassen. Vorsätzlich durchgeführte Abtreibungen, Urkundenunterdrückungen, Hausfriedensbrüche usf. bleiben straflos, wenn der Täter sie in leichtfertigster Annahme eines Rechtfertigungsgrundes verübt hat!

5. Kein Fall des Rechtsirrtums im oben angegebenen Sinne ist die Begehung eines Verbrechens aus Überzeugung. Denn hier erkennt der Täter die Rechtsnorm, hält sie aber auf Grund andersartiger sittlicher Überzeugung nicht für verpflichtend. Ist die Norm, wie der Richter gegebenenfalls nachprüfen und feststellen muß (s. u. § 71 II), verpflichtendes Recht, so verpflichtet sie auch den Täter; denn die Rechtsgeltung ist, wie die Geltung aller Werte, objektiv und nicht von der Billigung oder Anerkennung der Verpflichteten abhängig. (Vgl. in der Ethik den Fall des irrenden Gewissens!) Der Täter ist also strafbar, aber ein differenziertes Recht kann seine ehrenhaften Beweggründe durch die Art der Strafe anerkennen, wie es die z. Zt. nicht anwendbaren §§ 17/20 mit der custodia honesta taten.

V. Anhang: Die sog. Schuldelemente oder Schuldformen der überkommenen Lehre

Die überkommene Lehre setzt in den Schuldbegriff zu dem bisher behandelten Inhalt noch Vorsatz und Fahrlässigkeit als die beiden „Elemente“ oder „Formen“ der Schuld (s. Mezger, Lb. S. 265 f.).

Die noch ältere Lehre, daß Vorsatz und Fahrlässigkeit überhaupt „die“ Schuld seien, ist überholt; s. Mezger, a. a. O.

Daß Vorsatz und Fahrlässigkeit konstituierende Momente der Handlung und des personalen Unrechts sind, also schon zur Handlung und zum Unrechtstatbestand gehören, ist oben S. 22 ff., 32 ff. gezeigt worden.

Selbst das Reichsgericht erkennt gelegentlich an, daß der Vorsatz kein Schuldelement ist, z. B. in RG. 64 31; die Schuldlosigkeit des Täters „läßt die Vorsätzlichkeit der Tat unberührt" (vgl. auch die Rspr. zu § 42b und § 330a, z. B. RG. 73 14); s. jetzt bes. Weber, Gr. S. 61, 107; Olshausen § 42b, 2, auch Kohlrausch vor § 47 III, 2 u. mehrfach.

Zweites Kapitel: Die fahrlässige Straftat

§ 20. Die fahrlässige Straftat

I. Das Wesen der fahrlässigen Handlung

1. Die vorsätzlichen Verbrechen sind finale Willensverwirklichungen. Das reale Geschehen ist bei ihnen vom zwecktätigen Willen beherrscht und gelenkt. Fahrlässige Handlungen dagegen enthalten objektiv bloße Verursachungen, deren Anstoß von einem Willensakt ausgeht. Die Erfolgsherbeiführung ist vom Willen nicht zweckhaft gesetzt, sondern tritt als blinde Folge im Zusammenhang mit einem Willensakt ein. Der Unterschied mag durch folgende Beispiele verdeutlicht werden (s. auch oben S. 22). Der Mörder, der sein Opfer erschießt, lenkt das Geschehen zielbewußt auf diesen Erfolg hin. Wer dagegen sein Gewehr reinigt, das er vorher versehentlich nicht entladen hatte, — dessen Handeln wird, wenn sich beim Hantieren der Schuß löst und einen Dritten tötet, die blinde Ursache zu einem mißbilligten Erfolg.

Die fahrlässigen Handlungen sind also objektiv bloße kausale Erfolgsverursachungen. Aber über einen bloßen blinden Naturvorgang heben sie sich dadurch hinaus, daß die Erfolgsverursachung zwecktätig vermeidbar war. Ist die Finalität bei der vorsätzlichen Handlung ein objektiv-gestaltender Faktor (aktuelle Finalität), so ist sie bei der fahrlässigen Handlung wenigstens Bezugsmoment (potentielle Finalität). Fahrlässige Handlungen sind solche Verursachungen eines mißbilligten Erfolges, die zwecktätig vermeidbar waren (s. darüber oben S. 22 ff.).

2. Der Grund, weswegen der Täter die Erfolgsverursachung nicht vermieden hat, besteht in einer ungenügenden Sorgfalt bei seinem Tun. Sorgfalt setzt sinnvolle Einsicht in die Handlungspflichten und die Fähigkeit, sich nach ihnen zu richten, voraus, d. h. also Schuld. Infolgedessen können die Fahrlässigkeitstatbestände nur von einem schuldfähigen Täter verwirklicht werden. Bei den Fahrlässigkeitsverbrechen ist die Unterscheidung von Rechtswidrigkeit und Schuld gegenstandslos und sachlich unmöglich. Nur die Handlung eines Schuldfähigen ist tatbestandlich-rechtswidrig.

Keineswegs etwa erfüllt die bloße Erfolgsverursachung schon den Unrechtstatbestand der Fahrlässigkeitsdelikte (vgl. dazu Welzel, Z. 58 565).

II. Der objektive Tatbestand

Es gibt zwei Arten fahrlässiger Tatbestände:

1. Die reinen Verursachungstatbestände: §§ 222, 230, 309 u. a. Ihr objektiver Tatbestand enthält eine reine Verursachung. Daher kann Täter jeder sein, der

durch eine beliebige Handlung oder Unterlassung den Erfolg mitverursacht (s. o. S. 58).

2. Die Verursachungstatbestände mit finalem Handlungskern, §§ 163, 164 Abs. 5, 327 z. T., 345 Abs. 2. Im Kern des objektiven Tatbestands steht bei ihnen eine bestimmte finale Handlung: das Aussagen und Schwören in § 163, das Anschuldigen vor einer Behörde in § 164 Abs. 5, das Vollstrecken einer Strafe in § 345 Abs. 2. Um diesen finalen Handlungskern erst schließt sich infolge mangelhafter Kenntnis des Gegenstandes oder des Inhalts der Handlung die Erfolgsverursachung: das Abgeben einer (unwissentlich) falschen Aussage usw. Hier kann Täter nur der sein, der zugleich den tatbestandsmäßig-finalen Handlungskern verwirklicht. Täter des fahrlässigen Falscheides ist also nur der, der tatsächlich aussagt und schwört, nicht auch der, der fahrlässig bewirkt, daß jemand falsch aussagt. Täter der falschen Anschuldigung (§ 164) ist nur der, der einen anderen bei einer Behörde verdächtigt, nicht auch der, der fahrlässig bewirkt, daß ein anderer vor einer Behörde verdächtigt wird. Hier ist die Möglichkeit fahrlässiger Täterschaft auf denjenigen eingeschränkt, der den tatbestandsmäßig-finalen Handlungskern vornimmt.

III. Der subjektive Tatbestand

Er enthält das entscheidende handlungsmäßige Moment der Fahrlässigkeit, die zwecktätige Vermeidbarkeit, durch die die äußere Verursachung überhaupt erst in den Bezirk menschlichen Handelns einbezogen wird. Die reine Verursachung als solche, die nicht auf diese Weise auf die (potentielle) menschliche Zwecktätigkeit bezogen ist, ist strafrechtlich bedeutungslos.

Anders etwa im Zivilrecht: dort gibt es auch Haftungen für reine Verursachungen, z. B. § 1004 BGB. oder die Tierhalterhaftung § 833 u. a.

Fahrlässig handelt, wer aus Mangel an pflichtmäßiger Sorgfalt entweder nicht voraussieht, daß er den Erfolg herbeiführt (unbewußte Fahrlässigkeit), oder obwohl er das für möglich hält, darauf vertraut, daß der Erfolg ausbleibt (bewußte Fahrlässigkeit).

1. *Die Verletzung der Sorgfaltspflicht*

Das Maß der erforderlichen Sorgfalt bestimmt sich nach einem doppelten Maßstab:

a) objektiv nach der sozialen Adäquanz, die in § 276 BGB. ihren gesetzlichen Niederschlag gefunden hat, nämlich nach der „im Verkehr erforderlichen Sorgfalt". Diese ist je nach dem sozialen Tätigkeitsbereich verschieden, z. B. für Kraftfahr- und Straßenverkehr (RG. **65** 135), Baugewerbe, Heilkunst (RG. **67** 12) usw. Wer sich innerhalb der im Verkehr erforderlichen Sorgfalt hält, handelt nicht rechtswidrig, auch wenn dabei sein Tun einen mißbilligten Erfolg verursacht.

Diese Rechtmäßigkeit sorgfältigen Handelns ist allgemein anerkannt beim erlaubten Risiko. Sozial-lebenswichtige Betriebe, wie Bergwerke, Steinbrüche, Eisenbahnen, Fabriken usw. arbeiten stets mit einem erhöhten Risiko der Lebens- und Gesundheitsgefährdung (s. o. S. **37**). Ist der Betrieb erlaubt und ordnungsmäßig geführt, so sind die damit verbundenen Gefährdungen rechtmäßig. Dieser Grundsatz gilt für alle sozialadäquaten Betätigungen: Gefährdungen, die trotz Beachtung der im Verkehr erforderlichen Sorgfalt bestehen und zu Schädigungen führen, sind rechtmäßig (s. dazu Welzel, Z. **58** 558f.; Mayer S. 246 u. 305; vgl. auch RG. **30** 27).

Erst Handlungen, die die im Verkehr erforderliche Sorgfalt verletzen, kommen für die Fahrlässigkeit in Betracht.

b) Subjektiv muß der Täter nach seinen persönlichen Fähigkeiten und Verhältnissen im Stande gewesen sein, den Erfolg zu vermeiden. Der Maßstab der Fahrlässigkeit ist also ein subjektiver oder besser: ein subjektsbezogener. Dieser Täter hätte den Erfolg vermeiden können und sollen.

aa. So können Schwerhörigkeit, Kurzsichtigkeit, Bestürzung u. dgl. die Fahrlässigkeit ausschließen. RG. **58** 29.

Wo der Täter zur Ausführung der Tätigkeit nicht die persönlichen Fähigkeiten besitzt, kann seine Fahrlässigkeit in der Übernahme der Tätigkeit liegen. Vgl. HRR. **1937** 1134 betr. Heilpraktiker; HRR. **1940** Nr. 391.

bb. Fahrlässigkeit entfällt auch, wenn dem Täter nach den besonderen Umständen ein anderes Verhalten nicht zugemutet werden konnte. RG. **74** 195. (Einem Straßenbahnschaffner kann nicht zugemutet werden, sich einer fehlerhaften Dienstanweisung, die später zu einem Unfall führt, zu widersetzen). S. auch RG. **30** 25; **36** 87.

2. *Die Voraussehbarkeit der Erfolgsherbeiführung.*

Bloßes pflichtwidriges Verhalten (versari in re illicita), das eine Rechtsgüterverletzung objektiv zur Folge hatte, genügt nicht; wegen fahrlässiger Erfolgsverursachung ist vielmehr nur strafbar, wer den Erfolg bei erforderlicher Sorgfalt voraussehen konnte (bzw. vorausgesehen hat).

Wer polizeilichen Unfallverhütungsvorschriften zuwiderhandelt, kann grundsätzlich nur wegen Übertretung dieser Vorschriften bestraft werden; wegen fahrlässiger Tötung, Körperverletzung, Brandstiftung u. dgl. haftet er nur, wenn er diese Erfolge hatte voraussehen können. RG. **57** 151, **76** 1.

Für den Umfang der Voraussehbarkeit gilt das Gleiche, wie für den Umfang des Vorsatzes (s. o. S. 42). Nicht nur der Erfolg, sondern auch der Kausalverlauf müssen, wenn auch nicht in allen Einzelheiten, so doch im wesentlichen für den Täter voraussehbar gewesen sein. Die dem Täter unbekannten Einzelheiten müssen sich dabei im Rahmen der gewöhnlichen Erfahrung halten (RG. **29** 219; **34** 91; **56** 343; **73** 372).

Beispiel nach RG. **34** 91: Ein Theatergast gibt an der Garderobe seinen Mantel ab, in dessen Tasche sich, wie er wußte, ein geladener Revolver befand. Beim Herauslegen des Mantels vor Vorstellungsschluß fällt der Revolver heraus. Ein Logenschließer setzt ihn in der Meinung, er sei ungeladen, einem Kollegen an die Brust und drückt ab. Der Schuß wirkt tödlich. — (Auch) der Theatergast hat fahrlässig den Tod verursacht; denn wenn er auch den Geschehensverlauf nicht im einzelnen voraussehen konnte, so hielt sich doch dieser im Rahmen der gewöhnlichen Erfahrung. — Dagegen liegt es nicht mehr im Rahmen der gewöhnlichen Erfahrung, wenn ein Verletzter im Krankenhaus durch fehlerhafte Behandlung stirbt: der Dritte, der ihn schuldhaft verletzt hatte, haftet daher nicht wegen fahrlässiger Tötung; vgl. RG. JW. **1936** 453.

3. *Das Bewußtsein der Pflichtwidrigkeit*

Der Täter muß die Pflichtwidrigkeit seines Tuns kennen oder wenigstens erkennen können.

IV. Der Schuldgehalt der Fahrlässigkeit

Der S. 76 entwickelte Schuldbegriff — Verfehlen von Rechtspflichten infolge unzulänglichen Einsatzes der Willenssteuerung — gilt auch für die Fahrlässigkeit. Das ist unproblematisch bei der bewußten Fahrlässigkeit. Denn hier erkennt der Täter die möglichen mißbilligten Folgen seines Tuns und die Pflicht, dieses zu unterlassen. Durch sinnvolle Willensanspannung hätte er die Pflicht, die Handlung zu unterlassen, befolgen können. Schwierigkeiten entstehen bei der unbewußten Fahrlässigkeit, da bei ihr das Moment der bewußten Pflichtverletzung bei Vornahme der Verletzungshandlung fehlt.

Beispiel: Eine Frau vergißt, ein Gefäß mit ätzender Flüssigkeit, das sie beim Reinigen benutzt hatte, wieder wegzustellen; ihr Kind kommt darüber und verletzt sich.

Worin besteht das Schuldmoment bei der unbewußten Fahrlässigkeit?

Die bedeutendsten Lösungsversuche unternahmen folgende zwei Theorien:

1. Die (ältere) Willenstheorie (Engelmann, Köhler, Mezger, s. Lb. S. 351 ff.) führt die unbewußte Fahrlässigkeit auf einen Akt bewußter Pflichtverletzung zurück, meist in einem vor der Verletzungshandlung liegenden Zeitpunkt. Was daher im obigen Beispiel „der Frau zum Vorwurf gemacht wird, ist das, daß sie nicht vorher, als ihr die Sorgepflicht noch gegenwärtig war, ihre Aufmerksamkeit genugend angespannt hat, um ihre Fürsorge nicht zu „vergessen". — Die Schuld der Frau kann darin bestehen. Wie aber, wenn sie so leichtsinnig war, daß ihr auch beim Hinstellen des Gefäßes der Gedanke an spätere Folgen nicht kam?

2. Die Gefühlstheorie (Exner, Wesen der Fahrlassigkeit 1910; Engisch, Untersuchungen über Vorsatz und Fahrlässigkeit 1930) sieht den Grund für das Nicht-drandenken in einem Gefühls- oder Interessenmangel entweder gegenüber dem Rechtsgut (so Exner) oder gegenüber der Vermeidung einer Rechtsverletzung (so Engisch). Diese Theorie erklärt zwar das Vergessen, macht aber nicht verständlich, wieso ein Gefühls- oder Interessenmangel dem Täter zur Schuld vorgeworfen werden kann.

Die Gefühlstheorie erkennt zwar zutreffend, daß in denjenigen Fällen des Leichtsinns und der Sorglosigkeit, in denen kein Akt bewußter Pflichtverletzung bei oder vor Vornahme der Verletzungshandlung nachzuweisen ist, mehr als ein bloß aktueller Willensfehler (wie in den übrigen Fällen) vorliegt, sondern daß sie eine dauernde charakterliche Fehleinstellung betreffen. Aber diese Fehleinstellung ist kein bloßer Gefühlsmangel, — denn ein Gefühlsmangel als solcher ist noch keine Schuld —, sondern eine auf Willensmängeln beruhende Fehleinstellung des erworbenen Charakters, also Charakterschuld (s. o. S. 77).

Das ganze soziale Leben, vor allem die Berufstätigkeiten enthalten Gefahrenquellen für Rechtsgüter. Das Hineinwachsen des Menschen in das soziale Leben umfaßt auch das aktive Sicheinstellen auf diese Gefahren, das einmal durch einzelne Willensakte erworben werden muß, das aber schließlich ins unbewußte Haltungsgefüge der Persönlichkeit eingeht und hier ein unbewußtes Gespanntsein auf Gefahren ausbildet. Sorgfaltsmangel ist daher die willensmäßig unzulänglich erworbene Einstellung auf Gefahren. Vgl. Welzel, Z. 60 468 ff.

V. Die Strafbarkeit

Strafbar ist fahrlässiges Handeln nur, wo es im Gesetz ausdrücklich bestimmt ist oder wo es sich aus ihm unzweideutig ergibt; letzteres ist ganz vereinzelt, z. B. in § 330. Bei Übertretungen läßt die h. L. wegen des polizeilichen Charakters dieser Tatbestände grundsätzlich überall Fahrlässigkeit genügen, außer wo sich die Beschränkung auf Vorsatz unzweideutig ergibt. Ein schwerer Grad von Fahrlässigkeit, nämlich im Sinne der groben Fahrlässigkeit, ist die Leichtfertigkeit, z. B. in § 164 Abs. 5; RG. 71 37, 174.

ZWEITER TEIL

DIE FORMEN DER VERBRECHENSBEGEHUNG

§ 21. Die Formen der Verbrechensbegehung, insbesondere die Unterlassung

Nagler, GS 111 1ff.

I. Aktives Tun und Unterlassen

1. Hauptform der Verbrechensbegehung ist die Gestaltung der Wirklichkeit durch aktives Tun. Die meisten Verbrechenstatbestände sind Begehungstatbestände. Ihr Gehalt liegt darin, daß eine gute Wirklichkeit in eine schlechte verkehrt wird. Begehungstatbestände sind Verbotstatbestände: es wird verboten, etwas Schlechtes herbeizuführen, z. B. einen anderen zu töten. Sie bilden den Hauptbestand des StGB. Von ihnen ist bisher ausgegangen worden. Gewisse dogmatische Besonderheiten weisen erst die Unterlassungsverbrechen auf.

2. Verbrechen können auch durch Unterlassung begangen werden, und zwar in zwei Formen:

a) als echte Unterlassungsdelikte: Einem Gebot zuwider wird unterlassen, eine schlechte Wirklichkeit in eine gute umzuwandeln. Schlechte Wirklichkeit ist z. B. ein Unglücksfall (§ 330 c) oder das Bestehen eines gefährlichen Verbrechensplanes (§ 139); gebotenes Tun ist die Hilfeleistung oder die Anzeigeerstattung. Es handelt sich also um Gebotstatbestände: der Deliktstatbestand selbst enthält das Gebot zu einem Tun

b) als unechte Unterlassungsdelikte: Verwirklichung von Begehungstatbeständen durch das Mittel der Unterlassung (tatbestandsmäßig gehören sie also unter oben 1).

Wäre die Welt ein ruhender Zustand, so könnten Begehungsdelikte nur durch aktives Tun verwirklicht werden, denn dann könnte nur durch ein positives Eingreifen Gutes in Schlechtes verwandelt werden. Aber die Welt ist zugleich ein fließender Strom. Was heute gut ist, kann sich morgen von selbst ins Schlechte verkehren. Das menschliche Tatleben besteht zum großen Teil darin, die Entwicklungsreihen des Lebens in den rechten Bahnen zu erhalten. Z. B. das Aufziehen der Kinder durch die Eltern ist eine ständige aktive Fürsorge, das Gute (Leben, Gesundheit usw.) zu erhalten und zu fördern. Im Entwicklungsstrom des sozialen Lebens ist der Mensch im weiten Umfang „auf Posten gestellt“, für die Erhaltung des Guten in der Zukunft zu sorgen. Er führt das Schlechte herbei, wenn er es unterläßt, die ihm zugewiesenen und anvertrauten Entwicklungsreihen des Lebens in den rechten Bahnen zu erhalten. Die Mutter, die ihr Kind nicht nährt, tötet es ebenso wie die, die es ertränkt. Soweit jemand nach den Ordnungen des sozialen Lebens als „Garant“ dafür bestellt ist, das tatbestandsmäßig Gute (Leben, Gesundheit usw.) zu erhalten, handelt er tatbestandsmäßig im Sinne eines Begehungsverbrechens, wenn er es unterläßt, die Entstehung des Schlechten zu verhindern.

II. Die Garantenpflicht

Die Hauptschwierigkeit bei der dogmatischen Erfassung der Unterlassungsverbrechen liegt in der Einzelabgrenzung der echten Gebotstatbestände von den Begehungsverbrechen durch Unterlassung. Wann liegt eine aus einer Garantenstellung erwachsende Handlungspflicht vor, die den Unterlassenden wegen eines Begehungsverbrechens, z. B. eines Totschlags oder einer Körperverletzung, strafbar macht, und wann eine sonstige Handlungspflicht, die nur aus einem Gebotstatbestand, z. B. wegen unterlassener Hilfeleistung § 330c, haftbar macht?

Beispiel: Wie haftet der Badeaufseher, wenn er einen Schwimmer, der plötzlich von einem Krampf erfaßt wird, ertrinken läßt? Und wie ein Zuschauer, der den Unfall allein bemerkt und ebenfalls keine Hilfe leistet?

In der Literatur wird bisweilen darauf abgestellt, der Unterlassende mache sich dann wegen Nichtabwendung des Erfolges, also wegen eines Begehungsverbrechens strafbar, wenn ihn eine Pflicht zum Handeln traf (so noch RG. **71** 189). Diese Begründung ist darum verfehlt, weil ja eine Handlungspflicht in allen Fällen, auch denen der echten Unterlassungsverbrechen (z. B. § 330c) besteht.

Aus der verfehlten These zieht daher RG. 71 189 verfehlte Folgerungen: Weil den Angeklagten eine Hilfeleistungspflicht traf, darum Beihilfe zum Mord; — dann wäre das besondere Strafmaß des § 330c weitestgehend überflüssig, stets aber unverständlich. Unzutreffend auch RG. 75 164. Richtig RG. 73 55 (für § 139).

Auch die von Mezger u. a. gemachte Einschränkung, daß die wegen Begehungsverbrechens strafbar machende Handlungspflicht speziell auf Erfolgsabwendung gehen müsse, bringt keine wirkliche Lösung. Denn die Erfolgsabwendung ist natürlich auch das Ziel der Gebote aus echten Unterlassungstatbeständen, z. B. des § 330c. Sie ist daher vom Täter, falls sie ihm möglich ist, unter Umständen auch tatsächlich zu erbringen (so auch Dohna, DStR. **1939** 146).

Maßgebend ist vielmehr die Garantenstellung des Täters, die ihn im Entwicklungsstrom des sozialen Lebens von vornherein in ein enges und spezielles Pflichtenverhältnis zur Wahrung des Rechtsguts bringt. Diese Garantenstellung ist eine tatsächliche Stellung naher pflichtmäßiger Verbundenheit mit dem Rechtsgut, die sich aus den Ordnungen des sozialen Lebens ergibt. Nur Pflichten, die aus solcher Garantenstellung erwachsen, begründen eine Strafbarkeit wegen Begehungsverbrechen.

Die Garantenpflicht kann auferlegt werden:

a) durch die Rechtsordnung unmittelbar, insbesondere durch das Gesetz (z. B. die Fürsorgepflicht der Eltern gegenüber den Kindern §§ 1627/1634 BGB.).

b) durch tatsächliche Übernahme vertraglicher Pflichten (z. B. bei Dienstvertrag mit einem Kindermädchen). Die Vertragspflicht allein ist jedoch niemals ausreichend; maßgebend ist, ob die Garantenstellung aus ihr auch tatsächlich entstanden ist. Tritt z. B. das engagierte Kindermädchen vertragswidrig nicht an, dann entsteht für das Mädchen keine Strafbarkeit, wenn sich das Kind verletzt. Die Garantenstellung entsteht nur auf Grund tatsächlicher Übernahme der

Pflicht und zwar erst da, wo die Gefahrenlage beginnt, zu deren Steuerung der Garant bestellt ist.

Weigert sich der Bergführer weiterzugehen, ehe die Gefahrenlage begonnen hat, so ist er straffrei, wenn der Tourist ohne ihn weitergeht und abstürzt (s. dazu Mezger, Lb. S. 144).

c) durch vorangegangenes Tun.

Wer durch aktives Tun, wenn auch schuldlos, die nahe Gefahr eines bestimmten Erfolges geschaffen hat, muß den Eintritt des Erfolgs verhindern. RG. **24** 339; **46** 343; **58** 130; **73** 57 (Begründung der Garantenstellung durch gefährdendes Tun).

Der Chef, der den Angestellten nach Geschäftsschluß versehentlich einschließt, hat ihn zu befreien, andernfalls begeht er eine Freiheitsberaubung durch Unterlassung.

Dagegen hat die Prozeßpartei, die lediglich durch eine innerprozessuale Handlung (durch falsche Prozeßbehauptung und Zeugenbenennung) den Zeugen in die Lage gebracht hat, falsch auszusagen, keine Garantenpflicht zur Verhinderung der Falschaussage; denn prozessual steht der Zeuge unter eigener Verantwortung. Maurach, DStR. 1944/1 ff. a. A. RG. 72 23; 75 271 (:Beihilfe zum Meineid durch Unterlassen!).

d) aus speziellem Vertrauensverhältnis, in welchem infolge der auf besonderen gegenseitigem Vertrauen aufgebauten sozialen Lebensbeziehungen die Abwehr bestimmter Gefahren erwartet wird.

Welche Vertrauensverhältnisse hierfür im einzelnen in Betracht kommen und zu welcher Täterkeit sie verpflichten, ist stets nach dem konkreten sozialen Lebensbereich und vor allem im Hinblick auf die verschiedenen strafrechtlichen Tatbestände verschieden zu entscheiden. In der Rechtsprechung sind besonders folgende Tatbestandsgruppen hervorgetreten:

aa) Pflichten zur Leibes- und Lebensfürsorge ergeben sich aus enger Lebensgemeinschaft mit dem Verletzten.

RG. 64 316; 72 374: Fürsorgepflicht der Großmutter des unehelichen Kindes gegenüber diesem; RG. 66 71. Fürsorgepflicht des unehelichen Vaters, vgl. jetzt § 170c; RG. 69 321: Fürsorgepflicht der den Haushalt führenden Nichte gegenüber der Tante, die in häusliche Gemeinschaft aufgenommen ist; desgl Rettungspflichten bei Gefahrengemeinschaft, z. B. bei gemeinsamer Bergnot, vgl. auch RG. 73 55; 73 390. Bei Verletzung der Pflicht tritt Haftung aus §§ 211 ff., 222, 223 ff. ein; Olshausen, vor § 47, 7 a.

bb) Pflicht zur Verhinderung von Unzucht (§§ 180/81) ergibt sich aus der Haushaltsgemeinschaft für den Haushaltsvorstand (d. i. der Mann: RG. **67** 314; die Frau: RG. Goltd. Arch. **54** 164) und für den Ehemann gegenüber der Ehefrau (RG. **58** 98, 226; **72** 19). Vgl. unten § 54 IV 1.

cc) Eine Aufklärungspflicht (für § 263) ergibt sich aus besonderem geschäftlichem Vertrauensverhältnis, bei dem der eine Teil in besonderem Maße auf die Redlichkeit des anderen angewiesen ist. Das ist der Fall bei Kreditgeschäften (RG. **66** 56; **70** 151), bei Bankgeschäften (RG. **70** 45), innerhalb von Versicherungsverhältnissen (RG. **70** 225) und generell bei fortlaufendem Bezug von Renten, Fürsorgeleistungen u. dgl. (vgl. RG. **67** 292) vgl. u. § 48 I 1.

Verletzung der Redepflicht ist Täuschungshandlung i. S. von § 263.

Aus den beiden letzten Pflichtengruppen zu c und d, die beide nicht gesetzlich normiert sind, folgt nicht, daß „bloße" sittliche Pflichten die Strafbarkeit wegen Unterlassungsdelikts begründen könnten: immer kommen nur rechtlich relevante sozialethische Pflichten in Betracht, d. h. solche, die für das Gemeinschaftsleben unerläßlich sind, mögen sie nun gesetzlich normiert sein oder nicht. Stets aber ist zur Haftung wegen Begehungsverbrechens eine solche Pflicht erforderlich, die aus der Garantenstellung, wie sie oben a—d dargelegt ist, erwächst.

Hierauf beruht die Abgrenzung zur unterlassenen Hilfeleistung § 330 c: Wo eine Garantenpflicht im oben dargelegten Sinne besteht, da liegt Begehungsverbrechen vor; wo dagegen die Pflicht nur eine allgemeine von Mensch zu Mensch ist, da kommt nur § 330 c in Frage.

Danach entscheidet sich auch das oben S. 90 gegebene Beispiel: Der Bademeister ist (gem. b) wegen Begehungsverbrechens je nach seiner subjektiven Einstellung wegen vorsätzlicher oder fahrlässiger Tötung (§§ 211, 212, § 222), der Zuschauer nur wegen unterlassener Hilfeleistung (§ 330 c) strafbar.

Kein Unterlassungs-, sondern ein reines Begehungsdelikt liegt vor, wenn jemand durch aktives Tun eine rettende Entwicklungsreihe verhindert, z. B. den Arzt mit Gewalt davon abhält, einen Verblutenden zu verbinden.

III. Das sog. Kausalproblem bei den unechten Unterlassungsverbrechen.

Besteht eine Garantenpflicht, so handelt der Unterlassende tatbestandsmäßig im Sinne eines Begehungsverbrechens, wenn er den Erfolg nicht abwendet. Er verwirklicht den Begehungstatbestand durch das Mittel der Unterlassung.

Die Feststellung, jemand habe durch Nichtvornahme einer Handlung den rechtswidrigen Erfolg nicht abgewendet, setzt das Urteil voraus, daß die Vornahme der Handlung den Erfolg abgewendet hätte. Nur von einer solchen Handlung, die den Erfolg verhindert hätte, kann sinnvoll ausgesagt werden, ihre Unterlassung habe den Erfolg nicht abgewendet. Da die Beantwortung dieser Vorfrage kein Real-, sondern nur ein Möglichkeitsurteil (hypothetisches Kausalurteil) sein kann, kann es nur Wahrscheinlichkeitswerte erbringen. Zur Verurteilung wegen Begehungsverbrechens durch Unterlassung muß dabei eine praktisch an Gewißheit grenzende Wahrscheinlichkeit der Erfolgsverhinderung gefordert werden. Eine Unterlassung kann also nur dann den Erfolg herbeigeführt haben, wenn die Vornahme der Handlung ihn mit einer praktisch an Gewißheit grenzenden Wahrscheinlichkeit abgewendet hätte (RG. 75 49, 372). Über die heuristische Kausalformel hierzu vgl. o. S. 27. Maßstab der Beurteilung ist der Standpunkt ex post, d. h. des Richters unter Heranziehung aller inzwischen aufgedeckten Umstände!

Aber hiermit ist nur die Kausalvorfrage als die elementarste Voraussetzung strafrechtlicher Haftung beantwortet. Ob der Erfolg wirklich das Werk des Taters war, hangt weiter von seiner Garantenstellung und vom vorsätzlichen oder fahrlässigen Handlungszusammenhang ab.

Kann man nun aber wirklich sagen: Jemand habe durch Unterlassung getötet, verletzt, beschadigt usf.? Für den naturalistischen Handlungsbegriff, für welchen die Handlung eine Willensverursachung ist, entstehen hieraus Schwierigkeiten. Wie kann ein Nichtstun etwas verursachen? Das Problem ist für den Naturalismus unlosbar. Der zuletzt gemachte Lösungsvorschlag beruft sich irrig auf Kant: Kausalität sei nur eine Denkverknüpfung; wie auch der wirkliche Kausalzusammenhang „nur" eine logische Denkverknüpfung sei, so auch der „gedachte" Kausalzusammenhang zwischen dem Unterlassen und dem Erfolg. — Das Ganze ist eine Scheinlösung. Denn der wirkliche Kausalverlauf ist eben mehr als eine bloße Denkverknüpfung. Über den verfehlten Kantianismus dabei s. Z. 51 704 f. In Wahrheit handelt es sich nicht um ein Kausal-, sondern um ein Handlungsproblem. Der Wille ist nicht lediglich kausale Kraft, sondern ein Faktor zweckbewußter Gestaltung der Zukunft. Er gestaltet dabei die Zukunft nicht nur in den Zügen, die er positiv ändert, sondern auch in denen, die er gewähren läßt. Weil der Wille nicht lediglich ein kausaler, sondern ein finaler, d. h. zweckbewußt gestaltender Faktor ist, umfaßt seine Tatherrschaft auch das, was er geschehen läßt. Auch dieses ist sein Werk, sofern der betreffende Wirklichkeitsbereich im sozialen Leben seiner zweckhaften Gestaltung anvertraut war, d. h. wenn er Garant für die Gestaltung der Zukunft in dem betreffenden Wirklichkeitsabschnitt war. Er hat dann diese Wirklichkeitsgestaltung zwar nicht im naturalistisch-kausalen Sinne verursacht, wohl aber im Sinne zweckhafter Zukunftsgestaltung durch das Mittel der Unterlassung bewirkt (denn „Wirkung" heißt: jemandes W e r k sein!). Nur ein engnaturalistisches Denken, das den Willen lediglich als kausale Potenz, nicht als finalen Faktor sieht, konnte daher hier in Schwierigkeiten geraten. Die Unterlassung kann zwar in naturwissenschaftlichem Sinne nichts „verursachen", aber der Wille als Faktor zweckhafter Zukunftsgestaltung kann durch Gewährenlassen der ihm anvertrauten Entwicklungsreihen eine bestimmte Wirklichkeitsgestaltung herbeiführen.

IV. Die sonstigen Verbrechensmerkmale bei der unechten Unterlassung. Grenzen der Begehung durch Unterlassung.

1 In den übrigen Verbrechensmerkmalen steht die unechte Unterlassung den Begehungsverbrechen grundsätzlich gleich. Wer als Garant einen tatbestandlich mißbilligten Erfolg herbeiführt, handelt tatbestandsmäßig im Sinne eines Begehungsverbrechens und zwar entweder vorsätzlich, wenn die Unterlassung das zweckbewußte Mittel der Erfolgserreichung war, oder fahrlässig, wenn der Täter den Erfolg zwecktätig hätte vermeiden können.

Die Tatbestandsverwirklichung ist r e c h t m ä ß i g, wenn dem Täter ein Rechtfertigungsgrund wie Notwehr zur Seite stand. Hierher gehört auch die P f l i c h t e n k o l l i s i o n (die Parallele zum übergesetzlichen Notstand), wenn der Täter von mehreren Pflichten, die er gleichzeitig zu erfüllen hat, nur eine erfüllen kann.

Beispiel: Jemand ist zur gleichen Zeit vor zwei verschiedene Gerichte als Zeuge geladen.

Sind die Pflichten gleichwertig, so hat der Täter die Wahl; überwiegt eine, so hat er diese zu erfüllen. RG. **61** 254.

Würde der Täter bei Erfüllung der Pflicht in unverschuldete Leibes- oder Lebensgefahr geraten, so entfällt die Handlungspflicht nach § 54. Die Frage ist jedoch, ob über die Grenzen des § 54 (Leibes- und Lebensnot) hinaus sonstige subjektive Interessen des Täters eine Handlungspflicht aus dem allgemeinen Gedanken der U n z u m u t b a r k e i t entfallen lassen.

Beispiel: Die Ehefrau treibt Ehebruch; sie hindert ein Einschreiten ihres Mannes mit der Drohung, sie werde ihn wegen eines von ihm früher begangenen Unzuchtdeliktes anzeigen RG. **72** 19. Das RG. erwägt nur § 54, der abzulehnen war, und verurteilt wegen schwerer Kuppelei! Vorsichtiger RG. **72** 23; s. auch RG. **73** 57; **74** 38; andererseits zu weitgehend RG. **58** 97; zutreffend RG. **70** 393; **77** 125 (Anrufen der Polizei zur Verhinderung der Unzucht des Sohnes ist den Eltern nicht zuzumuten).

Die Ablehnung der Zumutbarkeit bei vorsätzlichen Begehungsverbrechen (s. o. S. 54) darf hier nicht schematisch übertragen werden. Für Begehungsdelikte gilt, daß außer in den Fällen der Leibes- und Lebensnot allgemein erwartet werden muß, einen persönlichen Schaden auf sich zu nehmen, wenn er nur durch die Begehung eines Deliktes verhindert werden kann. Dagegen ist es etwas anderes, und nicht zu erwarten, daß der Täter sich durch Vornahme einer gebotenen Handlung selbst schädigen soll.

Der Gesichtspunkt der Unzumutbarkeit (über die Grenzen des § 54 hinaus) ist bei Unterlassungsdelikten in § 330c anerkannt. HRR. **1940** Nr. 194. Dieser Grundsatz muß allgemein für alle Unterlassungsverbrechen gelten: Eine rechtswidrige Tatbestandsverwirklichung durch Unterlassung ist nicht vorhanden, wo dem Täter die Vornahme der Handlung wegen Gefährdung eigener billigenswerter Interessen nicht zuzumuten war. Vgl. RG. **69** 324. — Versuch beginnt in dem Augenblick, in dem die Handlung spätestens hätte erfolgen müssen (s. auch u. S. 97 f.).

2. Die meisten Begehungstatbestände können durch Unterlassung verwirklicht werden. Bisweilen umfaßt schon der Tatbestandswortlaut neben der Begehung auch die Unterlassung, z. B. in §§ 121, 347 Abs. 1 „entweichen lassen oder dessen Befreiung fordern", § 221 „aussetzen oder verlassen", ferner in §§ 223 b, 315 Abs. 1, 354 u. a. m. Meist aber ergibt erst die sinnvolle Tatbestandsauslegung nach Maßgabe des finalen Handlungs- und des Garantenbegriffs, daß die Tatbestandshandlung, z. B. das Töten, auch durch Unterlassung verwirklicht werden kann

Bei einigen Delikten aber zwingt die sinnvolle Tatbestandsauslegung, daß die Tathandlung gerade auf die Vornahme durch positives Tun beschränkt ist, z. B. bei Meineid §§ 153 ff., Bigamie, Ehebruch, Blutschande §§ 171—173, widernatürliche Unzucht § 175 (das Dulden widernatürlicher Unzuchtsakte durch den Partner ist selbst Unzucht!), Feigheit § 84 MilStGB u. a. m. Nur die persönliche positive Vornahme dieser Akte kommt hier in Frage. Es handelt sich um reine Aktverbrechen, bei denen die Vornahme des Aktes als solche sozialethisch unrein und verwerflich ist. Jedoch gibt es auch reine Aktverbrechen, bei denen neben der Begehung gerade auch die (echte) Unterlassung der verwerfliche Akt ist, z. B. bei der Fahnenflucht § 69 MilStGB.: „verlassen und fernbleiben".

Somit kommen für die Begehung durch Unterlassung überwiegend nur die Erfolgstatbestände (Verletzungs- und Gefährdungstatbestände) in Frage.

V. Schema für den Aufbau unechter Unterlassungsdelikte

Die Bearbeitung von Fällen unechter Unterlassungdelikte vollzieht sich grundsätzlich nach demselben Schema wie bei Begehungsdelikten (o S. 33). Eine Besonderheit ergibt sich nur innerhalb des objektiven Tatbestandes, und zwar für die Feststellung der Tatbestandshandlung (oben 1 a) Wann kann die Nichtabwendung des Erfolgs tatbestandsmäßig ein Töten, Verletzen, Beschädigen sein? Diese Feststellung hängt von der Beantwortung zweier Teilfragen ab:

a) der Kausalvorfrage: Hätte die Vornahme der unterlassenen Handlung den Erfolg mit einer an Gewißheit grenzenden Wahrscheinlichkeit abgewendet?

b) der Garantenfrage: Hatte der Unterlassende die spezielle Rechtspflicht, die drohende Gefahr vom Rechtsgut abzuwenden?

Werden beide Unterfragen bejaht, so ist die konkrete Unterlassung eine Tatbestandshandlung im Sinne des untersuchten Tatbestandes. — Die weitere Bearbeitung folgt dem o S. 33 gegebenen Schema.

DRITTER TEIL.
DIE STUFEN DER VERBRECHENSVERWIRKLICHUNG. DER VERSUCH.

§ 22. Die Stufen der Verbrechensverwirklichung, insbesondere der Versuch.

I. Die Stufen der Verbrechensverwirklichung.

Jedes vorsätzliche Verbrechen ist Willensverwirklichung. Die Willensverwirklichung kann in den Anfangsstadien steckenbleiben, und sie kann bis zur vollen Durchführung des Handlungsentschlusses gehen. Auch das vollendete Verbrechen durchläuft vom Handlungsentschluß bis zur vollen Verwirklichung eine kontinuier liche Stufenfolge von Teilverwirklichungen. — Wann beginnt in dieser Reihe das Verbrechen als strafwürdige Handlung, und wann ist sein voller Verbrechensgehalt erreicht?

1. Der bloße Handlungsentschluß ist noch nicht strafbar: cogitationis poenam nemo patitur. Auch im Willensstrafrecht wird der böse Wille als solcher nicht bestraft, sondern nur der sich verwirklichende böse Wille; dies nicht nur deshalb, weil der bloße Wille noch nicht faßbar ist und Moralität nicht erzwungen werden kann, sondern auch wegen der tiefen Kluft, die den Gedanken letztlich von der Tat trennt.

Von Goethe wird das Bekenntnis berichtet, von allen Verbrechen könne er sich denken, daß er sie begangen habe (H. Grimm. Goethe, 7. Aufl. II S. 245). Die verbrecherische Energie zeigt sich eben nicht im verbrecherischen Gedanken, sondern in ihrer Umsetzung in die wirkliche Tat (vgl. auch Maximen u. Reflexionen, ed. Harnack, 371) „Die Bosheit vollendet sich erst in der Tat." Othello II 1.

Vorsatz ist Verwirklichungswille, und zwar nicht nur i. S. des auf die Verwirklichung abzielenden Willens, sondern auch i. S. des der Verwirklichung mächtigen Willens. Der ohnmächtige Wille ist kein strafrechtlich relevanter Vorsatz. Welcher Wille aber der Tatverwirklichung mächtig ist, ergibt sich nicht aus seinem Inhalt, sondern aus der von ihm beherrschten wirklichen Tat.

Sehr weitgehend in der Richtung auf ein Gesinnungsstrafrecht die jetzige Fassung von § 49a Abs 2 und 3 (s. o. S. 73).

2. Aber nicht jedes beliebige Tun, in das sich der böse Entschluß umsetzt, ist schon ein Verbrechen. Verbrechen ist die sozialunerträgliche, besonders anstößige Verletzung der Gemeinschaftsordnung. Daher beginnt das Verbrechen erst da, wo die besondere Anstößigkeit der Tat beginnt. Nicht immer setzt sich der Entschluß unmittelbar in ein solches Verhalten um, sondern vielfach geht letzterem ein Tun voraus, das die eigentlich verwerfliche Tat erst vorbereitet, z. B. das Auskundschaften der Verbrechensgelegenheit, das Bereitstellen von Verbrechensmitteln u. dgl. — Wer, um einen Wechsel zu fälschen, sich Wechselformulare und die geeignete Tinte und Feder kauft, setzt seinen Entschluß zwar schon in ein äußeres Tun um, aber dieses Tun ist noch farblos. Es ist als solches noch kein Verbrechen, gegen das man mit Strafe einschreiten könnte; einmal, weil es objektiv nicht (oder kaum) anstößig ist, vor allem aber, weil das Verweilen in diesen vorbereitenden Handlungen noch nicht eine wirkliche verbrecherische Macht des Willens, also einen Verbrechensvorsatz manifestiert.

Vorbereitungshandlungen sind daher wegen ihres unzulänglichen verbrecherischen Gehalts und ihrer geringen realen Faßbarkeit grundsätzlich straflos. Ausnahmen können sich aus dem Gedanken eines möglichst umfassenden Schutzes besonders wichtiger Güter ergeben. Ausnahmen bestehen ferner bei Bereitstellen bestimmter gefährlicher Verbrechenswerkzeuge im Hinblick auf bestimmte gefährliche Täter (§ 151, § 245a: Besitz von Geräten zur Münzfälschung und von Diebeswerkzeug).

3. Ein strafbares Tun beginnt grundsätzlich da, wo der Täter mit der sozialethisch unerträglichen Handlung selbst beginnt, d. h. mit dem Versuch. Da das strafbare Unrecht nicht nur in der Herbeiführung einer Rechtsgutsverletzung, sondern gerade in der Begehungsart (dem Handlungsunwert) liegt, die im Tatbestand

plastisch umschrieben ist, so beginnt das **strafwürdige** Tun mit der Tätigkeit, mit der der Täter unmittelbar zur tatbestandsmäßigen Handlung ansetzt.

4. Stets und in vollem Umfange strafbar ist das vollendete Verbrechen. Dabei ist zwischen formeller und materieller Vollendung zu unterscheiden.

a) Wann ein Verbrechen formell vollendet ist, bestimmt sich nach dem Verbrechenstatbestand. Mit der vollen Erfüllung des Tatbestandes ist das Verbrechen vollendet. Dabei stellt das Gesetz die Vollendung überwiegend auf den Eintritt des Verletzungserfolgs ab. Jedoch läßt es die Vollendung vielfach auch schon früher eintreten, z. B. in §§ 146, 267 schon mit der Vornahme des Fälschungsaktes (verkümmert zweiaktige Delikte); vor allem gehört meist nicht mehr zum objektiven Tatbestand das, worauf es dem Täter ankommt, nämlich die Erreichung der Verbrechensvorteile oder sonstiger Verbrechensziele. Daß z. B. der Betrüger den erstrebten Vermögensvorteil wirklich erlangt, gehört nicht mehr zur Vollendung des Betruges, § 263; es genügt vielmehr, daß er sein Opfer schädigt; gleiches gilt für die Erpressung, § 253, für §§ 234ff., 257, 288 u. a. m. (sog. kupierte Erfolgsdelikte).

b) Bei allen derartigen Vordatierungen der vollen Strafe hebt sich die formelle Vollendung von der materiellen ab, die erst mit der Erreichung der verbrecherischen Absicht eintritt. Die materielle Vollendung ist wichtig für die Frage der Teilnahme (s. o. S. 66), für die Idealkonkurrenz (s. u. S. 109) und für die Verjährung (s. u. § 29 IV) vgl. Nagler, LK. § 43 III A 2 (S. 280).

5. Es ist eine gesetzestechnische Frage, ob man bei der Fassung der Tatbestände den Versuch in den Tatbestand miteinbezieht, z. B. durch die Fassung: „Wer es unternimmt...". Oder ob man die Tatbestände grundsätzlich nur als Vollendungsverbrechen formuliert und dann in einer Generalklausel den Versuch ebenfalls unter Strafe stellt: so in § 43. Letzterer Weg ist technisch handlicher und sprachlich volkstümlicher.

Dagegen ist es keine bloß technische Frage, a) ob man den Versuch grundsätzlich bei allen Delikten bestraft, und b) ob man ihn mit der Vollendung grundsätzlich gleich bestraft.

Zu a. Im geltenden Recht wird der Versuch generell nur bei den Verbrechen bestraft, bei den Vergehen nur da, wo es ausdrücklich angegeben ist, § 43 Abs. 2 (bei den Übertretungen überhaupt nicht).

Zu b. Während im deutschen Strafrecht bis 1939 der Versuch überall milder bestraft werden mußte (§ 44 a. F), sind (ähnlich wie in § 8 österr. StGB. und im code pénal) seitdem Versuch und Vollendung im Strafrahmen grundsätzlich gleichgestellt, jedoch kann der Versuch milder bestraft werden, § 44 n. F. Dafür ist jetzt Allgemeine Richteranweisung Nr. 1 Ziff. 8 zu berücksichtigen (s. u. S. 122).

In der Möglichkeit einer Milderbestrafung des Versuchs kommt der Gedanke zum Ausdruck, daß bei der Tat, die im Versuchsstadium steckenbleibt, die verbrecherische Kraft des Willens grundsätzlich doch schwächer ist als bei einer Tatvollendung. In diesen Gedanken vermischen sich tief verwurzelte irrationale Anschauungen, daß zur vollen Tat doch auch der Erfolg gehört: Morder ist eben nur, wer wirklich getötet hat.

6. Die Teilverwirklichung eines fahrlässigen Deliktes ist als schuldhafte Gefährdung von Rechtsgütern denkbar. Strafbar ist sie nach geltendem Recht grundsätzlich nicht, denn § 43 betrifft nur vorsätzliche Verbrechen. Nur in seltenen Fällen ist die fahrlässige Gefährdung unter Strafe gestellt, z. B. in §§ 314/6.

II. Der Begriff des Versuchs

Versuch ist die Verwirklichung des Entschlusses, ein Verbrechen oder Vergehen zu verüben, durch Handlungen, die einen Anfang der Ausführung des Deliktes bilden (§ 43). Der objektive Tatbestand ist beim Versuch nicht voll erfüllt. Dagegen muß der subjektive Tatbestand vollständig vorliegen, und zwar so, wie er beim vollendeten Delikt aussehen muß. Genügt daher zur Vollendung dolus eventualis, dann genügt er auch zum Versuch (RG. **68** 341).

III. Die Abgrenzung der Vorbereitungshandlungen vom Versuch.

Das Gesetz umschreibt (nach französischem Vorbild) den Punkt des Versuchsbeginns mit den Worten: „Anfang der Ausführung". Die sogenannte formell-objektive Theorie fordert hierzu, daß bereits ein Stück der Ausführungshandlung selbst vorgenommen sein müsse (vgl. RG. **70** 157). Dann müßte streng genommen das Wegnehmen erst mit dem Ausstrecken des Armes, das Töten mit dem Abdrücken des Hahnes beginnen. Eine Erweiterung bringen die materiell-objektiven Theorien, indem sie zum Versuch schon Handlungen rechnen, die vermöge ihrer notwendigen Zusammengehörigkeit mit der Tatbestandshandlung für die natürliche Auffassung als deren Bestandteil erscheinen (Frank § 43 II 2b, RG. **73** 143 u. a.) oder die eine unmittelbare Gefährdung des Rechtsgutes herbeiführen (RG. **59** 386; **69** 328). Diese Erweiterungen führen meist zu befriedigenden Ergebnissen. Jedoch dürfte es eindeutiger sein, den A n f a n g (!) der Ausführung nicht von innen (der Tatbestandshandlung) her, sondern von außen her als unmittelbares A n s e t z e n zur Tatbestandshandlung zu bestimmen. Wichtig ist dabei stets, daß die Beurteilung des Anfanges auf der Grundlage des individuellen Täterplanes erfolgt.

Der Versuch beginnt mit derjenigen Tätigkeit, mit der der Täter nach seinem Verbrechensplan unmittelbar zur Verwirklichung des Verbrechenstatbestandes ansetzt.

Auszugehen ist stets von der Tatbestandshandlung des einzelnen Verbrechenstatbestandes (Wegnehmen, Einbrechen, Töten usw.). Hieran schließt sich die individuelle Prüfung, ob der Täter nach der Anlage seines Verbrechensplanes zur Tatbestandsverwirklichung unmittelbar angesetzt hat.

Beispiel: A fälscht einen Wechsel und präsentiert ihn zur Einlösung: Urkundenfälschung (§ 267) beginnt mit dem Anfang des Fälschungsaktes (und ist mit Fertigstellung des Falsifikats vollendet; § 267 n. F. ist kein zweiaktiges Delikt mehr!) Betrug (§ 263) beginnt erst mit der Täuschungshandlung, also mit dem Vorlegen des Wechsels zur Einlösung.

Wichtig ist stets, daß die Beurteilung des Anfangs der Ausführung auf der Grundlage des individuellen Täterplanes (individuell-objektive Theorie), nicht aber vom Standpunkt eines hypothetischen Zuschauers aus, der den Verbrechensplan nicht kennt (generell-objektive Theorie), erfolgt. Denn da die Wege zur Verbrechensverwirklichung unbegrenzt vielgestaltig sind, hängt der Anfang der Ausführung stets auch vom individuellen Täterplan ab. Instruktiv RG. 66 142: Täter verfertigt Brandstiftungsanlage, die durch Einschalten der Lichtleitung seitens eines Dritten betätigt werden soll. Sollte dieser Dritte nach dem Täterplan ein gutgläubiges Werkzeug sein, so hatte der Täter bereits mit Fertigstellung der Anlage die Tat aus der Hand gegeben, um sie durch das blinde Werkzeug vollenden zu lassen, und damit den Anfang der Ausführung der Brandstiftung begonnen. Sollte dagegen ein als Mittäter handelnder Dritter die Anlage in Gang setzen, so begann nach dem gemeinsamen Tatplan der Anfang der Ausführung erst mit dem Einschalten des Lichts durch den Mittäter, während die Anbringung der Anlage nur Vorbereitungshandlung war.

Grundsätzlich anders beginnt nach der mit dem Gesetz nicht in Einklang zu bringenden subjektiven Theorie der Versuch dann, wenn sich aus der Handlung die verbrecherische Zielsetzung unzweideutig ergibt. Hierunter fallen u. U. schon weit entfernte Vorbereitungshandlungen; so wäre auch § 151 überflüssig, da stets Versuch nach § 146 anzunehmen wäre!

Bei mittelbarer Täterschaft ist zu unterscheiden: wird ein doloses Werkzeug benutzt, so beginnt der Versuch erst, wenn der Gehilfe zur Tatausführung ansetzt: in den übrigen Fällen beginnt er, wie bei der Anwendung mechanischer Werkzeuge, bereits in dem Zeitpunkt, da der Täter die Tat aus der Hand gibt, um sie durch das Werkzeug zur Vollendung bringen zu lassen. So RG. 66 141; 70 212: 386 a. A. Frank § 43 II 2a; v. Hippel, II, S. 475 6; Nagler, LK. § 43 III B 2c (S. 285)

IV. Der untaugliche Versuch

1. Mit der Versuchsbestrafung wird die auf die volle Deliktsverwirklichung zielende Willensbetätigung bestraft und zwar in dem Stadium, in dem diese Betätigung nicht mehr unverbindliche Vorbereitung ist, sondern unmittelbar zur Verbrechensverwirklichung ansetzt, in dem also die Willensbetätigung für die Rechtsordnung ernstlich gefährliche Bedeutung hat. Was heißt hier ernstlich gefährlich? Hierüber bestehen zwei Auffassungen:

a) Ernstlich gefährlich muß die äußere Willensverwirklichung selbst sein. Erforderlich ist eine objektive, im äußeren Geschehen selbst liegende Gefährlichkeit (objektive Theorie). Sie entspricht der bisherigen h. L. in der Wissenschaft. Sie wurde vor allem in zwei Spielarten vertreten:

aa) Die ältere objektive Theorie (heute aufgegeben). Sie unterscheidet den absolut untauglichen vom relativ untauglichen Versuch. Nur letzterer ist gefährlich und strafbar. (Relativ untauglich für ein Tötungsdelikt ist z. B. eine zu geringe Giftmenge). Maßstab für die Unterscheidung von absoluter und relativer Untauglichkeit ist der Standpunkt ex post, d. h. der des Richters.

bb) Die neuere objektive Theorie (Gefährlichkeitstheorie, v. Liszt, v. Hippel). Ein Versuch ist gefährlich, wenn ein einsichtiger Mensch zur Zeit der Tat den Erfolg für wahrscheinlich gehalten hätte. Der Beurteilungsstandpunkt ist hier ex ante!

Beispiel: Tötungsversuch mit Schußwaffe, die ein Dritter heimlich entladen hatte. Nach der Gefährlichkeitstheorie: gefährlicher Versuch; nach der älteren objektiven Theorie: absolut untauglicher Versuch!

b) Nach der subjektiven Theorie (RG. 1 439, st. Rspr.) braucht nicht die äußere Willensverwirklichung als solche gefährlich zu sein, sondern ist für die Rechtsordnung ernstlich gefährlich schon der Wille, der mit seiner Betätigung unmittelbar zur Verbrechensverwirklichung anzusetzen glaubt. Daher wird ohne Rücksicht auf die objektive Ungefährlichkeit der Versuch mit untauglichen Mitteln oder am untauglichen Objekt bestraft, wenn der Täter sie für tauglich hielt.

RG. 1 439; 17 158: Abtreibungsversuch mit untauglichen Mitteln. RG. 8 198; 47 65 Abtreibungsversuch an Nichtschwangerer. RG. 34 217 Abtreibungsversuch an Nichtschwangerer mit untauglichen Mitteln. RG. 1 451 Mordversuch an Leiche. RG. 42 92 Betrugsversuch bei bestehendem Anspruch, vgl. auch RG. 75 92.

Hierher gehören auch der Diebesgriff in die leere Tasche; der Schuß ins leere Bett, in dem das Opfer vermutet wurde.

Die objektive Theorie ist der Ausfluß des Kausaldogmas in der Versuchslehre. Wie nach ihm das vollendete Verbrechen eine kausale Rechtsguts v e r l e t z u n g ist, so ist das versuchte eine kausale Rechtsguts g e f ä h r d u n g. Sie stellt den strafrechtlichen Unwert zu stark auf die äußerlich-objektive Seite der Rechtsverletzung ab. Dagegen sieht die subjektive Theorie die Rechtsordnung in einem umfassenderen Sinne als eine das Volksleben gestaltende geistige Macht. Die Realität und Geltung dieser geistigen Macht wird aber schon durch einen Willen verletzt, der Handlungen vornimmt, die er für eine taugliche Ausführungshandlung eines Verbrechens hält. Hier bewegt er sich nicht mehr in bloßen Vorbereitungshandlungen, sondern setzt unmittelbar zur Verbrechensverwirklichung an. Schon eine solche Handlung ist für die Rechtsordnung als gestaltende Ordnungsmacht unerträglich.

Immerhin gelten für das Unwertverhältnis zwischen dem untauglichen und dem tauglichen Versuch die gleichen Grundsätze wie für das Unwertverhältnis zwischen Versuch überhaupt und Vollendung (s. o. I 5): Wie die Größe der Tatverwirklichung grundsätzlich ein Maß für die Stärke des verbrecherischen Willens ist, so auch die Tauglichkeit des Versuches innerhalb des Versuchsrahmens. Je tauglicher der Versuch, desto stärker ist grundsätzlich auch die verbrecherische Energie. Wo daher die Versuchshandlung jeden Boden der Realität verläßt, wie z. B. beim abergläubischen Versuch, da fehlt dem Willen grundsätzlich jede Strafwürdigkeit. Ein solcher Wille kann die Realität des Rechtes als geistiger Macht nicht erschüttern. Daher lehnt mit Recht RG. **33** 321 die Strafbarkeit eines abergläubischen Versuches ab.

2. Stets muß auch beim untauglichen Versuch objektiv ein Anfang der Ausführung vorliegen, d. h. die Handlung muß, wenn sie tauglich wäre, einen Anfang der Ausführung darstellen.

Beispiel: Kauft die Schwangere einen harmlosen Tee im Glauben, es sei ein Abtreibungsmittel, so liegt Vorbereitungshandlung vor. Versuch beginnt wie beim tauglichen Mittel erst mit der Einnahme.

Trotz der subjektiven Auffassung hinsichtlich der Tauglichkeit des Versuchs bleibt die objektive Abgrenzung von Versuch und Vorbereitungshandlung also unberührt.

3. D e r s o g. M a n g e l a m T a t b e s t a n d.

Aus dem Versuchsbegriff überhaupt will eine Lehre (Frank § 43 I, D o h n a, S. 49) als Mangel am Tatbestand alle Fälle ausscheiden, in denen dem (Subjekt oder) Objekt oder dem tatbestandlich b e s o n d e r s genannten Mittel die vom Gesetz verlangten Eigenschaften fehlen. Also: hält der Täter die eigene Sache, die er wegnehmen will, irrigerweise für eine fremde, so nimmt diese Lehre keinen Versuch, sondern einen Tatbestandsmangel an. — Versuch ist Umsetzung des Willens, ein Verbrechen zu begehen, in eine äußere Tat; das erfüllt der Täter auch in diesen Fällen: darum ist nicht einzusehen, warum Versuch ausscheiden soll. In Wahrheit liegt daher untauglicher Versuch vor, dessen Strafbarkeit sich aus oben 1 b ergibt. So auch RG. in st. Rspr., z. B. RG. **42** 92.

V. Das sog. Wahnverbrechen und die Untauglichkeit des Subjekts

1. Das Wahnverbrechen ist nach keiner Theorie strafbar (s. RG. **66** 126).

Beim Mangel am Tatbestand bezieht sich der Irrtum auf ein Tatbestandsmerkmal. Der Wegnehmende hält die eigene Sache für eine fremde (umgekehrter Tatbestandsirrtum). Sein Tun ist so, wie er es vorhatte (Wegnahme einer fremden Sache), strafbares Unrecht.

Beim Wahnverbrechen liegt dagegen der Irrtum nicht auf tatbestandlichem, sondern allein auf normativem Gebiet. Er hält das in seinen konkreten Merkmalen richtig erkannte Tun irrigerweise für strafbar (umgekehrter Verbotsirrtum); z. B. eine Frau hält homosexuelle Handlungen unter Frauen für strafbar. Der Täter glaubt irrig, eine erlaubte Tat sei verboten. Der irrige Glaube kann natürlich die Strafbarkeit nicht erzeugen.

2. Dem Wahnverbrechen nahe verwandt ist die Untauglichkeit des Subjekts. Bei den Sonderverbrechen trifft den Täter wegen seiner besonderen Pflichtenstellung (als Soldat, Beamter, Kaufmann) eine besondere (erhöhte) Treuepflicht, auf der seine erhöhte strafrechtliche Verantwortlichkeit beruht. Eine auch nur versuchsweise Verletzung der Treupflicht kann nur der begehen, dem diese wirklich obliegt. Der irrige Glaube des Täters kann diese besondere Verpflichtung nicht erzeugen, die auch für die Versuchsbestrafung Voraussetzung ist; denn nur die wirkliche (erhöhte) Pflichtenstellung als Beamter oder Soldat kann (und soll) jenes besondere Pflichtbewußtsein hervorrufen, auf dessen Verletzung die besondere Strafbarkeit beruht. Die irrige Meinung des Nichtbeamten oder Nichtsoldaten kann diesem (vorausgesetzten) Pflichtbewußtsein des wirklichen Amtskreises nicht gleichstehen.

Wer sich irrig für einen Soldaten hält, kann nicht einmal einen Versuch der Fahnenflucht als den Versuch des besonderen militärischen Treubruchs begehen. Desgleichen der Nichtbeamte keinen Versuch eines Amtsdelikts. RG. **8** 199.

Keine Untauglichkeit des Subjekts liegt vor, wo die Untauglichkeit auf dem Mangel oder der Untauglichkeit des Objekts beruht. Die Nichtschwangere, die Abtreibungshandlungen vornimmt, begeht strafbaren Versuch am untauglichen Objekt.

VI. Die Strafbarkeit des Versuches

Der Versuch ist strafbar bei allen Verbrechen, bei Vergehen nur da, wo es ausdrücklich bestimmt ist, straflos bei allen Übertretungen (§ 43). Er kann (seit 1939) milder bestraft werden, § 44 n. F. (s. o. S. **96**).

An die Stelle von Todesstrafe und lebenslangem Zuchthaus tritt dann Zuchthaus von 3 bis 15 Jahren, in den übrigen Fällen kann die Strafe bis auf ein Viertel des angedrohten Mindestbetrages ermäßigt werden. (Zuchthausstrafe unter einem Jahr ist dabei nach § 21 in Gefängnis umzuwandeln, s. u. S. 120). — Über Nebenstrafen und Nebenfolgen s. § 45.

Eine Ausnahme von § 44 bilden die Unternehmungsdelikte (s. § 87). Sie stellen den Versuch mit der Vollendung tatbestandlich gleich, so daß eine Milderung nach § 44 unstatthaft ist. Da sie den Versuch bereits enthalten, ist der „Versuch" des Unternehmens, d. h. der Versuch des Versuches, straflos; ebenso straflos ist daher auch der „Versuch" bloßer Vorbereitungsdelikte wie des § 49a (RG. **58** 392).

Im übrigen ist Versuch bei allen Delikten möglich, auch bei den Unterlassungsdelikten (unechten wie echten) und bei den erfolgsqualifizierten Delikten, wenn der schwerere Erfolg schon durch die Versuchshandlung eintritt.

Beispiel: Der Tod der Frau tritt schon durch den Notzuchts**versuch** ein: Versuch nach § 178. RG. **69** 332.

§ 23. Der Rücktritt vom Versuch

§ 46 gewährt dem Täter Straffreiheit, wenn er vom Versuch freiwillig zurücktritt. Das Gesetz will damit einen Anreiz für den Täter schaffen, seine begonnene Tat nicht zum Erfolg kommen zu lassen; es baut dem Täter „goldene Brücken zum Rückzug" (Liszt). Der verbrecherische Charakter der Tat bleibt unberührt, aber von Strafe wird aus jenem kriminalpolitischen Grunde abgesehen. Der Rücktritt ist persönlicher Strafaufhebungsgrund.

I. Voraussetzungen des strafbefreienden Rücktritts

Sie sind verschieden, je nachdem ob der Versuch beendet oder nichtbeendet ist.

1. Hat der Täter noch nicht alles getan, was nach Maßgabe seines Entschlusses von seiner Seite aus zur Verbrechensverwirklichung erforderlich ist (nichtbeendeter Versuch), so ist er straffrei, wenn er die weitere Durchführung des Verbrechensplans freiwillig aufgibt (§ 46, Ziff. 1).

Freiwillig ist die Aufgabe, wenn sie unabhängig von zwingenden Hinderungsgründen erfolgt; sie ist freiwillig, wenn der Täter sich sagt: Ich will nicht, obwohl ich kann; unfreiwillig, wenn er sich sagt: Ich kann nicht, selbst wenn ich wollte (Frank § 46 II). Maßgebend ist dabei stets, was der Täter beabsichtigt hatte.

Beispiele: Steht er wegen Geringfügigkeit der Beute vom Diebstahlsversuch ab, dann freiwillig bezüglich der geringfügigen, unfreiwillig bezüglich der erwarteten größeren Beute. RG. **70** 1 gegen RG. **55** 66. Gibt er sein Vorhaben aus Reue, Mutlosigkeit, Furcht vor Strafe auf, dann freiwillig. Ist er jedoch entdeckt oder befürchtet bevorstehende Entdeckung, so ist die Aufgabe unfreiwillig, wenn durch die Entdeckung der Erfolg vereitelt würde (RG. **65** 149). Gleichgültig ist dabei, ob das Hindernis ein wirkliches oder nur vermeintliches ist. Unter diesen Umständen kann der Täter auch von einem fehlgeschlagenen Verbrechen freiwillig zurücktreten, nämlich wenn er nicht weiß, daß es schon fehlgeschlagen ist (RG. **68** 82). Vgl. zum Ganzen Dohna, Z. **59** 541

Methodisch und sachlich undurchführbar ist die Unterscheidung des RG. danach, ob der Beweggrund zum Rücktritt psychisch zwingend war (dann unfreiwillig) oder ob er dem Täter noch die freie Wahl gelassen habe (dann freiwillig) RG. **47** 78; **75** 393. Echter kausaler „Zwang" mit Ausschluß jeder Willenstätigkeit besteht nur bei völliger seelischer Lähmung; jede sonstige Abstufung nach der Stärke des Motivs ist willkürlich (vgl. auch Dohna, a. a. O.).

Nach Kohlrausch § 46, 4a entwickelt sich die Rechtsprechung des RG. in Richtung auf eine ethische Bewertung des Rücktrittsmotivs (so auch Bockelmann, DR. 1942 430), damit würde die kriminalpolitische Zielsetzung des § 46 aufgegeben!

Der Täter muß den Tatplan endgültig aufgeben, denn nur dann besteht der kriminalpolitische Grund dafür, den Täter Straffreiheit verdienen zu lassen. Abstehen bloß von konkreter Ausführungsart genügt nicht (RG. **72** 350; abw. Mezger, 405).

Natürlich fehlt es überhaupt am „Rücktritt", wenn der Täter das Ziel, das er strafbar zu erreichen versuchte, plötzlich ohne weitere strafbare Tätigkeit erhält oder erhalten zu können glaubt: so wenn beim Notzuchtsversuch die Frau den Widerstand aufgibt und in den Beischlaf positiv einwilligt (RG. JW. **1935** 2734); ebenso dann, wenn die Frau ihre freiwillige Hingabe für die Nacht verspricht und der Täter darum vom Versuch absteht; denn die bloß augenblickliche Aufgabe der Tat ist kein Rücktritt, die spätere Tat aber wegen der Einwilligung kein Verbrechen mehr! Das muß auch für die scheinbare Einwilligung gelten, die die Frau abgibt, um den Täter hinzuhalten; denn die Frage des Rücktritts beurteilt sich nach der vom Täter vorgestellten Situation (so lag der Fall in RG. **75** 393).

2. Hat der Täter nach seiner Vorstellung alles getan, was zur Erfolgsherbeiführung erforderlich ist (beendeter Versuch), so verdient er sich Straffreiheit, wenn er den Erfolg abwendet, bevor die Tat entdeckt ist, § 46 Ziff. 2. „Entdeckt" ist die Handlung, wenn sie als kriminelle Tat solchen Personen bekannt wird, von denen die Verhinderung des Erfolgs oder die Veranlassung der Strafverfolgung zu erwarten ist (RG. **38** 402; **71** 242). (Die Entdeckung des Täters ist nicht erforderlich, RG. **3** 93.) Die Tat ist daher auch dann entdeckt, wenn der Verletzte Kenntnis von ihr erlangt (RG. **66** 61); dagegen nicht schon, wenn Tatbeteiligte oder die zur Erfolgsabwendung vom Täter zugezogenen Personen, wie z. B. der Arzt (RG. **15** 44) Kenntnis haben.

II. Wirkungen des Rücktritts

Der Rücktritt bewirkt persönliche Straflosigkeit für den Versuch als solchen.

1. Nur das Versuchsdelikt ist straflos, nicht das in ihm enthaltene vollendete Delikt (sog. qualifizierter Versuch). Z. B.: freiwilliger Rücktritt vom Raubversuch läßt eine Bestrafung wegen vollendeter Nötigung unberührt! Das gilt sowohl bei Ideal- wie bei Gesetzeskonkurrenz des vollendeten mit dem versuchten Delikt. Denn konsumierende Kraft hat nur das zu Strafe führende Verbrechen; außerdem kann ein vollendetes Verbrechen nicht deshalb straflos bleiben, weil der Täter ein noch schwereres beabsichtigt hatte.

2. Rücktritt ist persönlicher Strafaufhebungsgrund und wirkt daher nur zugunsten des Beteiligten, der wirksam zurücktritt. Tritt der Täter zurück, so werden darum die Teilnehmer noch nicht straflos. Der einzelne Teilnehmer wird straflos nur dann, wenn alle zurücktreten oder er den Erfolg abwendet oder wenn er wenigstens seinen Beitrag völlig rückgängig macht (vgl. RG. **70** 295).

Über Rücktritt beim Teilnahmeversuch s. § 49a Abs. 4.

III. Rücktritt vom vollendeten Delikt

Vom (formell) vollendeten Delikt ist grundsätzlich kein Rücktritt möglich. (Ausnahmen sind für die Brandstiftung, § 310, für die Falschaussage, §§ 158, 163 Abs. 2, u. a. vorgesehen.) Darum ist auch von Vorbereitungs- und Unternehmungsdelikten, die zu selbständigen Tatbeständen erhoben sind, kein Rücktritt möglich; auch hier sieht das Gesetz Ausnahmen vor, z. B. in § 204 und jetzt vor allem beim Teilnahmeversuch § 49a Abs. 4 (s. o. S. 69f.).

VIERTER TEIL

VERBRECHENSEINHEIT UND -MEHRHEIT

§ 24. Die Handlungseinheit und die Einheit strafbarer Lebensführung

I. Wesen und konstitutive Momente der Handlungseinheit im Strafrecht

Was heißt „eine" Handlung und wann sind „mehrere" Handlungen begangen? Wie jede Handlung so ist auch das Verbrechen kein rein physisches Geschehnis, sondern die Objektivation des menschlichen Geistes, eine soziale Sinneinheit. Auf die Zahl der raumzeitlichen Körperbewegungen kommt es dabei nicht an. Wohl kann eine einzige Körperbewegung (ein Schlag oder Stoß) „eine" Handlung sein (z. B. Körperverletzung oder Sachbeschädigung), aber die meisten Handlungen bauen sich auf einem Gefüge von Körperbewegungen auf (z. B. Notzucht, Einbruchdiebstahl, Urkundenfälschung). Die raumzeitlichen Körperbewegungen sind in ihnen nur die physisch-realen Träger des sozialen Handlungssinnes.

Zwei Faktoren begründen die Einheit der strafrechtlichen Handlung:

1. Der finale Faktor: d. i. in jeder vorsätzlichen Handlung die willentliche Zwecksetzung, in der fahrlässigen Handlung die potentiell-finale Vermeidbarkeit.

Bei der vorsätzlichen Handlung ist eine Mehrheit physischer Einzelakte dadurch zu einer (sinnhaften) Einheit zusammengeschlossen, daß jeder Akt eine feste, durch den zwecksetzenden Willen bestimmte Stelle im Handlungsgeschehen einnimmt; so z. B. beim Morde: das Auskundschaften, Auflauern, das Anlegen, Zielen und Abdrücken der Waffe: alles unvertauschbare, in einem gleichsam „organischen" Zusammenhang der Handlung stehende Akte. Sie heben sich als eine Handlung von einer neuen Zwecksetzung, etwa einem Einbruchdiebstahl ab, bei dem wiederum die Einzelakte auf Grund des zwecktätigen Willens eine organische Einheit bilden. — Aber auch von der fahrlässigen Handlung gilt Ähnliches: wenn mehrere unvorsichtige Bewegungen einen anderen körperlich verletzen, so bilden sie vermöge ihrer einheitlichen Beziehung auf die zwecktätige Vermeidbarkeit einen inneren Zusammenhang, während etwa eine letzte, durch eine plötzliche Schreckreaktion ausgelöste Bewegung zu dieser Einheit nicht mehr gehört.

2. Der normative Faktor: die rechtlich-soziale Beurteilung durch die Tatbestände.

Der durch den zwecksetzenden Willen gestiftete Zusammenhang im realen Geschehen ist jedoch nur eine Voraussetzung der Handlungseinheit. Ob eine Vielheit von Körperbewegungen einen Handlungszusammenhang bildet, hängt von dem Umfang der willentlichen Zwecksetzung (bzw. der Beziehung auf die mögliche zwecktätige Vermeidbarkeit) ab. Aber welcher Handlungssinn und wieviele soziale Sinneinheiten in diesem realen Zweckzusammenhang verwirklicht sind, bestimmt sich nach der objektiv-sozialen Beurteilung dieses Zweckzusammenhanges, die für das Strafrecht in den gesetzlichen Tatbeständen niedergeschlagen ist. Nach ihr beurteilt sich, was die Zweckverwirklichung sozial bedeutet, ob sie Mord oder Totschlag, Körperverletzung oder Heilbehandlung ist usf. Sie setzt darum auch Zäsuren innerhalb eines umfassenden willentlichen Zweckgefüges und faßt schon in Teilbehandlungen das kriminell Zusammengehörige als ein Verbrechen zusammen. Wenn z. B. jemand eine Pistole stiehlt, um einen anderen damit zu ermorden und dies auch durchführt, so umspannt alle Einzelakte ein einziges großes, vom Willen gesetztes Zweckgefüge. Aber nach dem rechtlich-sozialen Sinngehalt dieses Zweckgefüges bildet schon der Diebstahl eine in sich geschlossene Unrechtseinheit (auch wenn der anschließende Mord unterblieben wäre); an ihn schließt sich der Mord als weitere selbständige Unrechtseinheit an.

So wird die strafrechtliche Handlungseinheit durch zwei Faktoren (gleich Kette und Einschlag) hergestellt: durch die willentlich-finale Zwecksetzung (bzw. Vermeidbarkeit) und durch die normative, rechtlich-soziale Beurteilung (vor allem auf Grund der gesetzlichen Tatbestände).

II. Die Einzeldurchführung

1. Da der spezifische Gegenstand strafrechtlichen Unwerts die Handlung ist, kommt es bei der Frage der Handlungseinheit niemals auf die Zahl der Erfolge an. Hat ein und dieselbe Willensbetätigung mehrere Erfolge (ein Bombenwurf tötet 20 Menschen), so liegt doch nur eine einzige Handlung vor (die verschiedenen Tatbestandsverwirklichungen durch den einen Akt stehen dann in „Idealkonkurrenz“; darüber u. S. 109 f.).

Dieser Grundsatz gilt auch für die Teilnahme. Stiftet eine Äußerung mehrere Personen an, so liegt doch nur eine Anstiftung vor (RG 70 26 unter Aufgabe früherer Rechtsprechung); das gleiche gilt für Beihilfe oder Mittäterschaft an mehreren Taten durch ein und denselben Akt, RG. 76 357.

Werden in einem Schriftstück (Druckerzeugnis oder Brief) an auseinanderliegenden Stellen verschiedene Delikte begangen (z. B. Beleidigung mehrerer Personen), so liegt eine Handlung vor, wenn die Schrift einheitlich ausgegeben wird; h. L.; a. A. RG. 34 134; 66 4: es komme darauf an, ob die Äußerungen in innerem Zusammenhang stehen. Auf dieses Kriterium wird es allerdings ankommen, wenn die verschiedenen Äußerungen in einer Rede gemacht werden.

2. Mehrere in einem Zweckzusammenhang stehende Tätigkeitsakte bilden eine Handlungseinheit, wenn sie Glieder desselben Unrechtstatbestandes sind: Nötigen und Wegnehmen als Raub (§ 249).

Eine solche Handlungseinheit besteht auch beim Dauerdelikt (z. B. Freiheitsberaubung § 239), bei dem nicht nur die Begründung, sondern auch die Aufrechterhaltung eines fortdauernden rechtswidrigen Zustandes zur tatbestandlichen Handlung gehören (s. o. S. 65). (Ein fahrlässig begonnenes Dauerdelikt kann als vorsätzliches fortgeführt werden; die ganze Tat ist dann ein vorsätzliches Delikt, RG. 73 230.)

3. Auch mehrere unmittelbar zusammenhängende gleichartige Tätigkeitsakte sind eine Handlung, wenn sie nach dem dem Tatbestandsbegriff zugrundeliegenden sozialen Tätigkeitsbild eine Einheit bilden. Auf diese Einheit weist zum Teil der Tatbestand ausdrücklich hin, z. B. „Schlägerei“ (§ 227), „Zweikampf“ (§ 201), „Vornahme unzüchtiger Handlungen“ (§ 176 u. a.). Eine solche Einheit ergibt sich ferner

aus sinnvoller Tatbestandsauslegung. Mehrere aufeinanderfolgende Schläge sind eine Mißhandlung (§ 223), mehrere tödliche Axthiebe, die das Opfer niederstrecken, eine Tötung; Wegnehmen durch mehrere Griffe ist eine Wegnahme. Stets müssen hier die Teilakte in einem zeitlich und räumlich unmitttelbaren Zusammenhange stehen, in welchem die wiederholten Akte nach der Auffassung des täglichen Lebens als eine Verwirklichung der Tatbestandshandlung erscheinen. Aber auch bei einem solchen unmittelbaren Zusammenhang kann die rechtliche Bewertung Zäsuren setzen, nämlich dann, wenn die aufeinanderfolgenden Tätigkeitsakte jeweils einen neuen Unrechtsgehalt, nicht nur eine Erweiterung des alten verwirklichen. Z. B. ein Amokläufer verletzt hintereinander mehrere Menschen: mehrere Körperverletzungen; abw. RG. HRR. **1939** Nr. 391 (s. dazu weiter unten 4).

4. Das fortgesetzte Verbrechen.

Das fortgesetzte Verbrechen (f. V.) tritt in zwei Erscheinungsformen auf: entweder als eine — in der sukzessiven Verwirklichung eines Gesamtvorsatzes bestehende — Handlungseinheit oder als eine — auf mehrfacher Ausnutzung derselben Gelegenheit oder desselben Dauerverhältnisses beruhende — Einheit strafbarer Lebensführung (als „Lebensführungsschuld“). Erstere ist eine Anwendung der oben 3. behandelten tatbestandlichen Tätigkeitseinheit auf einen zeitlichen lockeren Tätigkeitszusammenhang. (Beispiel: Jemand fährt planmäßig in mehreren Nächten seinen Wintervorrat Kohlen von fremdem Stapelplatz in seinen Keller.) Letztere ist mangels einheitlichen Vorsatzes keine Handlungseinheit, sondern die Durchführung wiederholter Deliktsentschlüsse, die durch die Gleichheit der äußeren Motivationslage zu einer inneren Einheit strafbarer Lebensführung zusammengefaßt werden. (Beispiel: Die Ehefrau eines durch Kriegsereignisse abwesenden Mannes erliegt wiederholt der Versuchung, mit dem im gleichen Haushalt wohnenden Bruder ihres Mannes geschlechtlich zu verkehren.)

a) Das fortgesetzte Verbrechen als Handlungseinheit. Nur in dieser Erscheinungsform wird das f. V. vom RG. anerkannt (Definition RG. **51** 308). Das RG. fordert hierzu:

α) einen einheitlichen und gleichartigen Gesamtvorsatz, der von vornherein die konkrete Gesamttat (den „Gesamterfolg“) umfassen muß. RG. **66** 239; **70** 51; **72** 213. Dieser Gesamtvorsatz muß „die nach Gegenstand, Zeit, Ort usw. bestimmte Zuwiderhandlung gegen ein Gesetz wenigstens in allen wesentlichen Beziehungen, wenn auch nicht mit sämtlichen Einzelheiten der Ausführung“ umfassen. RG. **51** 311. Der bloß „allgemeine Entschluß“, bei passenden Gelegenheiten Verbrechen bestimmter Art zu verüben, genügt nicht, so nicht der Plan zu Diebstählen, deren „Ausführung nach Art, Zeit und Ort noch ungewiß ist“. RG. **70** 52; **72** 213.

Die Feststellung eines solchen konkretisierten Gesamtvorsatzes macht naturgemäß erhebliche Schwierigkeiten. Neben der Persönlichkeit des Täters und seinen Motiven müssen die äußeren Begleitumstände herangezogen werden: so die Kontinuität der Einzelakte (RG. **55** 135), für die ein gewisser zeitlicher Zusammenhang bedeutsam ist (RG. **57** 120; **75** 209); oder die Ausnutzung der gleichen Gelegenheit. RG **53** 44; DJ. **1939** 307.

Schiebt sich zwischen die Einzelakte eine Bestrafung, so bricht sie den bis zur Rechtskraft laufenden Fortsetzungszusammenhang ab. RG. 51 253.

β) Gleichartigkeit der Einzelakte.

αα) Nicht etwa die Einheitlichkeit des vom Täter verfolgten Handlungsziels verbindet mehrere Taten zum f. V. (RG. **51** 4), — wer eine Pistole stiehlt und damit einen andernen niederschießt, begeht zwei selbständige Taten!, — sondern die Einzelakte der f. V. müssen gegen dasselbe rechtliche Verbot, denselben Rechtsbefehl verstoßen. Das ist besonders dann der Fall, wenn die Einzelakte denselben Unrechtstatbestand erfüllen (gleichgültig, ob im Versuchs- oder Vollendungsstadium). Derselbe Rechtsverstoß besteht aber auch bei verschiedenartiger Qualifizierung der Tat: daher ist Fortsetzungszusammenhang möglich zwischen einfachem und schwerem Diebstahl (oder Feld- und Forstdiebstahl), einfacher und schwerer Körperverletzung, wobei die Erschwerung für die ganze Tat gilt, auch im Hinblick darauf, ob Strafantrag erforderlich ist. RG. **57** 81; **67** 188; **71** 287. Endlich kann derselbe Rechtsverstoß auch in der Verletzung mehrerer nächstverwandter Tatbestände liegen, die unter den (nächsthöheren) gemeinsamen Deliktsoberbegriff fallen. RG. **51** 309: darum Fortsetzungszusammenhang zwischen Beleidigung und übler Nachrede (RG. **55** 134; nach HRR. **1938** 186 aber nicht mit Verleumdung (?)); zwischen den Zueignungsdelikten: Diebstahl und Raub vgl. RG. **67** 185, Diebstahl und Unterschlagung, a. A. RG. **58** 228, Brandstiftung nach § 306 und § 308, a. A. RG. **64** 279, Meineid und falscher eidesstattlicher Versicherung a. A. RG. **67** 169; dagegen nicht: zwischen Diebstahl und Hehlerei, RG. **57** 200, Widerstand und Beleidigung, RG. **10** 55, Meineid und Anstiftung zu Meineid, RG. **61** 201.

Neben der rechtlichen Gleichartigkeit verlangt das RG. zuweilen auch eine gewisse Gleichartigkeit des tatsächlichen Vorgangs: kein fortgesetzter Betrug, wenn die eine Tat ein Darlehnsschwindel, die andere eine Zechprellerei, die dritte ein Abschwindeln von Fahrrädern ist. DJ. 1939/307.

ββ) Die späteren Einzelakte müssen eine bloße Erweiterung desselben Unrechtsgehaltes bringen. Jede weitere Fuhre Kohle im obigen Beispiel erweitert den Unrechtsgehalt der bisherigen Tat, selbst dann, wenn die Kohlen von Stapelplätzen verschiedener Eigentümer geholt werden. Baut jedoch das Unrecht des Tatbestandes auf der Verletzung der in der Persönlichkeit wurzelnden Werte oder auf der Verwerflichkeit höchstpersönlicher Beziehungen auf, so enthalten Taten gegenüber oder mit verschiedenen Personen einen neuen selbständigen Unrechtsgehalt. Tötungen, Körperverletzungen, Freiheitsberaubungen, Sittlichkeitsdelikte, Abtreibungen, Bestechungen an verschiedenen Personen sind stets mehrere selbständige Verbrechen (RG. **70** 244, 283).

Rechtsprechung und Lehre arbeiteten hier bisher mit dem Begriff des „höchstpersönlichen Rechtsguts". Kein Fortsetzungszusammenhang bei Verletzung „höchstpersönlicher Rechtsgüter". Dieser Gesichtspunkt ist in der Praxis seit RG. **70** 243 auf Bedenken gestoßen, da 1. bei der Verletzung höchstpersönlicher Rechtsgüter primär stets die Allgemeinheit mitverletzt ist und 2. die Abgrenzung zu eng ist, z. B. für § 175 und § 333.

In § 175 ist überhaupt kein „Rechtsgut" verletzt (s. Z. 58 510 und Anm. 30), sondern es wird die Verwerflichkeit der höchstpersönlichen fleischlichen Beziehungen bestraft. RG. 70 145. Bei der Bestechung, § 333, ist die Amtstreue kein Rechtgut des Beamten, sondern der Allgemeinheit; wohl aber verletzt der Bestechende den in der Persönlichkeit wurzelnden Wert der Amtstreue, den § 333 im Interesse der Allgemeinheit schützen will; s. RG. 72 175.

Ist der Unrechtsgehalt dagegen nicht in dieser Weise „persönlichkeitsgetränkt", beruht er vor allem auf der Verletzung sachlicher (vermögensrechtlicher) Güter oder Beziehungen, so ist Fortsetzungszusammenhang auch dann möglich, wenn die Tat gegenüber verschiedenen Personen vorgenommen wird. Nicht persönlichkeitsgetränkt ist auch die Tat des Heilpraktikers, der verschiedene Personen wegen Geschlechtskrankheiten behandelt (§ 7 Geschlechtskrankh. Ges.; RG. **73** 18).

b) Das fortgesetzte Verbrechen als Einheit strafbarer Lebensführung. Der maßgebliche Grund der Verbrechenseinheit ist hier nicht der einheitliche Gesamtvorsatz, sondern die gleichartige Ausnützung derselben Gelegenheit oder desselben Dauerverhältnisses. Das RG. hat im Gegensatz zu den Untergerichten diese Erscheinungsform des f. V. stets abgelehnt (vgl. RG. **70** 51) und dadurch unbillige Ergebnisse erzielt: im obigen Ehebruchsfall muß es mehrere selbständige Taten annehmen (dabei Schärfung der Strafe nach § 74), während es die Handlungsweise eines Mannes, der auf Grund eines konkreten Gesamtvorsatzes Ehebruch treibt, als e i n e Tat (ohne Schärfung!) ansieht. Die typische Form des f. V. ist die Ausnutzung derselben Gelegenheit, während der konkrete Gesamtvorsatz etwas höchst Seltenes, meist etwas Fiktives ist! Wie hier: Frank 240, Liszt-Sch. 352, Mezger 466.

Voraussetzungen des f. V. als Einheit strafbarer Lebensführung sind:

α) Gleichartigkeit der Einzelakte wie oben a *β*.

β) Kontinuität der Einzelakte: jeder spätere Teilakt muß auf der gleichen motivierenden äußeren Sachlage (Gelegenheit oder Dauerverhältnis) wie die früheren beruhen und motivatorisch auf sie mit zurückgehen (motivierender Zusammenhang). Aus dem letzteren Gesichtspunkt folgt die Notwendigkeit eines zeitlichen Zusammenhangs (einer gewissen Stetigkeit), der durch große zeitliche Intervalle ausgeschlossen wird. (Dazu S c h i r m e y e r, Wesen und Voraussetzung des f. V. Strafrecht. Abh. 425 S. 94 ff.)

Unter diesen Voraussetzungen ist auch Fortsetzungszusammenhang zwischen fahrlässigen Taten möglich, den das RG. wegen des mangelnden Gesamtvorsatzes ablehnen mußte. RG. 59 53 287

c) P r a k t i s c h e B e d e u t u n g:

Die in Fortsetzungszusammenhang stehenden Einzelakte bilden ein einziges Verbrechen. Damit ist das Gericht der mühseligen Kleinarbeit enthoben, für jeden Einzelakt eine besondere Strafe auszuwerfen und die ganzen Einzelstrafen dann in eine Gesamtstrafe zusammenzuziehen, wie es bei selbständigen Taten gemäß § 74 erforderlich wäre. Immerhin muß sich aus dem Urteil ergeben, welche Einzelhandlungen die Fortsetzungstat der Art und Zahl nach umfaßt (RG. **70** 150; **72** 168). Wichtig ist besonders die Feststellung des Abschlusses der Tätigkeit, da er z. B. für die Frage der Verjährung und Amnestie entscheidet (RG. **72** 14) und weil bei Gesetzesänderung das Recht zur Zeit des Abschlußakts für die ganze Tat maßgebend ist (RG. **68** 338; **62** 1).

Gegenstand der Aburteilung bilden alle in den Fortsetzungszusammenhang fallenden Teilakte (auch die nicht bekannten!) und die rechtskräftige Verurteilung einer Fortsetzungstat erledigt alle zu ihr gehörigen Teilakte, auch solche, die nicht berücksichtigt oder bekannt waren (RG. **66** 50; **70** 340; **72** 212; **73** 42).

Wegen dieser prozessualen Folgen der Annahme einer Fortsetzungstat ist die Praxis bemüht, die Voraussetzungen des Fortsetzungszusammenhangs eng zu ziehen. Vgl. über die gleiche Problematik bei der Sammelstraftat unter 5.

Teilnahme und Begünstigung an einem Teilakt der fortgesetzten Handlung sind nicht notwendig auf die Gesamttat bezogen. Vielmehr kommt es auf den Umfang des Teilnehmervorsatzes an, RG. **56** 326; **57** 82; **62** 248; HRR. **1940** Nr. 573. Die Teilnahme selbst kann eine fortgesetzte Handlung nach den allgemeinen Voraussetzungen sein, auch dann, wenn sie zu verschiedenen selbständigen Haupttaten geleistet wird, RG. **70** 349.

Für § 20a Abs. 2 genügen drei Teilakte einer Fortsetzungstat (s. u. S. 125).

5. Die Sammelstraftat (das Kollektivdelikt).

Eine Einheit strafbarer Lebensführung (nicht Handlungseinheit i. e. S.) bilden die geschäfts-, gewerbs- und gewohnheitsmäßigen Verbrechen. Bei ihnen wird der geschäfts-, gewerbs- und gewohnheitsmäßige „Betrieb" bestimmter Verbrechen als einheitliches Stück krimineller Lebensführung unter Strafe gestellt, indem der Verbrechensbetrieb entweder als strafbegründendes oder als strafschärfendes Merkmal verwendet wird. Vgl. § 144 — §§ 218 IV a. F., 260, 285 — §§ 180, 181 a, 284 II. Geschäftsmäßigkeit verlangt einen auf öftere Wiederholung der Tat gerichteten Willen (RG. **61** 51), Gewerbsmäßigkeit die Absicht, sich aus der wiederholten Begehung eine Einnahmequelle zu schaffen (RG. **58** 20), Gewohnheitsmäßigkeit einen durch wiederholte Begehung entstandenen Hang (RG. **59** 142). Jede einer solchen Einstellung entspringende Einzelhandlung ist ein unselbständiger Bestandteil der durch sie charakterisierten bestimmten verbrecherischen Lebensführung (des gesamten „Verbrechensbetriebes") und wird durch deren Bestrafung erfaßt. Die rechtlichen Folgen der Sammelstraftat sind dieselben wie die der fortgesetzten Handlung. (Dabei kann eine Sammelstraftat zugleich ein fortgesetztes Delikt sein, RG. **59** 142.)

Im Unterschied zum fortgesetzten Verbrechen braucht jedoch noch keine Mehrheit von Einzelhandlungen begangen zu sein, vielmehr löst schon die bei einer einzigen Tat vorhandene gewerbsmäßige (etc.) Absicht die besondere Strafbarkeit aus.

Mit dieser in Rechtsprechung und Literatur völlig herrschenden Auffassung hat die Judikatur seit RG. **72** 164 gebrochen: Die Geschäfts-, Gewerbs- und Gewohnheitsmäßigkeit charakterisierten lediglich den Täter, nähmen der Einzeltat nicht die Selbständigkeit; die Sammelstraftat sei nur eine Schöpfung der Rechtsprechung und Wissenschaft, aber nicht des Gesetzes; nur der einheitliche Vorsatz der Fortsetzungstat könne eine Handlungseinheit schaffen. (Vgl. auch Kohlrausch S. 261.) — Diese Meinung verkennt, daß es neben der Handlungseinheit auch eine Einheit krimineller Lebensführung (Lebensführungsschuld) gibt. Diese wurzelt in einem Lebenssachverhalt, der keine theoretische Schöpfung ist und vom Gesetz ausdrücklich anerkannt wird: Hehlerei oder Wucher gewerbsmäßig „betreiben" (§§ 260, 302 d); aus dem Glückspiel „ein Gewerbe machen" (§ 285). Die neue Rechtsprechung setzt sich mit Wortlaut und Sinn des Gesetzes in Widerspruch! Gegen sie schon Binding Hdb. 551.

Die Mängel der bisherigen Rechtsprechung lagen nicht in der Annahme eines Kollektivdeliktes, sondern in der noch herrschenden Rechtskraftlehre, die eine Ergänzungsklage wegen der noch nicht erledigten Fälle nicht zuläßt. Vgl. Nagler, LK. S. 346 f. u. ZAK. **1939** 401.

Zu welchen praktischen Schwierigkeiten die neue Praxis führt, zeigt RG. DR. **1943** 579.

§ 25. Zusammentreffen mehrerer Verbrechenstatbestände in einer Handlung (die Idealkonkurrenz)

I. Die Idealkonkurrenz (Tateinheit)

Auf ein und dieselbe Handlung können mehrere Verbrechenstatbestände anwendbar sein. Gewaltsamer Beischlaf mit der verheirateten Stieftochter ist Notzucht (§ 177), Blutschande (§ 173 Abs. 2) und Ehebruch (§ 172). Keiner der drei Tatbestände würde allein dem Unrechtsgehalt der Handlung gerecht werden. Erst alle drei zusammen erschöpfen ihn in jeder Beziehung. Die Idealkonkurrenz ist also dadurch gekennzeichnet, daß bei der strafrechtlichen Bewertung einer Tat mehrere Tatbestände zusammentreffen, die erst in ihrer Gesamtheit den Unrechtsgehalt der Tat nach jeder Richtung erschöpfen.

Kritisches s. bei Dohna, Z. 61 S. 131 ff.; dazu Olshausen § 73 1.

1. Idealkonkurrenz liegt vor, wenn wenigstens eine reale Ausführungshandlung des objektiven Tatbestandes mehrerer Delikte identisch ist. Entscheidend ist die (völlige oder Teil-)Identität im objektiven Tatbestand (Decken oder Überschneiden im objektiven Tatbestand). Dagegen reicht nicht aus, wenn lediglich der Entschluß zu mehreren Delikten gleichzeitig gefaßt wird (RG. **58** 116) oder die mehreren Taten zu gleicher Zeit und am gleichen Ort begangen werden (RG. **57** 178).

Wer eine gekaufte Ware mit Falschgeld bezahlt, begeht ein Münzdelikt nach § 147 in Idealkonkurrenz mit Betrug (§ 263), denn das Inverkehrbringen des Falschgelds und die Täuschungshandlung werden in ein und demselben Akt verwirklicht. Stiehlt aber der Käufer dabei gleichzeitig noch eine ausgelegte Ware, so ist dies eine selbständige Handlung, denn die Täuschungshandlung und der Diebesgriff (Wegnahmehandlung) sind trotz der Gleichzeitigkeit zwei verschiedene Akte.

Eine Erweiterung über den objektiven Tatbestand hinaus muß jedoch insoweit eintreten, als nicht die formelle, sondern die materielle Vollendung maßgebend ist (vgl. o. § 21). Daher besteht auch heute noch Idealkonkurrenz zwischen Urkundenfälschung und Betrug, §§ 267, 263. Ebenso RG. **60** 315 für §§ 146, 263.

2. Idealkonkurrenz ist die Beurteilung derselben Tat nach verschiedenen strafrechtlichen Unwertgesichtspunkten (Tatbeständen). Die h. L. nimmt jedoch auch eine sog. gleichartige Idealkonkurrenz an, wenn eine Handlung mehrere gleichartige Erfolge hat.

Eine Bombe tötet 20 Menschen: gleichartige Idealkonkurrenz, d. h. mehrfache Beurteilung derselben Tat in gleicher Richtung.

3. Zweifel entstehen beim Zusammentreffen von Zustandsdelikten (Mord, Diebstahl usw.) mit einem Dauerdelikt (Hausfriedensbruch, Freiheitsberaubung, Waffenbesitz, Besitz von Diebeswerkzeug). Idealkonkurrenz besteht dann, wenn entweder das Zustandsdelikt das Mittel zur Aufrechterhaltung des Dauerdelikts war — z. B. die Körperverletzung wird begangen, um weiter im Hause weilen zu können oder wenn umgekehrt nach dem einheitlich gefaßten Tatentschluß das Dauerdelikt zum Zwecke des während seiner Dauer verübten Zustandsdelikts begangen wurde, z. B. wenn der Täter zum Zwecke der Notzucht ins Haus eingedrungen war (a. A. RG. **32** 138) oder die Waffe zum Zwecke eines Mordes erworben hatte (RG. **59** 361). Dagegen stehen Straftaten, die nur gelegentlich eines Dauerdelikts begangen werden, mit diesem in Realkonkurrenz.

4. Die rechtliche Behandlung (§ 73).

Es gilt das Absorptionsprinzip: die Verurteilung erfolgt zwar aus allen konkurrierenden Tatbeständen, — darum kann auch das nicht angewendete Gesetz Rückfall begründen, — aber die Strafe ist dem Gesetz zu entnehmen, in welchem die im konkreten Fall in Betracht kommende schwerste Strafe angedroht ist. RG. 75 14, 19 (unter Aufgabe der früheren Rechtspr.).

Zu vergleichen sind also diejenigen Strafrahmen, die im konkreten Fall in Frage kommen:

Sieht ein Gesetz besonders schwere Fälle vor, z. B. § 263 Abs. 4, § 266 Abs. 2, so ist zur Bestimmung des strengsten Gesetzes die erschwerte Strafdrohung dann und nur dann heranzuziehen, wenn im Einzelfall ein besonders schwerer Fall vorliegt, und umgekehrt führt die Zubilligung mildernder Umstände dazu, nur die mildere Strafdrohung heranzuziehen. RG. 73 148 (großer Senat) gegen RG. 71 104; 72 117. Aber stets sind die Strafrahmen, nicht die verwirkten Strafen zu vergleichen! RG. 76 60. Olshausen § 73, 15.

Zur Feststellung des strengsten Gesetzes ist zunächst die Androhung der schwersten Strafart (entsprechend der Abstufung: Todesstrafe, Zuchthaus, Gefängnis, Festungshaft. Haft, Geldstrafe) maßgebend; bei gleicher Strafart entscheidet die Höhe des Strafmaximums, bei gleichem Maximum die Androhung von Nebenstrafen; sind auch diese gleich, dann gibt die höchste Mindeststrafe den Ausschlag.

Trotz Anwendung des strengsten Gesetzes hat der Richter doch auch das mildere Gesetz im Urteilsspruch zu berücksichtigen, vor allem zur Verhängung einer Sicherungsmaßregel, die nur das mildere Gesetz vorsieht. Ist ferner bei dem strengsten Gesetz die Mindeststrafe der Art oder dem Maß nach geringer als bei dem milderen Gesetz, so ist die schwerere Mindeststrafe des milderen Gesetzes einzuhalten; ebenso muß bzw. kann auf Geldstrafe, auf Nebenstrafen oder Nebenfolgen auch dann erkannt werden, wenn nur das mildere Gesetz sie obligatorisch oder fakultativ vorsieht. So RG. 73 148 (unter Aufgabe der bisherigen Rechtsprechung), RG. 75 190.

II. Scheinbares Zusammentreffen mehrerer Tatbestände (sog. Gesetzeskonkurrenz)

Das Prinzip der Idealkonkurrenz besteht darin, daß der deliktische Gehalt einer Handlung nur durch mehrere Tatbestände allseitig erfaßt wird. Darum liegt kein Zusammentreffen mehrerer Tatbestände vor, wo zwar formell mehrere Tatbestände auf die Handlung anwendbar wären, wo aber der deliktische Gehalt schon durch einen dieser Tatbestände erschöpfend bestimmt wird. Dieser eine Tatbestand verdrängt alle übrigen: sog. Gesetzeskonkurrenz.

RG. und h. L. grenzen die Gesetzeskonkurrenz formalistisch eng ab und weiten dadurch das Anwendungsgebiet der Idealkonkurrenz ungebührlich aus. Statt den typischen Unrechtsgehalt der mehreren Gesetze zu vergleichen, stellen sie es grundsätzlich auf den begrifflichen Umfang der Tatbestände ab und nehmen Idealkonkurrenz schon dann an, wenn begrifflich Fälle denkbar sind, bei denen der eine Tatbestand ohne den andern verwirklicht werden könnte. Hiergegen besonders Dohna, Z. 61 138 ff.; Peters, Probleme, S. 221 ff.

Gesetzeskonkurrenz besteht bei:

1. Spezialität: Der eine Tatbestand ist gegenüber dem anderen der engere; er geht darum dem allgemeineren vor: lex specialis derogat legi generali. Das ist der Fall nicht nur

a) bei der Spezialität im engeren Sinn, der Qualifikation und Privilegierung eines Tatbestandes, z. B. § 243 oder § 248a gegenüber § 242; sondern auch

b) beim eigenständigen Verbrechen (delictum sui generis), bei dem aus einer Verbrechensart eine Begehungsform herausgenommen und völlig verselbständigt ist, z. B. § 357 gegenüber §§ 48, 49; ferner

c) beim zusammmengesetzten Verbrechen, wie Raub (§ 249) gegenüber Diebstahl (§ 242) und Nötigung (§ 240), und schließlich

d) bei der Spezialität der gesetzlichen Grundgedanken, wo zwar der begriffliche Umfang zweier Tatbestände formal einmal auseinanderfallen kann, aber der Grundgedanke des einen Tatbestandes die spezielle Form des anderen ist, z. B. Gefangenenbefreiung (§ 120) gegenüber Begünstigung (§ 257); a. A. RG. **57** 308; § 137 gegenüber § 133.

2. Alternativität: Eine Tat läßt sich in zwei gleichwertige Tatbestände einordnen, z. B. § 311 und § 5 Sprengstoffgesetz: Nur das strengste Gesetz kommt zur Anwendung.

3. Subsidiarität: Bestimmte Tatbestände gelten nur, wenn nicht ein anderes, regelmäßig schwereres Gesetz zur Anwendung kommt, teils

a) kraft ausdrücklicher Bestimmung; z. B. § 265a gegenüber § 263; teils

b) stillschweigend wie die konkreten Gefährdungsdelikte gegenüber den Verletzungsdelikten (z. B. § 221 gegenüber §§ 211, 212), Versuch gegenüber Vollendung (z. B. § 49a gegenüber § 48; § 151 gegenüber § 146). Hier spricht man auch von strafloser Vortat.

4. Konsumtion: Der Unrechtsgehalt eines Tatbestandes umfaßt typischerweise auch den Unrechtsgehalt eines anderen, so daß die Bestrafung für die Begleittat von der der Haupttat mit abgegolten wird. Das ist der Fall,

a) wenn ein Delikt regelmäßige Begehungsform eines anderen ist, z. B. Sachbeschädigung und Hausfriedensbruch gegenüber Einbruchsdiebstahl (RG. **53** 279), Sachbeschädigung gegenüber Brandstiftung (a. A. RG. **57** 296).

b) bei der straflosen (besser vorbestraften) Nachtat. Das Auswertungsdelikt ist straflose Nachtat zum Zustands- (bes. Zueignungs-)delikt. Der Dieb, der die gestohlenen Sachen verkauft oder beschädigt, begeht zwar formal damit Unterschlagung oder Sachbeschädigung, aber diese Taten werden vom Unrechtsgehalt des Diebstahls mit umfaßt, denn sie sind nur das Auswerten der eigentümerähnlichen Stellung, wegen deren Erringung der Dieb nach § 242 bestraft wird. Das gleiche wie für den Diebstahl gilt für Betrug, Erpressung, Hehlerei u. a. Die Nachtat ist jedoch strafbar, wenn sie ein neues Rechtsgut verletzt.

Z. B. Verkauf der gestohlenen Sache an einen Gutgläubigen ist Betrug gegenüber dem Käufer.

Die straflose Nachtat ist strafrechtlich jedoch nicht völlig bedeutungslos. Sie darf bei der Strafzumessung berücksichtigt werden (RG. **62** 61). An ihr ist u. U. strafbare Teilnahme möglich, falls nicht Begünstigung oder Hehlerei an der Vortat vorliegen.

Beispiel: Weiß A nicht, daß die Sache, die er von B kauft, von diesem gestohlen ist, sondern weiß er nur, daß sie dem B nicht gehört, so begeht er Beihilfe zur Unterschlagung, wenn er ihm die Sache abkauft. Denn B begeht tatsächlich objektiv und subjektiv eine Unterschlagung, die nur für ihn von der Diestahlsbestrafung mit abgegolten wird A kann an ihr aber strafbar teilnehmen; s. RG. **67** 76.

Vgl. zum Ganzen Nagler LK., Vorbem. vor § 73 III.

III. Zusammentreffen mehrerer Strafschärfungs- oder Strafmilderungsgründe

Treffen mehrere Strafmilderungsgründe in derselben Handlung zusammen (z. B. § 248a und § 370 Ziff. 5), so ist die mildeste Bestimmung anzuwenden; ebenso ist umgekehrt beim Zusammentreffen mehrerer Strafschärfungsgründe auch nur die schwerste Bestimmung anzuwenden, während die übrigen nur als Strafzumessungsgründe wirken (z. B. § 342 im Verhältnis zu § 123 Abs. 2). Treffen mehrere Strafschärfungsgründe derselben Bestimmung zusammen (z. B. mehrere Ziffern des § 243), so liegt eine Verletzung der qualifizierten Straftat, also z. B. ein schwerer Diebstahl aus mehreren Schärfungsgründen vor. Konkurrieren Strafschärfungs- und Strafmilderungsgründe (z. B. § 243 und § 248a), so ist das Verhältnis der beiden jeweils durch Auslegung der betreffenden Bestimmungen zu ermitteln. Binding, Hdb. I 353, Frank § 73 VII, Nagler LK. S. 72; abw. Hippel II 523.

§ 26. Das Zusammentreffen mehrerer strafbarer Handlungen (die Realkonkurrenz)

1. Ein Täter begeht mehrere selbständige strafbare Handlungen (Tatmehrheit). Hier müßte grundsätzlich Häufung aller Einzelstrafen stattfinden. Dieses Kumulationsprinzip gilt uneingeschränkt bei allen Übertretungen, bei der Todesstrafe, bei der lebenslänglichen Freiheitsstrafe und Geldstrafe (§§ 74, 78).

Der mehrfache Mörder verwirkt also mehrfach die Todesstrafe! Doch ist das nur in den Urteilsgründen anzugeben; in den Urteilsspruch (Tenor) werden Strafen und Sicherungsmaßregeln, die neben verwirkten Strafen und Maßregeln nicht vollstreckt werden können, nicht mehr aufgenommen. § 260 Abs. 4 StPO.

In den übrigen Fällen, also wenn mehrere zeitige Freiheitsstrafen wegen Verbrechen oder Vergehen verwirkt sind, gilt grundsätzlich das Asperationsprinzip: Für jede Tat wird die Einzelstrafe ermittelt und alle diese Strafen werden zu einer Gesamtstrafe zusammengezogen, indem die verwirkte schwerste Einzelstrafe erhöht wird. Dabei darf die Gesamtstrafe die Summe der Einzelstrafen nicht erreichen und die in §§ 74 Abs. 3; 75 Abs. 3; 77 Abs. 2 vorgesehenen Strafmaxima (15 Jahre Zuchthaus, 10 Jahre Gefängnis, 3 Monate Haft) nicht übersteigen.

Keine Zusammenziehung bei Zusammentreffen von Haft und sonstiger Freiheitsstrafe, § 77.

Eine Gesamtstrafe kann auch später noch gebildet werden, wenn die Tat vor der früheren Verurteilung liegt und die frühere Strafe noch nicht verbüßt, verjährt oder erlassen ist, § 79; vgl. auch §§ 460, 462 Abs. 3 StPO.

2. Eine Sonderregelung gilt für das Jugendstrafrecht: Hat ein Jugendlicher mehrere Straftaten begangen, so wird stets nur eine Strafe, ein Zuchtmittel oder eine Erziehungsmaßregel derselben Art festgesetzt („Einheitsstrafe"). Die Höchstgrenzen der Jugendgefängnisstrafe (10 Jahre) und des Jugendarrestes (4 Wochen) dürfen auch hier nicht überschritten werden, § 14 RJGG.

Nur wo das Gesetz ohnehin eine Verbindung mehrerer ungleichartiger Deliktsfolgen vorsieht (§ 18 RJGG), läßt es diese bei der Einheitsstrafe zu. § 14 Abs. 1 S. 3. Über nachträgliche Bildung der Einheitsstrafe s. § 14 Abs. 2.

Hat der Jugendliche die Straftaten teils vor, teils nach dem 18. Lebensjahr begangen, so tritt nur das Jugendstrafrecht ein. wenn das Schwergewicht bei der im Jugendalter begangenen Tat liegt, anderenfalls ausschließlich das allgemeine Strafrecht, wobei jedoch auch hier eine Einheitsstrafe nach § 14 zu bilden ist, § 15 RJGG.

Zweites Buch
Die Strafen und die sichernden Maßregeln

§ 27. Vom Wesen der Strafe und der sichernden Maßregeln

I. Das Wesen der Strafe

Wesen und Funktion der Strafe zeigen sich von zwei Seiten her: einmal vom Verurteilten, der sie erleidet, und von den Mitmenschen her, die ihre Verhängung miterleben (personale Seite); zweitens vom Staate her, der sie verhängt (staatliche Seite).

1. Die personale Seite der Strafe:

Die Strafe erleidet der Täter und erleben seine Mitmenschen als ganze, mehrschichtig strukturierte Personen, d. h. ebenso sehr in ihrem personellen Oberbau des Erkennens und Wollens, wie in ihren Tiefenschichten der Triebe, Strebungen und Gefühle (s. o. S. 75). Wesen und Funktion der Strafe können nur in dieser doppelten Beziehung auf die Person verstanden werden. Die erste Beziehung betrifft den verstehbaren Sinn der Strafe (Sinnproblem der Strafe), die zweite ihre erlebnismäßige Eindruckskraft (Eindrucksproblem der Strafe).

a) Das Sinnproblem der Strafe:

Die Strafe ist ein Übel, das gegen den Täter für die schuldhafte Tat verhängt wird. Sie ruht auf dem Postulat gerechter Vergeltung, daß „jedermann das widerfahre, was seine Taten wert sind“ (Kant), d. h. auf dem Postulat des Einklanges von Glückswürdigkeit und Glück, Strafwürdigkeit und Strafleiden. Nach diesem Postulat eines gerechten Weltlaufs ist es richtig, wenn der Übeltäter nach dem Umfang seiner Schuld auch leidet. Aus diesem Strafsinn folgt sowohl die Rechtfertigung wie das Maß des Strafübels: Die Strafe ist gerechtfertigt als Vergeltung nach dem Maß der Schuld. Dieser Strafsinn wendet sich an die Einsicht und an den Willen des Menschen, sowohl des Täters wie der Mitwelt. Die gerechte Vergeltung der Tat macht deren Unwert vor aller Augen sichtbar und festigt damit das sozialethische Urteil; sie stellt den Einklang von Strafwürdigkeit und Strafe her und ermöglicht endlich dem Täter, die Strafe als gerechte Sühne für seine unrechte Tat auf sich zu nehmen.

b) Das Eindrucksproblem der Strafe:

Die Strafe soll jedoch nicht nur in ihrer Sinnhaftigkeit verstanden, sondern auch als Übel erlebt und empfunden werden. In dieser Hinsicht wendet sie sich an die Tiefenfunktionen des Menschen: seine Gefühle, Triebe, Strebungen.

aa) Als Übelszufügung drängt sie die rechtsfeindlichen Triebe, Strebungen, Gefühle sowohl unmittelbar beim Täter wie mittelbar bei den Mitmenschen zurück (jene die spezialpräventive, diese die generalpräventive Abschreckung).

bb) Durch den Zwang zur Selbstbesinnung, zu Arbeit und geordnetem Leben vermag sie besonders bei der Freiheitsstrafe gemeinschaftsförderliche Antriebe im Täter zu wecken und zu bestärken (spezialpräventive Besserung).

Sinn- und Eindrucksseite der Strafe gehören wesensmäßig zusammen, ebenso wie der Mensch, der sie erlebt, eine in ihrer Mehrschichtigkeit doch einheitliche Person ist. Beide Seiten durchdringen einander insofern, als der Bedeutungssinn (die Gerechtigkeit der Vergeltung) den Täter für die Eindruckskomponente (das Strafübel) innerlich, nicht nur äußerlich-dressurmäßig empfänglich macht und umgekehrt die Eindruckskomponente den verstehbaren Bedeutungssinn im Täter nachdrücklich erleben läßt.

2. Die staatliche Seite der Strafe:

Aus der Rechtfertigung der Strafe folgt jedoch noch nicht, daß der Staat auch strafen **muß**. Die Gerechtigkeit im allgemeinen Weltlauf herzustellen, ist der Staat weder in der Lage noch verpflichtet. **Wenn** er straft, hat er gerecht zu strafen; aber **ob** er straft, hängt davon ab, ob die Strafe für den Bestand der Rechtsordnung erforderlich ist. Der Realgrund der staatlichen Strafe liegt in ihrer Unerläßlichkeit zur Aufrechterhaltung der Gemeinschaftsordnung. Die Wirklichkeit der staatlichen Strafe ist daher nur „relativ", d. h. in Bezug auf ihre Notwendigkeit für den Bestand der Gemeinschaftsordnung zu begründen.

II. Die Straftheorien

Über Sinn und Zweck der Strafe hat der Mensch nachgedacht, solange philosophische Reflexion seine Existenz begleitet. Die Ergebnisse langer geschichtlicher Überlegungen verteilt man herkömmlich auf zwei große Theoriengruppen: die absoluten und die relativen Straftheorien. Von ihnen haben die absoluten Theorien vermöge ihrer idealistischen Grundhaltung über die Sinnfragen der Strafe alles Wesentliche ausgesagt, aber darüber das Gewicht des Wirklichkeitsproblems (insbesondere der Eindruckskomponente) zu leicht genommen, während der Realismus der relativen Theorien zwar das Wirklichkeitsproblem der Strafe entscheidend gefördert, darüber aber die Sinnfrage vergessen hat.

1. Die absoluten Theorien sehen in der gerechten Vergeltung nicht nur die Strafe gerechtfertigt, sondern auch ihre Wirklichkeit gewährleistet und ihren Inhalt erschöpft.

a) Die sittliche Notwendigkeit der Strafe gewährleiste, so sagen diese Theorien, auch ihre Wirklichkeit, sei es kraft der Identität von Vernunft und Wirklichkeit (Hegel), kraft eines kategorischen Imperativs (Kant) oder kraft religiöser Notwendigkeit (Stahl).

Klassisch die Begründung Kants: „Selbst wenn der Staat sich freiwillig auflöst, muß zuvor der letzte Mörder hingerichtet werden, damit die Blutschuld nicht auf dem Volk hafte, das auf diese Bestrafung nicht gedrungen hat: weil es als Teilnehmer an dieser öffentlichen Verletzung der Gerechtigkeit betrachtet werden kann." Metaphysik der Sitten, S. 331 ff.

So sehr die Strafe nur als gerechte Vergeltung sittlich gerechtfertigt ist — auch in der Hand des Staates —, so wenig ist es das Amt des Staates, für die Verwirklichung der Gerechtigkeit im allgemeinen Weltlauf einzutreten, unabhängig von dem, was für seinen eigenen Bestand als Rechtsgemeinschaft notwendig ist. Der Staat straft nicht, damit überhaupt in der Welt Gerechtigkeit, sondern damit Rechtlichkeit des Gemeinschaftslebens (Geltung und Befolgung seiner Rechtsordnung) sei.

b) Mit der Zufügung des gerechten Ausgleichs sei, nach der absoluten Theorie, der Inhalt der Strafe erschöpft. Alle sonstigen Folgen (Abschreckung, Besserung) seien bestenfalls günstige Nebenwirkungen, die mit dem Wesen der Strafe nichts zu tun haben (wiederum besonders klar Kant a. a. O.). Wenn aber die Aufgabe der staatlichen Strafjustiz nicht die Verwirklichung der Gerechtigkeit an sich, sondern die Herbeiführung von Rechtlichkeit ist, so gehört die wirkliche Funktionsweise der Strafe zu ihrem Wesen, und zwar nicht nur als Einwirkung auf die Personschicht des Menschen (Festigung des sittlichen Urteils), sondern auch als Einwirkung auf die Tiefenschichten (durch Abschreckung und Besserung). Wie der Mensch eine Einheit ist, so trifft ihn auch die Strafe als ganze Person.

Die Bedeutung der absoluten Theorie liegt darin, daß sie mit der Rechtfertigung der Strafe auch ihr Maßprinzip angegeben hat: nur im Rahmen gerechter Vergeltung ist die Strafe gerechtfertigt, d. h. unter Wahrung gleichmäßiger Abstufung der Strafschwere von der schwersten, sittlich zulässigen Strafe zu den leichteren, proportional der Schwere der Verschuldung, von den schwersten Verbrechen zu den leichteren. Die Einschätzung der Strafwürdigkeit einer Tat unterliegt dabei dem geschichtlichen Fluß, entsprechend dem Wandel der Wertstile von Epochen und unbeschadet der Identität des Maßprinzips selbst. Da es sich bei dem zu Messenden nicht um Seinsgrößen, sondern um Wertverhältnisse handelt, kann auch innerhalb derselben Epoche das Maßprinzip nur Grenzwerte liefern, ober- oder unterhalb deren die Strafe ungerecht schwer oder ungerecht leicht ausfallen würde.

2. Für die relativen Theorien ist die Strafe eine Zweckmaßnahme zur Verbrechensverhinderung. Die Straftat ist nur Voraussestzung, nicht Grund der Strafe (punitur, non quia peccatum est, sed ne peccetur). Diese Theorien vermögen zwar die Staatsnotwendigkeit und die Wirkungsweise der Strafe zu erklären, aber sie weder zu rechtfertigen noch von anderen sozialen Schutzmaßnahmen zu unterscheiden.

a) Alle Zweckmäßigkeitserwägungen können zwar die Strafe als nützlich oder zweckdienlich für einen vorausgesetzten Zweck erweisen, aber sie nicht als berechtigt legitimieren. Die Rechtfertigung des Zwecks allein reicht dazu nicht aus, da nicht schon der Zweck als solcher das Mittel heiligt. Auf eine sittliche Rechtfertigung muß die Zweckbetrachtung ohnehin verzichten, da sie den Menschen nur als Mittel, nicht auch als Selbstzweck, d. h. als sittliche Person einsetzt. Der Utilitarismus der Zwecktheorien löst das Strafrecht zwangsläufig von seiner ethischen Grundlage los.

b) Ist die Strafe nicht mehr Vergeltung für Schuld, so hört sie auf, sich von Schutzmaßnahmen gegen gefährliche Menschen wesensmäßig zu unterscheiden. Sie ist eine Zweckmaßnahme wie andere Zweckmaßnahmen des sozialen Schutzes.

c) Förderlich ist dagegen die Überlegung der relativen Theorien für die Einsicht in die Eindruckskomponente der Strafe.

aa) Die generalpräventiven Theorien sehen die Hauptwirkung und damit den Hauptzweck der Strafe in der verbrechenshemmenden psychologischen Einwirkung auf die Allgemeinheit (Abschreckung). Soweit allerdings bei dieser Einwirkung an die Bildung und Festigung des sittlichen Urteils gedacht ist, handelt es sich um eine Wirkung der gerechten Vergeltung und nur der gerechten Vergeltung, so daß diese Erwägung hier auszuscheiden hat. Das eigentliche Anliegen der generalpräventiven Theorien geht vielmehr auf Abschreckung, und zwar entweder

α) durch exemplarische Strafvollstreckung: so die Praxis vom Mittelalter bis zur Aufklärung und neuestens die der totalitären Staaten: durch öffentlich vollzogene Lebens- oder Leibesstrafen oder durch propagandistische Verbreitung von Mitteilungen über exemplarische Bestrafungen soll die Mitwelt abgeschreckt werden;

β) bereits durch hohe Strafdrohungen: so die psychologische Zwangstheorie Feuerbachs, die er im bayrischen StGB. von 1813 verwirklichte.

Beide Theorien müssen die Schwere der Strafe nicht nach der Schuld, sondern nach der Stärke des Tatanreizes ausmessen, und da die Strafdrohung und die exemplarische Bestrafung diesen Tatanreiz zurückdrängen sollen, müssen sie das Strafübel möglichst hoch ansetzen. Diese Rechnung wäre richtig, wenn nicht der Täter bei Tatbegehung damit rechnete, unentdeckt zu bleiben. Die Furcht vor der Strafe als verbrechenshinderndes Motiv hängt weniger von der Schwere des angedrohten Strafübels als von der Chance des Entdecktwerdens ab. Je schlagkräftiger die Verbrechensverfolgung ist, desto maßvoller kann die Strafe sein. Vor allem aber mangelt der Abschreckung als solcher die sittenbildende Kraft, so daß sie wohl für eine Zeit lang „dressieren" kann, aber auf die Dauer nur verbittert und verroht. Auch zweckmäßig ist darum die Abschreckung nur im Rahmen der gerechten Vergeltung, und hier kann sie in Zeiten von Verbrechensepidemien wichtig werden, indem sie die Strafgröße nach der oberen Grenze der gerechten Vergeltung ausmißt.

bb) Die spezialpräventiven Theorien wollen die Verbrechensverhütung durch Einwirkung auf den Sträfling erreichen. Da nun die individuelle Wirksamkeit des angewendeten Mittels davon abhängt, daß es der Eigenart des Täters angepaßt ist, müssen diese Theorien individualisieren: den Augenblicksverbrecher abschrecken, den verbesserlichen Zustandsverbrecher bessern, den unverbesserlichen unschädlich machen (so v. Liszt).

Die spezialpräventiven Theorien leiden in besonders hohem Maße unter dem Fehler der mangelnden Trennung von Strafe und Sicherungsmaßregeln. Sie geben zwar wertvolle Aufschlüsse für eine Theorie der Sicherungsmittel, versagen aber in weitem Umfang bei der Deutung der Strafe. Da sie als Maßprinzip der Strafe nicht die Schwere der Verschuldung, sondern die soziale Gefährlichkeit des Täters ansetzen, für die die begangene Tat nur Symptomwert hat, führen sie zu ungerechten und zum Teil unmöglichen Ergebnissen. Wo eine Wiederholungsgefahr ausgeschlossen ist, müßte eine Bestrafung überhaupt unterbleiben (z. B. beim siechgeschossenen Wilderer oder beim Augenblickstäter aus einmaliger unwiederholbarer Konfliktslage). Hier müssen die Theorien Anleihen bei der generalpräventiven machen. Wo eine Wiederholungsgefahr gering ist, müssen sie auch für schwere Verbrechen zu einer geringen Strafe (Denkzettel) führen wie umgekehrt bei hoher Wiederholungsgefahr zu schwerer Strafe für geringfügige Taten (z. B. gegen einen gewohnheitsmäßigen Zechpreller). Ihre berechtigte Anliegen sind darum nicht unter dem Gesichtspunkt der Strafe, sondern dem der sichernden Maßnahmen zu erfüllen.

Für die Strafe haben die individualisierenden Theorien nur in einem wesentlichen Punkte positive Bedeutung gehabt: für die Gestaltung des Vollzugs der Freiheitsstrafe. Ihn stellen sie ganz unter den Gesichtspunkt der Resozialisierung des Täters durch Erziehung und Besserung. — Wo der Täter noch in der Entwicklung steht (also beim Jugendlichen), hat die Betonung des Erziehungsgedankens im Strafvollzug volle Berechtigung (s. u. S. 132). Begrenzter ist jedoch die Erziehungsmöglichkeit beim erwachsenen Täter (vollends unter den unnatürlichen Bedingungen eines Gefängnisses). Durchschnittlich zwischen dem 25. und 30. Lebensjahr legen sich Charakter und persönliche Wertwelt beim Menschen fest, nur eindringliche und harte Erfahrung können sie merklich beeinflussen. Dazu kann die Strafe nur als gerechte Vergeltung dienen; denn ungerechte Strafe nur um der — ohnehin recht problematischen — Gefängniserziehung willen würde verbittern. Innerhalb dieses Maßes aber kann und muß durch sinnvolle Ausgestaltung des Vollzugs (besonders durch Arbeit, Ordnung und wenn möglich durch seelische Beeinflussung) die resozialisierende Eindruckskraft der Strafe verstärkt werden. In diesem Rahmen hat der Erziehungsgedanke die moderne Freiheitsstrafe geprägt.

III. Das Wesen der Sicherungsmaßregel

Die Rechtsschutzfunktion der Strafe ist sachlich wie personell auf die gerechte Vergeltung für den Rechtsbruch des schuldhaft handelnden Täters begrenzt. Sie erfüllt diese Funktion voll gegenüber den Gelegenheits- und Konfliktstätern der sozial bindungsfähigen Bevölkerungsschicht, aber trifft nicht die über die Einzelschuld hinausgehende Tätergefährlichkeit der Zustandsverbrecher. Bei ihnen muß die Strafe durch sichernde Maßregeln ergänzt werden, deren Grundlage nicht die Schuld, sondern die Gefährlichkeit ist.

Diese Maßnahmen werden nicht zum vergeltenden Ausgleich für eine unrechte Tat verhängt, sondern zur künftigen Sicherung der Gemeinschaft vor den zu erwartenden weiteren Rechtsbrüchen des Täters; die begangene Tat hat hier nur Erkenntnis- und Symptomwert für die auch anderweitig festzustellende Gemeingefährlichkeit des Täters. Darum richtet sich hier Art und Maß der sichernden Maßnahmen nicht nach der Schwere der Tat, sondern nach Art und Dauer der Gefährlichkeit des Täters.

Auch gegenüber den sichernden Maßnahmen erhebt sich sowohl die Frage nach ihrer Notwendigkeit — sie liegt wie bei der Strafe in ihrer Unerläßlichkeit für den Gemeinschaftsschutz — wie die Frage nach ihrer Rechtfertigung. Hierfür sind folgende Grundsätze wesentlich:

a) Allen Sicherungsmaßnahmen liegt der allgemeine Rechtsgedanke zugrunde, daß am Gemeinschaftsleben nur der ungeschmälert teilnehmen kann, der sich von den Normen des Gemeinschaftslebens leiten lassen kann. Wer dieser sittlichen Freiheit der Selbstbestimmung überhaupt nicht (wie der Geisteskranke) oder infolge von schlechten Anlagen, Lastern und Gewohnheiten nicht hinreichend fähig ist, kann die volle rechtliche Freiheit im Gemeinschaftsleben nicht beanspruchen.

Dazu treten gegebenenfalls noch weitere rechtfertigende Gesichtspunkte, z. B. gegenüber den Irren, vermindert Zurechnungsfähigen und Rauschsüchtigen das Recht und die Pflicht des Staates zur helfenden und heilenden Fürsorge, gegenüber Jugendlichen und Arbeitsscheuen das Erziehungsrecht usf.

b) Alle Sicherungsmaßnahmen finden ihre Grenze in dem Gebot der Persönlichkeitsachtung, auf dem sich seit dem Christentum unsere abendländische Kultur aufbaut; daß der Mensch niemals *bloß* als Mittel, auch nicht für den Staatszweck, und somit niemals *bloß* als Sache benutzt werden darf, sondern stets *auch* als Person und Selbstzweck geachtet werden muß (Kant). Die Tötung von Menschen ist, wo sie nicht durch sittliche Schuld verdient ist (Todesstrafe), bloß als Zweckmäßigkeits- und Nützlichkeitserwägung niemals zulässig. Tötung von Geisteskranken, gefährlichen Gewohnheitsverbrechern nur aus dem Grund „zweckmäßiger" Sicherung ist unzulässig.

IV. Zusammentreffen von Strafe und Sicherungsmaßregel

Strafe und Sicherungsmaßregel können im Einzelfall zusammentreffen, und zwar geschieht das in allen den Fällen, in denen ein schuldfähiger Täter über die schuldhafte Einzeltat hinaus gefährlich ist. Da Strafe und Sicherungsmaßregel wesensmäßig verschieden sind — jene die gerechte Vergeltung für die begangene Tat, diese der Schutz der Gemeinschaft vor der Gefährlichkeit des Täters —, treten sie selbständig nebeneinander (sog. dualistisches oder zweispuriges System). Der Täter wird bestraft und bis zur Behebung seiner Gefährlichkeit der Sicherungsmaßregel unterworfen. So wird der rauschsüchtige Verbrecher vor oder nach der Bestrafung seiner Tat zur Beseitigung seiner Sucht einer Entziehungsanstalt zugewiesen.

Sonderfragen ergeben sich beim Zusammentreffen von Zuchthausstrafe und Sicherungsverwahrung (entsprechend von geschärfter Haft und Arbeitshaus). Auch hier zeigt sich die Geltung des dualistischen Systems darin, daß der pönale Vergeltungsgedanke das Mindestmaß, der präventive Sicherungsgedanke das darüber hinausliegende Maß des Freiheitsentzugs bestimmen, während der Vollzug in beiden Stadien ähnlich ist, da der Vollzug der Sicherungsverwahrung bei der sozialen Minderwertigkeit der betroffenen Person nicht wesentlich anders aussehen kann als der Strafvollzug. Bei dieser Verwandtschaft des Vollzugs empfiehlt es sich, Strafe und Sicherungsverwahrung in der gleichen Sonderanstalt für Gewohnheitsverbrecher („Zuchthaus und Sicherungsanstalt") zu vollziehen, um einen dem Resozialisierungsprozeß des Täters abträglichen Anstaltswechsel zu vermeiden: so die heutige Regelung auf Grund der AV. vom 22. 12. 1942 (DJ. **1943** S. 22).

Unzutreffend wurde aus dem dualistischen System die Notwendigkeit einer Anstaltstrennung von Zuchthaus und Sicherungsanstalt gefolgert (so die ursprüngliche Regelung des Gewohnheitsverbrecher-Gesetzes von 1933). Das wäre zwingend, wenn Zuchthaus und Sicherungsverwahrung nicht nur in Grund und Maß, sondern auch im Vollzug verschieden sein müßten: das ist nicht der Fall.

Dem zweispurigen System steht das „einspurige" gegenüber, in dem entweder die Sicherungsmaßregel die Strafe verdrängt (so § 42 schweiz. StGB.) oder umgekehrt die Strafe die Sicherungsaufgabe mitübernimmt („Sicherungsstrafe" von unbestimmter Dauer, so § 20 a Thür. StGB.). Soweit diese Lösung rein spezialpräventiv orientiert ist, sprechen gegen sie die oben II, 2 geäußerten Bedenken. Praktisch ist jedoch der Unterschied nicht mehr allzu groß, da auch die Verfechter der Einspurigkeit mindestens aus generalpräventiven Gründen das Mindestmaß des Freiheitsentzugs nach dem Vergeltungsgedanken bestimmen müssen; dann verlassen sie aber ihre Theorie und bestimmen den Freiheitsentzug nicht mehr einspurig!

§ 28. Das Strafensystem

Trotz der furchtbaren Zunahme der Todesstrafe im 3. Reich steht im Mittelpunkt des Strafensystems auch heute noch die Freiheitsstrafe. Die moderne Freiheitsstrafe, die nicht wie die des römischen und mittelalterlichen Rechts lediglich die körperliche Peinigung oder langsame Vernichtung des Gefangenen, sondern die resozialisierende Wiedereingliederung, seine Erziehung zur Gemeinschaft zum Ziele hat, wurde erstmalig im Amsterdamer Zuchthaus von 1595 verwirklicht. Ihr Prophet wurde der englische Philanthrop John Howard (gest. 1790). Die von seinem Wirken ausgehende Gefängnisreformbewegung hatte zuerst in Amerika (Philadelphia 1790 bzw. 1825, Auburn 1823) praktische Erfolge. Es folgten England (Pentonville 1842) und der Kontinent (Bruchsal 1848, Moabit 1849). Der Erziehungsgedanke wurde vor allem im „Progressivsystem" verwirklicht, in welchem der Gefangene sich durch die Art seiner Führung eine stufenweise Lockerung des Strafzwanges verdienen konnte.

Heute scheint die Bewegung für die Freiheitsstrafe ihren Höhepunkt überschritten zu haben. Die Erwartungen, die auf ihre resozialisierende Funktion gesetzt waren, sind gedämpft. Vollends in einer Zeit mannigfacher (direkter und indirekter) Freiheitsbeschränkungen und schwerer Bedingungen im „normalen" Leben, in einer Zeit, da politische und polizeiliche Maßnahmen Folgen für den Betroffenen haben können, die an die einer Freiheitsstrafe herankommen, ist ihr Strafcharakter stark relativiert. — So ist das überkommene Strafsystem sehr reformbedürftig, ohne daß bisher neue Wege sichtbar geworden wären. Vgl. Eb. Schmidt, SJZ. 1946 204.

I. Die Hauptstrafen

Hauptstrafen sind solche Strafen, auf die für sich allein erkannt werden kann.

1. Die Todesstrafe.

Vollstreckung erfolgt durch Enthauptung § 13 (über deren Vollzug siehe § 454 StPO.)

2. Die Freiheitsstrafen.

a) Die Zuchthausstrafe.

Sie ist die schwerste Freiheitsstrafe, die bei Verbrechen angedroht ist. Sie hat die dauernde Unfähigkeit zur Bekleidung öffentlicher Ämter zur Folge (§ 31). Ihr Vollzug ist kraft Gesetzes mit nicht-individualisierendem Arbeitszwang verbunden (§ 15).

Sie ist eine lebenslängliche, wo dies besonders vorgesehen ist, sonst eine zeitige. Der Höchstbetrag der zeitigen ist 15 Jahre, ihr Mindestbetrag 1 Jahr (§ 14). Innerhalb eines Jahres darf die Zuchthausstrafe nur nach vollen Monaten bemessen werden (§ 19 Abs. 2; Ausnahmen bestehen bei Umwandlungen aus Geldstrafe gemäß § 29 Abs. 2 und bei Gesamtstrafen § 74, s. RG. 8 26). Soll, wie es bei Versuch, Beihilfe usw. möglich ist, auf eine Strafe unter einem Jahr erkannt werden, so ist die Zuchthausstrafe in Gefängnis umzuwandeln (vgl. § 44 Abs. 3).

b) Die Gefängnisstrafe.

Sie ist die mittelschwere Freiheitsstrafe, die grundsätzlich für Vergehen und für Verbrechen in milderen Fällen vorgesehen ist. Sie ist mit persönlich-angepaßtem Arbeitszwang verbunden (§ 16).

Der Höchstbetrag ist 5 Jahre, der Mindestbetrag 1 Tag (§ 16). Bei Realkonkurrenz (§ 74) und für Jugendliche beträgt die Höchstdauer 10 Jahre. Die Strafe darf nur nach vollen Tagen bemessen werden (§ 19).

c) Die Festungshaft.

Die custodia honesta ist die nicht-entehrende Freiheitsstrafe ohne Arbeitszwang (§ 17, § 20). Sie darf nach Allg. Richteranweisung Nr. 1 Ziff. 8d z. Zt. nicht verhängt werden; an ihre Stelle tritt Zuchthaus- oder Gefängnisstrafe.

d) Die Haft.

Sie ist die leichteste, nicht-entehrende Freiheitsstrafe, grundsätzlich für Übertretungen, ausnahmsweise auch für Vergehen (z. B. § 185), regelmäßig ohne Arbeitszwang (§ 18 Abs. 2).

Arbeitszwang jedoch z. B. in §§ 361, Ziff. 3—8, § 362 (geschärfte Haft).

Mindestdauer 1 Tag, Höchstdauer 6 Wochen, bei Realkonkurrenz 3 Monate § 18, §§ 77/8; Bemessung auch hier nur nach vollen Tagen (§ 19).

Für die Umwandlung einer Freiheitsstrafe in eine andere, wie es vor allem bei Versuch und Realkonkurrenz in Frage kommt, stellt § 21 einen Umwandlungsschlüssel auf: 1 Jahr Gefängnis steht 8 Monaten Zuchthaus und 1 Jahr Festung 8 Monaten Gefängnis gleich.

Über den Vollzug der Freiheitsstrafe enthält das StGB. nur ganz wenige Bemerkungen (z. B. über Arbeitszwang §§ 15, 16 und Einzelhaft [§ 22]). Zur heutigen Lage vgl. Krebs, SJZ. 1946 209.

3. Die Geldstrafe.

Geldstrafe ist meist neben einer Freiheitsstrafe (wahlweise oder zusätzlich) angedroht, ausnahmsweise auch selbständig. Auch wo sie nicht besonders vorgesehen ist, kann sie bei gewinnsüchtigen Verbrechen oder Vergehen neben der Freiheitsstrafe verhängt werden (§ 27a). Ferner muß sie, auch wo sie nicht vorgesehen ist, an Stelle einer Freiheitsstrafe unter 3 Monaten verhängt werden, wenn der Strafzweck durch sie erreicht werden kann (§ 27b).

Die Frage der Anwendbarkeit des § 27b muß im Urteil geprüft werden, andernfalls Revisionsgrund! (RG. 60 115, 169). Mindest- und Höchstbetrag der Geldstrafe ist bei Übertretungen 1—150 RM., sonst 3—10 000 RM., soweit nicht höhere Beträge festgesetzt sind.

Ist die Geldstrafe nicht beizutreiben, so tritt an ihre Stelle die Ersatzfreiheitsstrafe, die schon im Urteil festgesetzt werden muß (§ 29).

II. Die Nebenstrafen

Sie sind solche Strafen, die nur neben einer Hauptstrafe verhängt werden können.

1. Aberkennung der bürgerlichen Ehrenrechte (§ 32).

Der Verurteilte verliert dauernd die aus öffentlichen Wahlen hervorgegangenen Rechte, öffentliche Ämter, Titel, Würden und Ehrenzeichen (§ 33); vorübergehend für die Dauer der Aberkennung auch die Fähigkeit zur Erlangung solcher Ämter, Titel, Würden u. a. (s. § 34) Die Aberkennung ist vereinzelt zwingend vorgeschrieben, wie bei Meineid, schwerer Kuppelei; sonst ist sie neben Todes- und Zuchthausstrafe ins Ermessen des Richters gestellt, ebenso neben einer Gefängnisstrafe von mindestens drei Monaten, wenn die Aberkennung gesetzlich besonders zugelassen ist oder die Gefängnisstrafe wegen mildernder Umtände an die Stelle von Zuchthaus trat (§ 32).

2. Verlust der Amtsfähigkeit.

Neben Gefängnis kann auf die Unfähigkeit zur Bekleidung öffentlicher Ämter erkannt werden, wenn Aberkennung der bürgerlichen Ehrenrechte möglich wäre (s. §§ 35 36); ferner in Einzelfällen wie §§ 128, 129 u. a.

3. Die Einziehung (§§ 40—42).

Gegenstand der Einziehung sind Sachen, die durch die Straftat hervorgebracht sind (z. B. Falschgeld) oder die zur Tatbegehung gebraucht oder bestimmt waren (producta et instrumenta sceleris). Dagegen scheiden aus: die Verbrechensbeute, da sie durch die Tat nicht hervorgebracht, sondern „erlangt" ist (h. L.), und das Fahrzeug mit dem der Täter flieht oder die Beute wegschafft, da es nicht zur Tatbegehung gebraucht wurde. Frank § 40 II; a. A. RG. **73** 104.

Die Einziehung hat nach RG. **46** 131; **63** 380 u. a. in der Regel einen Doppelcharakter: sie ist sowohl Nebenstrafe wie Sicherungsmaßregel, wobei in den Fällen, in denen sie nur gegen den Täter oder Teilnehmer zulässig ist, der Strafcharakter überwiegt, während in den Fällen der „unterschiedslosen", d. h. ohne Rücksicht auf die Eigentumsverhältnisse zulässigen Einziehung (z. B. in §§ 152, 295) der Sicherungscharakter vorherrscht, ohne daß sie jedoch gegenüber dem Täter oder Teilnehmer den Strafcharakter einbüßt. Vgl. auch RG. **62** 51; **66** 429 (für § 414 RAbgO.). Die Frage ist äußerst str.; meist wird entweder nur Straf- oder nur Sicherungscharakter angenommen. Vgl. Nagler, LK. § 40 I. (Die Frage ist bedeutsam für § 257, s. u. §§ 52 I, 69 III.)

Die Einziehung hat die Wirkung, daß im Augenblick der Rechtskraft des Urteils der Fiskus Eigentum erwirbt.

4. Die Verfallserklärung.

Der Bestecherlohn ist als dem Staat verfallen zu erklären (§ 335).

5. Öffentliche Bekanntmachung des Urteils (§§ 165, 200).

Sie ist Nebenstrafe und Genugtuung für den Verletzten zugleich (RG. **73** 24).

III. **Anhang.** Keine Strafe, sondern Schadensersatz ist die Buße an den Verletzten (§§ 188, 231).

§ 29. Die Strafbemessung

I. Die gesetzliche Strafbestimmung

1. Nur in wenigen Ausnahmefällen setzt das Gesetz eine absolut bestimmte Strafgröße fest, vor allem mit der Todesstrafe in § 5 Abs. 3 Sprengstoffgesetz (nicht mehr beim Mord § 211!)

2. In den weitaus meisten Fällen gibt das Gesetz einen Strafrahmen, innerhalb dessen der Richter die Strafe für den Einzelfall zu bestimmen hat. Der normale Strafrahmen, von dem der Tatbestand grundsätzlich ausgeht, kann dabei durch mildernde Umstände nach unten oder in besonders schweren Fällen nach oben erweitert sein, z. B. § 243 Abs. 2, § 223 b Abs. 2.

3. Allgemeine Strafmilderungs- und Strafschärfungsgründe.

Hierbei handelt es sich um Strafänderungsgründe, die im allgemeinen Teil grundsätzlich für alle Delikte gleichmäßig vorgesehen sind.

a) Strafmilderungsgründe:

Versuch § 44; Beihilfe § 49; Jugendlichkeit §§ 4 ff. RJGG.; verminderte Zurechnungsfähigkeit §§ 51 Abs. 2, § 58 Abs. 2. Einen generellen Strafmilderungsgrund enthält auch § 27b. Alle diese Strafmilderungsgründe ändern die Deliktsnatur nach § 1 nicht (s. o. S. 14).

Eine gesonderte Betrachtung erfordert die *verminderte Zurechnungsfähigkeit*. Die bei ihr zulässige Strafmilderung entspricht dem Tatschuldgedanken: geringere Schuld führt zu milderer Strafe. Jedoch *braucht* die Strafe nicht gemildert zu werden (§ 51 Abs. 2: „*kann*"):

aa) Hat der Täter die verminderte Zurechnungsfähigkeit schuldhaft herbeigeführt (z. B. bei Rauschgiftsucht), so ist eine Strafschärfung Sühne für Charakterschuld.

bb) Beruht die verminderte Zurechnungsfähigkeit auf Belastung (Psychopathie), so hat die zulässige Strafschärfung präventive, den Täter abschreckende Funktion. Vgl. *Welzel*, Z. **60** S. 465 ff.; RG. DR. **1942** 329, *Kohlrausch*, § 51, 10.

Darum kann bei charakterlich abartigen Tätern (etwa den Halt- oder Gemütlosen) eine harte Strafe aus „erzieherischen" Gründen durchaus angebracht sein (nicht aber die Todesstrafe, die, falls sie nicht vom Abartigen durch die Schwere seiner Tatschuld ohnehin *verdient* ist, nicht aus b[illegible]en Zweckmäßigkeitsgründen verhängt werden darf; a. A. RG. 71 179; vgl. auch o. S. 118).

b) *Die Strafschärfungsgründe.*

Neben § 27a kommt hier vor allem die Strafschärfung gegen gefährliche Gewohnheitsverbrecher § 20a in Betracht. Darüber s. unten III.

4. Gemäß dem nationalsozialistischen Abschreckungsgedanken waren die Strafdrohungen nach 1933 stark erhöht, vor allem die Fälle der Todesstrafe erheblich vermehrt worden. Hierzu bestimmt Gesetz Nr. 1 Art. IV der Mil.Reg., daß die Todesstrafe für alle Verbrechen abgeschafft ist, die nicht schon vor dem 30. 1. 1933 mit dem Tod bestraft waren, und daß keine grausamen oder übermäßig hohen Strafen verhängt werden dürfen. Das ergänzen die allgemeinen Richteranweisungen Nr. 1 Ziff. 8b dahin, daß, wenn die Strafdrohung nach 1933 erhöht worden ist, die vor dem 30. 1. 1933 geltende Höchststrafe nicht überschritten werden darf, außer wenn die Verschärfung der Strafe durch die kriminelle Vergangenheit des Angeklagten oder die Häufigkeit der Straftat gerechtfertigt ist. (S. auch oben S. 14.)

Unter Häufigkeit der Straftat ist nicht die Häufung von Straftaten bei demselben Täter — das wäre mit dem Merkmal der kriminellen Vergangenheit identisch —, sondern die Häufung von Straftaten derselben Art in der Allgemeinheit zu verstehen.

Bei der Anwendung dieser Vorschrift sind drei Fälle zu unterscheiden (vgl. auch Figge, Hann. Rpfl. **1946** 37):

a) Ist bei gleichbleibendem Tatbestand nur die Strafe verschärft worden, dann ist auf die Strafen vor 1933 zurückzugehen, z. B. in § 222 und vor allem beim Versuch § 44 (entsprechend bei der Beihilfe § 49), so daß heute wieder die Strafmilderung obligatorisch ist (außer in den beiden Ausnahmefällen).

b) Ist ein völlig neuer Tatbestand geschaffen worden (z. B. §§ 265a, 330a), dann ist der neue Tatbestand mit der dort vorgesehenen Strafe anzuwenden, sofern diese nicht übermäßig hoch ist.

Ein neuer Tatbestand ist auch die neu eingeführte Pönalisierung des Versuches bei zahlreichen Vergehen, z. B. §§ 113, 216, ferner des Anstiftungsversuchs § 49a.

c) Schwierigkeiten bereiten die Fälle, in denen ein schon vorhanden gewesener Tatbestand geändert und verschärft worden ist. Gemeinsam ist ihnen allen, daß der neue Tatbestand — sofern er nicht spezifisch nationalsozialistisch ist — anzuwenden, aber die Strafe in der Höhe vor 1933 zu bemessen ist. Folgende Möglichkeiten kommen in Betracht:

aa) Der bisherige Vollendungszeitpunkt ist vorverlegt worden auf einen Akt, der vor 1933 nur Versuch war, so in § 267. Hier ist die Tat zwar vollendet (wichtig für Rücktritt!), aber grundsätzlich nur mit der Versuchsstrafe zu belegen.

bb) Die Neufassung knüpft den deliktischen Charakter der Tat an andere Kriterien wie bisher, so daß gegenüber der a. F. die Strafbarkeit teils erweitert, teils beschränkt wird, so beim Mord § 211 n. F.: dann ist für die Qualifizierung der Tat als Mord die Neufassung anzuwenden, aber Todesstrafe kann nur verhängt werden, wenn die Tat auch nach a. F. mit Todesstrafe belegt war, nämlich wenn sie mit Überlegung ausgeführt worden war.

cc) Die Neufassung erweitert den bisherigen Tatbestand, z. B. in §§ 164 I, II, 266. Das ist auch dann der Fall, wenn aus dem bisherigen Tatbestand (evtl. unter gleichzeitiger Erweiterung) ein Spezialtatbestand ausgegliedert wurde, so § 175a aus § 175. Dann ist zwar der erweiterte Tatbestand bzw. der Spezialtatbestand anzuwenden, die Strafe jedoch einheitlich aus dem Grundtatbestand vor 1933 zu Überlegung ausgeführt worden war. OLG. Köln, DRZ. **1946** 94.

Es würde dem Sinne der Richteranweisung widersprechen, wollte man den erweiterten Tatbestand so zerlegen, daß, soweit er mit dem alten Tatbestand übereinstimmt, die Strafe vor 1933 anzuwenden wäre, soweit dagegen die Erweiterung neue Fälle umfaßt, die verschärfte Strafe; denn Sinn der Richteranweisung ist es, generell die überhöhten Strafdrohungen nach 1933 auf das ursprüngliche Maß zurückzuschrauben. Vgl. OLG. Braunschweig SJZ. **1946** 119.

Zu b) und c):

Schwierigkeiten kann ferner die Frage machen, ob ein „neuer" Tatbestand geschaffen oder der bisherige nur geändert wurde. Ihre Beantwortung ist dafür wichtig, ob die neue Strafdrohung anzuwenden oder ob auf die alte zurückzugreifen ist. Entscheidend ist nicht, ob die nach einem späteren Gesetz strafbare Tat auch vor 1933 „irgendwie" bestraft werden konnte oder nicht, sondern ob die Neufassung den alten Tatbestand unter Beibehaltung des bisherigen Delikttyps nur abgeändert (erweitert, beschränkt, spezialisiert) oder ob sie einen neuen Delikttyp geschaffen hat (delictum sui generis). Ersteres ist bei § 175a im Verhältnis zu § 175 der Fall, letzteres bei §§ 239a, 265a; OLG. Braunschweig, SJZ. **1946** 119; Kiel DRZ. **1946** 198 (für delictum sui generis auch bei § 175a: Werner, DRZ **1946** 74: Steidle, SJZ. **1946** 118; OLG. Düsseldorf, MDR. **1947** 59). Vgl. auch v. Weber, SJZ. **1946** 238, gegen ihn OLG. Tübingen, DRZ. **1947** 164.

Auch wird man wohl §§ 1, 9 Tierschutzgesetz als einen neuen Tatbestand gegenüber § 360 Ziff. 11 ansprechen müssen, da geschütztes Rechtsgut jetzt das Tier selbst und nicht mehr wie bisher das menschliche Empfindungsleben ist. Allerdings muß das delictum sui generis als Ausnahme gelten; der Zweifel spricht für Spezialisierung (vgl. Nagler, LK. S. 73).

II. Die Strafzumessung

Über die richterliche Zumessung der konkreten Strafe innerhalb eines Strafrahmens enthält das StGB. außer über die Bemessung der Geldstrafe in § 27c keine allgemeine Vorschrift.

Die Strafe ist so zu bemessen, daß sie im Rahmen einer gerechten Vergeltung die unverbrüchliche Gültigkeit der sozialethischen Normen sichert und dem Täter zum Bewußtsein bringt.

Wie das Verbrechen der Zusammenstoß des individuellen Willens mit der allgemeinen Ordnung ist, so sind für die Bemessung der Strafe generelle und individuelle Faktoren maßgebend:

1. Generelle („objektive") Faktoren:

a) Die Bedeutung der verletzten sozialethischen Norm einschließlich des von ihr geschützten Rechtsguts innerhalb der sozialen Ordnung.

Vornehmlichste Aufgabe des Strafrichters ist es, zu seinem Teil eine „sittliche (d. h. sozialethische) Ordnung der Dinge" herzustellen. Dieses Bewußtsein schützt ihn vor einer billigen, vulgär-moralisierenden Betrachtung nur vom Täter aus. — Die grundsätzliche sozialethische Bewertung der Normen findet er dabei in den gesetzlichen Strafdrohungen niedergelegt. An sie ist er gebunden und darf nicht aus persönlich andersartiger Auffassung (etwa der Sittlichkeitsdelikte, der Abtreibung, des Meineids usf.) eine private Kriminalpolitik nach dem Strafminimum oder -maximum hin treiben. Darum darf er auch ein gesetzliches Tatbestandsmerkmal, das schon im Strafrahmen berücksichtigt worden ist, nicht nochmals strafschärfend oder strafmildernd verwenden (RG. 57 379).

b) Sicherung der unverbrüchlichen Geltung der sozialethischen Normen.

Strafrechtliche Ausnahmelagen wie Erschütterung der Rechtsordnung im Ganzen oder Überhandnahme bestimmter Verbrechen oder die besonders naheliegende Gefahr der Nachahmung einzelner Taten müssen zur Sicherung der Geltungskraft der Normen die Strafbemessung nach dem Maximum hin verschieben. Dabei muß diese sich jedoch — will sie Rechtsbewährung und nicht terroristischer Zwangsakt sein — stets im Rahmen gerechter Vergeltung halten.

2. Individuelle (subjektive) Faktoren:

a) Die Größe der individuellen Verschuldung (im weiteren Sinne). Maßgebend sind hierfür besonders (vgl. § 69 E. 1930):

Die Beweggründe und Anreize der Tat, der vorgesetzte Zweck, die Nachhaltigkeit des Willens, die angewendeten Mittel; — das Maß an Einsicht des Täters und der etwaige Einfluß krankhafter oder sonstiger Störungen auf seinen Willen; — die Verwurzelung der Tat in der Persönlichkeit des Täters, seine grundsätzliche Einstellung zur Gemeinschaftsordnung, sein Vorleben, seine persönlichen und wirtschaftlichen Verhältnisse z. Zt. der Tat; — sein Verhalten nach der Tat (nur als Indiz zur Beurteilung seiner Persönlichkeit und der Nachhaltigkeit seines Willens); — die verschuldeten Folgen der Tat.

b) Individuelle Anpassung der Strafe an den Täter.

α) Die Strafe muß für den individuellen Täter angemessen sein. Die gleiche Strafe (etwa Gefängnis) für die gleiche Tat kann für den einen Täter eine einmalige, kurze Episode in seinem Leben (und dabei gerecht), für den anderen dagegen (etwa einen Beamten) kann sie seine bürgerliche Existenz vernichten (und dadurch ungerecht sein).

β) Der Täter muß für die Strafe empfänglich sein: so kann der Täter für eine bestimmte Strafe (z. B. Geldstrafe) unempfindlich (vgl. RG. 65 230, 309) oder überempfindlich sein, so u. U. Zuchthaus für einen Erstbestraften im Gegensatz zum Vorbestraften). Besonders persönlichkeits-differenziert sind die Deliktsfolgen im Jugendstrafrecht (s. u. S. 132). Wo der Täter überhaupt für jede als gerechte Vergeltung geforderte Strafe unempfindlich ist, müssen sichernde Maßnahmen ergänzend eingreifen.

Alle diese Faktoren stehen jedoch nicht in einer prästabilierten Harmonie miteinander, sondern in einem spannungsvollen (dialektischen) Zusammenhang, in welchem die generellen Faktoren einen Vorrang vor den individuellen haben müssen.

Stets hat der Richter eine festbestimmte Strafgröße festzusetzen. Es gibt kein unbestimmtes Strafurteil (anders § 20 Thür. StGB.!). Eine wichtige Ausnahme besteht jedoch für Jugendliche gemäß § 6 RJGG. (nach österr. Vorbild, s. u. S. 134).

III. Die Strafschärfung gegen gefährliche Gewohnheitsverbrecher (§ 20 a)

Die Strafschärfung wird von der Sperrvorschrift der Allg. Richteranweisung Ziff. 8 nicht mitbetroffen, da die im Hinblick auf die kriminelle Vergangenheit des Täters gemachte Ausnahme eingreift.

Die Strafschärfung soll einen bestimmten Verbrechertyp, den gefährlichen Gewohnheitsverbrecher, treffen. Sie kombiniert darum handlungstypische Merkmale (mehrfache verbrecherische Betätigung) mit einem tätertypischen Merkmal (dem gefährlichen Gewohnheitsverbrecher); auf dem letzteren liegt das Hauptgewicht.

1. Die Voraussetzung der Strafschärfung.

a) Handlungstypische Voraussetzung: wiederholte verbrecherische Tätigkeit.

Der Täter muß mindestens drei Verbrechen oder vorsätzliche Vergehen begangen haben. Gleichgültig ist dabei die Begehungsform: Versuch oder Vollendung, Täterschaft oder Teilnahme (RG. **68** 169). Gleichgültig ist grundsätzlich auch die Art der Taten (RG. **68** 156; **73** 277: Diebstähle und Sittlichkeitsverbrechen).

Dabei genügen (für § 20 a Abs. 2) drei Teilakte einer fortgesetzten Handlung (oder einer Sammelstraftat), da gerade in ihnen sich der verbrecherische Hang besonders klar manifestieren kann. Die gegenteilige, zu enge Wortauslegung des § 20 a (RG. **68** 297), muß gegenüber dem klaren Sinn des § 20 a und den sachlichen Notwendigkeiten zurücktreten. So jetzt auch RG. **77** 26, 98.

Im übrigen kommt eine frühere Tat nicht in Betracht, wenn der Täter seit ihrer rechtskräftigen Aburteilung oder, wenn sie noch nicht abgeurteilt war, zwischen ihrer Begehung und der folgenden Tat länger als 5 Jahre in Freiheit verbracht hat (Rückfallsverjährung; § 20 a Abs. 3).

b) Tätertypische Voraussetzung: gefährlicher Gewohnheitsverbrecher.

aa) Gewohnheitsverbrecher ist der Täter nicht schon darum, weil er mehrere Taten begangen hat (vgl. RG. **70** 214). Die wiederholte Verbrechensbegehung muß vielmehr ein Ausfluß eines eingewurzelten Hanges zum Verbrechen sein, der eine weitere Verbrechensbegehung erwarten läßt. RG. **68** 155.

Gleichgültig ist dabei, wie der Hang entstanden ist, ob er angeboren oder erworben ist (RG. **69** 131), und gleichgültig, worauf er beruht, ob auf aktiv-antisozialer Lebensrichtung (wie beim Berufsverbrecher) oder auf Willensschwäche, Leichtsinn, innerer Haltlosigkeit (RG. **72** 259; **73** 46) oder auf Erscheinungen des Rückbildungsalters (RG. **73** 277). Auch der äußere Anlaß ist gleichgültig, wenn nur der Täter aus seinem verbrecherischen Hange heraus auf ihn verbrecherisch reagiert, so z. B. bei Notlage (RG. **72** 295), bei Alkoholgenuß (RG. **73** 181; **74** 218). Die Feststellung der Gewohnheitsverbrechereigenschaft muß sich aus der Gesamtwürdigung der wiederholten Verbrechensbegehung ergeben. Jede einzelne Tat muß im Zusammenhang mit den übrigen symptomatisch für den Hang zum Verbrechen sein und weitere Taten erwarten lassen.

bb) Gefährlich ist der Gewohnheitsverbrecher, wenn von ihm mit naheliegender Wahrscheinlichkeit weitere erhebliche Straftaten zu erwarten sind (RG. **68** 155; **73** 47, 305). Der bloß „lästige" Gewohnheitstäter scheidet aus. RG. **76** 311.

Bloße kleine Zechprellereien genügen daher nicht. Olshausen § 20 a, 7 c; a. A. RG. **68** 98. Dagegen kann die vorsätzliche Rauschtat des § 330 a für § 20 a in Betracht kommen (RG. **73** 177).

Maßgebender Zeitpunkt für das Gefährlichkeitsurteil ist, soweit die Strafschärfung Vergeltung für schuldhaftes Tätersein ist (s. u. 4), der Augenblick der Tat; dagegen, soweit die Strafschärfung bloßen Sicherungscharakter trägt, der Augenblick des Urteils. Daher kann im ersteren Falle der lahmgeschossene Fassadenkletterer oder Wilderer, der künftig nicht mehr gefährlich ist, schwerer bestraft werden, vgl. Bockelmann, Studien II, S. 44f.; Mayer, S. 139; Nagler. LK. § 20a II 4; a. A. RG. **72** 356; Kohlrausch, § 20a IV, 2b; Schönke, § 20a II 2d.

2. Die Strafschärfung.

a) Strafschärfung muß erfolgen, wenn der Täter schon wegen zweier Taten rechtskräftig zum Tode, zu Zuchthaus oder Gefängnis von mindestens 6 Monaten verurteilt worden war und wieder eine vorsätzliche Tat begangen hat, derentwegen er nun eine Freiheitsstrafe verwirkt hat (§ 20a Abs. 1).

Jede der beiden späteren Taten muß jeweils nach der Rechtskraft des vorausgehenden Urteils begangen sein (RG. **68** 151, 427). Verbüßt braucht keine zu sein (RG. **68** 216). Bei Gesamtstrafe gilt nur diese, nicht die Einzelstrafe als Verurteilung im Sinne von § 20 a Abs. 1, RG. **68** 149, vgl. auch RG. **68** 427. Fehlt es danach an mehreren Verurteilungen, so kann doch § 20 a Abs. 2 in Frage kommen (RG. **68** 330).

Auch eine ausländische Verurteilung kann für die Strafschärfung herangezogen werden (§ 20 a Abs. 4).

Die neue Tat muß ebenfalls ein Verbrechen oder vorsätzliches Vergehen sein; Übertretungen scheiden aus (RG. **73** 321). Die neue Tat muß (wenn auch sie Ausfluß des verbrecherischen Hanges ist) schwerer bestraft werden, und zwar wenn sie einen Vergehenstatbestand betrifft, mit Zuchthaus bis zu fünf Jahren, wenn sie einen Verbrechenstatbestand betrifft, mit Zuchthaus bis zu 15 Jahren, sofern sie nicht ohnehin schwerer strafbar ist (§ 20a Abs. 1).

b) Hat der Täter mehrere Taten begangen, für die er noch nicht bestraft worden ist, so steht die Strafschärfung im Ermessen des Richters (§ 20a Abs. 2). Jede der abzuurteilenden Taten kann ebenso wie im Abs. 1 verschärft werden.

3. Besonderheiten.

§ 20a ist kein selbständiger Deliktstatbestand, sondern erweitert nur den Strafrahmen der Einzeltatbestände nach oben hin. Darum enthält § 20a auch kein besonderes Tatbestandsmerkmal: den „gefährlichen Gewohnheitsverbrecher", den der Vorsatz des Täters umfassen müßte (RG. **68** 389).

(Anders beim Rückfall [§ 244], dessen Voraussetzungen vom Vorsatz des Täters umfaßt werden müssen [? ?] [RG. 54 274].)

Die Urteilsformel lautet daher dahin, daß der Täter wegen Diebstahl usw. als gefährlicher Gewohnheitsverbrecher verurteilt wird (RG. **68** 365).

Trotz der Strafschärfung bleibt nach RG. **70** 289; **72** 401; **74** 65 u. h. L. die Tat ein Vergehen (wenn der Grundtatbestand ein Vergehen ist); anders Schönke, § 20a VII. Strafmilderungen, die die Tat betreffen (Versuch, Beihilfe, mildernde Umstände) dürfen nur innerhalb des Strafrahmens des § 20a (mindestens 1 Jahr Zuchthaus!) berücksichtigt werden (RG. **71** 15; **72** 326). Dagegen sind Strafmilderungen, die aus der Person des Täters stammen, wie sonst in Rücksicht zu ziehen, vor allem die verminderte Zurechnungsfähigkeit und die Jugendlichkeit (RG. **72** 326; **73** 47; DR. **39** 1979).

4. Das Wesen der Strafschärfung des § 20a.

Während die Sicherungsverwahrung in § 42e eine reine Schutzmaßnahme gegen den gefährlichen Menschen für die Zukunft ist, hat die Strafe des § 20a eine Doppelfunktion:

a) Soweit der verbrecherische Hang ein schuldhaft erworbener Charakterzug ist, ist die Strafschärfung zugleich Vergeltung für Charakterschuld.

b) Soweit dagegen der Hang auf naturhaften Belastungen beruht, ist sie echte Strafe (Vergeltung) nur nach Maßgabe der Tatschuld; die darüber hinausgehende Strafschärfung ist eine besonders geartete Sicherungsmaßregel wie bei § 51 Abs. 2 (s. o. S. 122), vgl. Welzel, Z. **60** S. 465; a. A. Bockelmann, Studien II, S. 156 ff.

IV. Anhang: Verjährung und Begnadigung

1. *Die Verjährung.*

Der Ablauf der Zeit bringt einmal das staatliche Interesse an der Strafverfolgung zum Erlöschen; auch wird die Verfolgung weit zurückliegender Taten mit der Länge der Zeit immer schwieriger oder praktisch unmöglich. Dabei unterscheidet das Gesetz:

a) die Verfolgungsverjährung bei Taten, die noch nicht rechtskräftig abgeurteilt sind (§ 67). Die Verjährungsfristen sind nach der abstrakten Schwere der Straftat abgestuft (s. § 67).

Wenn die Verhängung von Todesstrafe oder lebenslänglichem Zuchthaus zu erwarten ist, kann der Staatsanwalt (ohne zeitliche Begrenzung) die Verfolgung einleiten, § 66 Abs. 2. Durch diese 1943 eingefügte Bestimmung wird die Verjährung wieder aufgehoben!

Die Verjährung kann stets erst von dem Zeitpunkt an zu laufen beginnen, an dem die Strafklage frühestens hätte erhoben werden können (vgl. § 171 Abs. 3). Von diesem sachlogischen Grundsatz aus ist § 67 Abs. 4 zu verstehen, wonach die Verjährung ohne Rücksicht auf den Erfolgseintritt vom Abschluß der Handlung ab beginnt, nämlich der Handlung als strafbarer Handlung! Wo also, wie bei der Fahrlässigkeit, die Strafbarkeit der Handlung u. U. lange nach dem Abschluß der Tätigkeit mit dem Eintritt des Erfolgs beginnt, da beginnt auch die Verjährung erst vom Erfolgseintritt ab (z. B. der falsch konstruierte Kessel explodiert nach 10 Jahren). Im übrigen beginnt sie mit dem Abschluß der zur materiellen Deliktsvollendung entfalteten strafbaren Tätigkeit. Diese Tätigkeit kann vor dem Eintritt des tatbestandsmäßigen Erfolgs abgeschlossen sein, gleichgültig ob später der Erfolg eintritt oder es beim Versuch bleibt. Hier beginnt der Lauf der Verjährung vor dem Erfolgseintritt. Wo dagegen noch nach formeller Vollendung eine weitere Tätigkeit zur materiellen Vollendung (s. o. S. 96) entfaltet wird (z. B. durch Empfangnahme des erpreßten Geldes, RG. 33 230), da beginnt die Verjährung erst mit dem Abschluß dieser Tätigkeit. So überzeugend Binding, Hdb. 835 ff., Nagler LK. § 67 Abs. 2 gegen die h. L., nach der bei Erfolgsdelikten die Verjährung mit Eintritt des Erfolgs beginnt. RG. 42 171; 62 418. — Verjährung von echten Unterlassungsdelikten beginnt mit Wegfall der Pflicht zum Handeln (RG. 65 362), Verjährung von Dauerdelikten mit Beendigung der Straftat (RG. 44 429), Verjährung der Teilnahme zusammen mit der Haupttat. RG. 30 310. Die Verjährung wird durch jede richterliche Handlung gegen den Täter unterbrochen und beginnt dann neu zu laufen (§ 68). Die Verjährung ruht, solange auf Grund gesetzlicher Vorschrift die Strafverfolgung nicht beginnen oder nicht fortgesetzt werden kann, ebenso wenn das Strafverfahren von einer Vorfrage abhängig ist, die in einem anderen Verfahren entschieden werden muß (z. B. § 164 Abs. 6, 172, 191); mangelnder Strafantrag oder fehlende Ermächtigung hindern jedoch den Lauf der Verjährung nicht. § 69. Die Verjährung ist auch bei Justizstillstand gehemmt (vgl. § 203 BGB.); hierher gehört der Fall, daß infolge politischer Verhältnisse die Strafverfolgung entgegen den gesetzlichen Vorschriften nicht durchgeführt wird.

b) die Vollstreckungsverjährung rechtskräftig erkannter Strafen. Vgl. §§ 70—72.

Nach heute überwiegender Lehre hat die Verfolgungsverjährung einen rein prozessualen Charakter, d. h. sie ist bloßes Prozeßhindernis. Darum muß das Urteil bei Feststellung der Verjährung auf Einstellung des Verfahrens lauten. So Olshausen § 66 I; Schönke § 66 II; Nagler LK. § 66 I; RG. **76** 160 gegen

46 274; **59** 197. Für die Vollstreckungsverjährung nimmt Nagler LK. § 66 I 2 materiellrechtlichen Charakter an. Binding Hdb. S. 828.

2. *Die Begnadigung.*

Sie ist ein staatsrechtlicher Akt, der rechtskräftig erkannte Strafen (aber nicht die Verurteilung selbst) erläßt, ermäßigt, umwandelt oder aussetzt (Begnadigung im engeren Sinne) oder eine Strafverfolgung niederschlägt (Niederschlagung oder Abolition).

Nach der Zahl der betroffenen Personen unterscheidet man die Einzelbegnadigung und die Allgemeinbegnadigung (Amnestie). Gegen die Niederschlagung, da ihre Gründe sich der Nachprüfung und Kritik entziehen, scharf Hippel II 583.

§ 30. Die Maßregeln der Sicherung und Besserung

Strafe ist Vergeltung für begangenes Unrecht, die Sicherungsmaßnahmen sind Schutz der Allgemeinheit vor künftigen Straftaten gefährlicher Personen (§§ 42a—n). Die durch Novelle vom 24. November 1933 eingeführte, sachlich aus E. 1930 stammende Regelung folgt dem von Carl Stooss 1893 entwickelten dualistischen System der Trennung von Strafe und Sicherungsmaßregeln mit beschränkter Ausnahme in § 20a und § 51 Abs. 2 (s. o. S. 126, 122). Der Schutz der Allgemeinheit wird dadurch erreicht, daß eine künftige verbrecherische Tätigkeit gefährlicher Menschen verhindert wird (Sicherungsmaßnahmen i. e. S.), oder dadurch, daß der Täter an ein geordnetes Leben wieder gewöhnt wird (Besserungsmaßregeln). Zu den Sicherungsmaßnahmen i. e. S. gehören: Unterbringung in einer Heil- und Pflegeanstalt, die Sicherungsverwahrung und die Untersagung der Berufsausübung; Besserungsmaßregeln sind: Unterbringung in Trinkerheilanstalt, Entziehungsanstalt, Arbeitshaus. Doch gehen die verschiedenen Zwecke ineinander über. Diese Maßregeln dürfen nur gegen Erwachsene verhängt werden; gegen Jugendliche ist nur Unterbringung in Heil- oder Pflegeanstalt zulässig (§ 17 RJGG.).

Außer diesen durch die Novelle vom 24. November 1933 eingeführten Maßregeln der Sicherung und Besserung der §§ 42a—n gibt es als weitere vorbeugende Maßregeln polizeilicher Art im Strafrecht: die Polizeiaufsicht §§ 38, 39 (anders RG. 17 193), die Aberkennung der Eidesfähigkeit § 161 (s. dazu RG. 73 255), die unterschiedslose Einziehung (s. o. S. 121) und die Unbrauchbarmachung von Schriften (§ 41).

I. Die freiheitsentziehenden Sicherungsmaßregeln

Ihre Verhängung ist obligatorisch, wenn ihre Voraussetzungen vorliegen.

1. *Unterbringung in Heil- und Pflegeanstalt* (§ 42b).

1. Unterbringung Zurechnungsunfähiger.

Sie ist die einzige Sicherungsmaßregel, die gegen schuldunfähige Täter ergehen kann. Alle übrigen Maßnahmen sind nur neben der Bestrafung zulässig.

a) Der Täter muß im Zustand der Zurechnungsunfähigkeit ein Verbrechen oder Vergehen begangen haben.

Bis auf die Schuld (Zurechnungsfähigkeit) muß der objektive und subjektive Tatbestand einer rechtswidrigen Handlung vorliegen, also auch Vorsatz und die besonderen subjektiv-täterschaftlichen Momente. JW. **35** 2368; RG. **71** 221; Olshausen § 42b, 2. 3.

Dagegen kann nach RG. 73 315 ein Irrtum des Täters, der gerade auf seiner Zurechnungsunfähigkeit beruht, dem Täter nicht zugutegehalten werden; z. B. der an Verfolgungswahn leidende Irre glaubt sich angegriffen: keine Berücksichtigung der Putativnotwehr! Vgl. dazu den analogen Fall bei § 330 a u. § 62 II.

Die Zurechnungsunfähigkeit muß auf geistigen Störungen oder auf Taubstummheit (§§ 51 Abs. 1, 58 Abs. 1), nicht etwa nur auf Jugendlichkeit beruhen (§ 3 RJGG.). Sie muß positiv festgestellt werden, nicht bloß möglich sein (RG. **72** 355).

b) Die öffentliche Sicherheit muß die Unterbringung erfordern. Das ist der Fall, wenn vom Täter weitere, nicht unerhebliche Straftaten mit Wahrscheinlichkeit zu erwarten sind und die Gefahr nicht auf eine andere Weise gebannt werden kann (RG. **69** 151).

Aus der begangenen Tat muß die Gefahr für die öffentliche Sicherheit zu entnehmen sein, wobei jedoch das gesamte Verhalten, auch frühere Taten heranzuziehen sind (RG. 68 351; 69 242). Es muß eine bestimmte ernstliche Gefährdung für die Rechtsordnung in der Gegenwart bestehen (RG. 73 303).

c) Wird die Zurechnungsunfähigkeit erst im Hauptverfahren festgestellt, so ist der Angeklagte freizusprechen und nach Maßgabe des § 42 b mit einer Sicherungsmaßregel zu belegen. Steht aber von vornherein fest, daß der Täter bei Begehung der Tat zurechnungsunfähig war, so darf ein Strafverfahren überhaupt nicht stattfinden. An seine Stelle tritt das Sicherungsverfahren nach §§ 429 a ff. StPO.

Bei Antragsdelikten ist zur Verhängung von Sicherungsmaßregeln ein Antrag erforderlich. RG. 71 322; 73 155; bedenklich! s. Olshausen, vor § 42 a, 7.

2. Unterbringung vermindert Zurechnungsfähiger (§ 42 b).

Auf sie muß neben der Strafe erkannt werden. Voraussetzung ist, daß der vermindert zurechnungsfähige Täter eine rechtswidrige schuldhafte Handlung begangen hat und daß die öffentliche Sicherheit die Unterbringung erfordert. Die verminderte Zurechnungsfähigkeit muß feststehen (RG. **70** 127). Im übrigen gilt das oben 1 b Gesagte.

2. *Unterbringung in Trinkerheil- und Entziehungsanstalt* (§ 42 c).

Sie trifft Rauschsüchtige. Voraussetzungen sind:

1. der Täter muß straffällig geworden sein

a) wegen eines Verbrechens oder Vergehens im Rausch oder

b) wegen eines Verbrechens oder Vergehens, das mit seiner Rauschsucht im ursächlichen Zusammenhang steht, oder

c) wegen Volltrunkenheit (§ 330 a).

Da er straffällig geworden sein muß, müssen sämtliche Taten a)—c) schuldhaft begangen sein (sonst § 42 b). Für b) kommen der Kokainist, der Rezepte fälscht, oder der Trinker, der Verbrecher geworden ist, in Frage.

2. der Täter muß gewohnheitsmäßig im Übermaß geistige Getränke oder andere berauschende Mittel zu sich nehmen;

3. die Unterbringung muß erforderlich sein, um den Täter an ein gesetzmäßiges und geordnetes Leben zu gewöhnen.

3. *Unterbringung in einem Arbeitshaus* (§ 42 d).

Sie trifft die „Asozialen“: Bettler, Landstreicher, Prostituierte usw. und ersetzt die früher zulässige Überweisung an die Landespolizeibehörde.

Voraussetzungen: Der Täter muß wegen Bettelns, Landstreichens, Prostitution u. dgl. zu Haft verurteilt werden, und die Unterbringung muß erforderlich sein, um ihn an Arbeit und soziales Leben zu gewöhnen.

Bei Arbeitsunfähigen keine Anordnung der Unterbringung; wo sie bereits angeordnet, erfolgt Unterbringung im Asyl (Abs. 4).

4. *Die Sicherungsverwahrung* (§ 42e).

Sie ist die kriminalpolitisch wichtigste Maßnahme gegen das Gewohnheits- und vor allem das Berufsverbrechertum. Sie ist die Verwirklichung einer alten Forderung der Kriminalpolitik, seitdem Liszt 1882 im Marburger Programm die Unschädlichmachung unverbesserlicher Verbrecher (durch unbestimmte Strafe) gefordert und Carl Stooss in den schweiz. Entwürfen seit 1893 den Weg des dualistischen Systems der Ergänzung der Strafe durch die Sicherungsmaßregel gewiesen hatte. Sie ist auch in ausländischen Rechten eingeführt, z. B. Art. 42 schweiz. StGB.

Voraussetzungen:

1. Verurteilung als gefährlicher Gewohnheitsverbrecher nach § 20a (Strafschärfung nach § 20a ist nicht erforderlich! RG. **68** 295; **70** 129).

2. Notwendigkeit der Verwahrung zum Schutze der öffentlichen Sicherheit.

Während für die Frage, ob der Täter ein gefährlicher Gewohnheitsverbrecher ist, der Zeitpunkt der Tat entscheidet, ist für die Frage, ob Sicherungsverwahrung erforderlich ist, von dem Zustand des Verurteilten und den äußeren Umständen im Zeitpunkt der Entlassung aus der Strafhaft auszugehen (RG. **72** 356). Es muß Rückfallswahrscheinlichkeit bestehen. Die ursprünglich strengen Anforderungen hierfür, nach denen „der Richter sorgfältig prüfen muß, ob zur Anwendung dieses letzten Mittels zu schreiten ist" (RG. **68** 157), hat die Rechtsprechung später bedenklich ermäßigt und von Sicherungsverwahrung nur noch dann abgesehen, wenn Besserung mit Wahrscheinlichkeit zu erwarten war. RG. **73** 154, 305.

Zu erwartende Besserung, zunehmendes Alter, körperliche Untauglichkeit, Familienanhalt können die Sicherungsverwahrung entbehrlich machen.

5. *Dauer und Vollzug der freiheitsentziehenden Sicherungsmaßregeln.*

1. Die Unterbringung dauert (nur) solange, als ihr Zweck es erfordert (§ 42f.).

Denn da die Unterbringung nicht Vergeltung für begangenes Unrecht ist, sondern den Schutz der Allgemeinheit vor dem gefährlichen Menschen bezweckt, muß sie solange dauern (aber auch nicht länger), als das Schutzbedürfnis besteht. Im Urteil ist daher keine zeitliche Grenze festzusetzen.

Nur für die Unterbringung in einer Trinkerheil- und Entziehungsanstalt und für die erstmalige Unterbringung im Arbeitshaus ist eine Höchstdauer von zwei Jahren festgelegt (§ 42f Abs. 2). Im übrigen kann das Vollstreckungsgericht (s. §§ 462, 463a StPO.) jederzeit die Frage der Zweckerreichung nachprüfen (§ 42f Abs. 4). Innerhalb bestimmter Fristen muß es das tun (§ 42f Abs. 3). Bestehen begründete Zweifel an der Zweckerreichung, so ist die Entlassung unzulässig; der Grundsatz in dubio pro reo gilt hier nicht. Die Entlassung gilt stets nur als bedingte Aussetzung und ist jederzeit widerruflich (§ 42h).

2. Über den **Vollzug** enthält § 42i nur wenige Vorschriften (Arbeitszwang).

Für den Vollzug der Sicherungsverwahrung sind im wesentlichen die Grundsätze über den Vollzug der Strafhaft entsprechend maßgebend.

II. Die sonstigen Sicherungsmaßregeln

Ihre Anordnung liegt im pflichtmäßigen Ermessen des Richters.

Untersagung der Berufsausübung (§ 41 I).

Sie kann auf die Dauer von 1—5 Jahren neben Verurteilung wegen solcher Verbrechen oder Vergehen erfolgen, die unter Mißbrauch des Berufs oder Gewerbes oder grober Pflichtverletzung in ihnen begangen sind und zu Freiheitsstrafe von mindestens drei Monaten führen. Sie muß zum Schutz der Allgemeinheit erforderlich sein.

Über „Mißbrauch" des Berufs vgl. RG. 68 398. Bei Zuwiderhandlung erfolgt Bestrafung nach § 145c.

III. Gemeinsame Vorschriften

1. *Zusammentreffen mehrerer Sicherungsmaßregeln* (§ 42n).

1. In erster Linie ist zu prüfen, welche Maßregel den Schutz der Allgemeinheit am besten gewährleistet, vor allem welche den Umständen nach die zweckmäßigste und geeignetste ist. Ist von mehreren Maßregeln jede gleich gut geeignet, so ist die zu wählen, die den Betroffenen am wenigsten beschwert.

2. Reicht keine Maßregel allein aus, so sind sie nebeneinander anzuordnen.

Kommen die verschiedenen Maßregeln nicht gleichzeitig in Betracht (z. B. mehrere Unterbringungsarten), so hat die Vollstreckungsbehörde (s. § 458 StPO.) ihre Reihenfolge zu bestimmen.

3. Mehrere Maßregeln sind auch dann nebeneinander anzuordnen, wenn eine endgültige Prognose darüber, welche von ihnen die geeignetste ist, zur Zeit der Entscheidung noch nicht getroffen werden kann. Auch hier hat dann die Vollstreckungsbehörde die endgültige Entscheidung zu treffen.

2. *Sonstige Bestimmungen.*

1. Für die Verhängung von Sicherungsmaßregeln ist das Gesetz zur Zeit der Entscheidung maßgebend (§ 2a Abs. 4).

2. Das Recht zur Anordnung von Sicherungsmaßregeln erlischt mit der Strafverfolgungsverjährung (§ 67 Abs. 5). Über die Fristen der Vollstreckungsverjährung bei Sicherungsmaßregeln s. § 70 Abs. 2, § 71.

3. Die **Begnadigung** ist zwar auch für Sicherungsmaßregeln möglich, kommt aber nur in seltenen Ausnahmefällen, wie etwa bei Fehlurteil, in Betracht.

§ 31. Strafe, Zuchtmittel und Erziehungsmaßregeln des Jugendstrafrechts

Das JGG. vom 16. Februar 1923, das den ersten Durchbruch moderner jugendstrafrechtlicher Gedanken auf der Grundlage der Lisztschen Lehren brachte, ist durch Neufassung des Reichsjugendgerichtsgesetzes in der Jugendstrafrechtsverordnung vom 6. November 1943 fortgebildet worden; dazu „Richtlinien zum Reichsjugendgerichtsgesetz“ (Amtl. Sonderveröff. der DJ. Nr. 30).

I. Bedeutung der Reifezeit für die strafrechtliche Sonderstellung der Jugendlichen

Infolge der besonderen körperlichen, seelischen und sozialen Situation der Reifezeit kann der Jugendliche strafrechtlich nicht mit dem gleichen Maße wie der Erwachsene gemessen werden. Die Reifezeit ist eine Zeit des Umbruchs und Neuaufbaus der Persönlichkeit und eine Zeit der inneren und äußeren Eingliederung des Jugendlichen in die Gemeinschaft. Der körperlich und seelisch ausgeglichene Zustand der Kindheit wird aufgelöst, die Persönlichkeit verselbständigt und für ihre biologischen und sozialen Lebensaufgaben reif gemacht.

Der Jugendliche streift die kindlichen Bindungen an Eltern, Erzieher und Kinderfreundschaft ab und schickt sich an, für lebensdauernde Bindungen in Beruf, Ehe, politischer Gemeinschaft reif zu werden. Seelisch kennzeichnen die Reifezeit: hohe Labilität der Seelenlage, Erwachen des (reflektierten) Ichbewußtseins, Selbständigkeits- und Geltungsdrang, Erlebnishunger und Unüberlegtheit im Handeln, Durchbruch des Geschlechtstriebes. Sozial bleibt der sich innerlich verselbständigende Jugendliche äußerlich in hohem Maße von Elternhaus, Lehrstelle, Schule abhängig. Die wirklich selbständige Persönlichkeit ist noch im Werden, die innere Eingliederung in das Sozialleben noch im Vollzuge.

Da der Wille des Jugendlichen (im Gegensatz zu dem des Kindes) in der Regel schon soweit geformt und gefestigt ist, daß er den sozialen Wert oder Unwert seiner Handlungen erkennen und sich danach richten kann, hat der Jugendliche grundsätzlich für seine Straftaten vor der Gemeinschaft einzustehen. Jedoch ist der Schuldgehalt seiner Tat wegen der besonderen seelischen und sozialen Situation der Reifezeit geringer als der einer Erwachsenentat. Außerdem ist der Jugendliche noch erziehungsbedürftig und erziehungsfähig. Daher müssen die Rechtsfolgen der Jugendstraftat in besonders hohem Maße vom Erziehungsgedanken bestimmt und ihre Auswahl der Persönlichkeit des Jugendlichen angepaßt sein.

II. Persönlicher Anwendungsbereich des Jugendstrafrechts

1. Das Jugendstrafrecht gilt für Taten Jugendlicher (d. s. Personen im Alter von 14—18 Jahren) § 1. (Abs. 2 ist durch Mil.Reg. Ges. Nr. 1 Abs. II aufgehoben.) Auch ein 12—14-jähriges, schuldfähiges Kind unterliegt dem Jugendstrafrecht, wenn der Schutz des Volkes wegen der Tatschwere eine strafrechtliche Ahndung erfordert. § 3 Abs. 2. (s. o. S. 78)

Hat der Täter mehrere Taten teils vor, teils nach Vollendung des 18. Lebensjahres begangen, so wird ausschließlich das Jugendstrafrecht angewendet, wenn das Schwergewicht auf der im jugendlichen Alter begangenen Tat liegt; umgekehrt ausschließlich das allgemeine Strafrecht, wenn das Schwergewicht auf der späteren Tat liegt, § 15.

2. Auf Grund der Allg. Richteranweisung Nr. 1 Ziff. 8b ist die Sonderbehandlung der jugendlichen Schwerverbrecher nach § 20 unanwendbar geworden. Sie bedeutete dadurch, daß sie Jugendliche dem Erwachsenenstrafrecht unterwarf, einen schweren Einbruch in das Jugendstrafrecht. Die Verwahrung kriminellgefährlicher, schwer abartiger Jugendlicher ist allerdings weiter offengeblieben.

III. Die Rechtsfolgen der Jugendstraftat nach dem RJGG.

Das Jugendstrafrecht ist ein „Täterstrafrecht“ in hervorgehobenem Sinne. Die Tatvergeltung (das Einstehenmüssen des Jugendlichen für seine Tat) muß dem Reifezustand des Jugendlichen angepaßt und dem Erziehungsgedanken eingegliedert sein; darum ist sie von den Strafrahmen des allgemeinen Strafrechts unabhängig gemacht, § 5. Auch kann sie, vor allem bei geringfügigen Taten, gegenüber der allgemeinen Erziehungsbedürftigkeit völlig zurücktreten. Das Gesetz gibt daher dem Richter mehrere, sehr verschiedenartige Erziehungs-, Zucht- und Strafmittel an die Hand, aus denen er das für den Einzelfall angemessenste auszuwählen hat.

1. Die Zuchtmittel.

Im Mittelpunkt des Jugendstrafrechts stehen die Zuchtmittel (§ 7), unter ihnen als weitaus wichtigstes der Jugendarrest.

Zuchtmittel kommen für die große Breite der leichteren Kriminalität der Entwicklungszeit, vor allem für die typischen Pubertätsdelikte in Frage: für Flegeleien und Streiche aus jugendlichem Kraftüberschwang oder Trotz, für Taten aus typischen Jugendinteressen, für Augenblickstaten, auch für sexuelle Verirrungen aus Neugier u. dgl. Vgl. Peters, JGG.-Kom. § 7, 1.

Zuchtmittel sind (§ 7):

a) Jugendarrest, und zwar entweder als Dauerarrest von mindestens einer Woche bis höchstens vier Wochen oder als Freizeitarrest für die wöchentliche Freizeit (mindestens eine, höchstens vier Freizeiten) oder als Kurzarrest (mindestens ein Tag, höchstens sechs Tage). § 8.

Dazu die „Richtlinien“ zu § 8: Jugendarrest ist das geeignete Zuchtmittel bei kleineren und mittleren Verfehlungen gutgearteter oder undurchschaubarer Jugendlicher, die durch eine kurze, harte Einzelhaft, durch den Zwang zur Selbstbesinnung darin und durch die jugendrichterliche Betreuung noch erzieherisch beeinflußt werden können. Schwer gefährdete oder verwahrloste Jugendliche gehören nicht in den Jugendarrestvollzug. Mehrmalig aufeinanderfolgende Verhängung von Jugendarrest ist zwar nicht ausgeschlossen, aber besonders zu prüfen. So kann die Aufeinanderfolge von Freizeitarrest und Dauerarrest sinnvoll sein, kaum aber die Verhängung von Dauerarrest kurz nach Verbüßung eines solchen. Für ganz geringfügige Verfehlungen kommt nicht Jugendarrest, sondern vor allem Verwarnung oder Auflage besonderer Pflichten in Betracht.

b) Auferlegung besonderer Pflichten, § 9, z. B. Wiedergutmachung des Schadens, Entschuldigung, Geldbuße (bei Absehen von der Verfolgung auch Erteilung einer Arbeitsauflage, § 30).

Nahe verwandt sind die Weisungen, die die Lebensführung des Jugendlichen regeln sollen, § 12 (s. unten 3).

Kommt der Jugendliche den Pflichten schuldhaft nicht nach, so kann der Richter Jugendarrest verhängen, § 19.

c) Verwarnung, § 10.

Zu a—c: Zuchtmittel haben nicht die Rechtswirkung der Strafe; der Täter ist nicht „vorbestraft“, sie werden nicht ins Strafregister eingetragen und wirken nicht rückfallsbegründend, § 7 Abs. 3.

Sie werden jedoch (ebenso die Erziehungsmaßregeln) in eine gerichtliche Erziehungskartei eingetragen, sofern sie nicht neben einer Strafe angeordnet sind.

Materiell ist der Jugendarrest Strafe (so überzeugend Lange, Probleme S. 55ff.).

2. Das Jugendgefängnis.

Es wird verhängt, wenn das Bedürfnis der Volksgemeinschaft nach Schutz und Sühne wegen der Größe der Schuld oder wegen der schädlichen Neigungen des Jugendlichen, die in der Tat hervorgetreten sind, eine Strafe erfordert, § 4 Abs. 2.

Jugendgefängnis ist die einzige Kriminalstrafe des RJGG. Weder Geld- noch Haftstrafe sind zulässig, ebensowenig Aberkennung der bürgerlichen Ehrenrechte, Verlust der Amtsfähigkeit und Polizeiaufsicht, § 16.

Jugendgefängnis ist geboten entweder wegen der Schwere der Tatschuld als solcher oder weil die Täterpersönlichkeit schädliche Charaktereigenschaften besitzt, die nur mittels Erziehung im Strafvollzug behoben werden können, § 5 Abs. 2, § 64. Die Verurteilung zu Jugendgefängnis erfolgt entweder auf bestimmte oder unbestimmte Dauer.

a) Das Mindestmaß beträgt ohne Rücksicht auf die Strafrahmen des allgemeinen Strafrechts 3 Monate, das Höchstmaß 10 Jahre. Bei der Strafzumessung hat der Richter die erzieherische Aufgabe der Jugendgefängnisstrafe besonders zu berücksichtigen, § 5 Abs. 2.

§ 5 ist ein schwerer Eingriff in den Grundsatz der gesetzlichen Bestimmtheit der Strafe. Praktisch wird den Richter auch im Jugendstrafrecht die Rücksichtnahme auf die Strafrahmen des Erwachsenenstrafrechts leiten, anderenfalls wäre die Gleichmäßigkeit der Strafrechtspflege stark gefährdet. Z. Zt. ist ohnehin der Strafrahmen des § 9 JGG. von 1923 maßgebend!

b) Jugendgefängnisstrafe von unbestimmter Dauer verhängt der Richter dann, wenn eine Strafe von mindestens 9 Monaten, höchstens 4 Jahren geboten ist und sich wegen der in der Tat zutage getretenen schädlichen (= kriminellen) Neigungen nicht voraussehen läßt, welche Strafdauer erforderlich ist, um den Jugendlichen durch Erziehung im Strafvollzug wieder in die Volksgemeinschaft einzugliedern, § 6.

Der Richter setzt im Urteil das Mindestmaß fest (mindestens 9 Monate); das Höchstmaß beträgt grundsätzlich 4 Jahre, doch kann es der Richter herabsetzen, wobei zwischen Mindest- und Höchstmaß ein Spielraum von 2 Jahren bleiben muß. § 6 Abs. 2.

Taten des Augenblicks oder der einmaligen Konfliktslage scheiden aus der unbestimmten Verurteilung auch dann aus, wenn sie besonders schwer sind.

3. Die Erziehungsmaßregeln.

Erziehungsmaßregeln ergänzen entweder Strafe und Zuchtmittel (§ 2 Abs. 2); oder sie werden selbständig ohne diese verhängt, wenn sie diese entbehrlich machen (§ 2 Abs. 3), also insbesondere dann, wenn der Schuldgehalt der Tat gegenüber der allgemeinen Erziehungsbedürftigkeit des Täters unbedeutend ist.

Erziehungsmaßregeln sind Schutzaufsicht und Fürsorgeerziehung, deren Voraussetzungen sich nach dem Jugendwohlfahrtsgesetz vom 9. Juli 1922 richten (§ 13), und Erteilung von Weisungen für die Lebensführung der Jugendlichen.

Zu den Weisungen gehören das Gebot, eine Lehr- oder Arbeitsstelle anzunehmen, bei einer Familie oder in einem Heim zu wohnen, oder das Verbot, mit bestimmten Personen oder in bestimmten Lokalen zu verkehren, geistige Getränke zu genießen, zu rauchen u. dgl. Damit ihre Durchführung sichergestellt wird, hat sie der Richter nur im Einvernehmen mit der Jugendgerichtshilfe, die sie zu überwachen hat, zu erteilen. § 12 Abs. 2, § 67. Kommt der Jugendliche den Weisungen schuldhaft nicht nach, so kann der Richter Jugendarrest verhängen. § 19.

4. Unterbringung in einer Heil- und Pflegeanstalt.

Sie ist die einzige sichernde Maßregel des Jugendstrafrechts, § 17. Neben ihr ist von einer weiteren Ahndung der Tat durch Strafe oder Zuchtmittel abzusehen, wenn sie eine solche entbehrlich macht, § 2 Abs. 3.

5. (Zu 1—4) Verbindung von Strafen und Maßnahmen; Einheitsstrafe.

a) Neben Jugendgefängnis sind Auferlegung besonderer Pflichten, Erteilung von Weisungen und Schutzaufsicht zulässig, nicht aber andere Zuchtmittel und Fürsorgeerziehung. Dagegen können Zuchtmittel und Erziehungsmaßregeln, ebenso mehrere Zuchtmittel und mehrere Erziehungsmaßregeln nebeneinander angeordnet werden, § 18.

Dazu die „Richtlinien" zu § 18.

Neben jeder Jugendstraftatsfolge können Nebenstrafen und Nebenfolgen (außer den in § 16 Abs. 1 genannten) verhängt werden. § 18 Abs. 3.

b) Bei mehreren Straftaten eines Jugendlichen ist stets nur eine Strafe, ein Zuchtmittel oder eine Erziehungsmaßragel derselben Art festzusetzen (§ 14) (unbeschadet der Verbindung mehrerer Strafen und Maßnahmen verschiedener Art gemäß § 18); dabei darf die gesetzliche Höchstgrenze der Jugendgefängnisstrafe und des Jugendarrestes nicht überschritten werden (sog. „Einheitsstrafe" s. o. S. 109).

IV. Vollzug der gesetzlichen Jugendstraftatsfolgen

Die allgemeinen Grundsätze regeln §§ 64 ff.; dazu im einzelnen die Änderung der AV. über den Jugendstrafvollzug vom 22. Januar 1937 (DJ. S. 97) gemäß AV. d. RJM. vom 20. Dezember 1943 (DJ. S. 584), die AV. über die unbestimmte Verurteilung Jugendlicher vom 13. Januar 1942 (DJ. S. 51) und die Jugendarrestvollzugsordnung AV. d. RJM. vom 20. Dezember 1943 (DJ. S. 580).

Ergänzung zu S. 61).

In dem Beispiel 2 a γ begeht A einen Mord an dem geistesschwachen B in mittelbarer Täterschaft durch zwei Werkzeuge, indem er durch B selbst, der im Hinblick auf den Deliktserfolg — seinen Tod — unvorsätzlich handelt, den X in eine Zwangslage versetzt, in der dieser zwar vorsätzlich, aber zur Selbstverteidigung genötigt, also unfrei den B tötet (m. T. durch ein unvorsätzliches und ein unfreies Werkzeug). Anders ist es, wenn A den B zum Angriff auf X bestimmt und B als vollsinniger Mensch das Risiko, das er läuft, klar übersieht; dann hat nicht A, sondern B die Tatherrschaft über die Zwangslage, in die er den X versetzt. A ist nur Anstifter und kann nur wegen Verleitung zur Selbsttötung haftbar gemacht werden (heute noch nicht strafbar).

Im Unterschied dazu will Hegler, Schmidt-Festschr. S. 72 ff. auch in der 2. Altern. den A wegen Mordes in m. T. bestrafen, weil dieser, ohne daß bei ihm ein Unrechtsausschlußgrund vorliegt, eine „Bedingung zur Tötung gesetzt" habe. Ebenso will er die Bestimmung eines Willensfreien zur Selbsttötung als m. T. vorsätzlicher Tötung bestrafen, da der Veranlassende „eine Bedingung zur Vernichtung fremden Lebens gesetzt" habe. In beiden Fällen kommt H. zu einem konstruierten und ungerechten Ergebnis. Hier zeigt sich, daß der „restriktive" Täterbegriff, wie ihn H. vertritt (: nur der Ausführende ist Täter), den Boden der bloßen Verursachungslehre (des naturalistischen Handlungsbegriffs) ebensowenig verläßt wie sein Gegenspieler, der „extensive" Täterbegriff (: Täter ist jeder, der den Erfolg verursacht, sofern er nicht durch positivrechtliche Ausnahme Anstifter oder Gehilfe ist). Der Überobjektivismus in der Handlungslehre führt zwangsläufig zum Subjektivismus in der Täterlehre und von hier weiter zum Gesinnungsstrafrecht! (Vgl. dazu oben S. 62.)

BESONDERER TEIL

DIE EINZELNEN VERBRECHEN

§ 32. Einleitung: Systematik des Besonderen Teils

I. Geschichtliche Bedingtheit der Verbrechensarten

Behandelt der Allgemeine Teil des Strafrechts die für das gesamte Strafrecht wesentlichen Grundlagen: nämlich die Elemente der strafbaren Handlung, ihrer Täterschaft und das Wesen von Strafe und Sicherungsmaßregeln, so umspannt der Besondere Teil des Strafrechts die einzelnen Arten der strafbaren Handlungen. Er führt uns die Fülle der Formen vor Augen, in denen die Ordnungen des sozialen Lebens verletzt werden können und die der Gesetzgeber für strafwürdig erachtet hat. Diese konkreten Verbrechenstatbestände stehen im engsten Zusammenhang mit dem jeweiligen Kulturzustand eines Volkes; sie sind gleichsam auf der Nachtseite des sozialen Lebens Verkehrungen der positiven Lebenordnungen und Lebensbeziehungen ins Wertwidrige. So sind etwa die Vermögensverbrechen wie Betrug, Erpressung, Untreue, Wucher u. s. f. Verkehrungen des rechtlichen Güteraustausches, die Sittlichkeitsverbrechen Verkehrungen der sexuellen Lebensordnungen u. s. f. — Was Wucher, Erpressung, Untreue, Betrug sind, läßt sich nur durch Bezugnahme auf die Ordnungen des redlichen Geschäftsverkehrs ersehen. Ob etwa ein fehlgeschlagenes Geschäft eines Gesellschaftsvorstandes Untreue ist, bestimmt sich danach, welches Maß an wirtschaftlichem Wagnis noch im Rahmen einer ordentlichen Geschäftsführung liegt. Ob das In-Aussicht-stellen eines Übels eine erpresserische Drohung ist, richtet sich danach, ob die Drohung das verkehrsübliche Maß überschritten hat. Die einzelnen Verbrechen beziehen ihren Unwertgehalt aus dem Zusammenhang mit den sozialen Ordnungen; sie bilden auf der Nachtseite des Volkslebens die negativen Formen des sozialen Handelns. Auch die Verbrechensarten sind Lebensvorgänge, die aus den geschichtlichen Lebensformen einer Kultur erwachsen und sich mit ihnen ändern. Sie sind ein Spiegelbild der jeweiligen Kultur, die Kehrseite ihrer Medaille. Darum müssen auch die rechtlichen Tatbestände, in denen diese sozialen Lebensvorgänge als Betrug oder Erpressung, als Unzucht oder Freiheitsberaubung begrifflich umschrieben sind, immer von den geschichtlich sich ausprägenden Lebensordnungen her verstanden werden.

II. Problem einer Systematik des Besonderen Teils

1. Aus der geschichtlichen Bedingtheit der Verbrechensarten folgt, daß es kein System des Besonderen Teils des Strafrechts im strengen Sinne gibt. Es gibt zwar ein System des allgemeinen Teils; denn die allgemeinen Lehren ergeben sich aus

der Analyse des komplexen Begriffs der strafbaren Handlung und aus der Einsicht in den inneren Zusammenhang der dadurch gewonnenen Elemente innerhalb des Ganzen der verbrecherischen Handlung: wie die Elemente aus dem Ganzen der Straftat stammen, so müssen sie lücken- und widerspruchslos aneinanderpassen — oder unsere Erkenntnis blieb mangelhaft —, d. h. die Synthese muß der Analyse voll gerecht werden. Anders der Besondere Teil des Strafrechts: wie schon die Kultur einer Zeit weder ein lückenloses noch überhaupt ein widerspruchloses „System“ der materialen Kulturerscheinungen bildet, so gibt es auch kein lückenloses, materiales System der Verbrechensarten, denn diese sind nur die negativen sozialen Verhaltungsweisen innerhalb der bestehenden Kultur. Die Geschichtlichkeit der Verbrechenstatbestände schließt ein materiales System dieser einzelnen Verbrechensarten wesensmäßig (nicht nur wegen der Unzulänglichkeit menschlicher Erkenntnis) aus. Der Besondere Teil des Strafrechts trägt notwendig „fragmentarischen Charakter“ (Hellmuth Mayer).

2. Wenn man dennoch von einem „System“ des Besonderen Teils spricht, so meint man hier das System in einem weiteren Sinn als ein Hilfsmittel, um der Fülle der Erscheinungen erkenntnismäßig Herr zu werden. Die verschiedenen Tatbestände werden nach dem Grad ihrer Verwandtschaft zusammengefaßt und in Ober- und Untergruppen gegliedert. Leitender Gesichtspunkt für diese Gruppenbildung ist der Gedanke des Rechtsguts. Tatbestände, die dasselbe Rechtsgut schützen (z. B. das Leben) bilden eine einheitliche Gruppe und schließen sich mit Tatbeständen, die verwandte Rechtsgüter schützen (z. B. Gesundheit, Ehre, Freiheit) zu einer höheren Einheit zusammen (Verbrechen gegen die Persönlichkeit). Die Eingliederung der einzelnen Tatbestände kann Schwierigkeiten machen, vor allem dann, wenn der Gegenstand des Rechtsschutzes zweifelhaft ist (z. B. bei der Abtreibung) oder wenn, wie sehr häufig, der Schutz mehrerer Rechtsgüter in Frage steht (z. B. bei Erpressung: Freiheit und Vermögen). Maßgebend ist im letzteren Falle das im Vordergrunde stehende Rechtsgut, wobei jedoch Zerreißungen von Tatbeständen, die unter anderen Gesichtspunkten zusammengehören, unvermeidlich sind.

Neben dem Leitgedanken des Schutzobjektes verwendet der Gesetzgeber systematisch auch den Gesichtspunkt des verpflichteten Subjekts; bei den Amtsverbrechen. Dieser Wechsel des leitenden Gesichtspunktes stört die Systematik. Unter dem Gedanken des Rechtsgüterschutzes müßten die echten Amtsverbrechen zu den Staatsverbrechen, die unechten aber als Qualifikationsgründe zu den sonstigen Straftaten gestellt werden.

Die Gruppierung der Verbrechen nach dem verletzten Rechtsgut ist heute allgemein üblich. Eine völlig andersartige Einteilung ergäbe die Systematik nach den Verbrechensmotiven und der Täterpersönlichkeit. Eine solche Gruppierung würde etwa die Sachbeschädigung aus dem System der Vermögensdelikte ausschalten, da das Motiv der Sachbeschädigung in aller Regel kein vermögensrechtliches ist (sondern Rache, Neid u. s. w.). Ein solches System ist bisher noch nicht mit Erfolg versucht worden.

Das StGB. hat zwar Deliktsgruppen in der Regel nach dem Gesichtspunkt des verletzten Rechtsguts zusammengefaßt, diese Gruppen ihrerseits aber nicht wieder zu höheren Einheiten zusammengefaßt, sondern sie schlicht aneinandergereiht, indem es jeweils eine Verwandtschaftsbeziehung der späteren Gruppe mit der vorangegangenen auswertete (z. B. im 14.—16. Abschnitt: Beleidigung, Zweikampf, Tötung). Diese Aneinanderreihung bleibt vielfach im Äußerlichen stecken und versagt häufig ganz. Die wissenschaftlichen Systeme bilden durchweg höhere Einheiten und verwerten dabei regelmäßig den Unterschied der Delikte gegen den Einzelnen und der gegen die Gesamtheit. Die folgende Darstellung geht von einer Vierteilung aus:

1. Straftaten gegen die Persönlichkeit.
2. Vermögensverbrechen.
3. Verbrechen gegen das Gemeinschaftsleben.
4. Staatsverbrechen.

III. Anhang: Die folgende Darstellung verweist hinsichtlich der Strafdrohung generell auf das Gesetz. Da bei einer Strafverschärfung nach 1933 auf die alte Strafdrohung vor 1933 zurückzugehen ist (s. o. S. 119), werden alle Änderungen nach 1933 als solche (N.) gekennzeichnet.

Erstes Buch
Verbrechen gegen die Persönlichkeit

§ 33. Die Tötungsverbrechen

Im germanischen Recht war der Mord, die heimliche, hinterlistige Tötung, eine „Meintat" wegen der Feigheit des Mörders, sich der Fehde zu entziehen, dagegen der Totschlag, die offene Tötung, das leichtere, ehrlichere Delikt. Die italienischen Juristen des Mittelalters brachten als Kennzeichen des Mordes den „Vorbedacht", der ins gemeine Recht überging, aus ihm vom Code Pénal und dem bayr. StGB. von 1813 aufgenommen wurde und von dort ins preußische StGB. und in den § 211 a. F. gelangte: Mord ist die mit „Überlegung" ausgeführte vorsätzliche Tötung. Überlegung bedeutet dabei das Abwägen des Für und Wider der Tat während der Ausführung. Die Neuregelung durch Gesetz vom 4. 9. 1941 ruht auf der Grundlage der schweizerischen Entwürfe. Die a. F. ist heute insofern noch von Bedeutung, als Todesstrafe nur zulässig ist, wenn der Mord nach § 211 n. F. zugleich mit Überlegung i. S. der a. F. ausgeführt war (s. o. S. 123). Für die Strafbemessung sind daher u. U. auch die Strafdrohungen der aufgehobenen §§ 214/15 heranzuziehen. A. A. OGH. Köln, SJZ 1948 482

I. Grundtatbestand: der Mord § 211 (N.)

: Vorsätzliche Tötung eines Menschen unter Umständen, die die besondere Verwerflichkeit der Gesinnung oder Gefährlichkeit des Täters offenbaren.

1. Objektiver Tatbestand:

a) Verletztes Rechtsgut: Das Leben eines anderen Menschen.

α) Menschenqualität beginnt, wie § 217 („in der Geburt") zeigt, abweichend von § 1 BGB. mit dem Anfang der Wehen (RG. **26** 178) und endet mit dem Tode; auch der Sterbende oder Lebensunfähige kann noch gemordet werden.

β) Selbstmord ist straflos, daher auch Teilnahme daran, RG. **70** 313. (Über Selbstmordversuch Schwangerer s. u. S. **144**.)

b) Die Tathandlung, das Töten, ist jede beliebige Art der zielgerichteten Todherbeiführung.

2. Subjektiver Tatbestand: Vorsatz.

3. Die besonderen Mordqualifikationen:

Die Tötung muß unter Umständen erfolgen, die die besonders verwerfliche Gesinnung oder Gefährlichkeit des Täters offenbaren (vgl. Art. 112 schweiz. StGB.). Das Gesetz führt folgende Qualifikationsgründe auf:

a) die besonders verwerfliche Gesinnung des Täters: Mordlust, Befriedigung des Geschlechtstriebes, Habgier oder sonstige niedrige Beweggründe.

b) die besonders verwerfliche oder gefährliche Ausführungsart: heimtückisch (d. i. nicht bloß heimlich oder hinterrücks, sondern mit Falschheit und Verschlagenheit), grausam (d. h. unter Zufügung besonders schwerer Leiden, schwer infolge Stärke, Dauer der Wiederholung, aus einer gefühllosen und unbarmherzigen Gesinnung [s. RG. **76** 299]), mit gemeingefährlichen Mitteln (d. s. Mittel, die eine in ihrer Ausdehnung unberechenbare Gefahr mit sich führen).

c) der kriminelle Zweck: Ermöglichung oder Verdeckung einer anderen Straftat.

Alle diese Umstände unterstehen der Grundidee des Mordes, daß sich aus ihnen die besondere Verwerflichkeit der Gesinnung oder Gefährlichkeit des Täters ergeben muß; wo das ausnahmsweise fehlt (z. B. Töten mit gemeingefährlichen Mitteln, aber im verständlichen Affekt), kommt § 211 nicht in Frage. Die sprachliche Fassung vom Täter her (Mörder ist.. statt: einen Mord begeht..) ist sachlich ohne Bedeutung; es gibt keinen Tätertyp des Mörders. RG. **76** 299.

In besonderen Ausnahmefällen kann auch beim Morde statt Todesstrafe lebenslängliches Zuchthaus verhängt werden. (Abs. 3)

II. Der Totschlag § 212 (N.)

: Vorsätzliche Tötung eines Menschen ohne die Mordvoraussetzungen.

Nach der Gesetzesfassung ist Totschlag der aus § 211 ausgegliederte leichtere vorsätzliche Tötungsfall. Die in § 213 für den Totschlag vorgesehenen mildernden Umstände (vor allem Provokation) enthalten nur eine Strafzumessungsregel, die die Verbrechensnatur des Totschlags nicht ändert. Euthanasie (Sterbehilfe) rechtfertigt die Tat nicht.

Zu I und II: Teilnahme an Mord und Totschlag.

Sofern als Mordqualifikationen persönliche Gesinnungsmomente oder Absichten (I 3 a und c) in Frage stehen, ist § 50 anzuwenden, d. h. es kommt individuell darauf an, welcher Täter oder Teilnehmer die betreffenden Qualifikationen aufweist. Bestimmt also A aus Habgier den B, den C zu töten, indem er die verständliche Erregung des B gegen C ausnützt, so begeht B einen Totschlag, aber A ist als Anstifter unter den erschwerenden Voraussetzungen des § 211 zu bestrafen (a. A. RG. 72 373). Sofern dagegen die Mordqualifikation nicht persönliche Momente, sondern die Art der Tatausführung (wenn auch teilweise mit subjektiven Komponenten) betrifft, wie „heimtückisch, grausam und mit gemeingefährlichen Mitteln", scheidet § 50 aus. Der Teilnehmer ist, wenn er die Qualifikation der Haupttat kennt, stets nach § 211 strafbar (s. auch o. S. 70).

III. Weitere mildere Tötungsdelikte §§ 216/17

Sie sind zwei weitere Stufen der mit § 212 begonnenen Strafmilderung (vgl. Kohlrausch § 216, 1): daher ist § 213 auf sie anwendbar (a. A. RG 45 248).

1. Tötung auf Verlangen. § 216.

: Vorsätzliche Tötung eines anderen auf Grund ausdrücklichen und ernstlichen Verlangens des Getöteten.

Bloße Einwilligung ist noch nicht „Verlangen" (RG. **68** 307); dieses muß vielmehr den Täter zur Tat bestimmt haben. Ernstlich ist es, wenn es dem wahren, nicht einer bloßen Augenblicksstimmung (etwa Trunkenheit) entspringenden Willen entspricht; es ist bei Geisteskranken und Jugendlichen unter 18 Jahren in der Regel nicht anzunehmen. RG. **72** 400.

Der Versuch ist jetzt unter Strafe gestellt. Ist die dabei regelmäßig zugleich vorhandene Körperverletzung auch als solche strafbar? Objektiv enthält jede Tötungshandlung zugleich eine Körperverletzung; subjektiv jedoch umfaßt der Tötungsvorsatz nicht notwendig auch den Körperverletzungsvorsatz, denn dieser ist der Vorsatz, einen anderen körperlich zu verletzen unter Aufrechterhaltung seines Lebens. Daher sind Tötungsvorsatz und Kv.-Vorsatz grundsätzlich verschieden (zu weitgehend RG. **61** 375, unrichtig RG **28** 200). Da der Täter nach § 216 niemals die körperliche Verletzung auch nur bedingt mitgewollt haben wird, scheidet vorsätzliche Körperverletzung in aller Regel aus. Vgl. unten S. 143. — Der Verletzte bleibt straflos (keine Anstiftung, sondern notwendige Teilnahme!).

2. Kindestötung. § 217.

Während man bis zur Aufklärung im Kindesmord einen besonders schweren Fall der Tötung sah, berücksichtigte man später die Lage der unehelichen Mutter (Not, Schande, seelische Erregung) mildernd.

: Vorsätzliche Tötung eines unehelichen Kindes in oder gleich nach der Geburt.

a) Unehelich ist ein Kind, dessen Eltern weder z. Zt. der Erzeugung noch z. Zt. der Geburt in formell gültiger Ehe lebten (Frank I). Täter kann nur die uneheliche Mutter sein. „Gleich nach der Geburt" bedeutet: solange der durch die Geburt bedingte Erregungszustand dauert.

b) Sonderfragen:

α) Hält die Mutter ihr Kind irrtümlich für unehelich, so beschränkt sich ihr Vorsatz auf § 217; sie ist also gemäß § 59 nur nach § 217 strafbar; s. o. S. **44**. Hält sie es irrtümlich für ehelich, so begeht sie eine Tötung nach § 211/12.

β) Teilnehmern an der Tat der Mutter kommt nicht § 217 zugute, sondern sie fallen, je nach Qualifikation ihrer Tat, unter § 211 oder 212 (vgl. § 50).

IV. Die fahrlässige Tötung § 222 (Strafdrohung N.)

1. Objektiver Tatbestand: Verursachung des Todes eines andern. Hierzu gehört jede Art von Mitwirksamkeit, auch mit anderen oder durch andere, auch durch Unterlassen, wenn Hinderungspflicht bestand.

2. Subjektiver Tatbestand: Fahrlässigkeit, die sich auf den Tod beziehen muß. Vermochte der Täter nicht diesen, sondern nur die Möglichkeit einer Körperverletzung zu erkennen, dann liegt auch bei Todeseintritt nur fahrlässige Körperverletzung vor.

Mitwirkendes Verschulden des Getöteten (z. B. bei Verkehrsunfällen) entlastet den Täter grundsätzlich nicht, außer wenn dadurch die Voraussehbarkeit des Erfolges ausgeschlossen war (keine Kulpakompensation im Strafrecht).

§ 34. Die Körperverletzung

Der selbständige Tatbestand der Körperverletzung ist deutschrechtlichen Ursprungs.

I. Der Begriff der Körperverletzung

1) Körperverletzung ist gemäß Legaldefination des § 223 entweder die

a) körperliche Mißhandlung, d.h. die üble, unangemessene Behandlung, die das körperliche Wohlbefinden oder die körperliche Unversehrtheit nicht unerheblich beeinträchtigt. Dabei ist Schmerzempfindung nicht erforderlich (RG. **56** 64). Auch Bart- und Zopfabschneiden fällt darunter (a. A. RG. **29** 58). Erregung von Ekel und Schreck genügt nur dann, wenn dadurch das körperliche Wohlbefinden beeinträchtigt wird.

b) Gesundheitsschädigung, d. h. das Hervorrufen oder Steigern eines anomalen körperlichen oder seelischen Zustandes auch vorübergehender Natur wie Betäubung oder Rausch (doch auch hier unter Ausschluß des Unerheblichen); auch Ansteckung mit Krankheit (vgl. §§ 5, 6, 14 Geschlechtskrankheitengesetz; diese sind subsidiäre Gefährdungsdelikte). Rein seelische Krankheiten (Depressionszustände) gehören ebenfalls unter diese Alternative, Kohlrausch § 223 I 2, a. A. RG. **64** 119; **73** 319.

2. Keine Körperverletzung ist die kunstgerecht vorgenommene ärztliche Heilbehandlung, selbst dann nicht, wenn sie erfolglos blieb. Denn sie ist weder Mißhandlung noch Gesundheitsschädigung (maßgebend ist der Handlungs-, nicht der Erfolgsunwert) h. L.; a. A. RG. **25** 375: auch ärztliche Eingriffe seien „an sich" Körperverletzungen und würden nur durch Einwilligung gerechtfertigt, RG. **74** 92; 352 (zuletzt zweifelnd). Bei ärztlicher Behandlung wider Willen des Betroffenen kann Freiheitsdelikt vorliegen.

3. Rechtfertigungsgründe.

Über Einwilligung § 226a vgl. o. S. 55. Züchtigungsrecht haben Eltern § 1631 BGB., Lehrherrn § 127a Gew.O. — Über das Züchtigungsrecht der Lehrer vgl. RG. **43** 277; **45** 1; **61** 191; über Züchtigungsrecht Dritter s. o. S. 57.

II. Die einzelnen Tatbestände

1. Leichte Körperverletzung. § 223 (Grundtatbestand); Strafschärfung bei Tat gegen Aszendenten.

2. Gefährliche Körperverletzung. § 223a, qualifiziert durch die Gefährlichkeit des Mittels (Waffe, Messer, gefährliches Werkzeug) oder der Begehungsart (hinterlistiger Überfall, konkret lebensgefährdende Behandlung, gemeinschaftlich, d. h. in Mittäterschaft begangen).

Gefährliches Werkzeug ist jeder durch Menschenhand in Bewegung gesetzte Gegenstand, der geeignet ist, durch die konkrete Verwendungsart erhebliche Verletzungen herbeizuführen; nach h. L. nur mechanische, nicht auch chemische Mittel (?).

3. Schwere Körperverletzung § 224 bei ungewolltem, adäquatem Eintritt bestimmter schwerer Gesundheitseinbußen, und zwar bei Verlust eines wichtigen Gliedes, des Sehvermögens (d. h. der Fähigkeit der Gegenstandswahrnehmung) auf

einem oder beiden Augen, des Gehörs auf beiden Ohren, der Sprache, der Fortpflanzungsfähigkeit, ferner bei dauernder erheblicher Entstellung, bei Verfall in Siechtum, Lähmung, Geisteskrankheit.

Die Wichtigkeit des Gliedes ist generell nach dem Gesamtorganismus, nicht nach dem individuell Betroffenen (etwa Klavierspieler) zu beurteilen. RG. **64** 201.

Besonders schwere Körperverletzung (§ 225) liegt vor, wenn eine der vorgenannten Folgen beabsichtigt, d. h. direkt gewollt und eingetreten war. RG. **24** 369.

4. Körperverletzung mit tödlichem Ausgang § 226. Ebenfalls erfolgsqualifiziertes Delikt (bei Vorsatz auf Tötung: §§ 211ff.).

5. Fahrlässige Körperverletzung § 230. (Strafdrohung N.)

Zusatz zu 1—5: Leichte und fahrlässige Kv. (§§ 223, 230) sind Antragsdelikte, sofern nicht öffentliches Interesse an der Strafverfolgung besteht, § 232. (N.) Für alle Fälle vorsätzlicher Körperverletzung, außer für § 225, sieht § 228 mildernde Umstände vor. Wird eine leichte Kv. mit einer solchen oder mit einer Beleidigung auf der Stelle (d. h. in dem durch den Angriff unmittelbar erzeugten Erregungszustand) erwidert, so kann die Strafe gemildert oder von ihr abgesehen werden (§ 233). In allen Fällen kann der Verletzte Buße, d. h. Schadenersatz fordern, § 231. Versuchte Kv. ist außer in § 225 nicht strafbar. RG. **9** 67.

III. Mißhandlung Schutzbefohlener § 223b. (N.)

: Quälen oder rohes Mißhandeln von schutzbefohlenen Kindern, Jugendlichen, wehrlosen Gebrechlichen oder Kranken, desgl. auch Gesundheitsbeschädigung durch böswillige Vernachlässigung.

Kein qualifizierter Fall der Kv., sondern Sonderdelikt, gekennzeichnet durch die Verletzung der Schutzbeziehung zwischen Täter und Verletztem und durch verwerfliche Gesinnungsmomente (nämlich „roh“, d. h. gefühllos; „böswillig“, d. h. in feindseliger oder grob-egoistischer Einstellung).

Der Tatbestand ist weiter als der der Kv., denn Quälen umfaßt die seelische Mißhandlung auch ohne Gesundheitsschädigung. Darum ist § 228 auf § 223b nicht anwendbar. **Kohlrausch** 1.; a. A. RG. **71** 363.

IV. Ergänzend: Gefährdung des körperlichen Wohles eines Kindes durch gewissenlose und gröbliche Vernachlässigung der Fürsorge- oder Erziehungspflichten § 170d (s. u. S. 194).

§ 35. Gefährdung von Leib und Leben

I. Aussetzung. § 221

: Aussetzung einer wegen Jugend, Gebrechlichkeit oder Krankheit hilflosen Person oder Verlassen einer solchen Person in hilfloser Lage.

Die Aussetzung ist konkretes Gefährdungsdelikt, d. h. es muß eine wirkliche Gefahr geschaffen (oder vergrößert) werden, die nach überwiegender Ansicht (RG. **75** 74) Leben oder Gesundheit betreffen kann (nach Frank I nur das Leben).

Die Gefahr fehlt, wenn der Täter in der Nähe bleibt, bis ein Fremder hilft, oder wenn sonst fremde Hilfe zu erwarten ist.

1. Objektiver Tatbestand.

Tatobjekt ist eine wegen Jugend, Gebrechlichkeit oder Krankheit hilflose Person (hilflos, weil sie sich allein gegen Lebens- oder Leibesgefahr nicht schützen kann). Tathandlung ist entweder Aussetzen, d. h. räumliches Verbringen in hilflose Lage, oder Verlassen in hilfloser Lage, d. i. nach h. L. nur das körperliche Verlassen = räumliche Trennung, m. E. aber auch das geistige Verlassen = Im-Stich-lassen, also auch z. B. das Sich-Betrinken des Krankenwärters im Dienst. Das Verlassen ist unechtes Unterlassungsdelikt, daher ist nur strafbar, wen nach den Grundsätzen der Unterlassungsdelikte eine Handlungspflicht (= Pflicht zur Obhut) traf (s. o. S 90)

2. Der Vorsatz geht auf Leibes- oder Lebens**gefährdung** (Gefährdungsvorsatz). Ging er auf Verletzung, dann greifen nur §§ 211 ff., §§ 223 ff. ein wegen Subsidiärität der Gefährdungs- gegenüber den Verletzungsdelikten RG. **68** 407.

Doch ist beim Rücktritt vom Versuch des Tötungsdelikts eine Bestrafung wegen Aussetzung möglich, wenn neben der Tötung auch die Gefährdung bedingt mitgewollt war

3. Qualifizierte Fälle enthalten Abs. 2 und 3.

§ 330 c ist subsidiär gegenüber § 221, wie dieser gegenüber §§ 211 ff., § 223 ff.

II. Beteiligung am Raufhandel. § 227

Wegen ihrer typischen Gefährlichkeit bestraft § 227 die bloße Beteiligung an der tätlichen Auseinandersetzung (Schlägerei oder Angriff) zwischen mindestens 3 Personen, sofern durch die Auseinandersetzung eine schwere Körperverletzung oder der Tod verursacht wurde.

Die schwere Folge ist objektives Indiz für die Gefährlichkeit des Raufhandels. Der Täter braucht sie weder gewollt noch überhaupt verursacht haben; daher kann Täter des § 227 sogar der Verletzte sein. Beteiligt ist jeder, der bei den Tätlichkeiten anwesend ist und an ihnen in feindseliger Weise (physisch oder psychisch) mitwirkt. Jedoch bleibt straflos, wer ohne sein Verschulden hineingezogen wurde, z. B. der Angegriffene, der Notwehr übt, oder der versehentlich hinein Verwickelte der sich lediglich aus dem Streit retten will (nicht aber, wenn er dann mittut). Ist die schwere Folge durch das Zusammentreffen mehrerer Verletzungen bewirkt, so ist jeder, der an einer von ihnen (mit Körperverletzungsvorsatz) mitwirkte, schwerer strafbar (Abs. 2).

Nach h. L. Id. Konk. mit §§ 211 ff., 223 ff. (m. E. ist § 227 Abs. 1 als Gefährdungsdelikt gegenüber §§ 224—226 subsidiär, während § 227 II als Sonderregelung den §§ 224—26 vorgeht §§ 211/12 schließen § 227 stets aus).

Ergänzend vgl. § 367 Ziff. 10.

III. Vergiftung. § 229

: Vorsätzliches Beibringen von Gift oder anderen gesundheitszerstörenden Stoffen (in konkret gefährdender Menge) in der Absicht der Gesundheitsbeschädigung.

Vergiftung ist die vorsätzliche Herbeiführung der Gefahr der Gesundheitszerstörung (nicht notwendig der Lebensgefährdung) in der Absicht der Gesundheitsbeschädigung (nicht in Tötungsabsicht, sonst: §§ 211, 212. Beim Rücktritt vom Tötungsversuch kann der Täter aus § 229 strafbar bleiben, wenn sein dolus eventualiter auch auf Körperverletzung ging). Der Vorsatz des § 229 muß stets die konkrete Eignung des Giftes zur Gesundheitszerstörung umfassen. RG. 10 178; Binding I 59. Versuch ist strafbar; Rücktritt nach Giftbeibringung nicht mehr möglich. RG. 59 1.

IV. Der Zweikampf. §§ 201—210

Wie weit der Zweikampf mit dem germanischen Fehdewesen zusammenhängt, ist bestritten. Jedenfalls stammt das Duell als Standessitte aus den romanischen Ländern des 17. Jahrhunderts. Gegen dieses ergingen Landesgesetze. — § 201 ff. bestrafen den Zweikampf, privilegieren ihn aber dadurch, daß sie die Verletzungen in ihm nicht als solche bestrafen.

Zweikampf ist der vereinbarte, nach hergebrachten oder im Rahmen des Herkommens vereinbarten Regeln stattfindende Kampf zwischen zwei Männern mit tödlichen Waffen.

Das sogen. amerikanische Duell (d. i. das Losen um das Leben) ist dagegen nur straflose Teilnahme am Selbstmord. — Nach Streichung des § 210 a fallen auch Schlägermensuren unter § 201 ff.

Strafbar sind:

1. bestimmte Vorbereitungshandlungen, nämlich die Aufforderung zum Zweikampf und deren Annahme (§ 201) und das Kartelltragen (§ 203). Straffrei macht der Rücktritt vom Zweikampf § 204;

2. der Zweikampf selbst. § 205.

Straferschwerung erfolgt bei Tötung des Gegners (§ 206) und beim Zweikampf ohne Sekundanten (§ 208). Werden die Kampfregeln vorsätzlich übertreten, sind die Verletzungen als Tötung oder Körperverletzung strafbar (§ 207).

Straflos bleiben Sekundanten, Zeugen und Ärzte (§ 209), auch Kartellträger, die sich um Verhinderung des Zweikampfes ernstlich bemüht haben;

3. die absichtliche Anreizung zum Zweikampf, falls der Zweikampf stattfindet. § 210.

§ 36. Die Abtreibung

In Rom war die Abtreibung straflos, da der Embryo als Teil der Mutter galt. Erst seit Severus (200 n. Chr.) wurde sie als Delikt gegen den Mann (Zerstörung seiner Hoffnung auf Kinder) bestraft. Im alten deutschen und vor allem im kanonischen Recht war sie Tötungsverbrechen, wobei das kanonische und das gemeine Recht zwischen unbelebter und belebter Frucht unterschieden (unbelebt in den ersten 10 Wochen); bei ersterer nur außerordentliche Strafe. — Strafgrund der Abtreibung ist umstritten. Wer die Frucht als Teil der Mutter ansieht, wird Strafbarkeit ablehnen. Im übrigen schützt § 218 entweder die Frucht als werdenden Menschen (so das natürliche Bewußtsein und das StGB von 1871, daher die systematische Stellung der Abtreibung unter den Tötungsdelikten) oder das bevölkerungspolitische Interesse; letzterer, früher häufig vertretene Gesichtspunkt ist durch § 8 der VO. vom 9. 3. 43 ad absurdum geführt worden dadurch, daß Personen nichtdeutscher Volkszugehörigkeit vom Abtreibungsverbot ausgenommen wurden!

Abtreibung ist die vorsätzliche Tötung der Leibesfrucht.

1. Angriffsobjekt ist die Leibesfrucht bis zum Beginn der Geburtswehen. Auch Mißbildungen gehören dazu, nicht aber die abgestorbene Frucht.

2. Tathandlung ist die Abtötung der Frucht im Mutterleibe oder die Herbeiführung des vorzeitigen Abgangs der Frucht. Die Mittel hierfür sind gleichgültig, nach RG. 67 206 auch der Selbstmordversuch der Schwangeren! (?) A. A. RG. 41 328.

3. a) Täter können sein:

aa) die Schwangere selbst (Abs. 1), indem sie entweder die Abtreibung selbst vornimmt oder durch Dritte zuläßt (im letzeren Falle ist also eine Beihilfe zur Haupttat erhoben).

In beiden Fällen kann die Schwangere die Abtreibung in mittelbarer Täterschaft begehen, wenn sie einen nicht als Täter handelnden Dritten als Werkzeug benutzt. Unzutreffend RG. **74** 23.

bb) ein Dritter (Abs. 3).

Die Strafdrohung ist wegen der regelmäßig bestehenden Konfliktslage bei der Schwangeren niedriger als beim Dritten; jedoch sind jetzt im Regelfall die Strafsätze der a. F. heranzuziehen. Abs. 3 S. 2 n. F. ist auf jeden Fall aufgehoben. Dazu OLG. Tübingen DRZ. **1947** 164.

b) Vollendet ist die Tat erst, wenn die Frucht getötet ist, auch im Falle der Zulassung der Abtreibung nach Abs. 1. RG. **61** 362.

Versuch beginnt auch in diesem Falle erst dann, wenn der Dritte mit der Ausführung beginnt. — Einen erfolglosen Beihilfeversuch macht RG. **76** 384 irrig zum Versuch nach Abs. 3.

4. Die Rechtswidrigkeit ist ausgeschlossen

a) bei medizinischer Indikation, d. h. bei ärztlicher Schwangerschaftsunterbrechung zur Abwendung einer ernstlichen Gefahr für Leben oder Gesundheit der Schwangeren mit Einverständnis der Schwangeren und einer ärztlichen Gutachterstelle (§ 14 Gesetz v. 14. 7. 33).

b) in unaufschiebbaren Fällen, wenn kein Arzt zur Stelle ist, auch bei übergesetzlichem Notstand (Kohlrausch 3, a. A. RG. **72** 60).

c) dagegen nicht aus sozialen, eugenischen oder „ethischen" Gründen (z. B. nach Notzucht); abw. Sachsen u. Thüringen, Ges. v. 4. VII. u. 18. XII. 1947.

5. Teilnahme.

a) Treibt ein Dritter mit Einwilligung der Schwangeren ab, so handeln beide in Mittäterschaft, jener nach Abs. 3, diese nach Abs. 1. — RG. **59** 423; **64** 148; h. L.; dagegen sollen nach RG. **72** 402, **74** 21 § 218 Abs. 1 und Abs. 3 zwei verschiedenartige „eigenhändige" Straftaten, nach Kohlrausch II zwei „Sonderverbrechen" sein mit der Folge, daß die Schwangere, die den Eingriff des Dritten zuläßt, nicht nur als Täterin nach Abs. 1, sondern auch als Gehilfin (oder Anstifterin) nach Abs. 3 bestraft werden muß und umgekehrt (bei Anstiftung sogar in Realkonkurrenz!). Beide Ansichten sind unzutreffend. Abtreibung ist weder ein eigenhändiges noch ein Sonderverbrechen. Vielmehr ist das strafwürdige Unrecht in beiden Fällen der gleiche Angriff auf das keimende Leben, der wegen der verschiedenartigen persönlichen Situation an der Schwangeren milder, am Dritten strenger bestraft wird. OLG. Düsseldorf, SJZ. **1948**/470.

b) Hieraus folgt, daß ein Dritter, der der Schwangeren zu ihrer Tat Anstiftung oder Beihilfe leistet, nach § 50 wegen Teilnahme zu Abs. 3 bestraft werden muß, da der persönliche Milderungsgrund des Abs. 1 für ihn ausfällt, ferner, daß die Teilnahme an einer Abtreibung, die ein Dritter mit Einwilligung der Schwangeren vornimmt, allein nach Abs. 3 strafbar ist. Anders muß das RG. in ein und demselben Akt zwei in Tateinheit stehende Teilnahmehandlungen zu Abs. 1 und Abs. 3 sehen! (RG. **72** 404).

c) Besteht die Beihilfe eines Dritten darin, daß dieser der Schwangeren zur Eigenverwendung ein Abtreibungsmittel verschafft, so wird diese Beihilfe nach Abs. 4 als selbständige Tat bestraft, wodurch die erfolglose Beihilfe unter Strafe gestellt wird.

Trotz der selbständigen Strafdrohung bleibt aber die Tat Beihilfe, sodaß die Schwangere, die jemand zur Tat nach Abs. 4 angestiftet hat, nicht noch wegen Anstiftung hierzu bestraft werden kann.

6. Ergänzende Vorschriften.

a) Verbotswidriger Vertrieb von Mitteln zur Verhütung oder Abbruch von Schwangerschaften oder zur Vorbeugung von Geschlechtskrankheiten (§ 219). Neufassung v. 3. II. 1947 Hann. Rpfl. **1947** 24.

b) Öffentliches Erbieten zu Abtreibungshandlungen (§ 220).

§ 37. Die Beleidigung

I. Wesen der Beleidigung

1. Verletztes Rechtsgut ist die Ehre eines andern. Die Ehre ist ein sozialer Begriff: die auf dem Wert der Persönlichkeit beruhende Geltung in der Gemeinschaft, die die Person entweder mit Recht tatsächlich besitzt oder die sie beanspruchen kann. Grundlage der Ehre ist der Wert der Person in der Gemeinschaft, sowohl in sittlicher Hinsicht wie auch im Hinblick auf die Grundvoraussetzungen ihrer sozialen Aufgaben. Daher ist es Beleidigung, wenn ein einzelner sittlicher Vorwurf erhoben, nicht aber schon wenn eine einzelne soziale Leistung als minderwertig bezeichnet wird, sondern nur wenn die Grundvoraussetzungen für die sozialen Aufgaben der Person angetastet werden, so z. B. der Vorwurf, ein Richter habe so viel Ahnung wie ein Rechtskandidat.

Zum Persönlichkeitswert gehört im Regelfalle (bei zurechnungsfähigen Menschen) das eigene Wertbewußtsein (Ehrempfinden).

Träger der Ehre können sein:

a) jeder Mensch, und zwar in vollem Umfang der erwachsene vollsinnige Mensch; aber auch Kinder und Geisteskranke haben eine Ehre, vor allem auf der Grundlage ihres Zukunfts- bzw. ihres Vergangenheitswertes, aber auch bezüglich ihres geminderten Gegenwartswertes (z. B. im Hinblick auf den Vorwurf unsittlicher Lebensführung).

Auch der Tote hat entgegen früher weit verbreiteter Auffassung eine Ehre (Kohlrausch, vor § 185 III: vgl. § 189; s. u. S. 148).

Die Beleidigung mehrerer Einzelner kann unter einer Kollektivbezeichnung erfolgen, sofern die Äußerung, dem Täter bewußt, auf alle unter sie fallenden Personen bezogen werden kann (RG. **52** 160; so die Bezeichnung „Knüppelgardisten" für Polizeibeamte, die bei bestimmter Gelegenheit Dienst taten, RG. **45** 138). Dagegen liegt keine Kollektivbeleidigung bei bloßem Durchschnittsurteil vor, das erkennbar Ausnahmen zuläßt („alle Kaufleute sind Schieber").

b) Gemeinschaften als solche, d. h. Personenverbindungen, die einen gegenüber ihren Mitgliedern selbständigen Bestand haben, innere Geschlossenheit besitzen und gemeinschaftserhebliche Aufgaben erfüllen; dagegen ist es gleichgültig, ob sie juristische Persönlichkeit besitzen. Dies ist ausdrücklich anerkannt in §§ 196/197 für Behörden, gesetzgebende Versammlungen und politische Körperschaften; darüber hinaus gilt es auch für Gemeinden, Handelsgesellschaften usw. RG. **70** 140; **74** 269. Auch die Familie hat eine eigene Ehre (wahrgenommen durch das Familienoberhaupt mittels Strafantrag).

Das RG. nimmt dagegen nur mittelbare Beleidigung nicht der Familienehre, sondern des Familienoberhauptes (Mannes) bei Beleidigung der Ehefrau (RG. 70 176), des Kindes (RG. 70 245) an, selbst wenn diese in die Beleidigung eingewilligt haben. RG. 70 94 (nächtliche Bierreise der Ehefrau mit Dritten); vgl. RG. 75 259. Eine solche „mittelbare" Beleidigung ist jedoch nur vorhanden, wenn die gegen eine bestimmte Person ausgesprochene Ehrverletzung gleichzeitig etwas Ehrenrühriges über eine andere Person aussagt (z. B. „Hurenkind"), nicht aber, wenn sich ein Dritter durch die allein gegen einen anderen gerichtete Kundgabe der Mißachtung mitgekränkt fühlt. Beleidigung ist nicht Verursachung eines Seelenschmerzes!

2. Tathandlung.

: Beleidigung, d. i. Kundgabe der Nichtachtung (Äußerungsdelikt).

a) Ob eine Äußerung ehrenkränkend ist, hängt von den Einstellungen und Gewohnheiten ab, die in oder zwischen den Kreisen der Beteiligten herrschen. Subjektiv notwendig und ausreichend ist Beleidigungsvorsatz, d. i. der Wille, dem anderen die Äußerung mit dem Bewußtsein ihres ehrenkränkenden Inhaltes zur Kenntnis zu bringen. Kränkungsabsicht (animus iniuriandi) ist nicht erforderlich, außer für § 192/193 (s. u. III).

b) Mittel der Kundgabe können beliebiger Art sein: Worte, Schrift, Laute, Gesten, Tätlichkeiten, Unterlassungen. Tätlichkeiten kommen nur in Frage, wenn sie eine Kundgabe der Mißachtung zum Ausdruck bringen, denn sonst wären alle gegen die Person gerichteten Delikte zugleich Beleidigungen (wie die iniuria).

Das in einem Sittlichkeitsdelikt regelmäßig steckende Beleidigungsmoment wird von der Bestrafung des Sittlichkeitsdelikts mit abgegolten (Konsumtion), außer wenn eine über das Sittlichkeitsdelikt hinausgehende zusätzliche Kundgabe der Mißachtung vorliegt. S. u. S. 194.

c) Die Kundgabe muß an einen anderen gerichtet sein; dies fehlt bei Selbstgesprächen oder Tagebucheintragungen, die nicht für andere bestimmt sind. Auch Äußerungen im engsten Familienkreise sind keine Kundgabe an andere, denn sie richten sich nicht gegen die Geltung des Betroffenen in der Gemeinschaft. A. A. RG. **71** 161. Geht die Kundgabe an einen anderen als an den, für den sie bestimmt ist (Verwechslung am Fernsprecher, Postbote liest beleidigende Karte), so gelten die Regeln des error in persona und der aberratio ictus.

d) Vollendet ist die Beleidigung, wenn ein anderer die Äußerung sinnlich wahrgenommen und als Mißachtung verstanden hat, gleichgültig, ob er sich gekränkt fühlt oder nicht.

II. Die einzelnen Tatbestände

1. Einfache Beleidigung. § 185.

: Kundgabe eigener Mißachtung gegenüber dem Beleidigten oder einem Dritten durch beliebige Mittel (vor allem durch Werturteile) außer durch Tatsachenbehauptung (hierfür als Spezialfälle §§ 186/187).

Tätliche Beleidigung (wozu auch der fehlgehende Schlag gehört, a. A. RG. **67** 173) ist Straferschwerungsgrund.

2. Üble Nachrede. § 186.

: Behaupten oder Verbreiten nicht erwiesen wahrer, ehrenrühriger Tatsachen gegenüber einem „anderen", nämlich dem Beleidigten oder einem Dritten.

Nach RG. und h. L. fällt unter § 186 nur die Tatsachenbehauptung gegenüber Dritten (Rufgefährdung), nicht aber gegenüber dem Beleidigten selbst; diese gehöre zu § 185; wie oben Binding I 158, Hippel, S. 214 I.

a) Der Begriff der Tatsache umfaßt alle Vorgänge oder Zustände der Außen- oder Innenwelt und steht in Gegensatz zu allgemeinen Werturteilen und bloßen Meinungsäußerungen, vgl. RG. **55** 131. Die Grenzen sind jedoch flüssig. Ausdrücke wie „Dieb", „Meineidiger" können Tatsachenbehauptung sein, wenn sie erkennbar auf bestimmte Geschehnisse hinweisen sollen (RG. **17** 66).

b) Die ehrenrührige Tatsache muß unwahr sein, nur dann nimmt das Gesetz eine Beleidigung an (s. u. III, 1). Die Unwahrheit der behaupteten Tatsache gehört also zum Unrechtstatbestand, ist nicht bloße Strafbarkeitsbedingung (a. A. h. L.; s. o. S. **41** f.)! Doch wird der Täter abweichend von § 59 zur Verstärkung des Ehrenschutzes auch dann bestraft, wenn er irrig an die Wahrheit glaubte. (Argument aus § 187) — Für die Feststellung der Unwahrheit gibt § 186 eine Beweisregel: Ist die Behauptung nicht nachweisbar, so gilt sie als unwahr. Der Richter hat zwar die Frage der Wahrheit von Amts wegen zu prüfen, aber das non liquet fällt dem Täter zur Last.

c) Tathandlungen sind:

Behaupten, d. h. als eigene Überzeugung mitteilen, und Verbreiten, d. h. einem oder mehreren anderen als fremdes Wissen weitergeben (selbst wenn es mit dem Zusatz der Unglaubwürdigkeit geschieht, RG. **38** 368; doch fehlt wegen Handelns im Interesse des Verletzten die Rechtswidrigkeit, wenn durch die Verbreitung dem Gerücht ernsthaft entgegengetreten werden soll). Strafverschärfung tritt bei öffentlichem Verbreiten (d. h. gegenüber größerem, nicht abgeschlossenem Personenkreis) oder bei Verbreiten von Abbildungen usw. ein. Gegenüber § 185 ist § 186 lex specialis.

3. Verleumdung. § 187.

: Bewußt wahrheitswidriges Behaupten oder Verbreiten ehrenrühriger Tatsachen.

Im Unterschied zu § 186 muß die Unwahrheit tatsächlich bewiesen werden und der Täter sie positiv kennen(dolus eventualis genügt nicht).

Systematisch verfehlt ist die Verbindung mit der Kreditgefährdung, da diese ein Angriff auf das Vermögen, nicht auf die Ehre ist.

4. Verunglimpfung des Andenkens Verstorbener. § 189 (N.).

§ 189 a. F. ging von der damals herrschenden Vorstellung aus, daß der Tote keine Ehre mehr habe, daß nur das Pietätsgefühl und die Ehre der Familie geschützt werden könne. Nachdem sich die Auffassungen hierüber gewandelt und auch ausländische Rechte (z. B.

a. 175 schweiz. StGB.) dem Toten eine Ehre zugesprochen haben, wird man als Schutzobjekt des § 189 n. F. auch unmittelbar die Ehre des Toten ansprechen müssen.

Verunglimpfen ist eine Ehrenkränkung (im Sinne der §§ 185/187) schwereren Grades (Wahrheitsbeweis ist zulässig). Erforderlich ist Strafantrag der Angehörigen.

Da der Tote ebenso wie der Lebende eine Ehre besitzt, ist der Irrtum des Täters über Tod oder Leben des Beleidigten unerheblich. Wer einen Toten verunglimpft, den er für lebend hält, fällt unter § 189, wie umgekehrt, wer einen Lebenden verunglimpfend beleidigt, den er für tot hält, sich nach §§ 185—187 vergeht. Überholt: RG. **13** 95; **26** 33.

III. Wahrheitsbeweis und Wahrnehmung berechtigter Interessen

1. Wahrheitsbeweis.

a) Die Behauptung einer wahren ehrenrührigen Tatsache ist grundsätzlich keine Beleidigung, darum schließt der Nachweis der Wahrheit die Beleidigungstatbestände aus. Hauptanwendungsgebiet des Wahrheitsbeweises ist die Tatsachenbeleidigung, §§ 186/187. Aber auch der Wahrheitsbeweis für die Richtigkeit von Werturteilen oder sonstiger Mißachtung, § 185, ist möglich (RG. **64** 11).

Der Wahrheitsbeweis ist erbracht, wenn die Kundgabe im wesentlichen als wahr erwiesen ist (RG. **62** 95). Eine Beweisregel hierfür gibt § 190 bezüglich rechtskräftig abgeurteilter Straftaten.

b) Ausnahmsweise ist trotz Gelingens des Wahrheitsbeweises die Mißachtung nach § 185 strafbar, wenn aus ihrer Form oder den Umständen die Absicht der Beleidigung hervorgeht (sog. formale Beleidigung, § 192). Stets muß zuerst der Wahrheitsbeweis versucht werden, ehe (nach seinem Gelingen) aus § 185 gestraft werden kann (RG. **64** 11).

2. Wahrnehmung berechtigter Interessen. § 193.

Wichtige Interessen können häufig nur dann wahrgenommen werden, wenn zugleich ehrenrührige Tatsachen über andere mitgeteilt werden, z. B. Äußerungen des Tatverdachtes gegen einen Dritten usw. Erweisen sich die Äußerungen als wahr, dann fehlt eine Beleidigung. Kann die Wahrheit nicht bewiesen werden, dann greifen an sich §§ 185/186 ein. Wollte man in all diesen Fällen strafen, so würde man jede, auch die berechtigteste Interessenwahrnehmung unmöglich machen. Das kann das Recht nicht verbieten. Die Gefahr möglicher Ehrverletzungen muß in Kauf genommen werden, wenn nur durch sie wichtige Interessen geschützt werden können (Güterkollision). In diesen Fällen mißbilligt die Rechtsordnung die Interessenwahrnehmung nicht. § 193 ist Rechtfertigungsgrund, so h. L., RG. **65** 335; a. A. RG. **64** 23 (Entschuldigungsgrund).

Voraussetzung für die Rechtfertigung ist eine beleidigende Kundgebung nach §§ 185/186; ist der Wahrheitsbeweis erbracht, dann kommt § 193 von vornherein nicht in Frage.

Berechtigt ist ein Interesse, dessen Wahrnehmung rechtlich und sittlich zulässig ist. Ob es zulässig ist, richtet sich maßgeblich auch nach der Art und Weise, wie es wahrgenommen wird. So fehlt eine Wahrnehmung berechtigter Interessen,

a) wenn *diese* Ehrverletzung zur Interessenwahrnehmung nicht erforderlich war; die Beleidigung muß angemessenes Mittel zur Interessenwahrnehmung sein.

Das fehlt, wenn z. B. jemand einem Beamten öffentlich Unregelmäßigkeiten vorwirft, anstatt zuvor Beschwerde oder Vorstellung beim Vorgesetzen zu erheben (RG. **59** 172);

b) wenn die Beleidigung auf haltlose Vermutung hin geschieht, RG. **62** 93, **63** 204; **66** 1. Der Täter hat eine Informationspflicht. Diese ist streng bei öffentlicher Beschuldigung, weniger streng bei Anzeigen an Behörden (daraus folgt, daß eine Verleumdung nicht gerechtfertigt werden kann);

c) nach RG. weiter dann, wenn die Interessen den Täter nicht persönlich nahe angehen, RG. **63** 231. Danach kommen für § 193 grundsätzlich nur unmittelbar oder mittelbar e i g e n e Interessen in Betracht; Interessen der Allgemeinheit nur dann, wenn der Täter ein besonderes Recht dazu hat oder (als Gemeindebürger usw.) persönlich beteiligt ist (RG. **63** 231). Gegen diese Einschränkung mit Recht die überwiegende Meinung, F r a n k III 2b, B i n d i n g I 154.

Stets muß die Interessenwahrnehmung der Zweck des Handelns sein, wenn auch nicht der einzige; bloße Rache rechtfertigt nicht! RG. R. **8** 524.

Als Fälle berechtigter Interessenwahrnehmung hebt § 193 besonders hervor: Tadelnde Urteile über wissenschaftliche, künstlerische oder gewerbliche Leistungen (d. s. auch Gerichtsurteile, a. A. **40** 347); Äußerungen zur Ausführung oder Verteidigung von Rechten (so das Verteidigungsrecht des Angeklagten, bei dem (zur Klarstellung der Unschuld) sogar § 187 ausgeschlossen wird, RG. **48** 414); Rügen Vorgesetzter, dienstliche Anzeigen und — generell — ähnliche Fälle (z. B. Zeugenaussagen RG. **41** 254).

Liegt ein Fall berechtigter Interessenwahrnehmung vor, so ist die Beleidigung rechtmäßig. Ausnahmsweise bleibt sie jedoch nach § 185 strafbar, wenn sich die Beleidigungsabsicht aus Form oder Umständen der Äußerung ergibt.

IV. P r o z e s s u a l e s :

Alle Beleidigungsdelikte sind Antragsdelikte. §§ 194—198. Selbständiges Antragsrecht hat auch der Ehemann (§ 195) und der Dienstvorgesetzte (§ 196) bei Beleidigung der Ehefrau bzw. des Untergebenen. Über Ermächtigung (im Gegensatz zum Strafantrag form- und fristlos) § 197, Buße § 188, Retorsion § 199, Bekanntmachungsbefugnis § 200.

§ 38. Straftaten gegen die persönliche Freiheit

I. G r u n d t a t b e s t a n d : N ö t i g u n g. § 240 (N.)

: Widerrechtliche Nötigung eines anderen zu einer Handlung, Duldung oder Unterlassung mittels Gewalt oder Drohung mit empfindlichem Übel.

Die Tat wendet sich sowohl gegen die Willensbildung wie die Willensbetätigung (RG. 48 346; 64 115). Die neue, sehr weite Fassung stammt aus der Novelle vom 29. 5. 43 (nicht minder weit: Art. 181 schweiz. StGB.).

1. Die Tathandlung: Nötigung, d. h. Versetzung in eine Notlage mittels

a) Gewalt, d. i. der körperlich wirkende Zwang zur Beseitigung eines geleisteten oder erwarteten Widerstandes. Gleichgültig sind die Mittel: nicht nur physische Kraft, sondern auch Narcotica (B i n d i n g I 83, a. A. RG. **56** 87; **58** 98, F r a n k § 52 I 1), ferner auch die Hypnose, da sie nicht m o t i v i e r e n d wirkt, sondern die Willensbildung ausschließt; auch Einwirkung auf Sachen, wenn sie als körperlicher Zwang wirkt, z. B. das Aushängen der Fenster, um den Mieter zur Räumung zu veranlassen (RG. 61 156; Schreckschüsse: RG. 60 157). Gewalt gegen Dritte ist dann Gewalt gegen die Person, wenn der Dritte dem Genötigten nahesteht.

Unter § 240 fällt nicht nur die absolute Gewalt, die eine eigene Willensbildung oder -betätigung ganz ausschließt, sondern auch die kompulsive Gewalt, d. h. der körperlich wirkende Zwang, der den genötigten Willen in bestimmte Richtung lenken will (Verprügeln).

b) Drohung mit empfindlichem Übel.

Drohung ist das In-Aussicht-stellen eines Übels, auf dessen Eintritt einen Einfluß zu haben der Täter vorgibt. Dabei genügen Scheindrohungen, wenn der Bedrohte sie für ernsthaft halten sollte. Dagegen liegt bloße Warnung vor, wenn der Täter sich keinen Einfluß auf den Eintritt zuschreibt.

Seit der Novelle ist die Beschränkung auf Drohung mit Verbrechen oder Vergehen gefallen, vielmehr genügt Drohung mit jedem empfindlichen Übel, d. h. einem Übel, das für den individuell Betroffenen empfindlich ist. So ist jetzt die Ehrennötigung strafbar, d. h. die Nötigung durch Drohung mit inhaltlich wahrer Anzeige oder Bloßstellung. Doch greift die Neufassung über diese Fälle weit hinaus und gerät ins Uferlose: z. B. Tochter nötigt den Vater zur Heiratserlaubnis durch Drohung mit Selbstmord (Olshausen 6 a)

2. Vollendet ist die Nötigung erst mit der Vornahme der abgenötigten Handlung, Duldung oder Unterlassung durch den Genötigten.

3. Rechtswidrig ist die Tat nur, wenn die Anwendung dieses Nötigungsmittels zur Erreichung dieses Zweckes sozial verwerflich ist.

Diese Einschränkung ist wie bei der Erpressung (§ 253), so auch bei der Nötigung erforderlich; sie ist nichts anderes als die Übertragung eines bei dem Spezialtatbestand (§253) längst herausgearbeiteten Grundsatzes auf den allgemeineren Tatbestand (§ 240), die jetzt durch die Neufassung notwendig wurde, nämlich des Grundsatzes von der Ausscheidung des sozialadäquaten Handelns aus dem Tatbestand (s. o. S. 37). Im Gemeinschaftsleben ist niemand völlig frei, stets muß man mit Beschränkungen durch andere rechnen. Nur Einschränkungen, die das normale, sozial erträgliche Maß übersteigen, kommen wie für die Erpressung, so für die Nötigung in Betracht. Insofern war die Rechtswidrigkeitsregel des Abs. 2 überflüssig, sodaß sich aus ihrem Wegfall (wegen des „gesunden Volksempfindens"), keine Bedenken gegen die Weitergeltung der §§ 240/253 herleiten lassen. Jetzt h. L.: OLG Kassel. SJZ 1948 402. (Auch Art. 181 schweiz. StGB kennt keine besonders normierte Rechtswidrigkeitsregel.)

Maßgebend ist stets die Relation zwischen Mittel und Zweck. Selbst ein für sich genommen zulässiges Mittel wird rechtswidrig angewandt, wenn die Erstrebung dieses Zweckes damit nicht verbunden werden durfte, wie in den obigen Fällen der Ehrennötigung. Umgekehrt ist die Nötigung zur Unterlassung rechtswidriger oder grob unsittlicher Handlungen (z. B. Selbstmord) nicht rechtswidrig, da hier die Relation Mittel/Zweck nicht verwerflich ist. Bei der Weite und Unbestimmtheit des Tatbestandes sind jedoch strenge Anforderungen an das Rechtswidrigkeitsurteil zu stellen, da sonst der Nötigungstatbestand die Betätigungsfreiheit gefährden müßte. Das Verhältnis von Mittel/Zweck muß in hohem Maße unsittlich (sozial verwerflich) sein; das fehlt im obigen Fall der Ertrotzung der Heiratserlaubnis (a. A. Olshausen).

4. § 240 ist lex generalis der Freiheitsdelikte, z. B. §§ 113/14, 234 ff., 253.

II. Freiheitsberaubung und Menschenraub.

1. Freiheitsberaubung § 239.

: Verhinderung der freien Ortsveränderung.

Spezialfall der Nötigung, nämlich Nötigung zur Unterlassung der Ortsveränderung. Die Mittel sind gleichgültig: Einsperren, Festbinden, Betäuben, überschnelles Fahren, Wegnehmen der Kleider Badender, Verhaftenlassen durch Täuschung des Beamten (RG. **13** 426); auch Zwang zum Mitgehen ist Freiheitsberaubung. Das Opfer braucht sich der Freiheitsberaubung nicht bewußt zu sein, RG. **61** 239. Freiheitsberaubung ist Dauerdelikt, vollendet mit Einschließung, beendet erst mit Erlangen der Freiheit — Versuch ist im Abs. 1 straflos, doch liegt meist versuchte Nötigung vor.

Qualifizierte Fälle: Abs. 2 u. 3.

2. Menschenraub. § 234.

: Begründung physischer Herrschaft über einen Menschen durch List, Drohung oder Gewalt, um ihn auszusetzen oder in Sklaverei, Leibeigenschaft oder fremden Kriegsdienst zu bringen.

§ 234 ist Spezialfall des § 239, Dauerdelikt. — Wird ausgesetzt, dann konsumiert § 234 den § 221. Ergänzend: Gesetz vom 28. 7. 1895 betr. Bestrafung des Sklavenraubes.

III. Kinderraub und Entführung

1. Kinderraub (Muntbruch). § 235.

: Entziehung eines Minderjährigen aus der Gewalt des Personensorgeberechtigten (Eltern, Vormund, Pfleger). Geschütztes Rechtsgut ist nicht die Freiheit, sondern das Erziehungs- und Aufsichtsrecht des Sorgeberechtigten; daher ist die Einwilligung des Minderjährigen bedeutungslos (er selbst als notwendiger Teilnehmer stets straffrei). Täter können auch die Eltern sein, wenn ihnen die Personenfürsorge entzogen ist. „Entziehen" setzt stets eine gewisse Dauer voraus (nicht bloß Stunden, wie RG. D. R. **1940** 2060 annimmt).

2. Entführung und Frauenraub. §§ 236—238.

: Entführung einer weiblichen Person, um sie zu Unzucht oder zur (formell gültigen) Ehe zu bringen und zwar

entweder einer Frau jeden Alters gegen ihren Willen durch List, Drohung, Gewalt (Frauenraub § 236),

oder einer unverheirateten Minderjährigen mit ihrem Willen, aber ohne Einwilligung des Personensorgeberechtigten (Entführung § 237).

§ 236 ist Freiheitsdelikt (Spezialfall des § 239), dagegen ist § 237 ein Spezialfall des § 235. Beide sind Dauerdelikte. Die Nichtigkeitserklärung der Ehe ist neben dem Strafantrag Prozeßvoraussetzung, § 238.

Keine Id. Konk. mit § 235; §§ 236, 237 gehen vor (Binding I, 119; Dohna Z. **61** 136; a. A. RG. **18** 284).

IV. Erpresserischer Kindesraub. § 239a (N.)

: Entführung oder Freiheitsberaubung eines fremden Kindes (unter 18 Jahren) in Erpressungsabsicht.

Die Gesetzesfassung ist schlecht, da der entscheidende Strafschärfungsgrund ungenannt bleibt, nämlich die Drohung mit Leibes- oder Lebenschädigung des Kindes. § 239a ist darum ein aus Leibes- und Lebensgefährdung und Entführung oder Freiheitsberaubung zusammengesetztes delictum sui generis, kein Spezialfall der § 236/39; a. A. Kohlrausch, Schönke V.

V. Bedrohung mit einem Verbrechen. § 241

Gefährdung der Handlungsfreiheit; ist die Drohung Teil einer Nötigung, so liegt nur Nötigung § 240 vor.

§ 39. Der Hausfriedensbruch

:Vorsätzliche Verletzung fremden Hausrechts durch Eindringen in das befriedete Besitztum eines anderen oder durch Verweilen in demselben gegen den Willen des Berechtigten. § 123. Hausrecht ist ein Stück lokalisierter Freiheitssphäre, die Verfügungs- und Bewegungsfreiheit eines Menschen in seinem befriedeten Besitztum (daher mit persönlicher Freiheit wie mit Besitzrecht verwandt; die systematische Stellung im Gesetz ist verfehlt).

I. Der einfache Hausfriedensbruch. § 123

1. Tatobjekt ist das Hausrecht an bestimmten Räumlichkeiten; das Gesetz nennt:

a) die Wohnung, d. s. Räume, die der menschlichen Behausung dienen, mitsamt den dazu gehörigen Nebenräumen (Treppen, Keller etc.).

Nicht unerläßlich ist Verwendung zur Nachtruhe (wenn auch wichtiges Indiz); daher sind geschützt auch: Tagesraum in der Großstadt, Sommerhäuser, abgeschlossene Lauben, Jagdhütten (aber nicht offene Schutzhütten), Wohnwagen, Hotelzimmer (RG. 12 133).

b) Geschäftsräume, (: Läden, Büros, Fabriken, Theater, auch Zirkuszelte und Schiffe).

c) befriedetes Besitztum.

D. i. entweder ein eingefriedigtes Grundstück, gleichgültig, wo es liegt (z. B. Gärten, Friedhöfe — RG. 36 395 —, dagegen nicht: eingefriedigte Äcker, Wiesen, Weiden, Schonungen, hierfür § 368 Z. 9), oder nichteingefriedigte Grundflächen, die mit Wohnungen oder Geschäftsräumen im unmittelbaren, nach außen deutlich abgegrenzten Zusammenhang stehen (Vorgärten, Hofplätze). RG. 20 155.

d) abgeschlossene Räume, die zum öffentlichen Dienst oder Verkehr bestimmt sind: Schulräume, Kirchen, Eisenbahnwagen und Omnibusse im Personenverkehr u. dergl. (RG. **75** 357).

Das Hausrecht steht dem verfügungsberechtigten Inhaber der Wohnung zu, das ist der Mieter auch gegenüber dem Vermieter (RG. **36** 322), der Untermieter gegenüber dem Hauptmieter, nicht aber der Dienstbote gegenüber der Herrschaft (§ 855 BGB.). Der Vermieter kann auch Angehörigen und Besuchern des Mieters nicht den Zutritt untersagen, wohl aber der Hauptmieter den Besuchern des „möblierten" Untermieters.

Über die gemeinsame Berechtigung mehrerer Mieter an gleichen Räumen (z. B. Waschküchen) vgl. RG. 72 57.

Bei Abwesenheit oder Verhinderung des Berechtigten kann das Hausrecht sein Stellvertreter (jedoch nicht gegen seinen ausdrücklichen Willen: RG. **28** 268) ausüben: die Ehefrau, Familienmitglieder, Dienstboten, Verwandte, zufällig anwesende Freunde (in negotiorum gestio). Im Dienstraum hat der oberste diensttuende Beamte das Hausrecht (Unterbeamter ist sein Stellvertreter).

2. Die Tathandlungen:

a) entweder Eindringen, d. h. der Eintritt gegen den ausdrücklichen oder konkludent erklärten Willen des Berechtigten (z. B. auch ohne die erforderliche Eintrittskarte). Nach RG. **39** 440 genügt schon Eindringen eines Körperteils (Hineingreifen), a. A. Frank II 1. —

b) oder Verbleiben trotz Aufforderung zum Weggehen.

3. Subjektiv ist Vorsatz erforderlich, der den entgegenstehenden Willen des Berechtigten umfassen muß. Dolus eventualis genügt.

4. Rechtswidrigkeit.

a) Das Eindringen ist nicht rechtswidrig, wenn abgesehen von sonstigen Rechtfertigungsgründen wie Notstand etc., dem Eindringenden ein stärkeres Recht zur Seite steht, vor allem aus dem öffentlichen Recht (z. B. Verhaftung, Durchsuchung, Pfändung), aber auch aus dem Privatrecht (z. B. Erziehungsrecht der Eltern). — Nicht widerrechtlich ist das Eindringen schon deshalb, weil die Aufenthaltserlaubnis zu Delikten mißbraucht wird. RG. **12** 132.

b) Auch gegenüber der Aufforderung zum Weggehen kann ein stärkeres Recht zum Bleiben bestehen. Der Gast verweilt solange befugt in der Gastwirtschaft, als er zum ruhigen Verzehren seiner Speise braucht, außer wenn er sich ordnungswidrig benimmt (RG. **4** 322) Das Verweilen des Mieters ist auch nach Ablauf der Mietzeit befugt (RG. **36** 322). Das Personal, dem unberechtigt vorzeitig aufgekündigt wurde, hat noch Befugnis an seinem Zimmer (RG. **1** 398).

5. Besonderheiten:

a) Hausfriedensbruch ist Dauerdelikt, vollendet mit Eindringen, beendet mit Verlassen der Räume. Delikte, die während des Hausfriedensbruches begangen wurden, stehen mit diesem nur in Realkonkurrenz, außer wenn sie gerade den Hausfriedensbruch ermöglichen sollen oder umgekehrt sie der Zweck des Hausfriedensbruches sind (s. o. S. 109)

b) Strafantrag ist (auch in den qualifizierten Fällen Abs. 2) erforderlich. Antragsberechtigt ist grundsätzlich nur der Hausrechtsinhaber oder der zur Wahrung des Hausrechts berechtigte Verteter, nicht aber, wer aus sonstigen Gründen das Hausrecht eines anderen wahrte.

II. Erschwerte Fälle:

Qualifiziert ist:

1. der Hausfriedensbruch einer mit Waffen versehenen Person oder mehrerer gemeinschaftlich (d. h. Mittäter): Abs. 2. (Über Waffenbesitz vgl. u. S. 163).

2. der Hausfriedensbruch im Amt § 342.

§ 342 ist Spezialfall des § 123 I: keine Id. Konk. mit § 123 II, da der schwerste Qualifikationsgrund zur Anwendung kommt (s. o. S. 112); a A. RG. **3?** 402; kein Antragserfordernis.

III. Heimsuchung § 124.

: Hausfriedensbruch durch öffentlich zusammengerottete Menschenmenge, die in der Absicht, Gewalttätigkeiten gegen Personen oder Sachen zu begehen, in die Räume des § 123 (außer öffentl. Verkehrsräumen) eindringt.

Bestraft wird jeder, der an der Zusammenrottung und dem Eindringen teilnimmt; dabei genügt seine Kenntnis vom gewalttätigen Zweck der Zusammenrottung, selbst braucht er diese Absicht nicht zu haben (RG. **51** 422). Vollendet ist die Tat mit dem Eindringen; wer nicht mit eingedrungen ist, ist höchstens Gehilfe (Frank II, a. A. RG. **55** 36). Die Qualifikationsmerkmale entsprechen denen des Landfriedensbruches (s u. § 67 I).

Die Gewalttätigkeiten brauchen nicht den Hausbewohnern zu gelten (RG **53** 64).

§ 40. Verletzung fremder Privatgeheimnisse

Geheimnisbruch ist entweder das Eindringen in fremde Geheimnisse (Ausspähen) oder die Preisgabe (meist rechtmäßig erfahrener) fremder Geheimnisse. Je nach Art des Geheimnisses (Staats-, Amts-, Berufs-, Geschäfts-, Privatgeheimnis) werden beide Handlungen unter verschiedenen Gesichtspunkten bestraft, dabei überwiegend nur die Geheimnispreisgabe, seltener das Ausspähen.

I. Gefährdung des Briefgeheimnisses. § 299

: Unbefugtes Öffnen eines verschlossenen, nicht zur Kenntnis des Täters bestimmten Schriftstückes.

„Urkunde" in § 299 ist jedes Schriftstück ohne Rücksicht auf seinen Inhalt, es braucht kein Geheimnis zu enthalten. Verschlossen ist es, wenn der Verschluß an ihm selbst angebracht ist, nicht schon, wenn es unter Verschluß, z. B. im Schreibtisch verwahrt wird. Zusammenfalten reicht nicht aus, wohl aber Verschnüren. Tathandlung ist das Öffnen, d. h. das Aufheben seines Verschlusses, sodaß Kenntnisnahme möglich ist (auch ohne Substanzverletzung), wirkliche Kenntnisnahme ist nicht erforderlich. Unbefugt heißt: gegen den Willen des Öffnungsberechtigten, d. i. der Absender bis zur Ankunft beim Adressaten, dann dieser. Die Rechtswidrigkeit ist ausgeschlossen aus öffentlichem Recht (Postordnung, §§ 99/100 StPO.), aus Erziehungsrecht, nicht aus Eherecht. Antragsberechtigt ist der Öffnungsberechtigte. Für Taten von Post- und Telegraphenbeamten s. §§ 354/5.

II. Bruch des Berufsgeheimnisses, § 300,

begehen Rechtsanwälte, Notare, Strafverteidiger, Ärzte, Hebammen, Apotheker sowie deren Gehilfen, wenn sie unbefugt Privatgeheimnisse offenbaren, die ihnen bei der Berufsausübung anvertraut oder zugänglich geworden sind. § 300 StGB., § 13 Reichsärzteordnung v. 13. 12. 35, § 24 Reichs-Apothekerordnung v. 18. 4. 37.

1. Zum Täterkreis: über die Gehilfen vgl. § 13 RÄO.: die berufsmäßig tätigen Gehilfen sowie Personen, die zur Vorbereitung auf den Beruf an der berufsmäßigen Tätigkeit teilnehmen (Studenten). Die Schweigepflicht dauert auch nach der Berufsaufgabe fort.

2. Tatobjekt: **Privatgeheimnis**, das bei der Berufsausübung anvertraut oder zugänglich geworden ist (RG. **66** 274). Privatgeheimnis ist eine nur einem begrenzten Personenkreis bekannte Tatsache, die eine Privatperson aus berechtigtem Interesse nicht über diesen Kreis hinaus gelangen lassen will.

Es enthält drei Momente: relative Unbekanntheit der Tatsache, Geheimhaltungswille und Geheimhaltungsinteresse; letzteres ist streitig, dagegen: Binding I, 126; dafür: h. L. Das Geheimnis kann auch ein Amts- oder Staatsgeheimnis sein, falls ein Privater an seiner Geheimhaltung Interesse hat.

3. **Tathandlung: Unbefugtes Offenbaren.**

a) Offenbaren ist nicht nur Mitteilung unbekannter, sondern auch Bestätigung unsicher bekannter Tatsachen.

b) Unbefugt heißt: ohne Ermächtigung des Berechtigten (s. u. 5).

4. Die Rechtswidrigkeit ist ausgeschlossen, wenn ein Recht oder eine Pflicht zum Offenbaren besteht. Hierüber § 13 III RÄO., der ein allgemeines Prinzip ausspricht: Die Offenbarung ist berechtigt, wenn sie zur Erfüllung einer rechtlichen oder sittlichen Pflicht oder sonst zu berechtigtem Zweck erfolgt.

Die Anführung des gesunden Volksempfindens in § 13 III ist sachlich überflüssig, sodaß sich keine Bedenken gegen diese Bestimmung ergeben, zumal sie mit § 325 III E. 1930 übereinstimmt.

Allein daraus, daß nach § 53 StPO. Ärzte etc. ein Recht, aber keine Pflicht zur Zeugnisverweigerung haben, folgt für diese Personen noch keine Befugnis zum Offenbaren von Berufsgeheimnissen vor Gericht; diese besteht vielmehr, wenn nicht der Berechtigte die Erlaubnis zum Offenbaren erteilt, nur im Rahmen des § 13 III. Kohlrausch 3, RG. 71 22, a. A. Frank III 2 c.

5. Antragsberechtigt ist nicht nur der Anvertrauende, sondern auch der davon eventuell verschiedene Geheimnisträger, nach deren Tode die nächsten Angehörigen entsprechend § 189 II (sehr streitig); vgl. auch RG. **71** 21.

III. Ergänzende Vorschriften:

1. Bei ärztlichem Geheimnis besteht Geheimhaltungspflicht auch über den Tod des Geheimnisempfängers hinaus (§ 13 Abs. 2 RÄO.).

2. Weitere Schweigepflichten s. in § 10 Geschlechtskrankheitengesetz vom 18. 2. 27, § 141 Reichsversicherungsordnung.

Zweites Buch

Die Vermögensverbrechen

Herkömmlich unterscheidet man spezielle und generelle Vermögensdelikte. Angriffobjekte der ersteren sind nur bestimmte Arten von Vermögensobjekten, z. B. das Eigentum oder die Aneignungsrechte, während Angriffsobjekt der letzteren jedes beliebige Vermögensstück sein kann. Hiermit kreuzt sich eine zweite Einteilung in Schädigungs- und Bereicherungsdelikte (z. B. Sachbeschädigung — Betrug).

Erster Abschnitt

Die Eigentumsverbrechen

Unsere heutigen Eigentumsverbrechen sind deutschrechtlicher Herkunft. Das römische furtum umfaßte alle unsere Eigentumsdelikte und darüber hinaus die Besitzentziehung und Gebrauchsanmaßung; dagegen war im alten deutschen Recht der Diebstahl, die heimliche Wegnahme als schimpflichstes Eigentumsdelikt stets vom Raub, der öffentlichen, meist gewaltsamen Wegnahme, klar unterschieden, und von beiden wurde die Unterschlagung abgehoben (so auch die Carolina).

Die Eigentumsverbrechen zerfallen in die Gruppe der Aneignungsdelikte und in die Sachbeschädigung als Schädigungsverbrechen. Dogmatisch ist die Unterschlagung das einfachste, Diebstahl und Raub das jeweils verschärfte Aneignungsdelikt, und zwar Unterschlagung: die schlichte Zueignung fremder Sachen; Diebstahl: die Zueignung durch Wegnahme; Raub: die Zueignung durch zwangsweise Wegnahme. Geschichtlich und praktisch steht jedoch der Diebstahl weit im Vordergrund.

§ 41. Der Diebstahl.

: Wegnahme einer fremden beweglichen Sache in der Absicht rechtswidriger Zueignung.

Treffender ist der Diebstahl zu definieren als: Zueignung einer fremden beweglichen Sache durch Wegnahme. Die Zueignung ist in § 242 ebensowenig ein Merkmal nur des subjektiven Tatbestandes wie in § 246 nur des objektiven Tatbestandes. Wie in § 246 die Zueignung durch eine äußere Handlung betätigt werden muß, so erfolgt in § 242 die äußere Betätigung der Zueignung gerade durch Wegnahme. Die Zueignung ist also nicht ein der Wegnahme nachfolgender Akt, sondern die durch die Wegnahmehandlung äußerlich betätigte Tatbestandshandlung. Vgl. Lobe, LK. II 3.

I. Objektiver Tatbestand:

Wegnehmen einer fremden beweglichen Sache.

1. Das Tatobjekt: fremde bewegliche Sache.

a) Sache ist wie in § 90 BGB. jeder körperliche Gegenstand ohne Rücksicht auf den Aggregatzustand, also auch Wasser, Dampf, Gas, dagegen nicht bloße Energien (Elektrizität, s. u. S. 166) und nicht immaterielle Güter (Forderungen, Rechte, s. aber u. II 2 a).

b) Für die Beweglichkeit genügt, daß die Sache erst durch die Wegnahme beweglich gemacht wird, wie beim Abschneiden von Ähren. Wegnahme unbeweglicher Sachen kann Grenzverrückung, § 274, Ziff. 2 (s. auch § 370, Ziff. 1—2), oder Hausfriedensbruch, § 123, sein.

c) Über die Fremdheit entscheidet das bürgerliche Recht (RG. **61** 337).

An eigenen Sachen kann kein Diebstahl, sondern höchstens Pfandkehr (§ 289) begangen werden, wohl aber kann der Miteigentümer dem anderen die Sache stehlen (RG. 31 317). Kein taugliches Diebstahlsobjekt ist die eigentumslose („herrenlose“) Sache, wie die freie Luft und das freie Wasser (sofern nicht nach Landesrecht Eigentum an ihm besteht), wilde Tiere in Freiheit (vgl. § 960 BGB.); für sie kommt Wilderei in Frage (§ 292). Auch in der Hand des Wilderers bleibt das Wild herrenlos (§ 958 II BGB.), sodaß auch die Wegnahme gegenüber dem Wilderer nicht Diebstahl, sondern Jagddelikt ist (§ 292). — Auch Leichen und Leichenteile stehen außerhalb der Eigentumsordnung, außer wenn sie Eigentum von Anatomien, Museen oder dergl. sind. (Für Wegnahme von Leichen vgl. § 168; Totenasche dagegen steht im Eigentum der Erben.) Teile des lebenden Menschen (Zähne, Zopf) fallen mit der Trennung sofort ins Eigentum ihres Trägers. — Über derelinquierte Sachen vgl. § 959 BGB.; hierzu RG. 48 121 (Sachen im Mülleimer). Nicht derelinquiert sind Kränze auf Gräbern oder Denkmälern, Sachen im Grabe.

2. Die Tathandlung: das Wegnehmen.

Der Diebstahl richtet sich nicht nur gegen die rechtliche Sachherrschaft (das Eigentum), sondern auch gegen die tatsächliche Sachherrschaft: den Gewahrsam, die beide auseinanderfallen können (z. B. bei Leihe); erstere wird durch die Zueignung, letztere durch die Wegnahme verletzt.

Wegnahme ist der Bruch fremden und die Begründung neuen, regelmäßig eigenen Gewahrsams.

a) Der Gewahrsamsbegriff: Gewahrsam ist die tatsächliche Sachherrschaft über eine Sache nach den Regeln des sozialen Lebens. Gewahrsam besitzt, wem die Sache derart zugänglich ist, daß er nach den konkreten Lebensverhältnissen als tatsächlicher Herr über die Sache erscheint. Der Gewahrsamsbegriff umfaßt drei Momente:

aa) das physisch-reale Moment: die Tatsächlichkeit der Herrschaft. Dadurch steht er im Gegensatz zu allen rechtlichen Herrschaftsbeziehungen, sogar zum Besitz des BGB. Gewahrsam ist ein (rein strafrechtlicher) Begriff der rein tatsächlichen Herrschaft. Der Besitz ist nur teilweise ein tatsächliches, teilweise auch ein rechtliches Verhältnis. So gibt es zwar mittelbaren Besitz (§ 868 BGB.), aber keinen mittelbaren Gewahrsam; der Erbe erbt nach § 857 BGB. zwar den Besitz, aber nicht den Gewahrsam. Umgekehrt hat der Besitzdiener (§ 855) keinen Besitz, wohl aber Gewahrsam. Insofern ist der Gewahrsam das Verhältnis rein tatsächlicher Einwirkungs- und Herrschaftsmöglichkeit. Dennoch ist das nicht grob äußerlich-naturalistisch zu verstehen, vielmehr kommt hinzu:

bb) das normativ-soziale Moment: Der Gewahrsam ist zwar tatsächliche Herrschaft, aber beurteilt nach den Regeln des sozialen Lebens. Das soziale Moment modifiziert das physisch-reale nach zwei Richtungen:

α) Gemäß sozialer Lebensauffassung kann trotz Lockerung der tatsächlichen Herrschaft der Gewahrsam bestehen bleiben. So behält der Wohnungsinhaber, der sich auf Reisen befindet, den Gewahrsam an den Sachen in der abgeschlossenen Wohnung oder der Bauer den Gewahrsam am Pflug, den er auf seinem Felde hat stehen lassen, oder an den unmittelbar vor seinem Hof herumlaufenden Haustieren (RG. **50** 184).

β) Umgekehrt fehlt trotz Einwirkungsmöglichkeit ein Gewahrsam, wenn er nach der Lebensauffassung anderen Personen als tatsächlichen Herren zusteht. So haben Dienstboten an Sachen, die dem persönlichen Gebrauch der Herrschaft dienen (Kleider etc.) keinen Gewahrsam, auch wenn sie ihnen real zugänglich sind (RG. **30** 88; GA. **68** 276) (dagegen untergeordneten Mitgewahrsam an ihren Dienstgerätschaften.) Der Gastwirt hat an dem von seinen Gästen benutzten Geschirr Alleingewahrsam (München OLG. **9** 370);

cc) das seelische Moment: der Gewahrsamswille.

Der Gewahrsamswille braucht nicht jede einzelne Sache zu umfassen, es genügt ein genereller Wille, Herr über alle Sachen zu sein, die in die Herrschaftssphäre gelangen, z. B. über Briefe im Briefkasten oder die in der Wohnung abgegebenen Sachen (RG. **54** 343) oder Fische in ausgelegten Netzen etc.

Vermöge eines solchen „generellen" Gewahrsamswillens und der realen Herrschaftsmöglichkeit stehen die in Diensträumen öffentlicher Gebäude (Wartesälen, Bahnsteigen, Eisenbahnwagen etc.) verlorenen oder vergessenen Sachen im Gewahrsam der betr. Behörde bzw. deren Beamten (RG. **53** 196, **54** 231, JW. 1930 3222; nach RG. GA. **65** 371 gilt dies entsprechend für die in Gastwirtschaften oder Geschäften vergessenen Sachen: sie fallen in den Gewahrsam des Inhabers). An der in einer Wohnung verlegten Sache behält der Wohnungsinhaber Gewahrsam, dagegen besteht kein Gewahrsam an verlorener Sache.

Der Gewahrsamswille ist kein rechtsgeschäftlicher, sondern tatsächlicher Wille, den auch Kinder und Geisteskranke haben können.

Zusatz: Gewahrsam kann auch mehreren zusammen zustehen (Mitgewahrsam), entweder gleichgeordnet, z. B. Gewahrsam der beiden Prinzipale am

Kassenschrank, oder gestuft, z. B. Prinzipal und Angestellter. Wegnahme liegt daher auch im Bruch des gleich- oder übergeordneten Mitgewahrsams.

b) Die Wegnahme.

α) Die Wegnahme ist vollendet, wenn an Stelle des alten Gewahrsamsinhabers der neue als der tatsächliche Inhaber im oben dargelegten Sinne getreten ist („Apprehensionstheorie“).

Wann das der Fall ist, entscheidet sich nach den konkreten Lebensverhältnissen. In der Regel genügt bloßes Verbergen am bisherigen Ort zwecks späterer Abholung nicht; jedoch liegt vollendete Wegnahme im Verstecken der Sache durch das diebische Dienstmädchen in seiner Kammer (GA. **68** 275), beim Warenhausdiebstahl sogar schon im Verbergen der Sache unter den Kleidern (RG. **52** 76). Gesicherter Gewahrsam ist nie erforderlich (GA. **69** 102/104).

β) Die Wegnahme beginnt dann schon, wenn eine wesentliche Zurückdrängung oder Gefährdung des bisherigen Gewahrsams eintritt (RG. **54** 254).

γ) Auch in mittelbarer Täterschaft kann eine Sache weggenommen werden, z. B. in der Weise, daß ein Gutgläubiger veranlaßt wird, sich die Sache zu holen und eigenen Gewahrsam daran zu begründen (RG. **48** 59, **70** 212).

δ) Wenn der Gewahrsamsinhaber in die Fortnahme einwilligt (sie nicht bloß nachträglich genehmigt!), scheidet Wegnahme aus. S. o. S. 55.

Bloße Aushändigung der Sache zur Besichtigung ist aber keine Einwilligung in die Wegnahme, auch nicht stets die Duldung der Wegnahme, z. B. als bloßes Geschehenlassen das dem Zwange weicht („Beschlagnahme“ durch vermeintlichen Kriminalbeamten). Ebenso fehlt eine Einwilligung, wenn der Gewahrsamsinhaber nicht weiß, daß die Sache, deren Wegschaffung er zusieht, in seinem Gewahrsam steht. In allen diesen Fällen liegt also Wegnahme vor (vgl. Schröder, Z. **60** 44).

II. Subjektiver Tatbestand:

Vorsatz und Absicht rechtswidriger Zueignung.

1. Der Vorsatz muß sämtliche objektiven Tatbestandsmerkmale umfassen, besonders die Fremdheit der Sache und den fremden Gewahrsam (nicht notwendig die Person des Eigentümers).

2. Die Absicht rechtswidriger Zueignung.

a) Der Zueignungsbegriff:

Über ihn haben sich zwei Theorien ausgebildet, von denen jede in ihrer herkömmlichen gegensätzlichen Gegenüberstellung Lücken läßt: die Substanztheorie — sie verlangt Herstellung eigentümerähnlicher Herrschaft (so besonders Binding, I 264) — und die Sachwerttheorie — sie fordert Zuführung des wirtschaftlichen Wertes der Sache in das Vermögen des Täters (so RG. **40** 12, Frank VII; seit RG. **61** 233 Verbindung beider Theorien).

aa) Zu-Eignen ist nach dem Wortsinn wie nach der historischen Entwicklung des Diebstahls als eines Aneignungsdelikts das Herstellen der eigentümerähnlichen Herrschaft über die Sache, das Ausüben des Eigentumsinhaltes unter dauernden Ausschluß des Berechtigten: „se ut dominum gerere“.

Die Substanztheorie gibt also den zutreffenden Ausgangspunkt an. Welchen Zweck die Zueignung verfolgt, ist gleichgültig: Behalten, Verbrauchen, Verkaufen, Verschenken, nicht aber Zerstören, denn dies ist nicht Eigentumsausübung, sondern Eigentumsvernichtung; daher ist Wegnahme zum Zwecke der Zerstörung nicht Diebstahl, sondern Sachbeschädigung (RG. **64** 250). Gewinnsüchtige Absicht ist nicht erforderlich; daher wird Diebstahl auch bei Wegnahme unter gleichzeitigem vollen Wertersatz begangen, ebenso an wirtschaftlich wertlosen Sachen.

Auch Sachen, die einen über den Substanz-(Stoff-)Wert hinausgehenden Wert besitzen, wie Papiergeld, Briefmarken und Inhaberpapiere (auch die sog. kleinen Inhaberpapiere des § 807 BGB., z. B. Fahrkarten, Theater-, Konzertkarten usw.) können in dem angegebenen Sinne durch Wegnahme zugeeignet werden, da das in ihnen verkörperte Recht an den Papierbesitz geknüpft ist und darum Besitzverlust auch Rechtsverlust, Besitzgewinn auch Quasi-Rechtsgewinn bedeuten. Schwierigkeiten bereiten jedoch die Legitimationspapiere des § 808 BGB. (z. B. Sparkassenbücher, Garderoben- und Gepäckscheine, Biermarken u. dergl.) und Beweisurkunden, die für den Inhaber eine Ermächtigung zum Empfang der Leistung enthalten, z. B. die Quittung nach § 370 BGB. (ähnlich Lebensmittelmarken). Bei ihnen ist das Recht nicht an den Papierbesitz geknüpft, sodaß die Zueignung des Papiers nicht die Forderung ergreift.

Die Schwierigkeiten haben sich besonders bei der Wegnahme von Sparkassenbüchern gezeigt: wird ein Sparkassenbuch weggenommen, von ihm ein Teilbetrag abgehoben und dann das Buch zurückgestellt, so hat die Substanztheorie geglaubt, nur furtum usus am Buch und Betrug bei der Abhebung des Betrages annehmen zu können. (Binding I 265). Hier schien sich der Zueignungsbegriff der Sachwerttheorie allein zu bewähren, da er Diebstahl am Buch wegen der Absicht des Täters, den „Wert" des Buches unter Ausschluß des Berechtigten zu gewinnen, anzunehmen gestattete (RG. 40 12; 43 17), — während er andererseits beim Diebstahl an wirtschaftlich wertloser Sache und bei der Wegnahme zum Zwecke sofortigen Verschenkens versagte.

Jedoch sind die Schwierigkeiten der Substanztheorie bei genauerem Durchdenken der zivilrechtlichen Verhältnisse nur scheinbare. Denn auch bei den Legitimationspapieren und Legitimationsurkunden ist der Papierbesitz mit Publizitätswirkungen verknüpft (§§ 808, 370 BGB.), die praktisch dem Gutglaubensschutz der §§ 794, 932, 935 weitgehend gleichkommen und die Möglichkeit der Ausübung des Rechts an den Papierbesitz knüpfen, sodaß es materiell gerechtfertigt ist, die Wegnahme dieser Urkunden in der Absicht, die mit ihrem Besitz verbundenen Rechtpositionen auszunutzen, dem strafrechtlichen Zueignungsbegriff zu unterstellen. Zueignen heißt dann in diesen Fällen: sich bezüglich der weggenommenen Urkunde (unter dauerndem Ausschluß des wahren Berechtigten) als Berechtigter gerieren, oder: die an den Besitz dieser Urkunden geknüpften Rechtspositionen wie der Berechtigte ausüben. Dann erübrigt sich die verwirrende Sachwerttheorie.

bb) Jede Zueignung enthält das negative Moment der Enteignung des Berechtigten und das positive Moment der Aneignung durch den Täter. Die Enteignung muß stets auf die Dauer berechnet sein, während es belanglos ist, ob die Aneignung nur für kurze Zeit erfolgen soll. Dadurch unterscheidet sich der Diebstahl von der bloßen Gebrauchsanmaßung (furtum usus), die grundsätzlich straflos ist. Sie liegt vor, wenn die Wegnahme in der Absicht erfolgt, die Sache nach vorübergehender Benutzung dem Berechtigten wieder zurückzustellen.

Z. B. Benutzung eines Kahnes zur Mondscheinfahrt; dagegen Diebstahl, wenn der Kahn dem Berechtigten für den ganzen Sommer entzogen wird. Überhaupt Zueignung, wenn „die Sache infolge ihres Gebrauches ihre wirtschaftliche Bestimmung nicht mehr erfüllen kann" RG. 44 335. (Benutzung von Heizungsdampf.)

Gebrauchsanmaßung ist ausnahmsweise strafbar: an Pfandsachen nach § 290 und an Kraftfahrzeuge und Fahrräder nach Verordnung v. 20. 10. 1932.

Dabei ist zu beachten, daß Diebstahl, nicht bloße Gebrauchsanmaßung, vorliegt, wenn das Rad weggenommen wird in der Absicht, es irgendwo stehen zu lassen, wo es dem Zugriff jedes Unberechtigten preisgegeben ist (RG. **64** 259, JW. 1935 3387 f.). — Natürlich beeinträchtigt es den Diebstahl nicht, wenn die gestohlene Sache dem Eigentümer wieder verkauft werden soll; denn das Veräußern an den Eigentümer ist nicht vorübergehende Sachbenutzung, sondern Ausübung des quasi-Eigentums, RG. **57** 199 (anders die Wegnahme eines Hundes, um ihn dem Eigentümer gegen Belohnung zurückzubringen. RG. **55** 59).

cc) Der Täter eignet die Sache sich zu, wenn die Wegnahme der Ausdruck angemaßter eigener Eigentumsmacht (nach der Sachwerttheorie: eigener Vermögenszugehörigkeit) ist.

Dies kann in den Fällen, in denen von vornherein für einen anderen weggenommen wird, zweifelhaft sein. Sollte die beabsichtigte Weitergabe Ausdruck angemaßter eigener Eigentumsmacht sein (wie z. B. beim Verschenken), so eignet der Wegnehmende die Sache sich zu. Anders dagegen, wenn der Wille zu eigener Eigentumsmacht fehlt, sondern der Wegnehmende die Sache an den die Tat veranlassenden Hintermann schlicht weitergeben will — gleichgültig, ob mit oder ohne Lohn —; dann ist er absichtslos-doloses Werkzeug (d. h. Gehilfe) des Hintermanns als Täters (Beispiel s. o. S. 60). Eigene Eigentumsmacht maßt sich aber auch der an, der als Vertreter eines anderen die Zueignung für den Vertretenen will (z. B. der Prokurist für den Geschäftsinhaber), weil es ja nicht darauf ankommt, wem die Tat wirtschaftlich zugutekommt, sondern wer die maßgebende Willensmacht entfaltet. Vgl. RG. **74** 2; v. Hippel S. 240; a. A. RG. **62** 17; **67** 266.

Wer eine in fremdem Eigentum und Gewahrsam stehende Sache an einen Dritten veräußert und sie durch ihn abholen läßt, eignet sie sich zu; ist der Dritte dabei bösgläubig, so ist er Gehilfe zum Diebstahl, nicht aber Hehler, da der Diebstahl noch nicht vollendet ist, und nicht selbst Dieb, da er nicht die primäre Aneignungshandlung vornimmt, sondern sein quasi-Eigentum vom Dieb ableitet. (Beispiel: Ein Lageraufseher verkauft Sachen des Prinzipals und läßt sie vom Erwerber abfahren. Der Erwerber ist Gehilfe zum Diebstahl des Aufsehers.)

c) „Absicht der Zueignung“ bedeutet, daß die Wegnahme das äußere Mittel der Zueignung, diese der Beweggrund zur Wegnahme gewesen sein muß. Daher bei Flucht des Gefangenen kein Diebstahl an der Gefängniskleidung (RG. R. **6** 443).

III. Rechtswidrigkeit.

Die Rechtswidrigkeit der Tat, nämlich der durch Wegnahme betätigten Zueignung, ergibt sich vor allem aus dem Widerspruch zur Eigentumsordnung. Sie kann durch Rechtfertigungsgründe ausgeschlossen sein, z. B. durch Einwilligung des Eigentümers. (Diese ist von der Einwilligung nur des Gewahrsamsinhabers wohl zu unterscheiden; denn die letztere beseitigt nicht die Rechtswidrigkeit der Zueignung, sondern nur den Gewahrsamsbruch; s. o. S. 55.) Nicht rechtswidrig ist die Zueignung auch dann, wenn der Täter einen fälligen Anspruch auf Übereignung der individuellen Sache hat. RG. **64** 212.

Für das Unrechtsbewußtsein gelten die allgemeinen Regeln. Es genügt die Möglichkeit des Unrechtsbewußtseins. Vgl. RG. **49** 140: irrig dolus ev. annehmend. Die Rechtswidrigkeit ist auch in § 242 kein Tatbestandsmerkmal, vollends nicht des subjektiven Tatbestands, sondern die rechtliche Qualifikation der Tat.

IV. Zusatz: Straflose Nachtat.

Da der Dieb wegen Zueignung bestraft wird, gilt die Diebstahlsstrafe alle Handlungen ab, in denen er sein quasi-Eigentum betätigt, vor allem das Verwerten oder die spätere

Zerstörung der Sache. Die Verwertungshandlung ist straflose Nachtat zum Zueignungsdelikt, sofern nicht ein neues Rechtsgut verletzt wird (s. o. S. 111).

§ 42. Besondere Formen des Diebstahls und diebstahlsähnliche Fälle.

I. Der schwere Diebstahl § 243.

Allzu kasuistisch zählt das Gesetz einzelne schwere Diebstahlsfälle auf, die zwar plastisch gefaßt, aber lückenhaft sind, und macht sie zu Verbrechen.

1. *Kirchendiebstahl*, Ziff. 1.

: Diebstahl von res sacrae aus Gotteshäusern.

2. *Einbruchsdiebstahl*, Ziff. 2.

: Diebstahl aus befriedeter Besitzsphäre unter Überwindung besonderer Hindernisse.

a) Die befriedete Besitzsphäre: Gebäude oder umschlossene Räume.

Gebäude ist jedes mit dem Erdboden statisch verbundene, mit Wänden und Dach versehene Bauwerk, das dem Schutz von Menschen, Tieren oder Sachen dient, sofern es den Eintritt von Menschen gestattet (RG. **49** 51); also auch Baubuden, Scheunen, Ställe, Trinkhallen, Bergwerke. Umschlossener Raum ist jeder allseitig durch Hindernisse gegen das Betreten Unbefugter gesicherte Raum, sofern er nicht als Ganzes dem gleich leichten Zugriff unterliegt, wie die darin befindlichen Gegenstände (denn dann begründet er keine gesteigerte Besitzsphäre): also nicht nur umschlossene Höfe, Gärten, Zimmer (a. A. RG. **60** 378: Behältnis!), sondern auch Eisenbahnwagen, Kraftwagen, große Schiffe, aber nicht kleine Boote, die als Ganzes ebenso leicht dem Zugriff unterliegen wie ihr Inhalt (sehr str.; RG. verlangt Verbindung mit dem Erdboden, RG. **70** 360; **71** 198). — Umschlossen bedeutet nicht verschlossen (RG. **32** 141). Über Bahnhofshallen mit durchgehenden Gleisen vgl. RG. **55** 154.

b) Die ein besonderes Hindernis überwindenden Zugriffsakte: Einbrechen, Einsteigen, Erbrechen von Behältnissen.

aa) Einbruch ist die gewaltsame Beseitigung eines Hindernisses gegen den Eintritt, auch ohne Substanzverletzung (RG. **60** 379: Wegrücken eines Schrankes, RG. **4** 354: Aufbiegen eines Scheunentors). Der Täter braucht — anders als beim Einsteigen (RG. **4** 175) — nicht in das Gebäude einzutreten, Hineinlangen genügt (RG. **54** 211; nach RG. **56** 48 genügt sogar das Herauslocken von Tieren!).

bb) Einsteigen ist das Auf- und Absteigen auf ordnungswidrigem Wege. Wer das ordnungsmäßige Zugangsmittel benutzt (z. B. die übliche Leiter zum Heuboden), steigt nicht ein. RG. 2 46.

Einbrechen und Einsteigen müssen zum Zwecke des Diebstahls erfolgen (nicht zum Fensterln oder zur Nachtruhe, wenn erst nach dem Einsteigen der Entschluß zum Diebstahl gefaßt wird). Ferner braucht beides nicht vom Freien her zu geschehen, vielmehr genügt Einbrechen oder Einsteigen von einem Raum in den anderen. Dagegen trifft § 243 Ziff. 2 nicht den von innen nach außen ausbrechenden Dieb (RG. **55** 211).

Teilnahme: Sowohl das Einbrechen wie das Einsteigen können in mittelbarer Täterschaft verübt werden. Frank I; LK. III 3, Schönke XI; dagegen verlangt RG. **24** 87 für das Einsteigen eigenhändige Begehung!

Unterstützt jemand den Täter beim Stehlen, nachdem dieser bereits eingebrochen oder eingestiegen war, so nimmt RG. **52** 202 — anders als bei der sukzessiven Mittäterschaft — Beihilfe zum schweren Diebstahl an, wenn der Gehilfe den Erschwerungsgrund kannte (?).

cc) Erbrechen von Behältnissen: Behältnis ist ein verschließbarer Raum zur Aufbewahrung von Sachen (Schrank, Koffer, Sack, aber nicht Briefumschläge oder gar die zugeknöpfte Gesäßtasche, a. A. RG. **54** 295; GA. **60** 277; ebenso nicht Zimmer, a. A. RG. **60** 378).

Nach dem Gesetzeswortlaut muß das Erbrechen im Gebäude oder umschlossenen Raum erfolgen. Dem liegt der Gedanke zugrunde, daß nur die dort betätigte verbrecherische Energie dem Einbrechen oder Einsteigen gleichwertig ist. Dagegen will Schönke III 2 c schweren Diebstahl auch dann annehmen, wenn das Behältnis außerhalb des Gebäudes erbrochen wird.

c) Die im Einbruchsdiebstahl liegende Sachbeschädigung und der Hausfriedensbruch werden als regelmäßige Teilhandlung vom § 243 Ziff. 2 konsumiert (RG. **40** 430).

3. *Der Nachschlüsseldiebstahl*, Ziff. 3.

: Diebstahl durch Eröffnen eines Verschlusses (und zwar der Verschlußmechanik) der in Ziff. 2 genannten Räumlichkeiten mit ordnungswidrigen Mitteln (z. B. Dietrich, Haken, aber nicht Brechwerkzeugen), falschen Schlüsseln.

Falsch ist der Schlüssel, der vom Berechtigten nicht oder nicht mehr zum Öffnen bestimmt ist, so der verlorene oder gestohlene Schlüssel, wenn die Nachforschungen nach ihm aufgegeben sind (RG. **52** 84), ferner der vom Vermieter heimlich zurückbehaltene Schlüssel (RG. **11** 436). Ziff. 3 findet auch Anwendung, wenn mittels falschen Schlüssels zunächst ein Behältnis geöffnet, aus diesem der echte Schlüssel entnommen, dann mit ihm aus dem Gebäude gestohlen und schließlich der echte Schlüssel wieder zurückgelegt wird (RG. **40** 154). — Ergänzend vgl. § 369 Ziff. 1.

4. *Transportdiebstahl.* Ziff. 4.

Die Fassung stammt aus einer Zeit, da die Postkutsche noch mit festgeschnalltem Reisegepäck einherfuhr (aus dem ALR.). Über den Grundgedanken vgl. RG. **67** 262: „Der Zweck der Vorschrift ... ist, den auf öffentlichen Wegen und in öffentlichen Verkehrsanstalten befindlichen Beförderungsgegenständen, die durch besondere Befestigung, Verwahrung oder Verschluß gesichert sind, einen erhöhten Schutz zu gewähren, weil sie mehr als andere Sachen der Gefahr des Diebstahls ausgesetzt sind, und weil es für den Transportführer schwer ist, derartige Gegenstände andauernd persönlich zu überwachen."

Das Gesetz verlangt dreierlei:

a) ein besonderes Tatobjekt: Gegenstand der Beförderung.

Dazu rechnet auch das Reisegepäck, gleichgültig, ob aufgegeben oder nicht, aber nicht die Gegenstände, die der Reisende am Leibe trägt; auch nicht die Beförderungsmittel; wohl aber Sachen, die zur Erhaltung der Beförderungsmittel dienen, wie der Futtersack des Pferdegespanns, der Ersatzreifen, Beil und Säge im D-Zugwagen. — Auch der Rucksack des Wanderers auf der Straße ist nach Frank V als Gegenstand der Beförderung ebenso geschützt, wie auf der Bahn (?).

b) einen besonderen Tatort: öffentliche Verkehrswege oder öffentliche Verkehrsanstalten (Post, Bahn), RG. **48** 285.

Auf die Eigentumsverhältnisse kommt es nicht an; maßgebend ist nur, daß die Wege etc. dem allgemeinen Verkehre dienen; darum gehören zwar Privatbahnen, die dem allgemeinen Verkehre dienen, aber nicht Privatanschlußgleise hierher. RG. **48** 285.

c) Zugriff unter Überwindung besonderer Hindernisse: Abschneiden oder Ablösen der Befestigungs- oder Verwahrungsmittel, falsche Schlüssel. Nach RG. **71** 198 ist sogar das Aufschneiden eines Autoverdecks ein Abschneiden von Verwahrungsmitteln (s. auch RG. **53** 277).

5. *Diebstahl mit Waffen.* Ziff. 5.

Der Täter oder der bei der Ausführung der Tat anwesende Teilnehmer führt Waffen bei sich.

Grund der Strafschärfung ist die besondere Gefährlichkeit; daher genügt bei Waffen im technischen Sinne das bloße Wissen des Täters, daß er sie bei sich führt (RG. 54 196), während bei gefährlichen Werkzeugen erforderlich ist, daß der Täter sie eventuell anzuwenden beabsichtigt (RG. **68** 239).

6. *Bandendiebstahl.* Ziff. 6.

: Diebstahl unter Mitwirkung mehrerer, die sich zur Begehung unbestimmt vieler und unbestimmt welcher Diebstähle oder Räubereien verabredet haben (also nicht bloß zu bestimmtem fortgesetzten Delikt).

Die schwere Strafe tritt schon beim ersten Delikt ein (RG. **66** 236), keine Sammelstraftat! RG. 72 167. „Mitwirken" ist enger als bloße Teilnahme: Es ist zeitliches und örtliches Zusammenwirken bei der Ausführung des einzelnen Diebstahls erforderlich. Wer nicht in dieser Weise mitwirkt, ist nur Teilnehmer am einfachen Diebstahl. RG. **66** 236.

7. *Nächtlicher Diebstahl.* Ziff. 7.

: Diebstahl zur Nachtzeit (von Abend- bis Morgendämmerung) aus einem bewohnten Gebäude, dazu gehörigen umschlossenen Raum, bewohnten Schiff, in die sich der Täter — gleichgültig, ob bei Tag oder Nacht — in diebischer Absicht eingeschlichen oder verborgen hatte.

Das Wohnhaus muß der Nachtruhe dienen, dagegen ist Anwesenheit eines Bewohners nicht erforderlich. Einschleichen ist das heimliche Eindringen auf ordnungsmäßigem Wege; heimlich ist es auch bei Überlistung oder Täuschung von Hausbewohnern. RG. 7 10.

8. Dem schweren Diebstahl sind gewisse Metall-Diebstähle gleichgestellt:

a) Diebstahl einer Sache aus unedlem Metall, die dem öffentlichen Nutzen dient oder öffentlich aufgestellt ist oder Teil eines Gebäudes oder dessen Ausstattung ist; desgl. betriebswichtige Maschinenteile oder Betriebsmittel (§ 17 Gesetz über den Verkehr mit unedlen Metallen v. 23. 7. 26).

b) Diebstahl an Sachen aus Edelmetallen (Platin, Gold, Silber), die dem öffentlichen Nutzen dienen oder öffentlich aufgestellt sind (§ 4 Edelmetall-Gesetz v. 29. 6. 26).

II. Der Rückfallsdiebstahl. § 244.

Die Strafverschärfung tritt erst nach zweimaliger Vorbestrafung (als Dieb, Räuber, gleich einem Räuber oder als Hehler) bei der dritten Tat (Diebstahl) ein, auch wenn die früheren Strafen jeweils nur teilweise verbüßt oder ganz oder teilweise erlassen waren. Dabei ist eine Rückfallsverjährung vorgesehen, wenn zwischen der letzten Strafverbüßung (bzw. Straferlaß) und der neuen Tat mehr als 10 Jahre liegen (§ 245). — Unabhängig von § 244 beurteilt sich die Strafverschärfung nach § 20a (s. o. S. 125).

III. Der räuberische Diebstahl. § 252.

: Der auf frischer Tat betroffene (d. h. nach Vollendung der Wegnahme noch am Tatort wahrgenommene) Dieb wendet die Zwangsmittel des Raubes an, um sich im Besitz der Beute zu erhalten.

Unterschied zum **Raub: beim** Raub sind Gewalt und Drohung Mittel zur gewaltsamen **Gewahrsamserlangung**, in § 252 Mittel zum Schutz des erlangten Gewahrsams.

§ 252 ist ein Sonderfall des Diebstahls (nicht des Raubes), nur die Raubstrafe (auch §§ 250, 251) tritt ein (RG. **71** 65). Jeder vollendete Diebstahl (auch die Entwendung nach §§ 248a, 370 Ziff. 5) wird durch § 252 zum räuberischen Diebstahl (RG. **66** 353; sehr str.). § 244 ist aus dem Gesichtspunkt der Alternativität anwendbar, Binding I 305. A. A. RG. **6** 243.

IV. Gemilderte Diebstahlsfälle.

Die folgenden Privilegierungen erfassen auch die Unterschlagung.

1. Familien- und Hausdiebstahl. § 247.

a) Diebstähle jeder Art (auch nach §§ 243/4, nicht aber § 252) gegenüber Abkömmlingen und unter Ehegatten sind straflos, Abs. 2 (beachte jetzt aber § 170a).

b) Diebstähle (jeder Art) gegenüber sonstigen Angehörigen, Vormündern, Erziehern, desgl. Diebstähle geringwertiger Sachen gegenüber Lehr- oder Dienstherrn (und deren Angehörigen RG. **40** 1) werden nur auf Antrag verfolgt. Abs. 1.

Beide Privilegierungen gelten auch für Teilnehmer oder Begünstiger, die zum Verletzten in einem jener persönlichen Verhältnisse stehen, aber nicht für außenstehende Teilnehmer oder Begünstiger, Abs. 3. Sowohl der persönliche Strafausschließungsgrund des Abs. 2 wie das Antragserfordernis des Abs. 1 gehören nicht zum Unrechtstatbestand, brauchen also vom Vorsatz nicht umfaßt zu sein. Darum kommen sie dem Täter auch dann zugute, wenn er sie nicht kennt, sofern sie nur objektiv vorliegen (RG. **61** 271), während die irrige Annahme ihn nicht vor Strafe schützt, RG. **73** 152. Verletzt sind beim Diebstahl Eigentümer und Gewahrsamsinhaber, sodaß also die Privilegierung ausscheidet, falls auch nur einer von ihnen nicht zu dem Personenkreis des § 247 gehört. RG. **50** 46.

2. Notdiebstahl. § 248a. Entwendung (= Diebstahl jeder Art, außer nach § 252) geringwertiger Gegenstände aus Not wird nur auf Antrag verfolgt. Die Geringwertigkeit bemißt sich nach dem objektiven Wert (Verkehrswert). Als Not kommt nur wirtschaftliche Not in Frage, wenn der Täter die Subsistenzmittel durch redliche Arbeit nicht erwerben kann (RG. **69** 313), nicht Ehrennot (Wegnahme kompromittierender Briefe); auch nur solche Not, die nicht ohnehin die ganze Bevölkerung trifft. RG. **52** 296. Der Täter muß die Geringwertigkeit der Sache kennen. Hält er eine hochwertige Sache für geringwertig, dann wird er in Analogie zu § 59 nur nach § 248a bestraft. Im umgekehrten Falle: gewöhnlicher Diebstahl (RG. **46** 267).

§ 248a schließt §§ 242—246 aus (nicht § 252) und tritt hinter § 370 Ziff. 5 zurück (ebenso hinter Feld- und Forstdiebstahl).

3. Verbrauchsmittelentwendung (sog. Mundraub). § 370 Ziff. 5.

Entwendung von Nahrungs- oder Genußmitteln oder sonstigen Gegenständen des hauswirtschaftlichen Verbrauchs in geringer Menge oder von unbedeutendem Wert zum alsbaldigen Verbrauch.

a) Genußmittel sind Stoffe, die dem Körper zur Befriedigung anderer als Ernährungsbedürfnisse zugeführt und verbraucht werden.

: Tabak, Wein, aber nicht Seife und Zahnpasta (diese sind Sachen hauswirtschaftlichen Verbrauchs), auch Heilmittel grundsätzlich nicht. Dem hauswirtschaftlichen Verbrauch dienen, z. B. Holz, Kohle, Farben, Futter für Tiere im Haushalt; den Gegensatz zu ihnen bilden Sachen des hauswirtschaftlichen Gebrauchs (Wäsche, Schuhe, Kleider, Weihnachtsbäume) und Sachen des gewerblichen oder landwirtschaftlichen Verbrauchs.

Die entwendeten Sachen müssen entweder von geringer Menge oder von unbedeutendem Wert sein (also genügt die geringe Menge eines teuren Gegenstandes, RG. **16** 66). Warenverknappung und Rationierung ändern die Begriffe von Menge und Wert (RG. **51** 318, 418, a. A. RG. **76** 67, s. u. b).

Bei fortgesetztem Delikt und Mittäterschaft wird der Wert aller entwendeten Gegenstände zusammengerechnet.

b) Absicht alsbaldigen Verbrauchs bedeutet: zur Befriedigung eines gegenwärtigen Bedürfnisses (nicht notwendig: zu sofortigem Verbrauch); sie fehlt aber bez. eines Vorrats für mehrere Mahlzeiten. Persönlicher Verbrauch wird nicht verlangt (doch genügt natürlich nicht Verkaufs- oder Tauschabsicht, RG. **53** 168). RG. **76** 67 faßt den Begriff „alsbaldig" objektiv: was man in Zeiten der Rationierung alsbald verbrauchen darf.

§ 370 Ziff. 5 schließt §§ 242—246 aus und geht § 247 und 248 a vor (RG. **66** 355); dagegen gehen § 252 und § 350 dem § 370 Ziff. 5 vor.

4. Für Forst- und Felddiebstähle sind nach Landesrecht mildere Strafbestimmungen zulässig (§ 2 Abs. 2 EG. StGB.).

a) Preuß. Feld- und Forst-Polizeigesetz v. 21. 2. 26 (§ 15, § 4).

Entwendung von Garten- und Feldfruchten und anderen Bodenerzeugnissen im Höchstbetrag von 10.— RM aus Gärten und Obstanlagen, Äckern, Wiesen, Wegen, Gräben (Übertretung; Versuch und Beihilfe sind strafbar, §§ 5/6).

b) Preuß. Gesetz über Forstdiebstahl v. 15. 4. 78.

Diebstahl von Holz und anderen Walderzeugnissen (außer Kräutern, Beeren, Pilzen) § 1.

Wegen der außerordentlichen Zunahme und sozialen Bedeutung dieser Diebstähle in der Gegenwart bestimmt VO. v. 20. Aug. 1946 (Hann. Rpfl. 1946 82; wie schon VO. v. 20. Sept. 1942), daß derartige Diebstähle auch nach den Bestimmungen des RStGB. über Diebstahl und Unterschlagung bestraft werden können!

V. Strafbare Vorbereitungshandlungen:

Besitz von Diebeswerkzeug. § 245 a (N.)

Strafbar ist

a) der gefährliche Eigentumsverbrecher, der Diebeswerkzeug verwahrt oder verwahren läßt, Abs. 1,

b) der Helfershelfer, der Diebeswerkzeug für andere verwahrt oder anderen überläßt, Abs. 2.

VI. Diebstahlsähnliche Fälle:

1. Elektrizitätsdiebstahl, Gesetz v. 19. 4. 1900.

Selbständiger Tatbestand, da Elektrizität keine „Sache" ist. RG. **32** 165.

2. Entwendung von Bodenteilen.

Verringerung fremder Grundstücke durch Abgraben, § 370 Ziff. 1 (vgl. auch § 274 Ziff. 2): Wegnahme bestimmter Bodenbestandteile, § 370 Ziff. 2.

3. Gebrauchsanmaßung.

Sie ist grundsätzlich straflos, strafbar nur a) an Pfandsachen durch öffentliche Pfandleiher, d. h. solche, deren Geschäft jedermann offen steht, § 290; b) an Kraftfahrzeugen oder Fahrrädern nach Notverordnung vom 20. 10. 32 (subsidiär gegenüber schwererem Delikt); c) an Futter, das zur Fütterung von Vieh des Eigentümers weggenommen wird, § 370 Ziff. 6.

4. Pfandkehr (Besitzentziehung). § 289.

: Rechtswidrige Wegnahme einer eigenen oder einer fremden beweglichen Sache zugunsten des Eigentümers aus dem Machtbereich des Pfandgläubigers, Nutznießers, Gebrauchs- oder Zurückbehaltungsberechtigten.

Zu den Gebrauchsrechten gehören sowohl dingliche wie obligatorische Rechte (Leihe, Miete); zu den Pfand- und Zurückbehaltungsrechten sowohl gesetzliche wie vertragliche(doch kann der Mieter an unpfändbarer Sache dem Vermieter kein vertragliches Zurückbehaltungsrecht einräumen: § 559 III BGB., a. A. RG. **35** 150, **63** 209).

Wegnahme ist (weiter als in § 242) das Wegschaffen aus dem tatsächlichen Machtbereich des Berechtigten (nicht notwendig dem Gewahrsam); daher genügt das „Rücken" des Mieters; dagegen reicht es nicht aus, wenn die Sache in keiner Weise im Machtbereich des Berechtigten steht; darum scheidet das an sich hergehörige Pfändungspfandrecht praktisch aus. RG. **64** 77.

§ 43. Die Unterschlagung.

: Zueignung einer fremden beweglichen Sache ohne Gewahrsamsbruch, § 246.

1. Objektiver Tatbestand: Zueignung einer fremden beweglichen Sache.

a) Tatobjekt: wie beim Diebstahl (s. o. S. 157).

Sonderfragen:

aa) Hat jemand durch anfechtbares Rechtsgeschäft erworben, so ist er Eigentümer bis zur erfolgten Anfechtung; erst von da ab ist die Sache für ihn eine fremde. Die zivilrechtliche Rückwirkung der §§ 142, 1953 BGB. u. a. ist strafrechtlich bedeutungslos.

bb) Der unmittelbare Stellvertreter verschafft das Eigentum dem Vertretenen unmittelbar, kann also an der erlangten Sache Unterschlagung begehen. Dabei ist es gleichgültig, ob er in offener oder verdeckter Stellvertretung (Geschäft wen es angeht) handelt. Bei mittelbarer Stellvertretung dagegen erwirbt grundsätzlich der „Vertreter" zunächst selbst das Eigentum, kann es jedoch seinem Geschäftsherrn weiterübertragen (§§ 929, 930). Das kann insbesondere durch ein antizipiertes Besitzkonstitut oder gestattetes Selbstkontrahieren erfolgen.

cc) Bei Auszahlung einer Postanweisung etc. will die Post Eigentum nur dem wirklichen Adressaten verschaffen (Goltd. Arch. **53** 78, RG. **63** 406).

b) Tathandlung ist die Zueignung.

aa) Während der Diebstahl die Zueignung durch Wegnahme ist, fehlt bei der Unterschlagung gerade die Wegnahme. Diebstahl und Unterschlagung schließen sich dadurch lückenlos aneinander, daß jede Zueignung, die nicht durch Wegnahme erfolgt, Unterschlagung ist, Binding I 275, Gerland 605. Jedoch ist die Gesetzesfassung des § 246 verunglückt. Statt richtig zu sagen: Zueignung einer Sache ohne Bruch fremden Gewahrsams, heißt es mißverständlich: Zueignung von Sachen, die der Täter in Gewahrsam hat. Daraus schloß man fälschlich, daß die Zueignung erst nach Gewahrsamserlangung möglich sei, so RG. **53** 302; Frank II 3; richtig dagegen RG. **49** 194; **67** 77.

Unterschlagung ist darum auch an einer in niemandes Gewahrsam stehenden Sache möglich (bes. Fundunterschlagung), wenn die Gewahrsamserlangung erkennbar mit Zueignungswillen erfolgt, ebenso wenn der Täter die verliehene fremde Sache dem Entleiher veräußert. Binding I 277; RG. JW. 1937 1334. (Das Wort Besitz ist in § 246 synonym mit Gewahrsam, also überflüssig.)

bb) Zueignung ist, wie beim Diebstahl, die Betätigung des quasi-Eigentums. Sie muß sich in einer äußeren Handlung manifestieren, während der bloße innere Willensentschluß nicht genügt.

Das geschieht z. B. durch Verbrauch, Veräußerung, durch den Verkauf fremder Sache als eigener, auch ohne Übergabe, ja bereits das Verkaufsangebot, RG. 73 253, h. L.; a. A. Frank V; (nicht aber durch das bloße Ausbieten: dieses ist nur Ausdruck des Willens künftiger Zueignung); durch Verheimlichen, Ableugnen (RG. 61 159); durch das bloße Vorenthalten nur dann, wenn eine Herausgabepflicht besteht und die Nichtablieferung erkennbar auf Zueignungswillen, nicht bloß auf Nachlässigkeit oder Bequemlichkeit beruht (entsprechendes gilt für Nichtanzeige eines Fundes); auch durch Verpfändung, wenn entweder Einlösungswille oder -fähigkeit fehlen (RG. 66 155); ferner durch Verarbeitung nach § 950 BGB. (RG. 55 49), Vermischung, wenn der Täter das fremde Geld für sich behalten will (RG. 71 96).

cc) Sich zueignen: wie beim Diebstahl; s. o. S. 161 u. RG. **74** 2.

2. Der subjektive Tatbestand erfordert Vorsatz.

3. Das Unrechtsbewußtsein kann fehlen, wenn der Täter irrig glaubt, der Eigentümer sei mit der Zueignung einverstanden, weil der Täter jederzeit ersatzbereit und ersatzfähig ist.

4. Unterschlagung einer anvertrauten (d. h. mit der Verpflichtung der Rückgabe oder zu bestimmter Verwendung übergebenen) Sache ist Strafschärfungsgrund (Veruntreuung).

5. Spezialfälle der Unterschlagung:

a) Erschwerte Fälle: Amtsunterschlagung, § 350; schwere Depotunterschlagung, § 38 Depotgesetz v. 4. 2. 37. Dagegen ist § 34 Depotgesetz nur ein unterschlagungsähnliches Delikt, bei welchem nicht das Zueignen, sondern jedes rechtswidrige Verfügen bestraft wird. RG. **64** 407.

b) Mildere Fälle: §§ 247/248 a, 370 Ziff. 5. — Id. Konk. kann besonders mit §§ 133, 137, 263, 266 bestehen.

§ 44. Der Raub.

: Zueignung einer fremden beweglichen Sache durch Wegnahme mittels Gewalt oder Drohung mit gegenwärtiger Gefahr für Leib oder Leben.

(Selbständiges Delikt, das sachlich aus Diebstahl und Nötigung zusammengesetzt ist; geschützt sind Vermögen und Freiheit.)

I. Grundtatbestand § 249.

1. Erforderlich sind:

a) Sämtliche objektiven und subjektiven Merkmale des Diebstahls,

b) Gewalt gegen die Person oder Drohung mit gegenwärtiger Gefahr für Leib oder Leben bei der Wegnahme.

Über Gewalt und Drohung (s. o. S. 151). Die Gewalt muß sich hier gegen die Person (unmittelbar oder mittelbar), nicht bloß gegen Sachen richten. Überraschendes Entreißen einer Handtasche richtet sich nur gegen die Sache, ist nicht Gewalt gegen die Person, sondern List (RG. 46 402). Die Zwangsmittel müssen sich gegen den Gewahrsamsinhaber oder eine zum Schutz des Gewahrsams bereite oder verpflichtete Person richten (RG. 69 330).

2. Vollendet ist die Tat erst mit der Wegnahme. Versuch beginnt nach h. L. (Frank V) mit Anwendung der Nötigungsmittel, nach RG. **69** 329 schon mit dem Wegnahmeversuch.

3. Verhältnis zu anderen Tatbeständen:

Gewalt und Drohung müssen das Mittel zur Wegnahme sein; wer sie erst nach vollendeter Wegnahme anwendet, begeht in der Regel räuberischen Diebstahl, § 252: wer den Zueignungsentschluß erst nach der Vergewaltigung faßt, begeht keinen Raub, sondern etwa Diebstahl mit Körperverletzung. Wer einen anderen tötet, um sich dessen Sachen anzueignen, begeht Mord in Tateinheit mit Raub, da mit der Gewaltanwendung die Wegnahme beginnt (RG. **63** 105); dagegen Unterschlagung nach Mord, wenn der Täter den Zueignungsentschluß erst nach der Tötung faßt. Ist der Tod die ungewollte Folge des Raubes, dann: § 251. — Keine Id. Konk. mit §§ 223ff., h. L., a. A. Frank VII.

II. Spezialfälle des Raubes

1. Schwerer Raub. § 250.

Er entspricht im wesentlichen dem erschwerten Diebstahl, doch mit geringerer Kasuistik: Bewaffneter Raub — Ziff. 1 —, Bandenraub — Ziff. 2 —, Straßenraub — Ziff. 3 —, nächtlicher Raub — Ziff. 4 —, Raub im Rückfall — Ziff. 5 — (hier genügt schon der erste Rückfall).

2. Besonders schwerer Raub. § 251.

: Raub mit Marterung oder mit (ungewollter) schwerer Körperverletzung oder Todesfolge.

Marterung ist länger dauernde Zufügung heftiger körperlicher Schmerzen aus gefühlloser Gesinnung (RG. 49 391).

3. Stellen einer Autofalle in räuberischer Absicht. Gesetz v. 22. Juli 1938 (N.).

Diese Vorschrift, die wegen ihrer Vagheit schon vorher infolge ihres Verstoßes gegen den wiederhergestellten Grundsatz der gesetzlichen Bestimmtheit der Strafbarkeit (§ 2) ungültig war, ist jetzt durch KRG. Nr. 55 aufgehoben.

§ 45. Die Sachbeschädigung

I. Grundtatbestand. § 303

: Vorsätzliche Beschädigung oder Zerstörung einer fremden Sache.

1a) Tatobjekt ist eine fremde Sache (wie beim Diebstahl, doch hier auch unbewegliche Sachen umfassend).

b) Tathandlung: Beschädigen oder Zerstören.

Beschädigung ist die erhebliche Minderung des gegenwärtigen Maßes an Unversehrtheit der Sache durch körperliche Eingriffe, bei Tieren auch durch Einwirkung auf ihr Nervensystem. RG. **37** 411; vgl. auch RG. **74** 14. Unerheblich ist die leicht zu beseitigende Beschmutzung. RG. **20** 182; weitergehend aber RG. **43** 204. Minderung der Unversehrtheit liegt vor allem in der Beeinträchtigung der Brauchbarkeit der Sache. Das kann auch ohne Substanzverletzung geschehen, z. B. durch Einfügen von Fremdkörpern in Maschinen, die sie zum Stehen bringen, oder durch deren Zerlegen, falls in beiden Fällen der Mangel nicht leicht zu entdecken oder zu beseitigen ist. RG. **20** 183; sehr weitgehend RG. **31** 329: Herausnahme eines Wegweisers oder eines Steines mit Wasserstandsmesser, RG. **64** 251: Abtrennung eines Fahnentuches vom Mast. Reine Sachentziehung (z. B. Fliegenlassen eines Vogels) ist nicht strafbar

2. Antragsberechtigt ist der unmittelbar Verletzte, d. i. sowohl der Eigentümer wie der dinglich oder persönlich Berechtigte. RG. **71** 137, Frank V.

II. Erschwerter Fall. § 305

: Gänzliche oder teilweise Zerstörung fremder Bauwerke (die von einiger Erheblichkeit sein müssen). RG. **24** 27.

III. Sondertatbestand: Gemeinschädliche Sachbeschädigung. § 304

: Sachbeschädigung an Gegenständen der Verehrung oder des öffentlichen Interesses.

Da hier öffentliche Interessen geschützt werden, kann sogar der Eigentümer Täter sein; darum kein Antragserfordernis.

Zweiter Abschnitt

Straftaten gegen Aneignungs- und Forderungsrechte

§ 46. Jagd- und Fischereiverbrechen

1. Die Jagdwilderei. § 292 (N.)

: Der vorsätzliche Eingriff in fremdes Jagdrecht, d. h. in das ausschließliche Aneignungsrecht des Jagdausübungsberechtigten an herrenlosen jagdbaren Tieren.

Über den Inhalt des Jagdrechts vgl. § 1 RJG. v. 3. 7. 34. Entsprechend der dortigen Unterscheidung von lebendem Wild und leblosen Sachen enthält § 292 zwei Grundtatbestände:

a) Nachstellen, Fangen, Erlegen oder Zueignen von Wild unter Verletzung fremden Jagdrechts.

aa) Tatobjekt ist lebendes jagdbares Wild, darüber vgl. § 2 RJG. und § 2 Ausf. VO., stets muß es herrenlos sein (sonst Eigentumsdelikt).

bb) Zu den Tathandlungen: Erlegen ist das Töten ohne Zueignungsabsicht (z. B. Vergiften); Nachstellen ist jede Tätigkeit, die auf Zueignung, Erlegen, Fangen abzielt, daher schon das Durchstreifen des Reviers oder das Anstehen mit Erlegungsabsicht, das Schlingenlegen etc. RG. **70** 220.

cc) Tauglicher Täter ist jeder, der am Standort des Wildes zur Ausübung der Jagd nicht berechtigt ist. Schießt der Jäger vom fremden Jagdgebiet aus auf Wild im eigenen Jagdgebiet, so begeht er nicht Wilderei, sondern verwirklicht § 368 Ziff. 10.

Über Wildfolge vgl. § 31 RJG. Über das Jagdausübungsrecht §§ 5 ff RJG.; der Jagdgast begeht Wilderei, wenn er über die Erlaubnis durch den Jagdausübungsberechtigten hinaus abschießt.

b) Zueignen, Beschädigen, Zerstören von (herrenlosen) Sachen, die fremdem Jagdrecht unterstehen (verendetes Wild, Fallwild, Abwurfstangen, Eier von jagbarem Federwild).

Unter diese Alternative fällt, wer dem Wilderer das erlegte Wild wegnimmt; abw. RG. 63 36. Kohlrausch 3.

Zu a) und b): Zum Vorsatz gehört das Wissen des Täters, daß er fremdes Jagdrecht verletzt, sodaß der Irrtum über die Grenzen des Reviers den Vorsatz ausschließt.

Natürlich kann man von dem Täter kein juristisch exaktes Wissen über die Rechtsverhältnisse, vor allem über die Herrenlosigkeit jagdbaren Wildes erwarten: es genügt das Bewußtsein, daß das Wild nicht ihm, sondern einem Dritten „gehört". Hierin gleichen sich der Vorsatz der Wilderei und der der Zueignungsverbrechen. Für alle genügt das Bewußtsein, die Sache „gehöre" einem Dritten. Eignet sich also jemand Wild, das der Jagdberechtigte schon in Besitz genommen hatte, ohne Kenntnis dieser Tatsache zu, so begeht er objektiv wie subjektiv Unterschlagung. Umgekehrt begeht objektiv und subjektiv Wilderei, wer sich herrenloses Wild im irrigen Glauben zueignet, daß ein anderer schon Eigentum daran besitzt. Dogmatisch sind die Eigentumsverbrechen qualifizierte Formen der Aneignungsdelikte; sie sind Zueignungsdelikte unter Verletzung des Eigentums. Wilderei ist ein Zueignungsdelikt unter Verletzung des Aneignungsrechts als einer Vorstufe des Eigentums. Darum ist der Zueignungsvorsatz bei beiden gleichartig (vgl. Binding, Normen II, 1040 ff., a. A. RG. 39 433, 63 37)

c) Über Strafantrag und (unterschiedslose) Einziehung von Jagdgerät, Jagdhunden etc. (nicht aber der Jagdbeute!) vgl. §§ 294/5. RG. **72** 390.

d) Qualifizierte Fälle sind die schwere Wilderei (zur Nacht- oder Schonzeit, in nicht weidmännischer Weise oder von mehreren Schützen in Mittäterschaft), Abs. 2, und die gewerbs- und gewohnheitsmäßige Wilderei, Abs. 3.

2. Fischwilderei. § 293 (N.).

Ihr Tatbestand entspricht der Jagdwilderei.

3. Strafbarer Besitz von Wildderergerät. § 296 (N.) entspricht dem § 245 a (s. o. S. 162).

4. Ergänzende Vorschriften siehe § 368 Ziff. 10 und 10 a und für Verstöße (auch des Jagdausübungsberechtigten) gegen das RJG.: §§ 60—62 RJG. und §§ 60—62 Ausf. VO.

5. Keine Verletzung fremden Aneignungsrechtes, sondern deutschen Hoheitsrechtes ist das unbefugte Fischen durch Ausländer in deutschen Küstengewässern, § 296 a.

§ 47. Straftaten gegen Forderungsrechte

Die Verletzung von Forderungsrechten, besonders der einfache Vertragsbruch, ist grundsätzlich straflos. Nur in Ausnahmefällen, vor allem gegen Handlungen des Schuldners, der die zwangsweise Befriedigung des Gläubigers vereitelt, schreitet das Strafrecht ein.

I. Vollstreckungsvereitelung. § 288

: Der als Vollendungstat unter Strafe gestellte Versuch, die Befriedigung des Gläubigers in der Einzel-Zwangsvollstreckung durch Entziehung der Vollstreckungsobjekte zu vereiteln.

Die Tat des § 288 wendet sich gegen das Vermögensrecht des Gläubigers, während der Verstrickungsbruch — § 137 — die öffentlich-rechtliche Beschlagnahme verletzt. Darum stehen beide in Id. Konk.

Voraussetzung des § 288 ist ein wirklich bestehender Anspruch. RG. **44** 251. Die Zwangsvollstreckung droht, wenn der ernstliche Wille des Gläubigers, die Zwangsvollstreckung zu betreiben, aus seinen Handlungen hervorgeht, z. B. aus Klage, Zahlungsbefehl, Wechselprotest, nicht aber schon aus der bloßen Mahnung. RG. **20** 256. Veräußern ist das Ausscheiden aus der Vollstreckungsmasse (dagegen nicht das bloße Verkaufen, Verleihen, Vermieten). Beseitigen ist das Verstecken oder Zerstören, aber nicht das bloße Beschädigen. Die Veräußerung ist rechtmäßig, wenn die Rechtspflicht hierzu schon vor dem Drohen der Zwangsvollstreckung entstanden war. RG. **71** 231.

Tauglicher Täter ist nicht nur der Schuldner, sondern auch der Vertreter des handlungsunfähigen Schuldners (Vormund, Vorstand), Binding I 417; a. A. Frank II 2, RG. **60** 234. Absicht bedeutet hier nicht Beweggrund, sondern dolus directus. RG. **59** 315.

II. Bankrottdelikte. § 239 bis § 244 KO.

1. Bankrott ist die bei Konkurseröffnung oder Zahlungseinstellung strafbar werdende Gläubigerbenachteiligung durch Verminderung des Vermögens oder Verschleierung der Vermögenslage seitens des Schuldners.

Die Konkurseröffnung oder Zahlungseinstellung ist die objektive Voraussetzung für die Strafbarkeit aller Konkursdelikte: „objektive Strafbarkeitsbedingung", die weder mit den Bankrotthandlungen in Kausalzusammenhang stehen noch vom Vorsatz umfaßt zu sein braucht (RG. 45 88). Daher vor dem Eintritt der Strafbarkeitsbedingung keine Versuchsbestrafung (s. o. S. 36).

Im einzelnen unterscheidet das Gesetz

a) den betrügerischen Bankrott, § 239; er setzt voraus, daß die in Ziff. 1—4 kasuistisch aufgezählten Bankrotthandlungen mit dem direkten Vorsatz (mißverständlich „Absicht") vorgenommen werden, die Gläubiger zu benachteiligen, RG. **66** 87.

b) den einfachen Bankrott, § 240. Bei ihm genügt Fahrlässigkeit im Hinblick auf die Benachteiligung der Gläubiger bei vorsätzlicher Vornahme der in Ziff. 1—4 aufgezählten Handlungen.

Zu a) und b):

Tauglicher Täter ist der Gemeinschuldner und bei Handelsgesellschaften der Vorstand, § 244; nach RG. **65** 413 im Falle der Zahlungseinstellung auch der Hintermann, der das Geschäft tatsächlich als eigenes betreibt.

Mehrere Einzelhandlungen des Bankrotts bilden nach ständ. Rspr. (RG. **71** 375) ein einziges Bankrottdelikt; dagegen Kohlrausch vor § 73 II B 3d; Nagler LK. S. 547.

2. Ergänzende Tatbestände:

a) Begünstigung einzelner Gläubiger durch den Schuldner, § 241.

b) Begünstigung des Schuldners oder eines Dritten, § 242 (wegen Teilnahme kann sich auch der begünstigte Gläubiger strafbar machen. Frank I; a. A. Binding I 444.

c) Verkauf von Gläubigerstimmen, § 243.

Der Stimmenkäufer bleibt straflos (a. A. RG. **29** 304).

Dritter Abschnitt

Verbrechen gegen das gesamte Vermögen

§ 48. Der Betrug

Der Betrug in seiner heutigen Gestalt ist modernen Ursprungs, nicht nur in seiner begrifflichen Umgrenzung, sondern im wesentlichen auch als Verbrechensform. Betrug setzt eine gewisse Ausbreitung des merkantilen Verkehrs und eine „Vergeistigung" der Verbrechensmethoden voraus. (Darum fehlt er in der Carolina.) Mangels deutschrechtlicher Anknüpfungspunkte arbeitete das gemeine Recht mit den uferlosen römischen stellionatus und falsum. Erst das 19. Jahrhundert gliederte den Betrugsbegriff aus den allgemeinen Fälschungsdelikten aus und beschränkte ihn auf die Vermögensbeschädigung durch Täuschung.

Betrug ist die in Bereicherungsabsicht erfolgende, durch Täuschung herbeigeführte Beschädigung fremden Vermögens, § 263.

Betrug ist wie Erpressung, § 253, ein Motivationsdelikt. In beiden Fällen veranlaßt der Täter einen Dritten, sich selbst (oder einen anderen) zu schädigen und zwar bei der Erpressung durch Nötigung, beim Betrug durch Irrtumserregung.

I. Objektiver Tatbestand

Er umfaßt 4 Merkmale: 1. die eigentliche Tathandlung, die Täuschung, diese muß 2. beim Getäuschten einen Irrtum erregen, der 3. ihn zu einer nachteiligen Verfügung veranlaßt, welche 4. einen Vermögensschaden herbeiführt.

1. *Die Täuschungshandlung.*

Sie kann sein:

a) eine Vorspiegelung falscher Tatsachen.

aa) Falsche Tatsache ist alles, was fälschlich als vergangen oder gegenwärtig oder als unverbrüchlich notwendig eintretend hingestellt wird. (Zukünftige Tatsachen sind z. B. Sonnenfinsternisse, Jahreszeiten, nicht aber bloße Möglichkeiten wie bevorstehender Krieg usw.). Auch seelische Vorgänge (Pläne, Absichten) sind („innere‘) Tatsachen (wichtig bei Kreditbetrug und Zechprellerei: Vorspiegelung des Zahlungswillens, RG. **43** 171). Keine Tatsachen sind reine Werturteile wie reklamehafte Anpreisungen ohne realen Kern.

bb) Die Vorspiegelung kann auch durch schlüssige Handlung geschehen. Wer eine Sache veräußert, behauptet die Verfügungsbefugnis an ihr. Wer einen Scheck ausstellt, behauptet Deckung.

b) eine Unterdrückung wahrer Tatsachen, d. i. das positive Tun, das eine Tatsache dem Gegner verbirgt, z. B. Verdecken eines Sachmangels, RG. **20** 144. Hierher gehört das „Verschweigen", bei dem in einer sich als erschöpfend ausgebenden Gesamtdarstellung einzelne Tatsachen weggelassen werden, z. B. der Kreditnehmer läßt bei der Darstellung seiner Vermögenslage einzelne Schuldposten weg.

Die Behauptung falscher Tatsachen durch schlüssige Handlung und die Unterdrückung wahrer Tatsachen gehen vielfach ineinander über.

Durch reines Schweigen (reine Unterlassung) kann eine Täuschungshandlung nur dann begangen werden, wenn eine rechtlich erhebliche Pflicht zum Reden bestand. Hierfür gelten die gewöhnlichen Grundsätze der Unterlassungsdelikte (vgl. o. S. 90).

Rechtspflicht aus Gesetz: Aussagepflicht des Zeugen, RG. **36** 114; aus vorangegangenem Tun (wer gutgläubig einen Versicherungsschaden angemeldet hat, muß spätere Auffindung der als verloren gemeldeten Sache mitteilen, RG. **70** 225); aus besonderem geschäftlichen Vertrauensverhältnis (z. B. aus Kreditgeschaften: RG. **66** 56, **70** 151, Bankgeschäften **70** 45, Versicherungsverhaltnissen **70** 225). Zusammenfassend vgl. RG. **70** 151. — Eine allgemeine Offenbarungspflicht aus Treu und Glauben (außerhalb besonderer Vertrauensverhältnisse) kann nicht anerkannt werden; sie wäre eine individualethische Überspitzung und sozialethisch gefährlich, da sie den Verschlafenen prämiiert.

Zu beachten ist, daß häufig gar nicht reines Schweigen, sondern Täuschung durch schlüssige Handlung vorliegt (s. o. bb): Wer Schmuck zu entsprechend hohem Preise anbietet, behauptet dessen Echtheit. Wer Fett einer Margarinefabrik zur Verarbeitung verkauft, behauptet, daß es für menschliche Ernährung geeignet ist, RG. **69** 283.

2. *Irrtumserregung.*

Die Täuschung muß im Getäuschten einen Irrtum erregen. Ein Irrtum, der nicht durch Täuschung, d. h. durch Motivation erregt, sondern durch bloße Änderung der tatsächlichen Verhältnisse verursacht ist, kommt nicht in Frage (z. B. beim Einschleichen des blinden Passagiers: RG. **42** 40). Dem Erregen steht das Unterhalten eines Irrtums gleich, d. h. die Tätigkeit, die die Fortdauer eines schon vorhandenen Irrtums unterstützt, RG. **39** 80.

Dem Betrug steht nicht entgegen, daß der Getäuschte durch besondere Leichtfertigkeit dem Täter die Täuschung leicht macht. Ferner ist die Art des Irrtums gleichgültig; maßgebend ist nur, daß er die vermögensschädigende Handlung des Getäuschten herbeiführt. Er braucht daher nicht dem Getäuschten den vermögensschädigenden Charakter seiner Handlungen zu verschleiern, RG. **70** 255. Daher ist Bettelbetrug strafbar, wenn der Geber die vermögensmindernde Leistung auf Grund der falschen Vorspiegelung macht, RG. **6** 360, **53** 225, a. A. Frank VI 1 a.

3. *Die Vermögensverfügung des Getäuschten.*

Durch Irrtum allein tritt niemals ein Vermögensschaden ein. Das Wesen des Betrugs besteht gerade darin, daß der Täter das Opfer veranlaßt, selbst die schädigende Handlung vorzunehmen. Das Verbindungsglied zwischen Irrtum und Schaden muß also eine Vermögensverfügung des Getäuschten sein (ungeschriebenes Tatbestandsmerkmal). Daher besteht kein Betrug, wenn der Schaden nicht unmittelbar durch die Handlung des Getäuschten, sondern erst durch eine weitere deliktische Handlung des Täters eintritt, z. B. jemand wird durch Täuschung vom Hause weggelockt, Täter bricht ein und stiehlt: Einbruchsdiebstahl, nicht Betrug. RG. LZ. **1922** 265, **1924** 299.

Vermögensverfügung ist jede Handlung oder Unterlassung, die unmittelbar einen Vermögensschaden zur Folge hat. Sie ist daher nicht zivilrechtstechnisch zu verstehen; vielmehr genügt jede rechtlich oder wirtschaftlich nachteilige Einwirkung auf das Vermögen.

Z. B auch durch unrichtige Buchung im Handelsbuch JW. **1926** 586, durch Unterlassung, einen Anspruch geltend zu machen RG. **65** 100, sogar durch gutgläubige Annahme einer Leistung, wenn sie infolge des guten Glaubens dem Geschädigten gegenüber wirksam wird (gutgläubige Annahme eines abredewidrig ausgefüllten Akzepts, RG. **64** 228, überholt RG. **49** 19).

Die verfügende Person (der Getäuschte) braucht nicht auch der Geschädigte zu sein; es genügt, wenn der Verfügende rechtlich oder (wenigstens als Gewahrsamsinhaber) tatsächlich in der Lage war, über fremdes Vermögen zu verfügen.

a) Daraus ergibt sich die Möglichkeit des Prozeßbetruges: der Richter wird durch die eine Partei getäuscht und verfügt durch unrichtiges Urteil zu Lasten der Gegenpartei. Die Täuschung beginnt hier nicht erst mit dem betrügerischen Beweisantritt(so noch RG. 63 391), sondern schon mit der unwahren Parteibehauptung, Frank VI 2, RG. 72 115; kritisch s. Grünhut, Rhein. Z. 13 149, Wolf, JW. 1938 1921. Auch im Versäumnisverfahren ist Prozeßbetrug möglich, da der Richter trotz § 331 ZPO. das Versäumnisurteil versagen muß, wenn die Klagebehauptung bewußt unwahr ist (§ 138 ZPO.). RG. 72 115. Entsprechendes gilt im Mahnverfahren.

b) Wo der Getäuschte über eine fremde Sache verfügt, an der er nicht einmal bereits den Gewahrsam besaß, handelt es sich nicht um Betrug, sondern um Diebstahl in mittelbarer Täterschaft. RG. 48 59; Schröder, Z. 60 60; s. o. S. 161

4. *Der Vermögensschaden.*

a) Der Vermögensbegriff.

Vermögen ist die „Summe der jemandem unter dem Schutze der Rechtsordnung zu Gebote stehenden wirtschaftlichen Werte“, RG. **66** 285. Es ist ein wirtschaftlicher, wenn auch auf die Rechtsordnung bezogener Begriff. „Ideeller“, nicht-wirtschaftlicher Schaden kommt nicht in Betracht. RG. **73** 270; daher bedenklich **73** 61; **75** 8. Zum Vermögen gehören nicht nur Rechte, sondern auch rechtlich geschützte wirtschaftliche Positionen.

Im einzelnen gehören zum Vermögen:

aa) Alle dinglichen und obligatorischen Rechte von wirtschaftlichem Wert, auch der Besitz.

Natürlich ist die täuschende Veranlassung zur Besitzübergabe nur dann Betrug, wenn der Täter schon zu diesem Zeitpunkt die Absicht der Nicht-Rückgabe hatte, sonst kommt nur Unterschlagung in Frage. RG. 42 181

Über den Vermögenswert von Bezugskarten vgl. RG. 52 154; 75 62. Wirtschaftlicher Wert ist nicht notwendig gleich Geldeswert; vielmehr ist der Wert des Geldes von seiner wirtschaftlichen Kaufkraft abhängig. Dies ist wichtig bei Rationierung. Bezugskarten haben einen wirtschaftlichen Wert, den das Geld für sich allein nicht hat. Darum entsteht ein Schaden, wenn Karten abgeschwindelt werden, für die eine Geldsumme hingegeben wird, mit der keine gleichartigen Werte beschafft werden können.

bb) Der entgangene Gewinn, d. h. die feste Anwartschaft, bei der ein Vermögenszuwachs mit Wahrscheinlichkeit zu erwarten ist; vgl. § 253 BGB. RG. **41** 373, **63** 191.

Hierher gehört die Stammkundschaft (RG. 26 227, 74 316), nicht aber die künftige Kundschaft wie sonstige ungewisse Aussichten.

cc) Leistungen, die im wirtschaftlichen Leben Geldeswert haben. Um sie ist der Empfänger auf Kosten des Leistenden i. S. von § 812 BGB. bereichert, folglich der Leistende um sie geschädigt.

Das gilt vor allem für Arbeitsleistungen — darum ist nicht der Nachweis erforderlich, daß der Leistende seine Arbeitskraft anderweitig entgeltlich hätte ausnutzen können (RG. 68 379) —; ebenso für andere geldwerte Leistungen, wie Konzert- und Theaterdarbietungen, Eisenbahnfahrten. RG. 59 380, sehr str.; a A. Frank V 5; Bockelmann, DR. 1941 2663.

dd) Auch Werte, die jemand widerrechtlich besitzt, gehören nach h. L. (RG. **44** 248; **65** 3) zu seinem Vermögen, richtigerweise jedoch nur insoweit, als der rechtswidrig erlangte Besitz rechtlich geschützt ist. RG. **66** 285.

Daher ist Betrug gegenüber dem Dieb möglich (RG. 44 248); denn wenigstens sein Besitz ist rechtlich geschützt, dies aber nicht gegenüber dem Eigentümer! Auch das Geld des betrogenen Betrügers gehört zum rechtlich geschützten Vermögen, RG. 65 3. Dagegen gehören Forderungen, die keinen rechtlichen Bestand haben, nicht zum Vermögen. RG. 65 100.

Kein Betrug ist darum das sog. „Spritzen auf dem schwarzen Markt“: Ein Käufer erweckt bei einem Schwarzmarkthändler den Anschein, eine Mangelware zum Schwarzmarktpreis kaufen zu wollen; der Händler übergibt die Ware, der Käufer zahlt aber nur den regulären Höchstpreis. Kein relevanter Vermögensschaden, da der den Höchstpreis übersteigende Betrag rechtlich nicht geschützt ist, der Verkäufer aber das rechtlich zustehende Äquivalent erhalten hat, a. A. OLG. Oldenburg, NSRpfl. 1947 42.

Zusatz: Im Gegensatz zu der hier vertretenen „juristisch-ökonomischen Vermittlungslehre“ (Nagler, ZAk. 1941/294) stehen folgende zwei Lehren:

α) Der rein juristische Vermögensbegriff (Binding I 238): Vermögen ist die „Summe der Vermögensrechte und -pflichten“. Danach liegt also Vermögensschaden einerseits nur bei Verletzung von Vermögens*rechten*, nicht auch von rechtlich geschützten wirtschaftlichen Positionen (wie Anwartschaften) vor, andererseits aber auch dann, wenn der für das verletzte Vermögensrecht als Gegenleistung zufließende Vermögenswert wirtschaftlich völlig gleichwertig ist (also Betrug auch in den Fällen u. b), aa)). Geschädigt ist, wer nicht erhält, was er von Rechts wegen beanspruchen kann; so wer anstelle des versprochenen englischen Messers ein Solinger Fabrikat erhält, auch wenn es völlig gleichwertig ist. Allerdings fällt der Schaden weg, wenn er die Leistung genehmigt (Binding I 360) — Der Eintritt des Schadens hängt nach dem juristischen Vermögensbegriff (anders als beim wirtschaftlichen) also weitgehend vom subjektiven Belieben des Getäuschten ab!

β) Der von der h. L. vertretene rein wirtschaftliche Vermögensbegriff, der auch die widerrechtlichen Werte ohne Einschränkung zum Vermögen zählt (s. o. dd).

Über subjektivistische Tendenzen in der neueren Judikatur und Literatur vgl. Bockelmann, Probleme S. 226 ff.

b) Vermögensschaden ist die Verringerung des objektiven Gesamtwertes des Vermögens, den dieses für den individuell Geschädigten hat. Er bemißt sich nach der Differenz im Geldwert des Vermögens vor und nach der erfolgreichen Täuschung. RG. **16** 1. Maßgebender Zeitpunkt für die Wertberechnung ist der Zeitpunkt der Vermögensverfügung. **74** 130.

aa) Da der Gesamtwert des Vermögens verringert sein muß, fehlt ein Schaden, wenn die Gegenleistung gleichwertig ist. RG. **16** 1.

Verkauf eines 12 kar. Goldringes als 14 kar. ist kein Betrug, falls der Preis dem des 12 kar. entspricht. Wer sich bei der Gesellschaft X versichern läßt infolge Täuschung, es handele sich um die Gesellschaft Y, wird nicht geschädigt, wenn Leistung und Sicherheiten beider gleich sind. RG. 28 310. Wer auf Grund falscher Angaben über seine Vorbildung angestellt wird, aber einer vollwertige Arbeitsleistung erbringt, schädigt nicht, außer wenn wegen besonderen Vertrauenspostens die Arbeitsleistung eines Vertrauensunwürdigen nicht gleichwertig ist. RG. 73 268, weitergehend RG. 65 275; 75 8; ferner RG. 65 281 (Erschleichen einer Beamtenstellung bedeute stets Vermögensschaden!).

Bei der Wertberechnung ist vom objektiven Wert (gemeinem Handelswert) auszugehen; doch ist zu berücksichtigen, welchen Wert die Gegenleistung gerade für den Betroffenen hat. Danach besteht Vermögensschaden trotz objektiver Gleichwertigkeit der Gegenleistung, wenn sie für den Betroffenen weder brauchbar noch zum gleichen Wert ohne Schwierigkeiten wieder veräußerlich ist.

Wer statt einer Milchkuh eine Schlachtkuh erhält, ist geschädigt, auch wenn sie preiswert war, sofern er sie weder brauchen noch zum gleichen Preis weiterveräußern kann.

Unbrauchbar ist auch die im Hinblick auf die Verhältnisse des Betroffenen unnutze Gegenleistung (JW. **1927** 906). RG. **76** 49 (drückende langjährige Bindung).

Doch entscheidet über die Brauchbarkeit nicht etwa das subjektive Belieben des Betroffenen, sondern die objektive Brauchbarkeit für seine individuellen Verhältnisse: maßgebend ist nicht, ob er die Gegenleistung gebrauchen will, sondern ob er sie gebrauchen kann; bloßes Affektionsinteresse bleibt unberücksichtigt. RG. **16** 9; **68** 214.

Keinen Schaden erleidet, wer ohne Täuschung über die Leistung selbst das erhält, was ihm versprochen wurde, auch wenn er durch ein irreführendes Motiv zur Gegenleistung bestimmt wurde (jemand kauft Konzertkarte, weil ihm vorgespiegelt wurde, er werde im Konzert eine heiratslustige Witwe kennenlernen).

Für die Wertvergleichung kommt selbstverständlich nur die vertragsmäßige Gegenleistung in Anschlag, nicht aber der auf der Täuschung beruhende Schadensersatz- oder Rückgewähranspruch.

Kein Schaden entsteht, wo der Täuschende einen fälligen Anspruch auf die Leistung hatte, auch dann nicht, wenn der Anspruch schwer eintreibbar oder schwer beweisbar ist. RG. **64** 344, 435; abw. RG. **72** 137; **77** 184: Der Täter dürfe sich nicht Befriedigung über ein anderes Rechtsgeschäft verschaffen. (Meist erst beim rechtswidrigen Vermögensvorteil behandelt!)

bb) Zahlt jemand in Erwartung einer betrügerisch versprochenen unerlaubten oder unsittlichen Gegenleistung, so liegt sein Schaden nicht in der Nichterfüllung seines nichtigen Anspruches auf die Gegenleistung, sondern in der Hingabe seines guten Geldes (trotzdem er es nicht mehr zurückfordern kann — § 817 Abs. 2 BGB.!): z. B. bei Hingabe von Geld auf Grund der Vorspiegelung, ein Abtreibungsmittel zu liefern. RG. **44** 230.

cc) Vermögensschaden liegt auch in der Belastung mit einer Schuld, z. B. bei Akzepterteilung. RG. **16** 3.

dd) Endlich kann in der Gefährdung des Vermögens ein Schaden liegen, wenn sie so erheblich ist, daß der Vermögenswert in der Gegenwart bereits wirtschaftlich gemindert ist, so besonders beim Kreditbetrug, wenn die Gegenforderung erheblich gefährdet ist, RG. **74** 130 (doch ist bei Spekulationsgeschäften das vorausgesetzte Risiko kein Schade). HRR. **1940** 579. Darum ist beim Prozeßbetrug das Erlangen eines Vollstreckungstitels schon vollendeter Betrug. RG. **59** 104.

II. Subjektiver Tatbestand.

1. Vorsatz hinsichtlich aller vier objektiven Tatbestandsmerkmale, auch des Kausalzusammenhanges zwischen ihnen.

2. Absicht, sich oder einem Dritten einen rechtswidrigen Vermögensvorteil zu verschaffen (aus dem geschädigten Vermögen).

a) Vermögensvorteil ist jede wirtschaftliche Besserstellung der Vermögenslage. RG. **50** 277.

So auch die Abwendung eines Vermögensschadens (RG. **63** 190), aber nicht lediglich die Abwendung einer Strafe (RG. **71** 280). Nach RG. **65** 281 ist Vermögensvorteil auch die Beamtenanstellung.

Der erstrebte Vorteil muß aus dem geschädigten Vermögen stammen. RG. **5** 277; **67** 201. Die Absicht, für die Schädigung eines anderen von einem Dritten belohnt zu werden, ist daher keine Betrugsabsicht (unzutreffend RG. **17** 264).

b) Die Erlangung des Vermögensvorteils ist beabsichtigt, wenn sie der Beweggrund der Täuschung war (Wolf, JW. **1933** 1593).

c) Die Rechtswidrigkeit des Vermögensvorteils ergibt sich aus der Art seiner Erlangung, ist also eine Funktion der Rechtswidrigkeit der Tat. Darum ist sie kein Tatbestandsmerkmal, vollends nicht des subjektiven Tatbestandes. Abw. RG. **44** 203: rechtswidrig sei der Vermögensvorteil, auf den der Täter keinen Anspruch hat.

III. Rechtswidrigkeit.

Die Rechtswidrigkeit der Tat besteht darin, daß der Täter den Vermögensvorteil durch Täuschung zum Nachteil fremden Vermögens zu gewinnen sucht. Maßgebend sind hierfür die Normen des Zivilrechts. Binding, Normen II 1072; Frank § 253 IV.

Für das Bewußtsein der Rechtswidrigkeit gelten die allgemeinen Regeln; es genügt die Möglichkeit des Bewußtseins der Rechtswidrigkeit. Vgl. RG. **55** 260 (irrig dolus ev. annehmend).

IV. Konkurrenzen.

1. Veräußert der Täter eine gestohlene oder unterschlagene Sache, so liegt gegenüber dem Eigentümer straflose Nachtat vor, gegenüber dem gutgläubigen Erwerber Betrug, wenn die Sache gestohlen war, da der Erwerber nicht Eigentümer wird; nach RG. **73** 61 auch dann, wenn die Sache unterschlagen war, da das gutgläubig erworbene Eigentum wegen sittlichen Makels wirtschaftlich geringerwertig sei. Damit wird § 932 BGB. aus den Angeln gehoben!! — Bei Diebstahl in mittelbarer Täterschaft stehen Diebstahl gegenüber dem Eigentümer und Betrug gegenüber dem Erwerber in Idealkonkurrenz. RG. **70** 212.

2. Macht der Täter die Vorspiegelung nur zur Erhaltung der durch eine strafbare Vortat erlangten Vermögenswerte, dann liegt straflose Nachtat vor, sofern nicht eine weitergehende Vermögensbeschädigung begangen wird. RG. **63** 192.

3. Id. Konk. vor allem mit Urkundenfälschung, Meineid und Münzdelikt.

V. Spezialfälle.

1. Besonders schwere Fälle. § 263 Abs. 4 (N.).

2. Betrug gegen Angehörige, Vormünder und Erzieher wird durch ein Antragserfordernis privilegiert, § 263 Abs. 5. Antragsberechtigt ist nur der Geschädigte, nicht auch der Getäuschte. RG. **74** 167.

3. Rückfallbetrug — § 264 — entspricht dem Rückfalldiebstahl.

4. Notbetrug — § 264a — entspricht dem Notdiebstahl — § 248a — und begründet wie dieser keinen Rückfall.

VI. Betrugsähnliche Straftaten.

1. *Der Versicherungsbetrug* § 265.

: In-Brand-setzen einer feuerversicherten Sache oder Versenken eines seeversicherten Schiffes in betrügerischer Absicht.

Eine Vorbereitungshandlung zum Betrug wird wegen der Gefährdung allgemeiner Interessen als selbständiges Delikt bestraft. „Die Gesetzesstelle will die besonderen Gefahren — vornehmlich auch für die Allgemeinheit — bekämpfen, die der Versicherungsbetrug für eine gesunde Entwicklung der in ganz besonderem Maße dem allgemeinen Nutzen dienenden Feuerversicherung bedeutet" RG. **67** 109. Daraus, daß der Sondertatbestand des § 265 die Bedeutung hat, die Strafbarkeit auf die Vorbereitungshandlung vorzuverlegen, folgt, daß die spätere Durchführung der betrügerischen Absicht von der Strafe für den Versicherungsbetrug mit umfaßt wird (Binding I 369; Liszt-Schmidt 675; Frank I; Gerland 642; a. A. RG. **48** 191; Hippel 261, 6: Realkonkurrenz mit dem späteren Betrug!). — Die Nachtat ist jedoch nicht völlig bedeutungslos, vor allem wirkt sie rückfallbegründend, vgl. Binding I 369, 5; a. A. Frank I.

Der Täter muß in betrügerischer Absicht handeln, d. h. in der Absicht, sich oder einem Dritten einen rechtswidrigen Vermögensvorteil zu verschaffen. RG. **62** 298; **69** 1, Binding I, 368. Täter kann auch ein Nichtversicherter zugunsten eines Versicherten sein, sofern der Vermögensvorteil für den Versicherten rechtswidrig ist, entweder weil er an der Tat mitbeteiligt ist oder weil nach den Versicherungsbedingungen der Versicherungsanspruch wegfällt, z. B. weil der Täter Vertreter des Eigentümers ist. Die von Boldt, DR. **1941** 1141 und Schönke V, 2 vertretene weitergehende Auslegung, die von der Rechtswidrigkeit des Vermögensvorteils absieht, setzt sich über das Merkmal der betrügerischen Absicht hinweg.

2. *Die Leistungserschleichung* § 265a (N.).

Eingefügt durch Novelle vom 28. 6. 35, um die ohne Täuschung bewirkte Leistungserschleichung erfassen zu können, z. B. Mißbrauch von Fernsprechautomaten (RG. 68 65) und das Mitfahren blinder Passagiere (RG. 42 40).

: Erschleichen der Leistung eines Automaten, der Beförderung durch ein Verkehrsmittel oder des Zutritts zu einer Veranstaltung oder Einrichtung in der Absicht, das Entgelt nicht zu entrichten.

Erschleichen (nicht: Einschleichen) ist jedes hinterlistige Handeln. Wo Entgelt nicht erforderlich, z. B. bei geschlossener Versammlung, scheidet § 265a aus, evtl. § 123. § 265a ist subsidiär gegenüber schwereren Vermögensdelikten, vor allem gegenüber Diebstahl und Betrug. Das bedeutet:

a) Die Leerung eines Warenautomaten durch hinterlistige Mittel ist Diebstahl. RG. **34** 45. § 265a betrifft nur Automaten, deren Leistungen nicht in Waren bestehen, z. B. Fernsprech- oder Gewichtsautomaten.

b) Wird die Beförderung oder der Zutritt durch Täuschung und Verfügung einer Kontrollperson erlangt, dann greift § 263 ein, z. B. beim Vorzeigen einer ungültigen Theaterkarte.

§ 265 a kommt aber nicht nur dann in Frage, wenn überhaupt keine Täuschung vorgenommen wurde (beim blinden Passagier u. dergl.), sondern auch da, wo zwar getäuscht wurde, aber der Getäuschte keine Verfügung i. S. von § 263 vorgenommen hatte. Wenn der Sperrenbeamte den dolosen Täter mit Bahnsteigkarte durchläßt, so „verfügt" er nicht über die zahllosen Fahrmöglichkeiten, sondern er eröffnet nur die tatsächliche Möglichkeit, daß der Täter durch eine weitere eigenmächtige Handlung (nämlich nach § 265 a) einen Vermögensschaden herbeiführt (unzutreffend RG. 42 40, denn „verfügen" i. S. von § 263 ist nicht „zur Verfügung stellen"; s. o. I, 3).

§ 49. Die Erpressung.

Wie beim Betrug schweigt die Carolina. Das gemeine Recht knüpft an die spatrömische concussio an (das Abnötigen von Vorteilen durch Amtsmißbrauch). Erst das 19. Jahrhundert gelangte zu einer schärferen Umgrenzung des Erpressungstatbestandes (vgl. § 253 a F.), wobei offen blieb, ob die Erpressung ein Vermögens- oder ein Freiheitsdelikt sein sollte. Dies ist im ersteren Sinne durch Novelle vom 29. 5. 1943 endgültig klargestellt.

: Erpressung ist die in Bereicherungsabsicht begangene Vermögensbeschädigung durch Nötigung eines anderen. § 253 (N.).

I. Objektiver Tatbestand:

Nötigung eines anderen zu einem vermögensschädigenden Verhalten.

1. Tathandlung: rechtswidrige Nötigung eines anderen durch Gewalt oder durch Drohung mit empfindlichem Übel. Diese Merkmale entsprechen denen der Nötigung (s. o. S. 150).

Jedoch fällt unter § 253 nur die Gewalt gegen Sachen und sonstige Drohungen, während speziell die Gewalt gegen die Person und Drohung mit gegenwärtiger Gefahr für Leib oder Leben dem Spezialtatbestand des § 255 unterliegen

2. Das abgenötigte Verhalten (Handlung, Duldung oder Unterlassung) muß unmittelbar oder mittelbar einen vermögensschädigenden Charakter haben. RG. **67** 200.

Es wird in der Regel ein willentliches Verhalten, d. h. Vermögensverfügung i. S. von § 263 sein, doch reicht auch eine durch vis absoluta erzwungene Duldung aus, z. B. die mit Gewalt erzwungene Duldung der Zerreißung eines Schuldscheines (Binding I, 376). Zu eng (: nur Vermögensverfügung) Schröder, Z. 60 95; Schönke II 2.

3. Das abgenötigte Verhalten muß beim Genötigten oder einem Dritten zu einem Vermögensschaden führen. Erst damit tritt die Vollendung ein. Kein Vermögensschaden besteht, wo der Täter einen fälligen Anspruch auf den Vorteil hatte (s. o. S. 177); doch bleibt er wegen Nötigung nach § 240 strafbar.

Ähnlich wie beim Betrug brauchen also Genötigter und Geschädigter nicht identisch zu sein. Es genügt und ist erforderlich, daß das fremde Vermögensstück rechtlich oder tatsächlich in der Herrschaftsgewalt des Genötigten sich befindet (s. u. IV 2 b).

II. Subjektiver Tatbestand:

1. Vorsatz bezüglich der objektiven Tatbestandsmerkmale,

2. Absicht, sich oder einen Dritten unrechtmäßig zu bereichern (und zwar aus dem geschädigten Vermögen, RG. **67** 200). Die für den Betrug aufgestellten Grundsätze gelten auch hier; wie dort folgt die Unrechtmäßigkeit der Bereicherung aus der Rechtswidrigkeit ihrer Erlangung.

III. Die Rechtswidrigkeit

Die Rechtswidrigkeit der Tat beruht darauf, daß der Täter die Bereicherung durch Nötigung zum Nachteil fremden Vermögens erstrebt (s. o. S. 178).

Wo das Nötigungsmittel schon für sich rechtswidrig ist (z. B. bei Einsperren, Prügeln, Bedrohung i. S. von § 241), ergibt sich die Rechtswidrigkeit ohne weiteres. Schwieriger ist die Entscheidung, wenn das Nötigungsmittel eine an sich nicht rechtswidrige Drohung ist. Hier entsteht die gleiche Situation wie in § 240 (s. o. S. 151). Absolut frei ist im sozialen Leben niemand. Überall muß Nachteile und Beschränkungen in Kauf nehmen, wer Vorteile erringen will. Diese selbstverständlichen, normalen Beschränkungen der sozialen Betätigungsfreiheit scheiden hier wie auch aus § 240 aus. RG. **72** 76. Darum begeht der Gläubiger keine Erpressung, wenn er mit Kündigung des Kapitals droht, falls der Schuldner nicht höhere Zinsen verspricht. Erst Nötigungen, die über das im allgemeinen Geschäftsleben angemessene Maß hinausgehen, kommen für § 253 in Betracht; nur sie sind überhaupt tatbestandsmäßig i. S. von § 253 (sodaß sich insoweit hier Tatbestandsmäßigkeit und Rechtswidrigkeit decken). Maßgebend ist dabei das Verhältnis des angewandten Nötigungsmittels (Drohung) zum angestrebten Vermögensvorteil: Ist es sozial verwerflich, mit der Androhung dieses Übels unter Schädigung fremden Vermögens diesen Vermögensvorteil zu erreichen, so ist die Tat rechtswidrig; z. B. die Drohung mit Strafanzeige oder bloßstellender Veröffentlichung, wenn der andere nicht Schweigegeld zahlt (Chantage). RG. **64** 369. Dagegen sind sozialadäquat: Drohungen mit Strafanzeige, falls nicht eine angemessene Buße an Wohlfahrtseinrichtung (a. A. RG. **26** 353) oder an den Verletzten gezahlt wird (vgl. RG. **36** 388), aber nicht in übertriebener Höhe (Goltd. Arch. **38** 207).

IV. Konkurrenzen.

1. Erpressung ist Spezialfall der Nötigung und gegenüber Raub subsidiär. Daher ist Nötigung zur Duldung der Wegnahme einer Sache nur Raub, nicht Erpressung (außer wenn die Nötigung nicht den in § 249 vorgesehenen Grad erreicht). RG. **55** 239.

2. a) Zwang zur Duldung eines Vermögensdeliktes (wie Unterschlagung, Diebstahl, Gebrauchsanmaßung, Pfandkehr, Wilderei) ist nur Erpressung. Ist jedoch das Vermögensdelikt schwerer strafbar (z. B. § 243/4), so ist wegen Alternativität nur aus diesem zu strafen (dabei Idealkonkurrenz mit Nötigung). Vgl. Binding I 374; Frank VII; a. A. Schröder Z. **60** 71 ff.

b) Zwang zur Begehung eines Vermögensdelikts zugunsten des Nötigers ist Anstiftung zu dem betreffenden Delikt in Idealkonkurrenz mit Nötigung, aber keine Erpressung. Ähnlich wie beim Betrug zum Schaden eines Dritten (s. o. § 48 I 3) muß der Genötigte, dem das Vermögensstück des Dritten abgezwungen wird, bereits zur Zeit der Vornahme der Nötigungshandlung mindestens Gewahrsamsinhaber der fremden Sache gewesen sein. Abw. Frank VII; wie hier — aber aus anderem Grunde — Schröder Z. **60** 89 ff.

3. Nimmt der Täter neben der Drohung noch Täuschungshandlungen vor (z. B. Drohungen eines angeblichen Kriminalbeamten), so begeht er ein Bereicherungsdelikt mit zwei Mitteln, das nach der schwersten Begehungsform, regelmäßig der Erpressung, strafbar ist (Binding I 373; a. A. RG. Goltd. Arch. 69 400: Id. Konk. mit Betrug, wenn die vorgespiegelten Tatsachen in keinem Zusammenhang mit dem angedrohten Übel stehen; sollen sie dagegen nur die Drohung wahrscheinlicher machen, dann nimmt auch RG. nur § 253 an).

V. Räuberische Erpressung, § 255,

liegt vor, wenn die Nötigungsmittel der Erpressung Gewalt gegen die Person oder Drohung mit gegenwärtiger Gefahr für Leib und Leben sind.

§ 50. Die Untreue

Die Carolina und die Reichspolizeiordnungen straften den untreuen Vormund. Erst unter dem Einfluß des Code Pénal bildete sich im 19. Jahrhundert ein selbständiger Untreue-Tatbestand heraus, der wie § 266 a. F. in Kasuistik stecken blieb. Die Neufassung erfolgte durch Novelle vom 26. 5. 1933.

Über das Wesen der Untreue a. F. bestanden zwei Auffassungen: Nach der Mißbrauchtheorie war Untreue die Vermögensbeschädigung durch Mißbrauch rechtlicher Vertretungsmacht (so Binding), während die Treubruchstheorie es auf die Verletzung einer Vermögensfürsorgepflicht abstellte (wobei noch streitig war, ob eine rechtliche Pflicht notwendig ist oder ein tatsächliches Treuverhältnis genügt). Im ersteren Falle betrifft die Untreue nur Handlungen im Außenverhältnis, im zweiten umfaßt sie auch Handlungen im Innenverhältnis. Die mißglückte Neufassung des § 266 addierte einfach beide Auffassungen.

Untreue ist die vorsätzliche Vermögensbeschädigung durch Mißbrauch der Verfügungs- oder Verpflichtungsbefugnis an fremdem Vermögen oder durch Verletzung einer rechtlichen oder tatsächlichen Vermögensfürsorgepflicht.

I. Der objektive Mißbrauchstatbestand

Nachteiliges rechtsgeschäftliches Einwirken auf fremdes Vermögen durch Mißbrauch der Verfügungs- oder Verpflichtungsbefugnis an fremdem Vermögen (wobei die genannte Befugnis im zivilrechtstechnischen Sinne zu verstehen ist, RG. **42** 211, **69** 59).

1. Mißbrauch ist das Ausnutzen der Machtbefugnisse im Außenverhältnis (z. B. der Vollmacht) durch das Überschreiten ihrer durch das Innenverhältnis gezogenen Schranken (z. B. durch den Auftrag).

„Überschreiten des rechtlichen Dürfens im Rahmen des rechtlichen Könnens". (Schwinge-Siebert). Beispiel: Prokurist erteilt (nachteiliges) Wechselakzept entgegen den Weisungen des Prinzipals.

2. Nachteilszufügung ist gleichbedeutend mit Vermögensschädigung i. S. von § 263 (RG. **71** 333), dabei gilt wie beim Betrug der Grundsatz des Schadensausgleiches (RG. **75** 230, auch **71** 346). Vgl. auch u. II, 3.

3. Taugliche Täter sind nach der Art ihrer Vertretungsmacht: Vertretungsberechtigte

a) kraft Gesetzes: Vater § 1630 BGB., Mutter § 1686 BGB., Ehefrau § 1357 BGB.;

b) kraft behördlichen Auftrags: Vormund, Pfleger, Konkurs- und Nachlaßverwalter, Beamte (nicht nur in fiskalischer, sondern auch in hoheitlicher Tätigkeit, RG. **69** 333);

c) kraft Rechtsgeschäftes: Bevollmächtigter, Ermächtigter, vertretungsberechtigte Organe der juristischen Personen und Gesellschaften.

II. Der objektive Treubruchstatbestand

Nachteilzufügung durch Verletzung der Pflicht, fremde Vermögensinteressen wahrzunehmen.

1. Die Vermögensfürsorgepflicht und die Verpflichteten.

Die Gesetzesfassung ist zu weit geraten. Unter den Wortlaut könnte man alle Aufgabenkreise ziehen, die mit einer Einwirkung auf fremdes Vermögen verbunden sind, selbst rein mechanische Verrichtungen und jede Vertragsverletzung. Das war nicht die Gesetzesabsicht (vgl. RG. **69** 58, 279).

a) Vermögensfürsorgepflichten i. S. von § 266 sind nur Pflichten von einigem Gewicht, bei denen der Täter eine gewisse Selbständigkeit und eigene Verantwortung hat. Sie müssen auf Wahrnehmung fremder Vermögensinteressen im geschäftlichen Verkehr gehen.

Meistens werden es Geschäftsbesorgungen i. S. von § 675 BGB. sein, aber auch tatsächliche Handlungen ähnlicher Art wie die Tätigkeit des Kassenboten gehören hierher. Jedoch scheiden alle Pflichten zu rein mechanisch-technischer, wissenschaftlicher oder künstlerischer Tätigkeit aus wie die des Gesindes, der Handarbeiter, Techniker, Hauslehrer (RG. 77 150).

Ferner muß die Vermögensfürsorgepflicht die Hauptpflicht des Täters sein, d. h. den wesentlichen und typischen Inhalt seiner Pflicht ausmachen. Die Verletzung beliebiger Vertragspflichten genügt nicht.

Darum scheiden die Pflichten des Mieters und des Verkäufers aus, überhaupt die Pflicht, seine Schulden zu bezahlen und Verträge zu erfüllen (RG. 69 146, 71 90, 73 290).

b) Taugliche Täter sind:

aa) Verpflichtete kraft rechtlicher Treupflicht. Zu ihnen gehören außer den schon beim Mißbrauchstatbestand aufgezählten Tätergruppen weiter noch: die Treuhänder, Sicherungsnehmer (RG. **69** 225), verdeckten Stellvertreter und Kommissionäre, der Beauftragte, der Handlungsgehilfe, Kassenbote;

bb) Verpflichtete kraft tatsächlichen Treuverhältnisses.

Z. B. wenn rechtliches Treuverhältnis nichtig oder erloschen ist (etwa wegen Minderjährigkeit), nicht aber, wenn die Nichtigkeit auf der Unsittlichkeit des ganzen Verhältnisses beruht, z. B. zwischen Dieb und Hehler (RG. 70 9).

2. Für die Tathandlung, die Pflichtverletzung, kommt es auf den Inhalt und den Umfang der konkreten Fürsorgepflicht an. Dabei ist gleichgültig, ob die Pflichtverletzung Handlungen im Außen- oder im Innenverhältnis betrifft.

Darum gehört hierher auch z. B. das Unterlassen, Ansprüche rechtzeitig einzuklagen oder notwendige Reparaturen vornehmen zu lassen, die Zueignung und Beschädigung anvertrauten Gutes etc.

3. Die Nachteilszufügung und ihr Verhältnis zur Pflichtverletzung.

Pflichtwidrig ist ein Geschäft nicht einfach deshalb, weil es fehlschlägt. Der Geschäftsmann muß geschäftliche Risiken eingehen können. Handlungen innerhalb ordnungsmäßiger Geschäftsführung sind niemals pflichtwidrig, auch wenn sie riskante Geschäfte sind und fehlschlagen (RG. **66** 255, **69** 207). Derartige Geschäfte scheiden als sozial-adäquat aus § 266 völlig aus, auch wenn sie Verluste bringen. Wie weit dabei die Grenzen des erlaubten Risikos gehen, bestimmt sich nach dem jeweiligen Vertrauensverhältnis: beim Vorstand einer Kapitalgesellschaft sind sie weit, beim Vormund sehr eng.

III. Der subjektive Tatbestand

für beide Alternativen erfordert Vorsatz, sodaß dolus eventualis genügt. Zum Vorsatz gehört vor allem das Bewußtsein der Pflichtwidrigkeit und der Nachteilszufügung.

Dabei stellen RG. 68 374; 69 17; 71 92 wegen der Weite des objektiven Tatbestandes mit Recht besonders hohe Anforderungen an den Nachweis des subjektiven: Dolus eventualis nur, wenn der Eintritt des Schadens nicht nur als möglich, sondern mit gewisser Wahrscheinlichkeit zu erwarten war (JW. 1935 2963, Anm. Schwinge).

IV. Erschwerte und privilegierte Fälle:

1. Besonders schwere Fälle, Abs. 2, entsprechen § 263 Abs. 4.

Die Ansicht des RG. (69 49), daß in Abs. 2 die Deliktsnatur (Vergehen) nicht geändert wird, führt dazu, daß auch in den besonders schweren Fällen der Untreueversuch straflos ist (s. o. S. 14).

2. Untreue gegen Angehörige ist in Analogie zu § 263 Abs. 5 Antragsdelikt (RG. **70** 205, **71** 323).

V. Konkurrenzen:

Mit Unterschlagung (auch Amtsunterschlagung) besteht Id. Konk., wenn die Untreue in einer Zueignungshandlung besteht (RG. **69** 333; **77** 37). Auch mit Betrug ist Id. Konk. möglich. Gegenüber dem Mißbrauchstatbestand ist der Treubruchstatbestand subsidiär.

§ 51. Strafbare Vermögensgefährdung und Ausbeutung

I. Das Glücksspiel. §§ 284—286

Das Glücksspiel war im früheren gemeinen Recht straflos. Die heutige Regelung geht auf das ALR. zurück. Das Glücksspiel wird wegen der Vermögensgefährdung und der Gefährlichkeit der Spielleidenschaft, daneben aus finanzpolitischen Gründen bestraft.

Glücksspiele sind Spiele, bei denen Gewinn und Verlust überwiegend vom Zufall (nicht von der Geschicklichkeit des Durchschnitts der Mitspieler) abhängen. Sie müssen um Vermögensvorteile gehen, die für den Durchschnitt der Mitspieler nicht ganz bedeutungslos sind (sonst straflose Unterhaltungsspiele). Glücksspiel ist Kampf um Gewinn. Wette ist Meinungskampf (jedoch sind Rennwetten Glücksspiele, vgl. dazu Rennwett- und Lotteriegesetz vom 9. 4. 22).

Bestraft werden:

1. das unerlaubte Veranstalten oder Halten öffentlicher Glücksspiele und das Bereitstellen der Spieleinrichtungen hierzu. § 284.

Veranstalten und Halten sind die Tätigkeiten des Unternehmers, nämlich das Veranlassen und Ermöglichen eines tatsächlich stattfindenden Spieles. Spieleinrichtungen sind nur solche Gegenstände, die ihrer Natur nach zur Benutzung beim Spiel bestimmt sind (also nicht gewöhnliche Tische und Stühle, a. A. RG. **56** 117, 246). Öffentlich ist das Spiel, wenn es einem nicht geschlossenen Personenkreis zugänglich ist; ihm ist das Glücksspiel in Vereinen oder geschlossenen Gesellschaften gleichgestellt, wo es gewohnheitsmäßig veranstaltet wird (Abs. 2). Zur behördlichen Erlaubnis vgl. Gesetz über die Zulassung öffentlicher Spielbanken vom 14. 7. 33/23. 3. 34.

2. das unerlaubte Spielen selbst und zwar desjenigen,

a) der sich an einem öffentlichen Glücksspiel beteiligt (§ 284 a),

b) der als Spieler aus dem Glücksspiel ein Gewerbe macht (§ 285). In diesem Falle wird der Spieler wegen seiner asozialen Lebensweise bestraft (soziologischer Tätertyp), darum auch dann, wenn das Glücksspiel nicht öffentlich oder behördlich erlaubt ist (RG. **65** 56, a. A. Binding I, 417). Im letzteren Falle ist die Gewerbsmäßigkeit ein strafbegründender Umstand, sonst gegenüber § 284 a ein straferhöhender Umstand.

Zu a) und b): Über Einziehung und Nebenstrafen vgl. § 284 b und § 285 a.

3. Die unerlaubte Veranstaltung öffentlicher Ausspielungen. § 286.

Ausspielung ist eine Abart des Glücksspiels, bei dem nach einem festgelegten Spielplan die durch bestimmten Einsatz erworbenen Gewinnchancen vom Zufall abhängen (RG. **60** 385). Ausspielungen mit Geldgewinn heißen „Lotterien"). Strafbar ist nur der Veranstalter, die Spieler bleiben straflos.

II. Ausbeutung Minderjähriger. §§ 301—302

Die Strafbestimmung ist einem preußischen Gesetz vom 2. 3. 1857 erwachsen, das dem Schutz der Minderjährigen gegen Verleitung zum leichtsinnigen Eingehen von Schuldverpflichtungen diente, aus denen später ein moralischer Druck gegen sie oder ihre Angehörigen ausgeübt werden konnte.

Strafbar ist, wer sich in Bereicherungsabsicht von einem Minderjährigen unter Ausbeutung seines Leichtsinns oder seiner Unerfahrenheit Verpflichtungsurkunden oder mündliche Zahlungsversprechen geben läßt. § 301. Straferschwerung bei moralisch verstärkter Versprechensform. § 302.

III. Der Wucher. §§ 302a—e

Der Wucher wurde im Mittelalter von der Kirche (Zinsverbot), seit dem 13. Jahrhundert auch von den weltlichen Gerichten gestraft. Die Reichspolizeiordnungen geben kasuistische Regelungen, gestatten 5% Zinsen. Der Kampf des wirtschaftlichen Liberalismus gegen die Wuchergesetzgebung führte dazu, daß die noch im Preuß. StGB. enthaltenen Wuchertatbestände in das RStGB. nicht mit aufgenommen wurden. Soziale Erwägungen zwangen jedoch schon 1880 zur Wiedereinführung der Wucherstrafe.

§§ 302a ff. bestrafen nur die Ausbeutung eines Einzelnotstandes (den Individualwucher), genügen aber nicht zur Bekämpfung der Ausbeutung eines Volksnotstandes, also des Sozialwuchers, der in Notzeiten die lebenswichtige Versorgung der Bevölkerung bedroht. Hierfür gelten Sonderbestimmungen wie die VO. vom 26. Okt. 1944 über Zuwiderhandlungen gegen Preisvorschriften (Änderung v. 11. Mai 1946 — Hann. Rpfl. 1946 42) u. a. m.

Wucher begeht, wer unter Ausbeutung der (wirtschaftlichen oder sonstigen [str.!]) Notlage, des Leichtsinns oder der Unerfahrenheit eines anderen sich oder Dritten für eine Leistung unverhältnismäßige Vermögensvorteile versprechen oder gewähren läßt. — Bestraft werden

1. der Geldwucher (Kreditwucher), d. h. der Wucher bei Rechtsgeschäften zur Beseitigung eines augenblicklichen Geldbedürfnisses, und zwar

a) der einfache Geldwucher. § 302a: Wucher mit Bezug auf ein Darlehn oder auf die Stundung einer Geldforderung oder auf ein Rechtsgeschäft mit gleicher wirtschaftlicher Zweckrichtung, nämlich: der Befriedigung eines augenblicklichen Geldbedürfnisses (RG. **35** 122, **39** 128; hierher gehört z. B. der Ankauf von Sachen des Geldsuchenden zum Schleuderpreis). Dabei muß der übliche Zinsfuß dergestalt überschritten werden, daß die Vermögensvorteile des Gläubigers in auffälligem Mißverhältnis zu seinen Leistungen stehen, wobei die Frage der Sicherheit bzw. des Verlustrisikos zu berücksichtigen ist,

b) der schwere Wucher, bei dem der Dritte den Wucher nach außen verschleiert oder sich das Leistungsversprechen wechselmäßig oder unter besonderen Beteuerungen geben läßt, § 302b,

c) der Nachwucher, bei dem die Wucherforderung in Kenntnis des Wuchers erworben und entweder weiterveräußert oder geltend gemacht wird. § 302c.

d) als schwerster Fall der gewerbs- und gewohnheitsmäßige Wucher (i. S. von §§ 302a—c), § 302d.

2. der Geschäfts- oder Sachwucher: Wucher bei Rechtsgeschäften anderer als der in § 302a besprochenen Art, eben solcher, die nicht zur Befriedigung eines augenblicklichen Geldbedürfnisses dienen. Hierher gehört vor allem der Warenwucher, Mietwucher und dergl. Strafbar ist er nur bei gewerbs- und gewohnheitsmäßiger Begehung (§ 302e).

§ 52. Sachliche (unechte) Begünstigung und Hehlerei

Das Bergen des Täters und seiner Beute wurde im germanischen Recht im Unterschied zur meist straflosen Teilnahme schwer bestraft (gleich der Missetat). Auch das deutsche Mittelalter kannte besondere Strafdrohungen. Dagegen faßte das mittelalterliche italienische Recht Begünstigung und Hehlerei mit der Teilnahme als auxilium post delictum unter einem umfassenden Teilnahmebegriff zusammen. Diese „Teilnahmetheorie" drang in die CCC. Art. 40, 177 und blieb bis ins 19. Jahrhundert herrschend. Erst die spätere gemeinrechtliche Doktrin, die „Theresiana" von 1768, dann das ALR. und endgültig das 19. Jahrhundert lösten Begünstigung und Hehlerei aus der Teilnahmeverklammerung und verselbständigten sie. Die Bezeichnung für das neue selbstandige Delikt war Begünstigung. Es umfaßte zweierlei: die Strafvereitelung und die Sicherung der Verbrechensbeute. Aus dem letzteren Delikt wurden die Fälle herausgelost, in denen die Sicherung der Beute nicht im Interesse des Vortäters erfolgte, und als Hehlerei verselbstandigt. So ergaben sich drei verschiedene Deliktsarten: die Strafvereitelung, die sachliche Begünstigung (Sicherung der Verbrechensbeute für den Vortater) und Hehlerei (Weiterschieben der Verbrechensbeute). Klárheit über die Verschiedenheit bestand nicht: so faßte das Preuß. StGB. und mit ihm das RStGB. die Strafvereitelung und die sachliche Begünstigung in einem Tatbestand als „Begünstigung" zusammen (§ 257) und hob beide von der Hehlerei (§ 259) ab; (sachlich verfehlt, denn Strafvereitelung ist Delikt gegen die Rechtspflege, sachliche Begünstigung und Hehlerei sind Vermögensdelikte). Vgl. Plehn, Strafvereitelung, Hehlerei und Ausbeutung fremder Vermogensstraftat im System des Strafrechts. Ungedr. Göttinger Diss. 1942.

I. Sachliche Begünstigung. § 257

verübt, wer nach Begehung eines Verbrechens oder Vergehens dem Täter oder Teilnehmer vorsätzlich Beistand leistet, um ihm die Tatvorteile zu sichern.

Sachliche Begünstigung ist Vermögensdelikt, sie bezweckt die Aufrechterhaltung der durch die Vortat geschaffenen rechtswidrigen Vermögenslage zugunsten des Vortäters. Sie hat engste Verwandtschaft mit der Hehlerei: der Aufrechterhaltung der rechtswidrigen Vermögenslage im eigenen Interesse. Dagegen ist sie völlig verschieden von der persönlichen Begünstigung: der Vereitelung der staatlichen Strafverfolgung (also einem Rechtspflegedelikt) und darum von ihr streng zu unter scheiden (Binding I 381, II 630).

A. A. ist die h. L.: Personliche und sachliche Begünstigung seien beides Rechtspflegedelikte, erstere gegen die Strafrechtspflege, letztere gegen die Zivilrechtspflege, weil sie verhindert, daß der dem Gesetz entsprechende Zustand wiederhergestellt wird (RG. 54 134). Dagegen spricht, daß dies auch das Wesen der Hehlerei deckt, die allgemein als Vermögensdelikt anerkannt ist; ferner, daß Einwilligung des geschädigten Eigentümers Begünstigung ausschließt (RG. 40 15 — Rückkauf der gestohlenen Sache vom Dieb durch Mittelsmann). — Verwandt mit der hier vertretenen Ansicht ist die Auffassung des L. K. II und Frank I (Angriff auf das Rechtsgut, das durch die Vortat verletzt war). Da sie jedoch keine Beschränkung auf ein Vermögensgut vornimmt, führt sie zu überflüssiger und bedenklicher Ausweitung. Zu beachten ist, daß Vereitlung von Nebenstrafen (z. B. Vereitlung der Einziehung) Strafvereitlung ist. RG. 54 133 war ein Fall der Strafvereitlung, nicht der sachlichen Begünstigung! S. u. § 69 III.

1. Objektiver Tatbestand: Beistandleisten nach Verbrechen oder Vergehen.

a) Das Vordelikt muß ein Verbrechen oder Vergehen sein, das eine rechtswidrige Vermögenslage geschaffen hat (ohne daß es ein spezifisches Vermögensdelikt sein müßte, s. u. II 1). Dagegen genügt nach h. L. jedes Vordelikt. — Es muß tatbestandsmäßig und rechtswidrig, nicht notwendig schuldhaft sein. Auch wo es ein Antragsdelikt ist, ist Begünstigung ohne Antrag verfolgbar. Binding II 666, a. A. Frank III. Es muß (materiell) vollendet und bei Dauerdelikten beendet sein (s. o. S. 65).

b) Tathandlung ist Beistandleisten, um dem Täter oder Teilnehmer die Tatvorteile zu sichern.

aa) Es genügt jede zur Sicherung geeignete und auf Sicherung abzielende Handlung (RG. **76** 123, Binding II 655). Die Sicherung braucht also nur beabsichtigt, nicht aber gelungen zu sein.

Sie muß zugunsten des Vortäters erfolgen; ob auch zugunsten der Angehörigen eines verstorbenen Vortäters, ist nach dem Wortlaut zweifelhaft. Dafür Binding II 667.

Sicherung der Vorteile ist Erschwerung ihrer Entziehung (RG. **76** 33), z. B. Hilfe bei der Bergung, Irreführung der Polizei, Einlösung des gestohlenen Pfandscheins. Daher genügt nicht der Beistand, die Vorteile sonstwie zu erhalten (Reparatur der gestohlenen Uhr) oder sie auszunutzen (Zubereiten der gestohlenen Speisen (RG. **76** 33).

bb) Nur Vermögensvorteile kommen in Betracht. Binding II 664, Liszt-Schm. 846. Weitergehend: Frank VI 2, L. K. II 2, RG. **54** 134. — Sie müssen unmittelbar durch die Vortat erlangt sein RG. **58** 117; h. L. S. u. III.

2. Der subjektive Tatbestand umfaßt

a) Wissentlichkeit, d. i. Vorsatz, einschließlich dolus eventualis. Erforderlich ist das Bewußtsein, daß der Vortäter aus irgendeiner kriminell strafbaren Handlung einen Vorteil erlangt hat. Die Art der Vortat und des Vorteils braucht der Täter nicht zu kennen (RG. **76** 34).

Daß die Vortat gerade ein Verbrechen oder Vergehen ist, ist nur objektiv Bedingung der Strafbarkeit. Daher bleibt straflos, wer einen Mundraub begünstigt, den er irrtümlich für Diebstahl gehalten, und wird bestraft, wer einen Diebstahl begünstigt, den er irrig für Mundraub hält (Binding, Normen II, 1088, im letzteren Fall abweichend Frank VI, 1).

b) Absicht der Vorteilssicherung.

Diese muß ein Beweggrund der Beistandsleistung gewesen sein.

3. Einzelfragen:

a) Die vor der Begehung der Vortat zugesagte Begünstigung wird als Beihilfe bestraft, falls der Beistand später wirklich geleistet wurde; sonst nur, wenn die Zusage die Tatbegehung gefördert hatte, Abs. 3. Hatte die Zusage den Täter zur Tat bestimmt, dann liegt Anstiftung vor (RG. **15** 295).

b) Der Vortäter kann nicht zugleich wegen Teilnahme an der Begünstigung bestraft werden (Konsumtion, s. o. S. 108; Frank IV 3, a. A. h. L., RG. **60** 346); doch kann der Vortäter sich wegen sachlicher Begünstigung eines Mittäters strafbar machen.

c) Zwischen Strafvereitelung und sachlicher Begünstigung besteht Id. Konk. (Binding, Normen II, 1099; L. K. I, 10).

Die Strafe darf nach Art und Maß nicht schwerer sein als die für die Vortat angedrohte.

4. Erschwerte Fälle:

a) Eigennützige Begünstigung, wenn der Täter zugleich seines Vorteils wegen handelt (d. i. nach h. L. nicht notwendig Vermögensvorteil) § 257 Abs. 1.

b) Sog. Personenhehlerei. § 258.

Ein erschwerter Fall der eigennützigen Begünstigung, der wegen der Art der Vortat (Eigentumsdelikt) qualifiziert ist (h. L., abweichend RG. **57** 347: § 258 sei Sonderdelikt). Aus der hier vertretenen Auffassung folgt, daß die für § 257 geltenden Bestimmungen und Folgerungen auch auf § 258 anzuwenden sind (s. o. 3.).

Zum Vorsatz gehört das Bewußtsein, daß die Vortat in den genannten Kreis der Eigentumsdelikte (wozu § 248 a, § 370 Ziff. 5 und Forst- und Felddiebstähle nicht gehören) fällt. Kenntnis der rechtlichen Qualifikation ist nicht erforderlich (Binding I, 384).

II. Hehlerei § 259.

Grundgedanke der Hehlerei ist die Aufrechterhaltung der rechtswidrigen Vermögenslage zum eigenen Vorteil. (Aufrechterhaltungstheorie, so h. L.; RG **54** 133; st. Rspr.)

1. Objektiver Tatbestand:

An-sich-bringen, Verheimlichen, Helfen beim Absatz von Sachen, die durch strafbare Handlung erlangt sind.

a) Tatobjekt: eine durch strafbare Handlung erlangte Sache. Die Vortat muß wirklich begangen und vollendet sein. Sie muß tatbestandsmäßig-rechtswidrig in objektiver und subjektiver Hinsicht, nicht notwendig aber auch schuldhaft gewesen sein.

Die Gegenansicht (RG. **52** 197), die auch Schuld verlangte, ist mit der Aufgabe des Grundsatzes der extremen Akzessorietät überholt.

Die Vortat muß, wenn auch nicht notwendig Vermögensverbrechen, so doch gegen fremde Vermögensrechte gerichtet gewesen sein.

Hierunter fällt auch die Hehlerei als Vortat einer weiteren Hehlerei (Kettenhehlerei). Dagegen besteht keine Hehlerei, wenn die Vortat keine rechtswidrige Vermögenslage gegenüber einem geschädigten Vorbesitzer geschaffen hat, sondern gegen polizeiliche, finanz- oder wirtschaftspolitische Interessen gerichtet war, also etwa beim An-sich-bringen geschmuggelter, erbettelter und aus Gewerbsunzucht stammender Sachen, auch an Schleichhandelsware (RG. **52** 318), ebenso wenn der Vortäter durch Ersitzung oder Verarbeitung unanfechtbarer Eigentümer geworden war (RG. **53** 167).

Objekt der Hehlerei sind nur Sachen, nicht Forderungen. Sie müssen unmittelbar durch die Vortat erlangt sein; der für sie erzielte Erlös oder mit ihnen erworbene Gegenstand kommt als Hehlereiobjekt nur dann in Frage, wenn der Erwerb selbst, z. B. wegen Betruges gegenüber dem Erwerber, eine strafbare Vortat ist. Über die Frage der Ersatzhehlerei s. u. III.

b) Die Tathandlungen: An-sich-bringen ist der abgeleitete Erwerb eigener Verfügungsgewalt.

Der tatsächlichen Verfügungsgewalt steht die rechtliche gleich; z. B. der Erwerb des Pfandscheins über eine gestohlene Sache, RG. **70** 37; a. A. Schönke V 1. Keine eigene Verfügungsgewalt entsteht bei dem, der die Sachen im Rahmen seines ihm gesetzlich zustehenden Unterhalts verbraucht (wie die Ehefrau oder Kinder des Diebes); nach h. L. ganz allgemein nicht durch bloßen Mitgenuß. RG. **63** 35 (?). — Wer die Sachen dem Vortäter wegnimmt oder abschwindelt, ist nicht Hehler, sondern Dieb oder Betrüger.

Ankaufen und Zum-Pfande-nehmen sind nur Unterarten des An-sich-bringens RG. **73** 105.

Zum Verheimlichen oder Mitwirken beim Absatz (d. h. bei der wirtschaftlichen Verwertung durch den Vortäter) bedarf es nicht der Erlangung eigener Verfügungsgewalt.

2. Der subjektive Tatbestand erfordert:

a) Vorsatz (auch dolus eventualis, RG. **55** 205). Der Täter muß insbesondere wissen, daß die Sache strafbar erlangt war. Hierfür gibt § 259 eine Beweisregel: Falls die Umstände so lagen, daß der Täter (Hehler) den strafbaren Vorerwerb hätte erkennen müssen, so ist bei ihm Vorsatz anzunehmen (RG. **64** 4). Wird diese Vermutung widerlegt, d. h. sein guter Glauben positiv erwiesen, dann erfolgt Freispruch. Fahrlässige Hehlerei wird nicht bestraft (RG. **56** 160), außer in den Gesetzen über den Verkehr mit unedlen bzw. edlen Metallen vom 23. 7. und 29. 6. 26, § 18 und § 5.

Auch wer ursprünglich gutgläubig erworben hat, begeht Hehlerei, wenn er die Sache verheimlicht, nachdem er von der Vortat erfahren hat (RG. **72** 380, natürlich nur, sofern er nicht schon kraft seines guten Glaubens Eigentum erworben hatte).

b) Vorteilsabsicht. Dieses dem Wesen der Hehlerei fremde Merkmal legt das RG. sehr weit aus, verlangt auch keinen Vermögensvorteil (RG. **51** 179).

3. Einzelfragen und Konkurrenzen:

a) Auch wenn die Vortat Antragsdelikt ist, ist Hehlerei ohne Antrag verfolgbar.

b) Anstifter und Gehilfen der Vortat können nach h. L. (RG. **32** 394) Hehlerei an den Sachen der Vortat begehen, dagegen nicht der Mittäter (außer nach Teilung der Beute), aber auch der Anstifter dann nicht, wenn der Vortäter von vornherein für ihn erwerben sollte (Binding I, 391, noch weitergehend Frank VI).

c) Der Vortäter, der die Sache dem Hehler anbietet, kann nicht wegen Anstiftung oder Beihilfe zur Hehlerei bestraft werden (Konsumtion. RG. **34** 305).

d) Wird eine Unterschlagung dadurch begangen, daß der Täter die Sache veräußert, so ist nach h. L. der bösgläubige Erwerber nicht Hehler, sondern Gehilfe der Unterschlagung, da Hehlerei nur möglich sei, wenn die Unterschlagung bereits formell vollendet war, (etwas spitz!); a. A. Schönke IV.

e) Mit sachlicher Begünstigung ist Id. Konk. möglich, wenn der Hehler zugleich den Vortäter begünstigen will (h. L., RG. **53** 179, a. A. Binding I, 385).

4. Sonderfälle der Hehlerei.

a) Gewerbs- und gewohnheitsmäßige Hehlerei, § 260.

Sie enthält einen kriminologischen Tätertyp. Über die Frage der Sammelstraftat vgl. RG. **72** 285 und oben S. 109.

b) Hehlerei im Rückfall, § 261. — § 261 bezieht sich auf § 258 und § 259.

c) Privilegierte Fälle sieht das Gesetz nicht vor, jedoch müssen, falls die Hehlerei aus Not (§ 248a) oder unter den Voraussetzungen des § 370 Ziff. 5 erfolgt, die dortigen Privilegierungen mindestens analog anwendbar sein, da in jeder Hehlerei eine Unterschlagung steckt. (Vgl. Beling VDA. Bes. T. VII, 86.)

III. Anhang: Ausbeutung fremder Vermögensstraftat

Sachliche Begünstigung und Hehlerei enthalten einen Angriff auf das durch die Vortat geschädigte Vermögen, indem sie die rechtswidrige Vermögenslage aufrecht erhalten. Unser Recht kennt keine Strafbestimmung gegen den, der, ohne die rechtswidrige Vermögenslage selbst aufrecht zu erhalten, am verwerflichen Gewinn partizipiert. Beispiel: Der Dieb verkauft den gestohlenen Anzugstoff an den Hehler H. Für den Erlös kauft er seiner Freundin N eine Perlenkette und hält seine Freunde F und R bei dem Kaschemmenwirt W mit Sekt frei. Nur H hält die rechtswidrige Vermögenslage aufrecht, nicht N, F, R und W; diese partizipieren aber am Verbrechensgewinn (sog. Ersatzhehlerei). Eine solche Straftat hat bisher nur das ALR. § 83 II, 20, neben dem gewöhnlichen Hehlereitatbestand § 1238 II, 20 unter Strafe gestellt. Sie wurde vom Preuß. StGB. sowohl wegen ihrer Härte wie wegen ihrer Unbestimmtheit wieder gestrichen. Die Reformbestrebungen haben auch bisher zu keiner Wiedereinführung eines solchen Straftatbestandes geführt, außer im Thür. StGB. § 259 Abs. 2 (nach E 1935).

Drittes Buch
Verbrechen gegen das Gemeinschaftsleben

Erster Abschnitt
Verbrechen gegen die sittlichen Grundlagen des sozialen Lebens

§ 53. Straftaten gegen Personenstand, Ehe und Familie

I. Verletzung des Personenstandes. § 169

: Vorsätzliche Veränderung oder Unterdrückung fremden Personenstandes.

1. Personenstand ist das auf Erzeugung, Geburt, Legitimation, Annahme an Kindesstatt oder Ehe begründete familienrechtliche Verhältnis einer Person zu anderen Personen (RG. **25** 188).

Hierzu gehört die außereheliche Vaterschaft (RG. 41 302). Auch der Verstorbene hat einen Personenstand (RG. 25 188), nicht aber das totgeborene Kind (RG. 43 402). Zum Personenstand gehört auch das Geschlecht. — Da der Personenstand ein Rechtsgut öffentlich-rechtlicher Natur ist, ist die Einwilligung des anderen Teils bedeutungslos.

2. Tathandlungen: Veränderung oder Unterdrückung eines fremden Personenstandes.

Unterdrücken ist der allgemeinere, das „Verändern" mitumfassende Begriff. Mit beiden Handlungen wird der wahre Personenstand des anderen unkenntlich gemacht oder verheimlicht, beim Verändern kommt hinzu, daß ein andersartiger Personenstand erfolgreich vorgetäuscht wird (RG. 10 87).

a) Unterdrücken ist das Unkenntlichmachen (Verheimlichen) des wahren Personenstandes.

Z. B. Ausgeben eines Kindes als Findelkind, falsche Angaben im Unterhaltsprozeß durch die Kindesmutter (so die wahrheitswidrige Behauptung von Mehrverkehr). Zweifelhaft ist, ob die Weigerung der unehelichen Mutter, den Erzeuger anzugeben, unter § 169 fällt: Nach Frank II 2, Gerland, S. 506, Schönke IV 2 hat die uneheliche Mutter keine Angabepflicht, ist darum straflos; nach RG. 72 215, Olshausen 5 hat sie eine Angabepflicht, außer wenn sie die Gefahr strafrechtlicher Verfolgung läuft.

b) Verändern ist das Beilegen eines unechten Personenstandes.

Z. B. durch falsches Vaterschaftsanerkenntnis (RG. 70 237). Anmeldung eines unehelichen Kindes als ehelichen zum Geburtsregister (RG. 2 303), falsche Vaterschaftsbenennung durch die uneheliche Mutter gegenüber dem Vormundschaftsgericht (RG. 41 304), dauerndes Ausgeben der Konkubine als Ehefrau (RG. 56 134).

Zugleich hebt das Gesetz zwei Begehungsformen hervor, das Unterschieben und Verwechseln eines Kindes, d. h. eines solchen, das noch keine Vorstellung von seinem Personenstand hat, also reines Objekt der Handlung ist. Unterschieben heißt: als leibliches Kind einer Frau, die es nicht geboren hat, erscheinen lassen. Täterin kann auch die angebliche Mutter sein (RG. 36 137).

Zu a) und b):

In jedem Falle muß ein Zustand von gewisser Dauer geschaffen werden, vermöge dessen das wahre familienrechtliche Verhältnis einer Person praktisch nicht zur Geltung kommt. Vollendung tritt erst ein, wenn dieser Zustand hergestellt ist; Entstellung für den Einzelfall, z. B. zur Abwendung eines Strafverfahrens von einem anderen, reicht nicht aus (dafür evtl. § 257; Frank III, RG. **36** 137, GA. **53** 65.

Unkenntlichmachung des eigenen Personenstandes ist straflos, dafür evtl. § 263, § 271, § 360 Ziff. 8.

3. Der Vorsatz muß darauf gerichtet sein, den Personenstand auf längere Zeit unkenntlich zu machen. Der Wille, gerade den Personenstand zu verdunkeln, wird in bloßen Unterhaltsprozessen, wo es der Mutter in der Regel auf die Alimente ankommt, vielfach fehlen (vgl. RG. **77** 51).

Strafschärfung erfolgt bei gewinnsüchtiger Absicht. In einengender Auslegung fordert das RG. hierfür übermäßiges, besonders anstößiges Gewinnstreben.

Dies fehle, wenn eine arme Mutter lediglich für ihr Kind Alimente erstrebt (JW. 1938 1585), wenn der Makel der Unehelichkeit vermieden werden sollte (vgl. DJ. 1937 1680), wenn die Täterin einer Strafverfolgung entgehen wollte (RG. 70 19).

4. § 169 ist kein Dauerdelikt (das erst mit der Aufdeckung des wahren Personenstandes beendet wäre), sondern ein Zustandsdelikt (wie der Diebstahl), vollendet und beendet mit der Herbeiführung des Zustandes der Personenstandsunterdrückung, wobei jede Handlung, die den geschaffenen Zustand aufrecht erhalten soll, das Delikt fortsetzt (RG. **36** 137). Daraus folgt, daß die Handlungen des Täters zur Aufrechterhaltung oder Ausnutzung des Zustandes nicht selbständig strafbar sind. RG. **25** 191.

5. Id. Konk. besteht vielfach mit § 271.

II. Straftaten gegen die Ehe

1. *Der Ehebetrug* (Eheerschleichung). § 270.

: Arglistiges Verschweigen eines gesetzlichen Ehenichtigkeits- oder -aufhebungsgrundes seitens des einen Ehepartners gegenüber dem anderen bei Eingehung der Ehe. (Vgl. dazu §§ 17—22, 30—34 Ehegesetz.)

Täter kann nur der Ehepartner, nicht ein Dritter sein (dieser evtl. Gehilfe); er muß arglistig handeln, d. h. nicht bloß täuschend, sondern auch gegen die Interessen des anderen Teils. Das fehlt, wenn er den anderen Teil durch Nichtaufklärung des Hindernisses nicht unglücklich machen wollte. Die Strafverfolgung ist sowohl durch Auflösung der Ehe aus einem jener Gründe wie durch den Antrag des getäuschten Teils (bzw. seines gesetzlichen Vertreters) bedingt.

Der 2. Tatbestand des § 170 (täuschendes Verleiten zur Ehe nach § 33 Ehegesetz) ist nur ein Unterfall des 1. Tatbestandes.

2. *Doppelehe* (Bigamie). § 171.

: Eingehen einer neuen Ehe von oder mit einer verheirateten Person vor Auflösung oder Nichtigkeitserklärung der alten Ehe. Strafbar sind beide Teile.

Schutzobjekt ist die monogame Eheordnung, Voraussetzung der Tat ist der bloße formgültige Bestand der alten Ehe; mag sie auch materiell vernichtbar sein. Die Tat besteht im formellen Abschluß der neuen Ehe, nicht erst im späteren Vollzug der Ehe (dies evtl. Ehebruch). Der Versuch beginnt darum mit dem Anfang des Eheschließungsaktes, mit dessen Abschluß die Tat vollendet ist (kein Dauerdelikt). Der Standesbeamte macht sich gegebenenfalls nach § 338 strafbar. Subjektiv ist Vorsatz erforderlich, wobei Dolus eventualis genügt. Über Verjährung siehe Abs. 3.

3. *Ehebruch.* § 172.

Im römischen und altdeutschen Recht war Ehebruch nur der Geschlechtsverkehr der verheirateten Frau mit einem anderen Manne und wurde an beiden bestraft. Geschlechtsverkehr des verheirateten Mannes mit unverheirateter Frau blieb straflos. Die Unterscheidung beider Fälle wurde trotz des entgegenstehenden kanonischen Rechts, das beide gleichsetzte, auch in der Carolina gewahrt; im zweiten Falle strafte man meist nur bei öffentlichem Ärgernis. Die Aufklärung setzte die Strafwürdigkeit beider Fälle in Zweifel (bloßer Bruch des Ehevertrages). Im heutigen Recht dürfte Schutzobjekt nicht bloß die eheliche Treupflicht gegenüber dem anderen Teil, sondern die Ehe als sozialethische Institution sein. Darum ist Einwilligung des anderen Teils bedeutungslos.

Ehebruch (im Gesetz nicht definiert) ist der außereheliche Beischlaf einer verheirateten Person. Strafbar sind der Ehebrecher und der „Mitschuldige".

Jeder andersartige Sexualverkehr außer Beischlaf genügt zum Ehebruch nicht (RG. **70** 173). Da die Ehe als sozial-ethische Institution geschützt werden soll, setzt der Ehebruch nicht nur eine formell, sondern auch eine materiell gültige Ehe voraus, mag sie auch aufhebbar sein! Sehr str.!; wie hier: Frank I, Binding I 220; dagegen lassen bloße Formgültigkeit genügen: RG. **60** 250, Hippel S. 224, 9. Kein Ehebruch ist nach Aufhebung der ehelichen Gemeinschaft nach § 1575 BGB. möglich.

Verfolgungsvoraussetzung sind: die rechtskräftige Scheidung der Ehe wegen des Ehebruchs (h. L., RG. **22** 135, Frank III, Binding I, 222, a. A. [Strafbarkeitsbedingung]: Liszt-Sch. S. 573) und Strafantrag des anderen Ehegatten; bei Doppel-Ehebruch genügt Scheidung einer Ehe und Antrag eines der Gatten. Die Antragsfrist beginnt mit Kenntnis der Rechtskraft des Scheidungsurteils. Der Antrag kann erst nach der Scheidung gestellt werden (RG. **1** 44); er ist heute teilbar. Ausnahmsweise muß die Tat auch ohne Ehescheidung gegen den „Mitschuldigen" verfolgt werden können, wenn der beteiligte Ehegatte schuldlos war (z. B. bei Notzucht), Binding I 223.

Mit § 185 besteht Gesetzeskonkurrenz (Konsumtion), jedoch nimmt h. L. Idealkonkurrenz an, wobei sie aber den Ehebruch während bestehender Ehe auch als Beleidigung nicht verfolgt, weil sonst die Sonderregelung des § 172 — keine Verhandlung über den Ehebruch während bestehender Ehe — illusorisch werden würde; ausgenommen werden zwei Fälle: wenn der beteiligte Ehegatte schuldlos ist oder eine besondere über die bloße Tatsache des Ehebruches hinausgehende Ehrenkränkung vorliegt (RG. **65** 1).

III. Verstoß gegen Familien- und außereheliche Sorgepflichten

Das StGB. hat sich ursprünglich nur in sehr geringem Maße mit der Verletzung interner familienrechtlicher Pflichten und solcher des außerehelichen Vaters beschäftigt (vgl. § 361 Ziff. 5 u. 10). Dies war die Überspannung des an sich gesunden Gedankens, in die Ehe nicht mit Strafvorschriften einzudringen, der so weit ging, daß Diebstahl unter Ehegatten straflos blieb. Gegenüber der grundsätzlich berechtigten, aber zu weit gehenden Zurückhaltung des StGB. hat die Novelle vom 9. 3. 43 in umgekehrt überspanntem Maße die Verletzung familienrechtlicher Pflichten unter Strafe gestellt mit der offenkundigen Tendenz, vom Strafrecht aus (!) primär zivilrechtliche Familienpflichten neu zu ordnen!

1. *Beiseiteschaffen von Familienhabe.* § 170a (N.).

: Böswilliges oder grob eigennütziges Veräußern, Zerstören, Beiseiteschaffen von Familienhabe durch einen Ehegatten, wodurch der andere Ehegatte oder ein unterhaltspflichtiger Abkömmling geschädigt wird.

Der privatrechtliche Rückhalt der Vorschrift, ohne den sie über die Grenze der Bestrafung von Rechtspflichten hinaus zur Gesinnungsstrafe, nämlich zur Bestrafung mangelnder Familiengesinnung, führen würde, liegen einerseits im Eigentumsrecht des anderen Ehegatten bzw. Angehörigen, andererseits in der familienrechtlichen Pflicht zur tatsächlichen Fürsorge, die sich gegenüber dem Ehegatten aus der Pflicht zur ehelichen Lebensgemeinschaft (§§ 1353, 1360/1), gegenüber dem minderjährigen Kinde aus der Pflicht zur Personenfürsorge und erweiterten Unterhaltsgewährung (§§ 1627ff., 1603 Abs. 2) ergibt. (Dazu auch Hausrat-Vo. vom 21. 10 1944, RGBl. I 256). Dagegen muß die Verletzung sonstiger Unterhaltspflichten, die nach § 1612 BGB. durch Geldrente zu erfüllen sind, allein nach § 170b beurteilt werden.

1. Zur Familienhabe — ein dem Zivilrecht unbekannter Begriff — zählen alle Gegenstände der Ehegatten oder des Abkömmlings, „die sich in der Wohnung befinden und dem Gebrauch der Ehegatten oder ihrer unterhaltsberechtigten Abkömmlinge dienen“, gleichgültig welchem Gatten oder Abkömmling sie gehören. Vgl. RG. DR. **1944** 528.

2. Die Entziehung der Benutzung muß den anderen Ehegatten oder Abkömmling schädigen, und zwar — wie nach der Vorbemerkung zu subintelligieren ist — widerrechtlich, d. h. entgegen den Normen des Zivilrechts. Das ist dann der Fall, wenn der entzogene Gegenstand entweder im Eigentum bzw. Miteigentum des anderen Gatten oder Abkömmlings steht oder dem Täter zwar selbst gehört, aber von ihm auf Grund der §§ 1353, 1360/1, 1603 Abs. 2, 1627ff. dem anderen Gatten oder Abkömmling zur Benutzung zu überlassen ist, m. a. W.: Wenn der Täter den entzogenen Gegenstand trotz seines Eigentums im Falle des Getrenntlebens dem anderen Ehegatten zivilrechtlich herausgeben müßte. Einen Anhalt für den Umfang dieser Pflicht bietet § 1361 I, 1 BGB. und §§ 8, 9, 19 Hausrat-Vo. v. 21. 10. 1944.

Demgegenüber muß die Ansicht des RG. DR. **1944** 528, daß zur „Schädigung“ jeder, auch nicht-vermögensrechtliche Schaden, selbst bloße „Verwirrung und Unordnung“ zu rechnen sei, zu einer Ausuferung des Delikts führen, die auch durch die einschränkenden Gesinnungsmomente nicht behoben, sondern nur in Richtung auf ein reines Gesinnungsstrafrecht gelenkt werden kann (s. o. S. 46).

3. Subjektiv muß der Täter nicht nur vorsätzlich, sondern auch „böswillig“ oder „grob eigennützig“ handeln. Beide Begriffe bezeichnen die zur Tat führende verwerfliche Gesinnung, ersterer die feindselige Einstellung gegen den Verletzten, letzterer den übermäßigen Egoismus des Täters. RG. **72** 118; **75** 240. Endlich muß der Täter wissen, daß der Gegenstand im Eigentum des anderen Teils steht oder ihm zu überlassen ist.

4. In übermäßiger Straffreudigkeit ist ein Strafantrag nicht vorgesehen; es ist zu erwägen, ob in Analogie zu §§ 247, 263 V der Antrag auch hier (wie für Untreue gegenüber Angehörigen) zu fordern ist.

2. *Verletzung der Unterhaltspflicht.* § 170b (N.) (früher § 361 Ziff. 10).

Täter entzieht sich vorsätzlich einer gesetzlichen Unterhaltspflicht, wodurch der

Lebensbedarf des Unterhaltsberechtigten gefährdet ist oder ohne fremde Hilfe gefährdet wäre.

Auch diese Vorschrift enthält die Gefahr einer Überdehnung strafrechtlicher Verantwortlichkeit und ist darum einschränkend auszulegen (so auch Kohlrausch).

1. Geschützt werden nur gesetzliche, nicht bloß vertragsmäßige Unterhaltspflichten, also solche aus §§ 1601 ff., 1708 ff. BGB. gegenüber Ehegatten, Eltern, ehelichen und unehelichen Kindern, soweit sie auf die Zahlung einer Geldrente gehen (§ 1612). Die Verletzung anderer familienrechtlicher Pflichten beurteilt sich nach §§ 170 a und d.

2. „Sich entziehen" ist mehr als die bloße vorsätzliche Unterlassung der Unterhaltszahlung. Es verlangt ein entschiedenes gegen die Pflichterfüllung gerichtetes Verhalten, sei es aus feindseliger Einstellung, oder aus übermäßig egoistischer Gleichgültigkeit gegen den Berechtigten. Natürlich muß der Verpflichtete überhaupt in der Lage sein, den Unterhalt zu gewähren; zu diesem Zwecke muß er notfalls jede Arbeit annehmen und sich u. U. sogar einer leichteren, zumutbaren Operation unterziehen. HRR. **1930** 265; JW. **1928** 3064.

3. *Verlassen Schwangerer.* § 170 c (N.).

: Gefährdung von Mutter und Kind durch gewissenloses Versagen der Hilfe, deren die Geschwängerte wegen ihrer Schwangerschaft oder Niederkunft bedarf.

Täter kann nur der Schwängerer sein, gleichgültig ob außerhalb oder innerhalb einer Ehe. In der Regel wird es sich um die Gefährdung der Unterhaltspflichten nach § 1601 ff. und §§ 1715/6 (Wochenkosten und 3-Monatsunterhalt) handeln. Doch hat der Täter auch durch Rat und Tat der Geschwängerten beizustehen (vgl. Hafter, II, 439 für Art. 218 Schweizer StGB.).

Führt der Täter durch mangelnde Hilfe schuldhaft den Tod des Kindes herbei, so macht er sich wegen Tötungsdelikts strafbar (RG. **66** 71, s. o. S. 91).

4. *Vernachlässigung der Sorgepflicht für Kinder.* § 170 d (N.).

: Gefährdung des körperlichen oder sittlichen Wohls eines Kindes durch gewissenlose oder gröbliche Vernachlässigung der Fürsorge- oder Erziehungspflichten, insbesondere durch Unterlassen ausreichender Ernährung und Wartung.

Bezüglich der Gefährdung des körperlichen Wohls ergänzt § 170 d die §§ 223 b und 221, wobei nach RG. **77** 215 die (ungewiß bleibende) Hilfe durch Nachbarn die Gefährdung des Kindes nicht aufhebt. — Dagegen ist die Ausdehnung der Strafbarkeit auf die Gefährdung des sittlichen Wohls nicht nur in Zeiten geistiger Krisen äußerst bedenklich, — nach welcher Auffassung soll sich das sittliche Wohl bestimmen? — sondern es bieten sich auch sonst kaum überwindbare Schwierigkeiten, das Strafwürdige abzugrenzen.

Ein Beispiel zeigt RG, DR. **1944** 529: Witwe, die mit 5- und 7-jährigem Kind das gleiche Schlafzimmer teilt, hat nächtlichen Geschlechtsverkehr. Das Landgericht straft, das RG. hebt auf: „§ 170 d darf nicht dazu führen, daß Personen, die eine nicht dem Recht oder den guten Sitten entsprechende Tat begehen, allein deswegen aus dieser Bestimmung bestraft werden, wenn sie Kinder unter 14 Jahren zu erziehen haben, weil diese die Tat bemerken könnten".

„Gefährdung des sittlichen Wohls" ist nicht minder unbestimmt wie Verletzung des „gesunden Volksempfindens". § 170 d ist darum, soweit er die Gefährdung des sittlichen Wohles betrifft, wegen Verletzung des wiederhergestellten Grundsatzes von der Bestimmtheit der Strafbarkeit (§ 2) ungültig (s. o. S. 35).

5. *Verletzung von Erziehungspflichten.*

Sehr sporadisch und dogmatisch anfechtbar behandelt das StGB. die Verletzung von Erziehungspflichten.

a) Jugendgefährdung durch Vernachlässigung der Aufsichtspflicht. § 139b. (N.).

: Verletzung der Aufsichtspflicht über eine noch nicht 18-jährige Person ist strafbar (Gefängnis bis zu 6 Monaten), wenn diese eine mit Strafe bedrohte Handlung begeht, die durch gehörige Aufsicht hätte verhindert werden können. Täter kann sein, wem die Personenfürsorge zusteht oder die Erziehung oder Pflege anvertraut ist.

Gegen die aus der Jugend-Arrestverordnung vom 4. 10. 40 (§ 4) stammende Vorschrift sprechen schwere dogmatische Bedenken. Nach der Gesetzesfassung sind die Tat des Jugendlichen und die Möglichkeit, sie zu verhindern, nur objektive Strafbarkeitsbedingungen, während sich die Schuld des Täters auf die Verletzung der Aufsichtspflicht beschränkt. So gefaßt bringt § 139b ähnlich wie § 330a eine reine Erfolgshaftung. — Auch hier ist es notwendig, das Schuldprinzip durch einschränkende Auslegung zu wahren. Dazu bieten sich 2 Wege:

Entweder man verlangt, daß sich die innere Tatseite auf die Tat des Jugendlichen beziehen muß. Das würde praktisch dazu führen, daß § 139a die fahrlässige Beihilfe zur Tat des Jugendlichen bestraft; denn bei Vorsatz würde ohnehin Teilnahme an ihr vorliegen. Für Aufsichtspflichtige die Strafbarkeit wegen Teilnahme in dieser Weise auszudehnen, besteht kein Anlaß.

Oder man sieht in dem Tatbestand ein eigenständiges Delikt: Jugendgefährdung durch Vernachlässigung der Aufsichtspflicht, indem man den inneren Tatbestand (meist Fahrlässigkeit) auf die kriminelle Verwahrlosung des Jugendlichen bezieht, für die die Tat des Jugendlichen das gesetzliche Indiz ist.

Ungeschriebenes Tatbestandserfordernis ist also, daß die schuldhafte Vernachlässigung der Aufsichtspflicht zu einer kriminellen Verwahrlosung oder wenigstens Gefährdung des Jugendlichen geführt hat, wie der Täter voraussah oder voraussehen konnte, während die Tat des Jugendlichen das objektive Indiz dieser Gefährdung ist. Die Tat des Jugendlichen muß tatbestandsmäßig, rechtswidrig in objektiver und subjektiver Beziehung, nicht aber notwendig schuldhaft sein.

§ 139b ist subsidiär nicht nur gegenüber schwereren Strafbestimmungen (z. B. Teilnahme), sondern auch gegenüber milderer Strafdrohung, was zu den ungereimtesten Konsequenzen führt, z. B. zum Zurücktreten der Vergehenstat des § 139b gegenüber den Übertretungen § 361, Ziff. 4 und 9.

b) Anleitung oder Aussendung von Kindern (nicht nur eigener) zum Betteln, § 361 Ziff. 4.

c) Nichtabhalten von Personen, die unter die rechtlich anerkannte Gewalt und Aufsicht und zur Hausgemeinschaft des Täters gehören, vom Betteln, von Diebstählen, Forst-, Feld-, Jagd- und Fischereidelikten, Zoll- und Steuerdelikt. § 361 Ziff. 4 u. 9.

§ 361 Ziff. 4 und 9 sind subsidiär gegenüber der Teilnahme an den betreffenden Delikten.

§ 54. Straftaten der Sexualsphäre (Sittlichkeitsdelikte)

Vorbemerkung:

Unter der Bezeichnung „Verbrechen und Vergehen gegen die Sittlichkeit" faßt der 13. Abschnitt eine Anzahl von Straftaten zusammen, deren gemeinsames Merkmal der Verstoß gegen die gültige Sexualordnung ist. Die Gesetzesüberschrift ist bedenklich, weil sie einmal zu weit ist und zweitens den Anschein erweckt, daß sich alle diese

Delikte gegen ein einheitliches Rechtsgut wenden. Tatsächlich werden ganz verschiedenartige Rechtsgüter gegen Angriffe geschützt, deren gemeinsamer Gehalt die Sexualität ist, so die geschlechtliche Freiheit, die Geschlechtsunreife, die Familie, das öffentliche Schamgefühl u. a. Bei gewissen Tatbeständen fehlt überhaupt ein greifbares Rechtsgut, z. B. bei der Kuppelei.

Grenzen der „Sittlichkeitsdelikte" sind schwer zu ziehen, da die verschiedenartigsten Tatbestände sexuelle Einschläge haben können. man denke an sadistische Körperverletzungen, Sexualmorde, Fetischistendiebstähle. Bis 1943 gehörten Ehedelikte wie Bigamie und Ehebruch zu den Sittlichkeitsdelikten, während Entführung und Frauenraub (§§ 236, 237) schon immer unter den Freiheitsdelikten standen, aber ebenso als Sexualdelikte gelten können.

Die Regelung des sexual Anstößigen und Strafwürdigen zu den verschiedenen Zeiten und bei den verschiedenen Völkern ist ein eindrucksvolles Zeugnis für die Kluft zwischen der naturhaft-biologischen Schicht des Menschen und seiner geschichtlichen Existenz. Biologisch gibt es kaum etwas Gemeinmenschlicheres als den Geschlechtstrieb und seine Äußerungsformen. Trotzdem gibt es ethisch wie rechtlich kaum ein Gebiet, in dem die Anschauungen darüber, was erlaubt und verboten, was straflos und was strafbar ist, selbst bei den Völkern und in den Epochen des abendländischen Kulturkreises, so verschieden sind wie hier. Es gibt keine „natürlichen" Delikte, wie die naturwissenschaftliche Kriminologie z. T. gelehrt hat, jedenfalls, soweit die biologische Natur des Menschen in Frage kommt. Gerade die Wertung der Unzuchtsdelikte, die als „widernatürliche" bezeichnet zu werden pflegen (Inzest und Päderastie), hat in der Geschichte stark gewechselt. So erklärt sich der noch immer wogende Meinungskampf über Maß und Grenzen strafrechtlichen Einschreitens gegen sexuelle Betätigung.

2. Grundbegriffe des 13. Abschnittes:

a) Beischlaf ist der normale Geschlechtsverkehr durch Vereinigung der Geschlechtsteile.

b) Unzucht oder unzüchtige Handlung ist jede Handlung, die objektiv das allgemeine geschlechtliche Schamgefühl gröblich verletzt und subjektiv in wollüstiger Absicht vorgenommen wird, nämlich in der Absicht, eigene oder fremde Geschlechtslust zu erregen oder zu befriedigen (RG. 28 77, 67 110), wobei jedoch das nicht Gröbliche, bloß Zudringliche ausscheidet (RG. 67 170). Im einzelnen ist jedoch der Begriffsumfang verschieden: in §§ 175, 176 Ziff. 1 ist körperliche Berührung erforderlich, dagegen nicht in §§ 174, 176 Ziff. 3. In § 183 kann wollüstige Absicht fehlen.

c) Sexuelle Akte in der Ehe scheiden grundsätzlich aus dem 13. Abschnitt aus. Vor allem beschränkt sich § 177 nur auf den außerehelichen Geschlechtsverkehr. Doch ist auf gewaltsame Vornahme besonders schamloser und unzüchtiger Handlungen in der Ehe § 176 anwendbar. RG. 71 105, h. L.

I. Angriffe auf die geschlechtliche Freiheit

Das deutsche Recht kannte stets ein Sittlichkeitsdelikt der „Notnunft", das meist die Unbescholtenheit der Frau voraussetzte (vgl. Art. 119 CCC, „unverleumdete" Frau). Dies galt auch im gemeinen Recht trotz des Widerspruchs sächsischer Schriftsteller. Noch das ALR. sah Strafmilderung für Notzucht an einer Frau mit schlechtem Ruf vor. Heute sind derartige Unterscheidungen verschwunden. — Der allgemeine Tatbestand ist § 176 Abs. 1, Notzucht (§ 177) nur Sonderfall.

1. Nötigung einer weiblichen Person jeden Alters zur Duldung unzüchtiger Handlungen durch Gewalt oder Drohung mit gegenwärtiger Gefahr für Leib oder Leben. § 176, Ziff. 1.

Über Gewalt und Drohung vgl. oben S. 150. Die Gewalt muß das Mittel zur Vornahme der unzüchtigen Handlung sein: sadistische Handlungen, zu deren Duldung keine Gewalt angewandt wurde, kommen daher nicht in Frage (RG. **63** 227).

Wie bei den übrigen Freiheitsdelikten (s. o. S. 151) genügt es, wenn sich die Gewalt oder die angedrohte Lebens- oder Leibesgefahr gegen eine der Frau nahestehende Person richten (a. A. Frank I, 1 u. h. L.). Auch fällt die Anwendung von Betäubungsmitteln unter § 176 Ziff. 1 (Binding I, 201f., a. A. h. L.). — Die unzüchtige Handlung muß an der Frau, also durch körperliche Berührung vorgenommen sein (wenn auch über den Kleidern) RG. **26** 280.

Täter kann, bei gewaltsamer lesbischer Liebe, auch eine Frau sein; sonst nur ein Mann, während die (gewaltanwendende) Frau nur Gehilfin (oder Anstifterin) ist (a. A. h. L.). Zum Vorsatz gehört der Wille, den geleisteten oder erwarteten Widerstand der Frau zu brechen; hält der Täter das Sträuben nicht für ernst (vis haud ingrata), dann fehlt es am Vorsatz.

2. Notzucht. § 177.

: Nötigung einer weiblichen Person zur Duldung des außerehelichen Beischlafs durch Gewalt oder durch Drohung mit gegenwärtiger Leibes- oder Lebensgefahr.

§ 177 ist ein qualifizierter Fall des § 176 Ziff. 1 (s. o.). Die zweite Alternative, nämlich der Mißbrauch einer zum Zwecke des Beischlafs willen- oder bewußtlos gemachten Frau, ist nur ein Fall der Notzucht der 1. Alternative; sie ist zur Klarstellung gegenüber § 176 Ziff. 2 besonders hervorgehoben worden (Binding I, 201, a. A. Frank I u. h. L.). Nutzt der Täter fremde, nicht von ihm oder seinem Gehilfen zum Zwecke des Beischlafs angewendete Gewalt aus, so scheidet § 177 aus, statt dessen greift meist § 176 Ziff. 2 ein. — Täter kann nur ein Mann sein, eine an der Nötigung beteiligte Frau ist nur Gehilfin (oder Anstifterin), a. A. Frank I 1; h. L.

Der früher Schwierigkeiten bereitende Fall, daß eine Frau einen Geisteskranken zur Tat anstiftet, ist seit Einführung der limitierten Akzessorietät problemlos geworden (: Anstiftung zur Notzucht).

§ 185 wird von §§ 176, 177 konsumiert (vgl. RG. 65 337).

3. Schändung. § 176 Ziff. 2.

: Mißbrauch einer willenlosen, bewußtlosen oder geisteskranken weiblichen Person zum außerehelichen Beischlaf.

Hatte der Täter die Willens- oder Bewußtlosigkeit zum Zwecke des Beischlafs herbeigeführt, dann liegt Notzucht vor (§ 177).

Willenlos heißt: widerstandsunfähig (Hippel 226, 4); dies liegt nicht nur vor, wenn die Frau einen Willen überhaupt nicht hatte (wegen Schreck oder Erschöpfung) oder nicht äußern konnte (wegen Lähmung der Sprache), sondern auch dann, wenn sie ihn nicht betätigen konnte, z. B. wegen Fesselung. Im letzten Punkt abweichend die h. L., RG. **73** 271. Geisteskrank ist auch die geistesschwache Frau, wenn sie keine Einsicht in die Bedeutung des Geschlechtsverkehrs hatte (RG. **70** 32). Am „Mißbrauch" fehlt es, wenn die Frau vorher in den Beischlaf eingewilligt hatte, außer bei Geisteskranken, deren Einwilligung stets bedeutungslos ist. Täter kann nur ein Mann sein.

Zu 1.—3.:

§ 178 erhöht die Strafe, wenn der Tod des Opfers verursacht worden ist (erfolgsqualifiziertes Delikt); auch dann, wenn der Tod schon beim Versuch eintrat (RG. **69** 332). Evtl. Id. Konk. mit § 211.

4. Erschleichung des außerehelichen Beischlafs durch Vortäuschen seiner Ehelichkeit. § 179.

Antragsberechtigt ist nur die getäuschte Frau, nicht auch ihr Ehemann (RG. **19** 250).

II. Unzucht mit Abhängigen und Unreifen

1. Mißbrauch eines anderen zur Unzucht unter Ausnutzung der Amtsstellung oder Stellung in einer Anstalt für Kranke und Hilfsbedürftige. § 174, Ziff. 2 (N.).

a) Täter kann jeder Amtsträger (nicht nur Beamte im engeren Sinne) sein, gleichgültig, wo er tätig ist; weiter jeder in einer Kranken- oder Hilfsbedürftigenanstalt Beschäftigte, also nicht bloß Ärzte, sondern auch Schwestern, Pfleger usw. Zu den Anstalten gehören auch Asyle und Fürsorgeanstalten, gleichgültig ob sie öffentlich oder privat sind.

b) Zur Tathandlung genügt nicht die Vornahme von Unzucht überhaupt, sondern der Abhängige muß zu ihr (s. u. 2b) unter Ausnutzung der Amtsstellung etc. „mißbraucht" worden sein, d. h. der Täter muß seine überlegene Stellung gegenüber der im gewissen Umfang abhängigen Person zur Unzucht ausgenutzt haben (vgl. Kohlrausch IV).

Dies fehlt, wenn z. B. der Arzt den früheren Geschlechtsverkehr mit seiner Freundin nach ihrer Aufnahme im Krankenhaus fortsetzt (a. A. RG. **76** 149). — Der Mißbrauchte muß in der Anstalt aufgenommen sein (zu weitgehend Schönke IV 2b).

2. Mißbrauch einer unter 21 Jahre alten Person, die dem Täter zur Erziehung, Ausbildung, Aufsicht oder Betreuung anvertraut war, zur Unzucht. § 174 Ziff. 1 (N.).

a) In allen 4 Fällen muß ein Abhängigkeitsverhältnis bestehen: gegenüber den Eltern (heute unzweifelhaft), Pflegeeltern, dem Vormund, Erzieher, Lehrer, Lehrherrn, Haushaltsvorstand und dessen Frau (von seiten einer Haustochter); nach RG. JW. **1938**, 1877/78 sogar gegenüber dem Leiter eines Kursus in Fußpflege oder Kochen und Backen (!); dagegen nach RG. **72** 395 (für **§ 174 Ziff. 1 a. F.!**) seltsamerweise nicht gegenüber dem Betriebsführer.

b) Mißbrauch zur Unzucht.

Die unzüchtige Handlung muß darin bestehen, daß der Minderjährige als Mittel benutzt wird, um Wollust zu erregen oder zu befriedigen. Im Gegensatz zu § 176 Ziff. 1 ist dabei eine körperliche Berührung nicht erforderlich. Zwar reichen das wollüstige Betrachten des fremden Körpers ebensowenig wie die Vornahme unzüchtiger Handlungen vor dem Minderjährigen aus, vielmehr muß ein weiteres Tun des Täters hinzukommen, wozu nach RG. **33** 429, **73** 78 die Aufforderung an den Minderjährigen, sich zu entblößen, genügt (noch weiter RG. **70** 316).

3. Unzucht mit Kindern unter 14 Jahren oder Verleiten solcher Kinder zur Verübung oder Duldung unzüchtiger Handlungen. § 176, Ziff. 3.

§ 176 Ziff. 3 enthält drei Tatbestände:

a) Vornahme unzüchtiger Handlungen mit Kindern, d. h. nicht nur in Gegenwart, sondern mit oder an ihren Körpern (RG. **49** 178), gleichgültig, von wem die Initiative ausging (RG. **10** 158).

b) Verleiten (d. h. jede Veranlassung zu freiwilligem Handeln) zur

aa) Verübung unzüchtiger Handlungen.

Hier ist Mitbeteiligung des kindlichen Körpers nicht erforderlich, vielmehr sieht

RG. **73** 246 eine Verübung einer unzüchtigen Handlung durch das Kind schon darin, daß es „geflissentlich", nicht bloß arglos einem unzüchtigen Vorgang (Exhibition) zuschaut, selbst wenn der unzüchtige Vorgang nur vorgetäuscht wird (RG. **73** 211). Damit wird § 176 Ziff. 3 zur scharfen Waffe gegen die Exhibition vor Kindern.

bb) Duldung unzüchtiger Handlungen am Körper des Verleiteten (RG. **26** 278).

In allen Fällen braucht sich das Kind der Unzüchtigkeit der Handlung nicht bewußt zu sein (RG. **22** 33). Täter kann auch eine Frau sein. Der Vorsatz muß das Alter des Kindes umfassen, dabei genügt Dolus eventualis.

Zu 1.—3. Die abhängige Person bleibt auch dann straflos, wenn die Initiative von ihr ausging.

4. Verführung eines unbescholtenen Mädchens unter 16 Jahren. § 182.

a) Die Unbescholtenheit eines Mädchens, d. h. die Unversehrtheit seiner Geschlechtsehre ist solange anzunehmen, als ihm nicht ein geschlechtlich unsittliches Verhalten (nicht notwendig gerade Beischlaf) nachgewiesen wird. Bloße Zweifel machen es nicht bescholten. Unberührtheit ist nicht erforderlich (z. B. beim Notzuchtsopfer).

b) Verführen heißt, ein nicht schon von sich aus ohne weiteres dazu bereites Mädchen zur Duldung des Beischlafs geneigt machen.

Dies auch dann, wenn das Mädchen aus Unerfahrenheit nicht weiß, worum es sich handelt (RGR. 3 168). Die Art der Motivation ist gleichgültig, auch Drohungen können es sein, außer wenn sie das Maß des § 177 erreichen (abw. Binding 1, 196).

Vollendet ist die Verführung erst, wenn es durch sie zum Beischlaf mit dem Verführer kam. Täter ist nur, wer verführt (oder durch Gehilfen verführen läßt) **und** den Beischlaf vollzieht; wer letzteres nicht tut, ist nur Gehilfe (oder Kuppler) h. L., a. A. Frank II 2.

c) Der Vorsatz muß das Alter des Mädchens umfassen (dafür genügt dol. ev.); er wird durch positive Annahme der Bescholtenheit ausgeschlossen.

d) Antragsberechtigt sind Eltern und Vormund.

e) Verführung geht in einem schwereren Delikt gegen die geschlechtliche Freiheit oder Unreife auf, bes. in §§ 174, 176/7.

Tritt keine Konsumtion ein, weil der innere Tatbestand des schwereren Delikts nicht erfüllt ist, so bleibt § 182 anwendbar: so, wenn der Täter das 13-jährige Mädchen für 15-jährig gehalten hat. Vgl. RG. **46** 139.

Umgekehrt geht Beleidigung in der Verführung auf, da die Verführung notwendig eine Ehrenkränkung enthält und in ihrer Bestrafung mit abgilt (sofern nicht ein über die Verführung hinausgehendes beleidigendes Handeln betätigt wird).

Daraus folgt, daß das Gesetz den Beischlaf mit einem minderjährigen Mädchen auch in seinem beleidigenden Gehalt nur unter den Voraussetzungen des § 182 (oder sonstiger Sittlichkeitsdelikte) bestraft und im übrigen den Geschlechtsverkehr mit einem (weiblichen oder männlichen) Minderjährigen auch als „Beleidigung" straffrei läßt.

Im Gegensatz dazu nimmt das RG. Id. Konk. zwischen § 182 und § 185 an und bestraft unzüchtige Handlungen mit Mädchen unter 18 Jahren (auch bescholtenen!) aus § 185, da die Einwilligung des Mädchens in der Regel unbeachtlich sei. RG. **60** 34; **75** 179; ferner RG. **73** 224: Beleidigung eines 16-jährigen Lehrlings durch den Geschlechtsverkehr einer 42-jährigen Frau! Dagegen: Gallas, ZAk. 1941 15; Dohna DStR. 1941 34.

5. a) Entgeltliches Anbieten oder Überlassen unzüchtiger Schriften und dergl. an ein noch nicht 16-jähriges Mädchen. § 184 Ziff. 2.

Zum Entgelt rechnet die h. L. nicht nur Vermögensvorteile, dagegen Gerland, 423. Über den Begriff unzüchtiger Schriften s. u. V. 2.

b) Überlassen schamloser, aber nicht unzüchtiger Schriften oder Darstellungen an Mädchen unter 16 Jahren. § 181a.

Z. B. Anatomiebücher, Wachspräparate von Geschlechtsteilen und dergl.

III. Eingriffe in die sexualfreie Sphäre

1. *Blutschande.* § 173.

Verwandtenehen waren vielfach erlaubt: in Ägypten, Persien und bei den alten Slaven. Das römische Recht strafte nicht den Geschlechtsverkehr zwischen Verwandten als solchen, sondern nur den Abschluß der Ehe zwischen ihnen. Im Mittelalter überließ man die Strafe überwiegend der Kirche, die den Tatbestand überdehnte. Die Carolina Art. 117 beschränkte den Tatbestand auf die engsten Angehörigen und ließ die Strafe unbestimmt. Daraus ergaben sich in der Folgezeit zahllose Streitfragen, jedoch meist harte Strafen (Schwert). Die Aufklarung zweifelte an der Strafwürdigkeit. In der Neuzeit kennen die romanischen Rechte und das niederländische StGB. sie als besonderes Verbrechen nicht mehr.

Der Strafgrund ist nicht eindeutig. Daß Blutschande sozialhygienisch bedenklich ist, wird vielfach bestritten, außer bei fortgesetzter Inzucht. Bei Freigabe träte unzweifelhaft eine schwere Gefährdung des inneren Friedens der Familie und der sexuellen Entwicklung der Kinder ein. Diese Überlegungen sind wichtig für die Beteiligung: Ist Strafgrund nur der sozialhygienische Gesichtspunkt, dann kann die Tat in mittelbarer Täterschaft begangen werden. Ist dagegen Strafgrund, daß die gefühlsmäßigen Beziehungen zwischen den Familiengliedern von sexuellen Motiven freigehalten werden sollen, dann ist Blutschande ein nur von den Familienmitgliedern vorsätzlich begehbares, eigenhändiges Delikt (so die wohl zutreffende Auffassung).

Blutschande ist der Beischlaf zwischen Verwandten und Verschwägerten auf- und absteigender Linie oder zwischen Geschwistern.

Unrechtsgehalt und Strafe sind verschieden, je nachdem es sich um Aszendenten oder Deszendenten, um Verschwägerte oder Geschwister handelt. Dabei bleiben Verwandte und Verschwägerte absteigender Linie im Alter unter 18 Jahren straflos (persönlicher Strafausschließungsgrund).

Ferner bestimmt § 4 VO. vom 23. 4. 38 (RGBl. I 417): Der Beischlaf zwischen Verschwägerten ist straflos, wenn die Ehe, auf der die Verschwägerung beruht, z. Zt. der Tat nicht mehr bestand, ebenso kann von Strafe abgesehen werden, wenn die häusliche Gemeinschaft der Ehegatten z. Zt. der Tat aufgehoben war. Im Falle der Befreiung vom Ehehindernis des § 4 Ehegesetz wird die Tat nicht mehr verfolgt.

Für Verwandtschaft kommt nur die blutmäßige — gleichgültig, ob eheliche oder uneheliche — in Betracht (nicht aber Adoptivverwandtschaft, hierfür evtl. § 174 Ziff. 1); zu ihr gehören auch die halbbürtigen, nicht aber die von beiden Teilen in die Ehe gebrachten Kinder. Die Verwandtschaft muß tatsächlich bestehen, die Vermutung des § 1591 BGB. gilt hier nicht (vgl. § 52 Abs. 2). Strafbar ist nur der Beischlaf, nicht sonstige Unzucht, aber auch jeder Beischlaf, auch in blutschänderischer Ehe. Zum Vorsatz gehört die Kenntnis von der Verwandtschaft oder Schwägerschaft. Hielt der Täter den Beischlaf für zulässig (z. B. in der Ehe), dann fehlt das Unrechtsbewußtsein.

2. *Unzucht zwischen Männern.* §§ 175, 175a. (N.).

Im römischen Recht als struprum strafbar, in der Kaiserzeit stand Todesstrafe auf ihr, ebenso im germanisch-altdeutschen Recht. Im Mittelalter wurde sie mit der Bestialität zum Religionsdelikt (Sodomiterei). Art. 116 CCC sah Feuertod vor (auch für lesbische Liebe). Auch hier erhob die Aufklärung Zweifel gegen die strenge und weitgreifende Bestrafung. Die lesbische Liebe war bis 1847 in Preußen strafbar, wurde aber in das preußische StGB. nicht mit aufgenommen (aus Versehen?). Über die Strafwürdigkeit besteht in den europäischen Rechten Uneinigkeit: Romanische Rechte und die Niederlande strafen die Homosexualität überhaupt nicht, andere Länder (Österreich und die Schweiz) strafen auch die lesbische Liebe.

a) Grundtatbestand. § 175:

Unzuchttreiben eines Mannes mit einem Manne oder sich von einem Manne zur Unzucht mißbrauchen lassen.

Nach früherer Fassung (widernatürliche Unzucht) war der Tatbestand beschränkt, und zwar nach der engsten Auslegung (Binding I 204, Liszt-Sch. 563) nur auf Coitus per anum (Afterverkehr), nach einer weiteren Auslegung auf beischlafähnliche Handlungen (so überwiegende Lehre, z. B. RG. **20** 225), wobei jedoch dieser Begriff unbestimmt blieb: Einführung des Gliedes in irgendeine Körperöffnung (weitergehend RG. GA. **61** 348, JW. **1913** 935, dazu RG. **69** 273).

Die Neufassung von 1935 wollte den Tatbestand über die beischlafsähnlichen Handlungen erweitern. Auch hier sind die Grenzen unbestimmt geblieben. Ursprünglich verlangte das RG. die körperliche Berührung des anderen Mannes; diese Einschränkung gab es in RG. **73** 78 auf und bestimmte die Unzucht wie in § 176, Ziff. 1 (s. o. II, 2b). Damit strafte es nicht nur die wechselseitige, sondern auch die gleichzeitige Onanie, in RG. **70** 224 sogar den Zungenkuß und das Berühren des fremden Geschlechtsteils. RG. **73** 80 will den Tatbestand durch Ausscheiden bloßer Zudringlichkeiten einschränken. Die Grenzen bleiben ganz unbestimmt. Gerade wegen der Unbestimmtheit und der Überdehnung der bisherigen Tatbestandsauslegung wird man den Tatbestand mindestens auf die körperliche Berührung des anderen Mannes wieder einschränken müssen OLG. Hamburg MDR. **1947**/75; Kiel DRZ. 1947/75; LG. Konstanz DRZ. 1947/315.

Für Beteiligte unter 21 Jahren kann in leichten Fällen von Strafe abgesehen werden Abs. 2. Wichtig ist auch § 154b StPO., wonach bei Erpressungsopfern von Verfolgung abgesehen werden kann.

b) Schwere Unzucht (im Sinne des § 175) zwischen Männern. § 175a (N.)

aa) Nötigung zur Unzucht (Ziff. 1) entspricht § 176 Ziff. 1.

bb) Bestimmung zur Unzucht unter Mißbrauch eines durch Dienst-, Arbeits- oder Unterordnungsverhältnis begründeten Abhängigkeitsverhältnisses (Ziff. 2).

Die bloße persönliche Autorität (etwa höheres Alter) reicht nicht aus (RG. DJ. **1937** 245). Mißbrauch ist Benutzen der Überordnung, um zur Unzucht zu bestimmen. RG. **71** 8.

cc) Verführung eines unter 21-jährigen durch einen über 21-jährigen Mann (Ziff. 3).

Verführung ist wie in § 182 zu verstehen, doch braucht der Verführte nicht unbescholten zu sein. Allerdings ist in diesem Falle Verführung oft sehr zweifelhaft. RG. **70** 200. Der Versuch beginnt mit der Einwirkung auf den Minderjährigen (RG. **71** 47, zu weitgehend RG. DR. **1939** 336).

dd) Gewerbsmäßige Unzucht (Ziff. 4).

In den ersten beiden Begehungsformen der Ziff. 4, dem Unzuchttreiben oder Sich-zur-Unzucht-mißbrauchen-lassen, ist Gewerbsmäßigkeit ein Straferhöhungsgrund, darum tritt für den Gehilfen eine Straferhöhung nur dann ein, wenn auch dieser gewerbsmäßig handelte (RG. 71 72); bei der dritten Form, dem Anbieten zur Unzucht, liegt das anders, da hier die Gewerbsmäßigkeit die Strafbarkeit begründet. Trotz des Wortlautes („Männern") läßt RG. HRR. 1939 1438 die gewerbsmäßige Unzucht mit **einem** Manne genügen! Für die dritte Begehungsform ist Wahllosigkeit unbedingt erforderlich (vgl. Kohlrausch 6), Id. Konk. mit § 361 Ziff. 6—6c (wichtig für § 42d).

3. *Widernatürliche Unzucht mit Tieren.* § 175b.

Strafbar sind nur beischlafsähnliche Handlungen zur geschlechtlichen Befriedigung des Täters oder eines Zuschauers, nicht bloß des Tieres. Darüber sehr weitgehend RG. **71** 350, **73** 88.

IV. Förderung und Ausbeutung fremder Unzucht

1. Kuppelei. §§ 180/1.

Der Kuppeleibestrafung des mittelalterlichen Rechts lagen teils der Gedanke der Verletzung familienrechtlicher Pflichten, teils der Gesichtspunkt der Verführung ehrbarer oder unmündiger Frauen zugrunde, so auch der Carolina Art. 122 und 123. Die heutige Fassung stammt aus dem preuß. StGB. und wurde durch die Novelle vom 18. 12. 27 geändert. Dem alten Kuppeleigedanken (Verführung und Verletzung von Familienpflichten) steht der § 181 nahe, während § 180 jede eigennützige oder gewohnheitsmäßig betriebene Förderung fremder Unzucht straft.

a) Die Kupplerhandlung besteht in der Förderung fremder Unzucht durch Vermittlung oder durch Gewährung oder Verschaffung von Gelegenheit.

aa) Unzucht ist jede unzüchtige Handlung zwischen zwei nicht miteinander verheirateten Personen, nicht bloß der Beischlaf, auch die gleichgeschlechtliche Unzucht, selbst die lesbische Liebe (RG. **48** 197, h. L.; nach Liszt-Sch. 552 jedoch nur der Beischlaf oder widernatürliche Unzucht). Sehr streitig ist, wie weit der Geschlechtsverkehr unter ernsthaft Verlobten als Unzucht zu gelten hat, dafür RG. **71** 13.

bb) Tathandlung ist: der Unzucht Vorschub leisten (d. h. die Schaffung günstiger Bedingungen für sie) entweder durch Vermittlung, d. h. durch Zusammenbringen der beiden Personen, oder durch Verschaffen von Gelegenheit.

Die Möglichkeiten sind unübersehbar, z. B. Entfernung der Aufsichtsperson, Hingabe von Geld zum Bordellbesuch (RG. 51 46), Aushändigen des Hausschlüssels an das Dienstmädchen, damit sie das Haus während der Nacht zur Unzucht verlassen kann (!) (RG. HRR. 1927 972), vor allem aber die Zimmer-Überlassung.

Um aber Dirnen überhaupt das Wohnen zu ermöglichen, wird die Gewährung von Wohnung (nicht bloß von Absteigequartieren) an eine über 18-jährige Person nur dann bestraft, wenn damit ein Ausbeuten oder ein Anwerben oder Anhalten dieser Person zur Unzucht verbunden ist. „Ausbeuten" ist das Ausbedingen eines Mietbetrages, der die ortsübliche Miete einschl. eines angemessenen „Unbequemlichkeitszuschlages" übersteigt (RG. 62 345, 63 166). Dieser Unbequemlichkeitszuschlag ist gegenüber Mietern, die keine gewerbsmäßige Unzucht treiben, unzulässig (RG. 71 294).

Die Förderung der Unzucht kann auch durch Unterlassen begangen werden, wenn das Recht und die Pflicht zur Hinderung der Unzucht bestand, z. B. für Eltern gegenüber minderjährigen Kindern (RG. 40 166), nach der sehr weitgehenden Rechtsprechung des RG. auch für Eltern gegenüber volljährigen Kindern im Haushalt der Eltern (RG. 67 314, 77 126), für den Ehemann gegenüber der Ehefrau (RG. 58 98, 227; 72 19) sogar umgekehrt für die Frau gegenüber dem Manne aus § 1356 BGB. (HRR. 1940 41) (!), für den Haushaltsvorstand gegenüber dem Dienstmädchen (GA. 53 164); vgl. dazu auch Binding I, 205, Frank III, Gerland 417. In allen Fällen ist die Zumutbarkeit des Einschreitens besonders zu prüfen; vgl. JW. 1939 400 (Drohung der Tochter, sich das Leben zu nehmen, wenn die Eltern den Beischlaf nicht gestatten), zu weit in der Annahme der Unzumutbarkeit geht RG. 58 97, zu eng RG. 72 19, vgl. auch RG. 77 125 (Anrufen der Polizei gegen den eigenen Sohn nicht zumutbar).

cc) Vollendung tritt ein, sobald die günstigen Bedingungen geschaffen sind. Daß es zur Unzucht kommt, ist nicht erforderlich (RG. **44** 176).

dd) Die verkuppelten Personen können sich wegen Teilnahme an gewährter Kuppelei niemals strafbar machen, da die bloße Unzucht straflos ist (Frank III, Gerland 417, a. A. RG. **25** 369).

b) Die einzelnen Tatbestände:

aa) Gewohnheitsmäßige Kuppelei. § 180.

bb) Eigennützige Kuppelei. § 180.

Eigennutz ist das Erstreben irgendwelcher materieller, nicht notwendig übermäßiger Vorteile (RG. **41** 225; nach Binding I 207 nur Vermögensvorteile).

Die Unterhaltung eines Bordells oder bordellartigen Betriebes ist stets Kuppelei, die polizeiliche Konzession kein Rechtfertigungsgrund. Beiden Betrieben ist die wirtschaftliche Abhängigkeit der Dirnen vom Inhaber, ihre „Verpflichtung" zur Unzucht wesentlich, während sich der bordellartige Betrieb vom Bordell nur durch die Verschleierung des Unzuchtsbetriebes unterscheidet (Bohne, Frank-Festschr. II 489), abweichend RG. **62** 339, 342: wirtschaftliche Abhängigkeit sei nicht erforderlich.

cc) Verkuppelung vermittels hinterlistiger Kunstgriffe. § 181, Ziff. 1.

Hinterlist bedeutet die Verdeckung der wahren Absichten. Ergänzend vgl. § 48 Auswanderungsgesetz vom 9. 6. 97 (Verleiten einer Frau zur Auswanderung unter Verschleierung des Zwecks, nämlich der Zuführung zur Gewerbsunzucht).

dd) Verkuppelung der Ehefrau, der leiblichen wie auch der Adoptiv-, Stief- und Pflegekinder, von Schülern und Zöglingen durch Geistliche, Lehrer, Erzieher. § 181 Ziff. 2.

Die vier Fälle sind selbständige Kuppeleitatbestände; die beiden Tatbestände des § 181 sind nicht bloß erschwerte Fälle des § 180. Auf Teilnehmer an einer Tat des § 181 Ziff. 2 findet darum § 50 keine Anwendung — § 180 Abs. 3 gilt für § 181 nicht.

c) Konkurrenzen:

Treffen mehrere Begehungsformen der §§ 180, 181 zusammen, dann wird aus der schärfsten Form gestraft. Eine gewohnheitsmäßige Kuppelei ist eine Sammelstraftat (a. A. RG. **72** 164); gehört zu ihr eine Kuppelei nach § 181, dann erfolgt Bestrafung nach der schwersten Begehungsform: § 181 (Binding I, 209, Normen I, 204). — Kuppelei steht mit Beihilfe zur verbotenen Unzucht in Id. Konk. außer mit § 179, der vorgeht (Frank I, abweichend Binding I, 205).

2. Die Zuhälterei. § 181a (N.).

§ 181a wurde durch lex Heinze vom 25. 6. 1900 eingeführt. Er enthält zwei Tatbestände: die ausbeuterische und die kupplerische Zuhälterei. Zweck der Bestimmung war, den Zuhälter als Schmarotzer der Dirne zu treffen, weil das Zuhältertum der Nährboden für Verbrechen aller Art ist; so die amtliche Begründung, vgl. RG. 73 184. Diesem Gesichtspunkt gegenüber tritt der individuelle Rechtsgüterschutz zurück: der Schutz der Dirne vor Ausbeutung (1. Alternative) ist nur Nebenzweck; die Förderung fremder Unzucht zu verhindern (2. Alternative) bezweckt schon § 180. Daraus folgt, daß das Gesetz die in § 181a aufgeführten Handlungen nur bei dem besonderen Tätertyp des „Zuhälters" bestrafen will, und zwar gilt das für beide Alternativen.

Nach § 181a macht sich strafbar, wer als Zuhälter von einer Dirne unter Ausnutzung ihrer Gewerbsunzucht ganz oder teilweise seinen Lebensunterhalt bezieht (ausbeuterischer Zuhälter) oder sie in bezug auf ihr Gewerbe schützt oder fördert (kupplerischer Zuhälter).

Zuhälter ist, wer zur Dirne in persönlichen Beziehungen von gewisser Dauer steht, wobei er in bezug auf ihr unzüchtiges Gewerbe zu ihr hält und es für sich schmarotzerhaft ausnützt (ähnlich Kohlrausch 1, Hafter I 147/48, blasser RG. **72** 49, **73** 185).

Daher ist kein Zuhälter, wer nicht schmarotzerhaft von Zuwendungen der Dirne lebt, wie etwa der kranke Vater, den die Dirne unterhält, der Sohn, den sie ernährt, der Bruder oder Freund, dem sie ein ernsthaftes Studium ermöglicht (Hafter I, 148 bestr.), der Verlobte, der sie ernstlich liebt und sie von ihrem Gewerbe abzubringen versucht (RG. HRR. 1942 239), natürlich erst recht nicht der Arzt, der sein Honorar verlangt. Ebenso fehlt es an zuhälterischen Beziehungen, wenn der persönliche Kontakt unterbrochen ist, z. B. während der Strafhaft (RG. 72 126).

Gewerbsunzucht betreibt die Dirne nur bei entgeltlicher Preisgabe gegenüber beliebigen Männern, nicht in einem „festen Verhältnis" (Liszt-Sch. 555, Kohlrausch, 2, weitergehend RG. **45** 265).

a) Für die ausbeuterische Zuhälterei genügen nicht bloß gelegentliche Zuwendungen (RG. **35** 92). Zum Lebensunterhalt gehört nicht nur die Lebensnotdurft, sondern alle Aufwendungen für die Lebensführung.

b) bei der kupplerischen Zuhälterei (s. o.) kommen vor allem folgende Handlungen in Frage: Schutz der Dirne vor der Polizei oder vor Übergriffen ihrer Kunden, Begleitung der Dirne auf der Straße und in den Wirtschaften, Unterstützung bei der Einforderung des Dirnenlohns und dergl. Stets muß der Täter dabei als Zuhälter im obigen Sinne handeln (vgl. Olshausen 5). Das bedeutet, daß die kupplerische Zuhälterei nicht einen Sonderfall der Kuppelei darstellt (so h. L., z. B. Kohlrausch 1), sondern einen Fall der ausbeuterischen Zuhälterei. Die Sonderregelung hat den Zweck, eine Beweiserleichterung für die ausbeuterische Zuhälterei zu bringen: wer auf Grund persönlicher Beziehungen die Dirne in ihrem Gewerbe gewohnheitsmäßig oder eigennützig schützt oder fördert, von dem wird angenommen, daß er ihr Gewerbe schmarotzerhaft ausnützt. Wird im Einzelfall das Gegenteil festgestellt, dann scheidet § 181a aus, und es kommt nur Kuppelei in Betracht (vgl. Hafter I 149).

Konkurrenzen:

Alle Zuhälterhandlungen gegenüber derselben Dirne bilden eine einzige Straftat (Sammelstraftat). Gerland, 420, a. A. Olshausen 9). Enthält die Zuhältertätigkeit auch Kupplerhandlungen, so gehen diese in jener auf (Konsumtion) (a. A. RG. 71 199 Id. Konk.).

V. Grobe Verletzung des allgemeinen Schamgefühls

1. Öffentliche Erregung eines geschlechtlichen Ärgernisses. § 183.

Geschütztes Rechtsgut ist das Schamgefühl der Allgemeinheit. Darum ist

a) der Begriff der unzüchtigen Handlung weiter als sonst, nämlich jede auf das Geschlechtsleben bezügliche Handlung, die das öffentliche Schamgefühl verletzt. Wollüstige Absicht des Täters kann hier fehlen, doch muß der Täter etwas Geschlechtliches zum Ausdruck bringen wollen (das fehlt bei bloßer Bedürfnisbefriedigung, RG. **7** 168). Natürlich ist auch die öffentliche Vornahme des ehelichen Beischlafes unzüchtig. Nach RG. **4** 130, HRR. **1939** 1486 und h. L. genügen auch unzüchtige Reden (dagegen: Binding I, 214, Frank I, 1).

b) Die unzüchtige Handlung muß „öffentlich" vorgenommen werden, sodaß sie von unbestimmt vielen und unbestimmt welchen Personen wahrgenommen werden konnte, ohne daß diese zur Stelle sein müßten; vielmehr genügt, wenn sie zugegen sein konnten.

In dieser letzteren Beziehung (bloße Möglichkeit der Anwesenheit vieler) ist der Begriff „Öffentlichkeit" hier weiter als sonst. Vgl. RG. 73 90.

c) Mindestens eine Person muß tatsächlich Ärgernis genommen haben, und zwar durch die Handlung selbst, nicht aus späteren Erzählungen. Daher scheidet § 183 aus, wenn kleine Kinder die Handlung arglos wahrgenommen haben und sie ihren Eltern erzählen, die Anstoß nehmen (Olshausen 7); doch wird in diesem Falle häufig § 176 Ziff. 3 eingreifen.

d) Der Vorsatz (auch dol. ev.) muß besonders das Merkmal der Öffentlichkeit und der Ärgerniserregung umfassen (RG. 51 167).

e) Da § 183 nicht einzelne Personen, sondern die Öffentlichkeit schützen will, können mehrere Taten auch gegenüber verschiedenen Personen im Fortsetzungszusammenhang stehen; aus gleichem Grunde besteht die Id. Konk. mit Beleidigung. Fehlt öffentliche Tatbegehung, bleibt meist Beleidigung übrig. Vgl. RG. 75 208..

2. Verbreiten unzüchtiger Schriften, Abbildungen, Darstellungen. § 184 Ziff. 1.

a) Ein Werk ist unzüchtig, wenn es das durchschnittlich maßgebende („normale") sexuelle Schamgefühl gröblich verletzt und auf sexuelle Erregung abgestellt ist (vgl. Binding I, 215, Frank I, Liszt-Sch. 558).

Die bloße objektive Eignung, das Schamgefühl zu verletzen, reicht nicht aus (so aber RG. 37 315 Kohlrausch 3, Schönke II). Denn diese objektive Eignung hat auch ein ernstes wissenschaftliches oder künstlerisches Werk, das wegen seines wissenschaftlichen oder künstlerischen Zwecks, soweit er objektiviert ist, nicht unzüchtig sein kann. Schwierig ist die Bestimmung bei künstlerischen Werken. Maßgebend ist die künstlerische Durchdringung des Ganzen, welche fehlt, wenn nur ein sinnlicher Reiz bezweckt ist. RG. GA. 52 58, 59 128.

Die unzüchtige Tendenz kann dem Werk auch vom Verbreiter gegeben sein und relativ auf den Personenkreis bestehen, in dem es verbreitet werden soll (relative Unzüchtigkeit). Unter diesen Umständen kann auch ein wissenschaftliches oder künstlerisches Werk unzüchtig werden (z. B. Boccaccios Dekameron, Reproduktion anerkannter Kunstwerke (RG. 37 315, vgl. auch RG. 27 114: belehrende Artikel über den Zeugungsakt in der Tageszeitung).

b) Zu den Abbildungen gehören auch Filme, zu den Darstellungen auch Schauspiele, Plastiken, Grammophonplatten, RG. 47 223, 404.

c) Verbreiten heißt: den Inhalt einem größeren Personenkreis zugänglich machen. Daher genügt vertrauliche Weitergabe an einzelne wenige Personen nicht (RG. 36 330).

Verbreiten geschieht auch durch Vorlesen, Abspielen oder dergl. (Binding I, 217, Frank I, 1; a. A. RG. 47 226).

Feilhalten, Verkaufen, Ausstellen, Anschlagen sind Unterarten des Verbreitens, daher nur gegenüber Publikum möglich. Herstellen, Vorrätighalten, Ankündigungen, Anpreisen zum Zwecke der Verbreitung sind Vorbereitungshandlungen zum Verbreiten.

3. a) Öffentliche Anbietung von Gegenständen zu unzüchtigem Gebrauch. § 181 Ziff. 3.

Gegenstände zu unzüchtigem Gebrauch sind solche, die kraft ihrer allgemeinen Beschaffenheit für den unzüchtigen Gebrauch geeignet sind und erfahrungsgemäß (oder voraussichtlich) dazu verwandt werden (RG. 46 7), nicht aber Gegenstände der Gesundheits- und Körperpflege, auch dann nicht, wenn sie zur Unzucht benutzt werden können (RG. 57 309). Auch empfängnisverhütende Mittel gehören an sich hierher, fallen aber in der Regel unter Ziff. 3a (RG. 46 117, 65 17, Schönke I; a. A. Binding I 217, Liszt-Sch. 560, Frank II, Kohlrausch 16).

b) Öffentliche Anbietung von Mitteln und Verfahren zur Verhütung von Geschlechtskrankheiten ist nur strafbar, wenn dabei Sitte und Anstand verletzt wird. § 184 Ziff. 3a.

Hierher gehören auch Mittel, die zugleich der Empfängnisverhütung dienen (RG. 65 17). Nur soweit dies nicht der Fall ist, wie bei Pessaren, kommt Ziff. 3 in Frage. Über Anstandsverletzung vgl. RG. 67 65.

4. Öffentliche Ankündigung zur Herbeiführung unzüchtigen Verkehrs. § 184 Ziff. 4.

Beispiel: Verschleierte Zeitungsanzeige. Natürlich muß der Täter den unzüchtigen Verkehr herbeiführen wollen (a. A. RG. 39 313: es genüge, daß die Anzeige objektiv auf den unzüchtigen Verkehr hinweist).

5. Öffentliche schamgefährdende Mitteilung aus geheimen Gerichtsverhandlungen. § 184b.

6. Verbotener Unzuchtsbetrieb. § 361 Ziff. 6—6c.

Die Gewerbsunzucht war nach § 361 Ziff. 6a F. grundsätzlich strafbar. Seit Geschlechtskrankheits-Gesetz vom 18. 2. 27 ist die Gewerbsunzucht als solche straflos. Strafbar ist seither nur der anstößige oder jugendgefährdende Betrieb der Prostitution, gleichgültig, ob durch Frauen oder Männer, und zwar

a) das öffentliche anstößige oder belästigende Auffordern oder Sich-erbieten zur Unzucht, § 361 Ziff. 6 (Gefährdungsdelikt). Gewerbsunzucht ist hier nicht erforderlich. Der Täter muß vorsätzlich handeln.

b) der gewohnheitsmäßige Betrieb von Gewerbsunzucht in der Nähe von Kirchen, Schulen, in Häusern in denen Kinder oder Jugendliche von 3—18 Jahren wohnen, und in Gemeinden unter 20 000 Einwohnern, in der die Gewerbsunzucht verboten ist (Ziff. 6a—c). Hierfür genügt Fahrlässigkeit (Frank VI). Gewerbsunzucht setzt Wahllosigkeit des Verkehrs voraus, das dem festen Verhältnis fehlt. Über Unterbringung im Arbeitshaus vgl. § 42d. Mit § 175a Ziff. 4 besteht Id. Konk.

§ 55. Störung des religiösen Friedens und der Totenruhe

Nach Liszt-Sch. 574 stammt der Gedanke einer weltlichen Strafe wegen Gotteslästerung aus dem Judentum. Für die Römer galt der Satz des Tiberius: deorum iniuriae diis curae. Erst Justinian strafte die Blasphemie. Auch der weltlichen Gerichtsbarkeit des Mittelalters war die Strafbarkeit der Gotteslästerung ursprünglich fremd. Erst im 14. und 15. Jahrhundert kommt sie in einigen Gebieten Deutschlands auf. Offenbar unter dem Einfluß des justinianischen Rechts erscheint eine Strafordnung im Wormser Reichsabschied (1495) und auf ihr fußend in CCC. 106. Die Aufklärung trat für Straflosigkeit ein. Der neue und heute maßgebende Gesichtspunkt erscheint zuerst im ALR.: Ärgerniserregung, also Schutz des religiösen Gefühls. Auch die Häresie (Ketzerei) war ursprünglich ein rein kirchliches Delikt. Seit dem 11. Jahrhundert verlangte die Kirche die Unterstützung durch weltliche Gewalt, seit dem 12. Jahrhundert erscheinen die ersten weltlichen Gesetze gegen die Ketzerei. Die Regelstrafe war der Feuertod, so auch in der Bambergensis, während die Carolina schweigt. Mit dem ALR. und dem code pénal wird der Gedanke herrschend, daß nicht die Religion, sondern nur die Freiheit der Religionsübung geschützt werden kann. So der heutige Stand: nicht Schutz Gottes oder der Religion, sondern Schutz des religiösen Gefühls und des religiösen Friedens. Doch selbst in dieser Beschränkung ist die Problematik des § 166 nicht erschöpft. War er in Deutschland von jeher durch die Glaubensspaltung belastet, so heute noch durch die weitgreifende Erschütterung des kirchlichen Glaubens. Es ist bemerkenswert, daß seit RG. 67 373 (November 1933) keine Reichsgerichtsentscheidungen über § 166 in der amtlichen Sammlung mehr erschienen.

§ 166 enthält drei verschiedene Tatbestände:

I. Gotteslästerung. § 166, 1. Altern.

: Jemand erregt dadurch Ärgernis, daß er öffentlich in beschimpfenden Äußerungen Gott lästert.

Nicht Gott selbst, sondern das religiöse Gefühl ist Schutzobjekt des § 166. Darum muß wirklich jemand Anstoß an der Lästerung genommen haben; jedoch kann nicht die rein individuelle Gottesvorstellung unter Strafschutz stehen, sondern nur die Gottesvorstellung der in Deutschland anerkannten Religionsgesellschaften, besonders der christliche Gottesbegriff, also die Trinität (RG. **64** 121, h. L.; a. A. Binding I, 179, Schönke II, 1; der Monotheismus).

Nur die beschimpfende, d. h. die besonders rohe Mißachtung ist strafbar und nur wenn sie öffentlich erfolgt (d. h. vor größerem, nicht abgeschlossenem Personenkreis). Die Art der Lästerung, ob mündlich, schriftlich, bildlich, symbolisch ist gleichgültig (RG. **64** 121: Fall George Groß).

Sachliche Kritik an der Gottesvorstellung muß straffrei bleiben, auch wenn sie scharf ist. Wichtig ist in diesem Falle die Gesinnungsseite (Roheit der Gesinnung oder billigenswerte Tendenz?). Vgl. RG. 28 403, nicht berücksichtigt in RG. 64 121.

II. Öffentliche Beschimpfung einer mit Korporationsrechten ausgestatteten Religionsgesellschaft, ihrer Einrichtungen oder Gebräuche. § 166, 2. Altern.

Schutzobjekt ist der Religionsfriede der nach deutschem Recht rechtsfähigen Religionsgesellschaften (zweifelhaft, ob auch der Weltanschauungsvereinigungen; dafür: Schönke III, 1, dagegen Frank II, 3).

Auch die christlichen Kirchen werden nur geschützt, wenn sie rechtsfähig sind (h. L.; a. A. Gerland 407, Kohlrausch 6). Geschützt sind auch die Einrichtungen und Gebräuche der Religionsgesellschaften, das sind die autoritativ geordneten Formen des kirchlichen Lebens und ihre allgemeinen tatsächlichen Übungen. Einzelabgrenzung ist kaum möglich. Zu den Einrichtungen gehören Papsttum, Predigeramt, Abendmahl, zu den Gebräuchen: Segen, Beerdigung. Dagegen scheiden aus: die einzelnen Kirchenlehren, einzelne kirchliche Personen wie Luther, Maria und einzelne Päpste, ebenso Tatsachen und Vorgänge. Auch hier gilt, daß sachliche Kritik, auch wenn sie scharf ist, straffrei bleiben muß. Hierfür ist die Gesinnungsseite wichtig (s. o.); geistige Auseinandersetzungen können und dürfen nicht vor dem Forum des Strafrechts entschieden werden.

III. Verübung beschimpfenden Unfugs in einem für religiöse Versammlungen bestimmten Orte. § 166, 3. Alternative

Ob ein Ort eine Kultstätte ist, bestimmt sich nach seinem wesentlichen Zweck. Dabei ist gleichgültig, ob er z. Zt. der Tat als solche gebraucht wurde. Räume, die nur vorübergehend als Kultstätten benutzt werden, wie Schulräume und Säle, sind für diese Zeit geschützt, nicht aber die Straße, durch die sich eine Prozession bewegt (RG. 28 303, 32 212). Auch Friedhöfe gehören hierher, sofern religiöse Feiern nicht ausgeschlossen sind, HRR. 1932 576). Ärgerniserregung ist nicht erforderlich.

IV. Behinderung und Störung des Gottesdienstes. § 167

Zwei Tatbestände:

1. Hinderung an aktiver oder passiver Ausübung des Gottesdienstes durch Tätlichkeit oder Drohung (Spezialfall der Nötigung).

Geschützt ist nicht nur der Gottesdienst einer Religionsgesellschaft mit Korporationsrechten, sondern auch anderer, z. B. der Heilsarmee.

2. Verhinderung oder Störung des Gottesdienstes oder einzelner gottesdienstlicher Verrichtungen (Taufe, Trauung, Beerdigung) durch Erregung von Lärm oder Unordnung in einem zur gottesdienstlichen Versammlung bestimmten Orte.

V. Störung der Totenruhe. § 168.

Uralter Tatbestand, dem römischen wie dem deutschen Recht gleichmäßig bekannt, heute ganz unzulänglich geregelt.

§ 168 enthält drei Tatbestände:

1. Unbefugte Wegnahme einer Leiche aus dem Gewahrsam des Berechtigten.

Leiche ist der entseelte Körper (auch des totgeborenen Kindes) bis zur Zerstörung des körperlichen Zusammenhanges durch Verwesung oder Feuer (also nicht mehr die Asche; hierfür § 242, s. o. S. 157). Bei Wegnahme von Leichenteilen greift § 367 Ziff. 1 ein. Geschützt wird der berechtigte Gewahrsam an der Leiche. Gewahrsam ist hier weiter als in § 242, nämlich die „Obhut". Zu ihr ist bis zur Beerdigung berechtigt, wer für die Bestattung zu sorgen oder wer sonst die Obhut hat, z. B. das Krankenhaus (dieses jedoch nur hinter den Erben); nach der Beerdigung der Eigentümer der Grabstätte (RG. **28** 140, a. A. Frank I, Liszt-Sch. 580: die Gräberverwaltung).

Ist die Leiche Gegenstand des Eigentumsrechts, etwa eines Museums, dann greift § 242 ein. Sonstige Handlungen außer der Wegnahme sind straflos, so vor allem die Leichenschändung (!), soweit nicht § 189 anwendbar ist. Sektionen in Kliniken ohne Genehmigung der Angehörigen sind grundsätzlich Wegnahme von Leichenteilen nach § 367 Ziff. 1, nicht aber Sachbeschädigung, RG. **64** 313; streitig ist, wie weit sie durch den Erkenntnis- oder Ausbildungszweck gerechtfertigt werden, vgl. Bohne, Festgabe für R. Schmidt, S. 69.

2. Zerstörung oder Beschädigung eines Grabes, d. h. der dauernden Ruhestätte eines Toten.

Geschützt ist die ganze Grabstätte (RG. **39** 155) einschließlich Sarg oder Urne, Denkmal, Anpflanzungen (nicht aber loser Kränze; für sie § 303). Bezüglich der Anpflanzung genügt nur eine erhebliche Beschädigung. Bei Beschädigung des Denkmals Id. Konk. mit § 304.

3. Verübung beschimpfenden Unfugs an einem Grabe.

Die Tat richtet sich gegen den Gräberfrieden, nicht bloß gegen das Grab. (Im letzteren Sinne aber RG. **48** 299.) Daher genügt jede grobe Ungebühr, die die Mißachtung des geweihten Ortes zum Ausdruck bringt. Binding I, 187.

§ 56. Tierquälerei

Nach geltendem Privatrecht ist das Tier eine Sache wie jeder tote Gegenstand, mit dem der Eigentümer „nach Belieben" verfahren darf. Andere Zeiten haben das Tier nicht so radikal versachlicht. Bei der Haftung für schadensstiftende Tiere wurde im römischen Recht, im germanischen und altdeutschen Recht das Tier „behandelt, als gleich dem Menschen der sozialen Ordnung unterworfen" (Mommsen, Röm. Strafrecht, S. 834). Durch seine Missetat machte es sich friedlos, wie es in Island hieß. Am weitesten war die Personifikation des Tieres im mittelalterlichen Tierstrafrecht gegen den missetätigen „redelosen Wicht" vorangetrieben. Aber ein strafrechtlicher Tierschutz fehlte überall. — Als im 19. Jahrh. die Bestrebungen der damals entstehenden Tierschutzvereine (nach Vorangang Englands im 18. Jahrh.) einen strafrechtlichen Tierschutz durchsetzten, konnte man unter der Vorstellung der bloßen Sachqualität des Tieres nicht das Tier selbst, sondern nur das menschliche Gefühls- und Empfindungsleben als Schutzobjekt ansehen. Nur die öffentliche oder ärgerniserregende Tierquälerei war strafbar. So der frühere § 360 Ziff. 13. In den Entwürfen und in dem Gesetz vom 24. 11. 33 ist der Gedanke durchgedrungen, daß das Tier selbst vor Mißhandlung zu schützen ist, unabhängig von einer Verletzung oder Gefährdung des menschlichen Gefühlslebens, ferner daß die im Quälen eines lebenden Wesens betätigte Gesinnungsroheit als solche strafwürdig ist, gleichgültig, an welchem Wesen sie sich auswirkt.

I. Tierquälerei. §§ 1, 9 Tierschutzgesetz v. 24. 11. 1933

: Unnötiges Quälen oder rohes Mißhandeln eines Tieres.

„Ein Tier quält, wer ihm längerdauernde oder sich wiederholende erhebliche Schmerzen oder Leiden verursacht; unnötig ist das Quälen, wenn es keinem vernünftigen oder berechtigten Zweck dient. Ein Tier mißhandelt, wer ihm erhebliche Schmerzen verursacht; die Mißhandlung ist roh, wenn sie einer gefühllosen Gesinnung entspringt!" § 1 II.

II. Unerlaubter Tierversuch. §§ 5—8, 9 Abs. 2

: Vornahme von erheblich schmerzhaften oder schädigenden Eingriffen oder Behandlungen an lebenden Tieren zu Versuchszwecken, ohne die erforderliche Erlaubnis.

III. Sonstige Übertretungen von Tierschutzbestimmungen. § 9 Abs. 3

1. Auch wenn kein unnötiges Quälen oder rohes Mißhandeln vorliegt, sind bestimmte Mißhandlungen als Übertretungen strafbar, z. B. Vernachlässigung der Pflege oder Überanstrengung, Kupieren des Pferdeschwanzes usw. §§ 2—4.

2. Das Unterlassen der Aufsichtspflichtigen, Kinder von Tierquälerei abzuhalten. § 9 Abs. 3 Ziff. 4.

Nebenstrafen und -folgen: Einziehung oder Tötung des Tieres, anderweitige Unterbringung und Verpflegung des Tieres auf Kosten des Verurteilten bis zu 3 Monaten. § 10.

Zweiter Abschnitt

Urkunden- und Geldverbrechen

§ 57. Systematischer Überblick über die Urkundendelikte; der Urkundenbegriff

I. Überblick über die Urkundendelikte

Urkunden als verkörperte rechtserhebliche Erklärungen gehören zu den wichtigsten Beweismitteln, nicht nur im Prozeß, sondern im gesamten Rechtsverkehr. Vertrauen und Sicherheit im Rechtsverkehr hängen wesentlich von der Zuverlässigkeit und Unversehrtheit der in ihm verwandten Urkunden ab. Der Strafschutz der Urkundentatbestände gilt daher der Sicherheit und Zuverlässigkeit des Rechtsverkehrs, nicht aber dem Vermögen. RG. **76** 234. Bei den Urkunden ist zwischen öffentlichen und privaten Urkunden zu unterscheiden. Jene genießen einen umfassenderen Glauben und dementsprechend einen stärkeren Strafschutz als diese. Der Schutz der Urkunde kann sich nach vier Seiten erstrecken und zwar auf:

1. ihre Echtheit, d. h. darauf, daß der angegebene Aussteller auch der wirkliche ist. In dieser Beziehung werden alle Urkunden geschützt. §§ 267, 348 Abs. 2;

2. ihre Wahrheit, d. h. daß sie inhaltlich richtig ist. Die Wahrheit der urkundlichen Erklärung wird nur in bestimmtem Umfange bei öffentlichen Urkunden ge-

schützt, nicht bei Privaturkunden außer bestimmten ärztlichen Zeugnissen. §§ 348 Abs. 1, 271, 278;

3. ihre Unversehrtheit §§ 274 Ziff. 1, 348 Abs. 2, 133. Geschützt werden nur fremde Urkunden und eigene in amtlichem Gewahrsam;

4. ihre Verwendung. Bezüglich Ausweispapieren wird auch der Mißbrauch echter Urkunden bestraft, § 281.

II. Der Begriff der Urkunde

Urkunde ist nicht bloß ein Beweismittel, denn diese Eigenschaft teilt sie mit vielen anderen Gegenständen: Fußspuren, Fingerabdrücken und anderen. Wesentliches Merkmal der Urkunde ist, daß in ihr ein menschlicher Gedanke verkörpert wird (Perpetuierung einer Erklärung). Doch auch nicht jede verkörperte Erklärung ist eine Urkunde, sondern nur eine solche, die für irgendwelche rechtlichen Beziehungen beweiserheblich ist. Schließlich muß die Urkunde den Garanten der Beweiserklärung erkennen lassen: den Aussteller.

Urkunde ist die Verkörperung einer aus sich selbst heraus verständlichen Erklärung, die geeignet und bestimmt ist, etwas Rechtserhebliches zu beweisen, und die den Aussteller angibt.

1. Urkunde ist eine verkörperte, aus sich heraus verständliche Erklärung. Sie enthält den rechtserheblichen Gedanken, regt ihn nicht bloß an, wie das Merkzeichen, etwa der Knoten im Taschentuch. Die Verkörperung von Erklärungen geschieht durch Schriftzeichen, darum ist Urkunde ein Schriftstück, evtl. in Verbindung mit bildlichen Darstellungen (Zeichnungen, Photographien, z. B. Paßbild, vgl. RG. **46** 413, **65** 50, 317). Gleichgültig ist, auf welches Material oder in welchen Zeichen (Geheimschrift) die Schrift gesetzt ist, sofern sie nur nicht ganz vergänglich ist wie Zeichen im Schnee oder zusammengelegte Zweige.

a) Die Gedankenverkörperung kann sich auch Abkürzungen bedienen, einzelner Worte, Zeichen, Ziffern. Diese sind Urkunden, sofern und soweit sie kraft Gesetzes oder Verkehrssitte eine aus sich selbst heraus verständliche Erklärung zum Ausdruck bringen, z. B. Fahrkarten (RG. **20** 7), Theaterkarten, Inhaltsangaben auf Geldrollen (RG. **13** 71), Akzept auf Wechsel (Art. 25 Wechselgesetz).

b) Keine Urkunden sind dagegen Zeichen, die keine aus sich heraus verständliche Erklärung enthalten, die also nicht durch den in ihnen verkörperten Gedankeninhalt, sondern nur durch den Zusammenhang, in dem sie sich an einem Gegenstand befinden oder in dem sie verwendet werden, beweiserheblich sind: Beweiszeichen (künstlicher Indizienbeweis). Binding II, 179ff., Gerland 433, a.A. RG. in ständiger Rechtspr. und h.L. (Bedenken bei Kohlrausch, § 267 III, 3, Schönke II, 1). Die h. L. glaubt zwischen Beweiszeichen, denen sie Urkundenqualität beimißt, und Kenn- und Herkunftszeichen, die keine Urkunden sind, unterscheiden zu können.

Bloße Kenn- oder Herkunftszeichen sind nach RG.: das eingebrannte Namenszeichen auf Rindern (RG. **36** 15), Spielmarken (RG. **55** 98).

Dagegen mißt das RG. folgenden Beweiszeichen Urkundenbedeutung bei: Malerzeichen (RG. **34** 53, **56** 357, **76** 29), Poststempel auf Briefmarke (RG. **62** 12, vgl. **50** 213), Eichstempel (RG. **46** 290, **56** 356), Fabriknummer auf Kraftwagen (RG. **68** 96), Plombe auf Elektrizitätsmesser (RG. **50** 191), nicht aber Verschlußplombe an der Meßuhr einer Branntweinbrennerei: RG. **64** 48, Korkbrand RG. **76** 186, Waldhammerschlag nur, falls er vereinbarungsgemäß (!) Eigentumsübergang dokumentieren soll, sonst nicht (RG. **36** 147), Stutenbuchzeichen (RG. 44 87), Striche auf Bierfilz (DStrZeitung 3 77), Loch auf der Kontrolluhr (RG. 34 436), anders bei selbständiger Kontrolluhr (RG. 64 97, vgl. auch RG. 75 315): „das Loch als Urkunde ist wohl der tiefste Punkt, bis zu welchem deren Verkennung herabsinken kann" (Binding II, 184).

In den meisten dieser Fälle liegt zwar ein strafbares oder sonst rechtswidriges Tun, meist Betrug vor, aber kein Urkundendelikt. Das RG. zeigt hier wie auch an anderen Stellen (s. u. S. 214) das Bestreben, die sachlich auf anderen Gebieten liegende Rechtswidrigkeit einer Tat durch die Konstruktion einer Urkundenfälschung zu verstärken.

2. Der Urkundeninhalt muß geeignet und bestimmt sein, etwas Rechtserhebliches zu beweisen.

a) Die Urkunde muß durch ihren Inhalt, nicht bloß durch ihre Existenz etwas beweisen.

Darum genügt nicht, wenn durch die Existenz eines Schriftstückes die Existenz einer Person bewiesen werden kann (RG. 37 5). Hier ist das Schriftstück bloß Augenscheinsobjekt, nicht Übermittler von Gedanken. Keine Urkunden sind darum bloße Handschriften oder Autogramme (RG. 23 214, 76 30).

b) Die Urkunde muß objektiv geeignet sein, etwas Rechtserhebliches zu beweisen (Beweisfähigkeit oder Beweiseignung). Ein Schriftstück ist nicht schon deshalb, weil es etwas Rechtserhebliches enthält, geeignet, dies zu beweisen.

Z. B. ein Brief, in dem eine angebliche Kaufpreisforderung geltend gemacht wird, ist nicht beweiserheblich für den Abschluß eines Kaufvertrages, sondern nur für die Mahnung; ein Brief an den Prinzipal, in dem ein Angestellter strafbarer Handlungen bezichtigt wird, ist nicht beweiserheblich für die mitgeteilten Straftaten, sondern nur für die dadurch begangene Beleidigung des Angestellten, also beweiserheblich in einem Strafverfahren gegen den Schreiber. RG. 8 187, weitergehend Binding II, 226.

Der Aussteller braucht sich der Beweisfähigkeit nicht einmal bewußt zu sein. Es genügt „abstrakte" Beweisfähigkeit, d. h. die Fähigkeit, in irgendeiner Beziehung in irgendeinem Verfahren für den Beweis von Rechtsbeziehungen erheblich zu sein (z. B. Liebesbrief für Ehebruch, lyrisches Gedicht für Zurechnungsfähigkeit [s. u. e]). Es genügt ferner, daß die Urkunde in Verbindung mit anderen Tatsachen für Rechtsbeziehungen beweiserheblich ist. Demnach sind beweiserheblich nicht nur

aa) Dispositivurkunden, durch die ein rechtserheblicher Wille erklärt wird, z. B. Wechsel, Quittung, Offerte, Kündigung, Testament; nicht nur

bb) Zeugnisurkunden, die über rechtserhebliche Tatsachen berichten (Beweisurkunden);

Z. B. Protokolle über eine Generalversammlung, Handelsbücher, Entschuldigungszettel für Schulversäumnisse (RG. 21 187), Privatsachverständigen-Gutachten (RG. 67 177 unter Aufgabe früherer Rechtsprechung), Privatauskünfte über Angestellte (beweiserheblich gegebenenfalls für Klage aus § 826; RG. 62 218, auch RG. 44 369), Auskünfte privater Auskunftsbüros (RG. 31 59); sondern auch

cc) Urkunden, deren Inhalt einen Schluß auf rechtserhebliche Tatsachen zuläßt, z. B. Referendarklausur auf Rechtskenntnisse (RG. 68 240), Liebesbrief auf Ehebruch.

c) Die Urkunde muß bestimmt sein, etwas Rechtserhebliches zu beweisen (Beweisbestimmung).

Die Beweisbestimmung für den Rechtsverkehr kann der Aussteller der Urkunde von Anfang an gegeben haben: „Absichtsurkunde", wie vor allem die Dispositiv- und die Zeugnisurkunde. Sie kann aber auch erst später einem zunächst nicht für den Rechtsverkehr bestimmten Schriftstück von jemandem (Aussteller oder Dritten) gegeben sein: „Zufallsurkunde", z. B. ein Liebesbrief im Ehescheidungs- oder

Unterhaltsprozeß. In diesem Falle wird das Schriftstück erst von dem Zeitpunkt an zur Urkunde, in dem jemand mit ihm einen Beweis im Rechtsverkehr führen will (was dem Täter bewußt sein muß). RG. **17** 108.

3. Die Urkunde muß den Aussteller als Garanten der rechtserheblichen Erklärung erkennen lassen. Einem Schriftstück, zu dem sich kein bestimmter Aussteller bekennt — dem anonymen Schreiben — fehlt jede urkundliche Beweiskraft.

Doch muß sich der Aussteller nicht gerade durch Unterschrift ausweisen. Es genügt, wenn er sich aus dem sonstigen Inhalt der Urkunde mit genügender Deutlichkeit zu erkennen gibt, z. B. bei Eisenbahnfahr- oder Theaterkarten usw.. (RG. **61** 161).

Dagegen reicht nicht aus, wenn der Aussteller nur aus anderen, außerhalb des verkörperten Gedankeninhalts liegenden Tatsachen zu entnehmen ist, etwa aus den Schriftzügen oder aus Bemerkungen des Überbringers. RG. **40** 217.

Die Unterschrift kann, wenn nichts anderes vorgeschrieben ist, auch auf mechanischem Wege, durch Stempel oder Druck, geleistet werden.

4. Die öffentliche Urkunde insbesondere.

Die öffentliche Urkunde bildet eine Unterart der amtlichen Urkunde; sie ist die mit Glauben für und gegen jedermann ausgestattete amtliche Urkunde im Gegensatz zu der schlichtamtlichen Urkunde, der der öffentliche Glaube fehlt, wie der innerdienstlichen Urkunde oder schlichtamtlichen Auskunft. Behördliche Urkunden konnen schließlich auch bloße Privaturkunden sein, wenn sie in keinem inneren Zusammenhang mit der eigentlichen Amtstätigkeit stehen, wie z. B. schriftliche Mietverträge, schriftliche Bestellung von Schreibmaterial usw. Von allen diesen Urkunden ist nur die öffentliche Urkunde besonders hervorgehoben und genießt in §§ 271, 348 Abs. 1 zusätzlichen Strafschutz.

Ihre Begriffsmerkmale sind nach § 415 ZPO.:

a) Ausstellung durch eine öffentliche Behörde oder eine mit öffentlichem Glauben versehene Person.

aa) Zu den öffentlichen Behörden gehören nicht nur die Reichs-, Landes- und Kommunalbehörden, sondern auch die Behörden der offentlichen Korporationen oder Anstalten (nicht aber Kirchenbehörden RG. **47** 49, vgl. aber auch DR. **1939** 162). Nicht erforderlich ist Ausübung von Hoheitsgewalt, daher sind Behörden auch Kommunalsparkassen (RG. **6** 247, **71** 102) und die Reichsbahn.

bb) Zu den mit öffentlichem Glauben versehenen Personen gehören nur die eigentlichen Urkundspersonen: Notar, Gerichtsvollzieher, Urkundsbeamter der Geschäftsstelle, Standesbeamter, Postbeamter bei Zustellung.

b) Ausstellung der Urkunde innerhalb der amtlichen Befugnis oder des Geschäftsbereichs (mit öffentlicher Beweiskraft für und gegen jedermann).

aa) Die Beurkundung muß zum besonderen Aufgabenkreis der Behörde gehören (RG. **63** 75; B i n d i n g II, 213). Das fehlt Privaturkunden einer Behörde (RG. **25** 71). Liegt dagegen die Beurkundung innerhalb des besonderen Aufgabengebietes der Behörde, so ist die Urkunde auch dann eine öffentliche, wenn das beurkundete Rechtsverhältnis ein privatrechtliches Geschäft ist,

z. B. Sparkassenbücher der kommunalen Sparkassen (RG. **61** 126, **71** 103), Reichsbahnfahrkarten (RG. **59** 38, dagegen: B i n d i n g II, 213, B e l i n g Z, **18** 295), Reichsbahngepäckscheine (RG. **37** 318, Pfandscheine städt. Leihhäuser (RG. **36** 363), amtlich quittierte Eintragungen im Posteinlieferungsbuch (RG. **42** 287), das Reifezeugnis (RG. **60** 375; nicht das bloße Klassenzeugnis! : RG. **43** 274). Der behördliche Beglaubigungsvermerk ist nur dann eine öffentliche Urkunde, wenn die Beglaubigungstätigkeit zum besonderen amtlichen Aufgabenkreis der Behörde gehört (Gericht, Notar, nicht Polizei), sonst sind sie schlicht amtliche Urkunden (RG. **64** 41, 72, 20).

bb) Die Beurkundung muß mit öffentlicher Beweiskraft für oder gegen jeden Dritten erfolgen.

Das fehlt schlicht amtlichen Urkunden wie Auskünften (RG. **63** 76, **66** 125, **75** 287, 404) und rein innerdienstlichen Urkunden, z. B Bestellvermerken des Postbeamten auf Paketkarten oder Postanweisungen (RG. **53** 224, **67** 256), Anzeige eines Polizisten (RGR. 5 427), Bericht über Dienstvergehen an Vorgesetzte (RG. **25** 132), Tagesstempel auf Postsendung (RG. **30** 381), Polizeimelderegister (RG. **64** 291).

c) Wahrung der vorgeschriebenen Form.

Meist sind keine Formvorschriften gegeben. Wesentlich ist z. B. die Unterschrift des Beamten im Posteinlieferungsbuch (RG. **30** 369).

5. Besonderheiten.

a) Keine Urkunde ist der *Urkundenentwurf*, z. B. die noch nicht unterzeichnete Erklärung, aber auch die vollständige Quittung vor ihrer Begebung (vgl. RG. **64** 137).

Bei Vernichtung eines Entwurfes ist daher nicht § 274, sondern § 303 anzuwenden. Wird ein Entwurf verfälscht in der Erwartung, daß er zur Urkunde vervollständigt werde, so liegt der Anfang der Ausführung der Urkundenfälschung, also Versuch vor. Wer einen vollständigen Entwurf (z. B. Quittung vor Begebung) entwendet und als Urkunde gebraucht, verstößt nicht gegen § 267. Weitergehend *Binding* II, 208, vgl. RG. **48** 125.

b) Abschriften von Urkunden sind grundsätzlich keine Urkunden, da im Verkehr regelmäßig nur das Original, nicht die Abschrift beweisfähig ist (RG. **76** 333). Ausnahmsweise sind im Verkehr aber auch Abschriften beweisfähig und daher Urkunden:

α) Die Abschrift, die kraft Gesetzes wie die Urschrift gelten soll, z. B. die (auch unbeglaubigte) Abschrift der Klageschrift bei den Gerichtsakten, RG. **59** 15;

β) Abschriften des kaufmännischen Geschäftsverkehrs gemäß § 38 Abs. 2 HGB. (RG. **35** 145, **43** 52);

γ) Durchschriften (Paus- und Klatschkopien, Schreibmaschinendurchschriften); denn sie sind volle schriftgetreue Nachbildungen des Originals (s. RG. JW. 1931 2249, mit Anm. *Ötker*, DJ. 1937 1681, DR. 1945 23). Dasselbe muß von Photokopien gelten, a. A. RG. **69** 228;

δ) Amtlich beglaubigte Urkundenabschriften; denn der Verkehr pflegt die amtlich beglaubigten Abschriften einer Urkunde an Stelle der Urschrift anzunehmen, gleichgültig ob sie von spezieller Beglaubigungsbehörde (Gericht oder Notar) oder von sonstiger Behörde beglaubigt war. Für den letzten Fall a. A. RG. DR. 1940 1828, RG. **76** 333).

Keine bloßen Abschriften, sondern Originale sind Vervielfältigungen, durch die jemand gegenüber einer Mehrheit von Personen gleichlautende rechtserhebliche Erklärungen abgibt, z. B. gedruckte Offerten, Preisverzeichnisse, Prospekte (RG. **29** 357), Zeitungsanzeigen (a. A. RG. **23** 251, **40** 78).

§ 58. Die Urkundenfälschung

Im römischen Recht wurde die ursprünglich auf Testamentsfälschung beschränkte Strafbarkeit in der Kaiserzeit auf alle sonstigen Urkundenfälschungen und den Betrug ausgedehnt (wichtig lex Cornelia de falsis). Das mittelalterliche deutsche Recht kannte das Fälschen von Siegeln und Urkunden als besonderes Delikt, so auch Art. 112 CCC., während das gemeine Recht das uferlose römisch-rechtliche falsum rezipierte. Die bisherige zweiaktige Fassung des Delikts in § 267 a. F. stammt aus dem Preuß. StGB., seit Neufassung vom 29. 5. 43 ist die Urkundenfälschung ein einaktiges Delikt geworden.

§ 267 (N.) umfaßt zwei alternative Tatbestände:

1. Fälschen einer Urkunde zum Zwecke der Täuschung,
2. Gebrauchmachen von der gefälschten Urkunde im Rechtsverkehr.

Es genügt die Verwirklichung des einen **oder** anderen Tatbestandes (anders als bisher). Tatobjekte sind Urkunden jeder Art: Private, schlicht amtliche und öffentliche Urkunden.

I. Urkundenfälschung im engeren Sinne. § 267, 1. Alternative. (N.)

1. *Objektiver Tatbestand.*

Herstellen einer unechten Urkunde oder Verfälschen einer echten.

a) Eine Urkunde ist unecht, wenn der aus ihr ersichtliche Aussteller nicht der wirkliche ist.

Urkundenfälschung ist also die Täuschung über die Person des Ausstellers, wobei unerheblich ist, ob der angebliche Aussteller jemals existiert hat (RG. **46** 298). Dagegen ist keine Urkundenfälschung das Herstellen einer echten, aber inhaltlich unwahren Urkunde (schriftliche Lüge), (RG. **8** 189, **48** 408). Eine Urkunde kann also unecht und doch inhaltlich richtig sein, so, wenn der Schuldner die verlorengegangene Quittung fälschlich anfertigt. Eine schriftliche Lüge ist auch die unwahre Angabe von Ort und Zeit der Ausstellung.

aa) Maßgebend ist die Echtheit der Erklärung, unerheblich die Eigenhändigkeit der Niederschrift. Es genügt also zur Echtheit, wenn ein Dritter die Urkunde mit Willen des Erklärenden als dessen Erklärung niederschreibt und mit dessen Namen unterschreibt (RG. **43** 348; **75** 47, h. L. a. A. Frank I).

Ausgenommen sind jedoch die Fälle, in denen Eigenhändigkeit rechtlich vorausgesetzt wird: bei Testamenten (RG. **57** 235), eidesstattlichen Versicherungen (RG. **69** 119); nach RG. **75** 214 angeblich auch bei öffentlich-rechtlichen Rechtsakten; ferner bei Erbringen höchstpersönlicher Leistungen z. B. Referendarprüfungsklausuren (RG. **68** 240 und wohl auch in RG. **16** 325).

Unecht ist auch die Erklärung, die der Täter zwar im Einverständnis mit dem Namensträger, aber nicht als dessen Erklärung, sondern als eigene Erklarung mit dem fremden Namen unterzeichnet. Hier täuscht er über die Person des Erklärenden (Ausstellers), z. B. ein bankrotter Kaufmann schließt seine Geschäfte mit Einwilligung seines Schwagers unter dessen Namen schriftlich ab (Vortäuschen falscher Identität).

Dagegen bleibt eine Urkunde, die mit Einwilligung des Namenträgers als **seine** Erklärung mit **seinem** Namen gekennzeichnet wird, auch dann echt, wenn der Inhalt unwahr ist und im Rechtsleben täuschen sollte (vgl. RG. **75** 47).

Beispiel: ein Soldat ermächtigt einen Dritten, ein telegrafisches Urlaubsverlängerungsgesuch mit erdichteten Gründen mit seinem — des Soldaten — Namen zu zeichnen und aufzugeben: keine Urkundenfälschung, da über die Person des Erklärenden nicht getäuscht wird (RG. **43** 348). Desgleichen: ein erkrankter Arbeiter beauftragt einen Kameraden, seine Lohnkarte beim Eintritt in die Fabrik abzustempeln: Betrugsversuch, aber keine Urkundenfälschung, da der Kamerad für den anderen handeln wollte und keine höchstpersönliche Leistung zu erbringen war (unzutreffend RG. **75** 314).

Im Gegensatz dazu wird die Ansicht vertreten, daß jede zu Täuschungszwecken erteilte Ermächtigung unwirksam und die Urkunde unecht sei (so RG. **68** 240 u. ö.; **Schönke**, Probleme, S. 259). Diese Ansicht verkennt, daß es sich nicht um ein Rechtfertigungsproblem (Ausschluß der Rechtswidrigkeit durch Einwilligung), sondern um ein Tatbestandsproblem handelt: von wem rührt die Erklärung her? (s. o. S. 55).

bb) Trotz Verwendung des ihm nicht zustehenden Namens begeht keine Urkundenfälschung, wer nicht den Anschein falscher Identität erwecken, sondern nur seinen Namen ungenannt lassen will (wer nicht als anderer, sondern nur unter einem anderen Namen handeln will, so beim Inkognito und Pseudonym). RG. **48** 238, **68** 2.

Eine Ledige unterzeichnet einen Mietvertrag als Frau des Mieters, um zu verdecken, daß sie nur seine Freundin ist. RG. JW. **1934** 3064, vgl. aber auch RG. **30** 43, bedenklich **72** 226.

cc) Umgekehrt kann auch durch Zeichnen mit richtigem Namen eine Urkundenfälschung begangen werden, wenn damit eine Täuschung über die Person des Ausstellers bezweckt wird.

Der Sohn unterzeichnet eine auf den gleichnamigen Vater hinweisende Urkunde mit seinem Namen (RG. 4 157, 65 173), desgl. der Täter setzt einen Titel zu seinem Namen, um auf eine bestimmte andere gleichnamige Person hinzuweisen (GA. 50 278, vgl. § 277). Anders ist es jedoch, wenn der Täter ohne Identitätstäuschung sich nur einen Titel beilegen will.

dd) Endlich fehlt eine Urkundenfälschung, wenn mit einem Allerweltsnamen unterzeichnet (Maier, Müller) und erkennbar nicht auf einen bestimmten Träger dieses Namens hingewiesen wird (versteckte Anonymität). RG. **46** 300.

ee) Eine unechte Urkunde stellt auch her, wer einem mit der echten Namensunterschrift eines anderen versehenen Papier ohne dessen Willen oder entgegen seinen Anordnungen einen urkundlichen Inhalt gibt (Blankettfälschung, früher § 269).

Beispiel: Der Täter füllt einen Blankowechsel abredewidrig mit einer höheren Summe aus. RG. 3 142.

b) Verfälschen einer echten Urkunde (nicht auch einer unechten! Gesetzeslücke!).

Diese Tathandlung setzt die Existenz einer vollständigen Urkunde voraus. Verfälschen ist die Veränderung des ursprünglichen beweiserheblichen Inhalts, durch die der Anschein erweckt wird, als habe der Aussteller die Erklärung von Anfang an so abgegeben, wie sie jetzt vorliegt.

Die Verfälschung wird meist durch einen Dritten, kann aber auch durch den Aussteller selbst erfolgen, falls er durch die Urkunde im Rechtsverkehr bereits Beweis gegen sich erbracht hat. Letzteres geschieht regelmäßig durch die Entäußerung der Urkunde, d. h. durch die Übergabe an den Beweisempfänger. RG. 37 85. Für Handelsbücher des Kaufmannes entscheidet der Zeitpunkt, an dem sie in den Rechtsverkehr eingeführt werden, z. B. durch Bezugnahme im Prozeß, aber nicht schon durch die Absicht, mit der Urkunde den Beweis führen zu wollen. RG. 52 88, 67 245; weitergehend RG. 49 396: maßgebend sei der Zeitpunkt, in dem der Dritte ein Einsichtsrecht nach § 810 BGB. erlangt hat; entsprechend RG. 35 149 für Kopien von Handelsbriefen wegen § 38 Abs. 2 HGB., § 810 BGB.

Eine schon verfälschte Urkunde kann weiter verfälscht werden (RG. 68 96).

2. *Subjektiver Tatbestand* erfordert:

a) Vorsatz, der vor allem das (laienhafte) Bewußtsein davon umfassen muß, daß das Schriftstück für Rechtsbeziehungen beweiserheblich ist.

b) Absicht, im Rechtsverkehr über die Echtheit der Urkunde zu täuschen.

Dies ist nicht der Fall, wenn die Unechtheit der Urkunde gleichgültig ist, so, wenn der Prinzipal eine unechte Urkunde herstellt, um die Verschwiegenheit des Angestellten auf die Probe zu stellen (RG. 46 223). Das ist ferner nicht der Fall, wenn der Täter im mutmaßlichen Einverständnis mit dem Namensträger mit dessen Namen zeichnet. Beispiel: ein Student unterzeichnet auf der Bude seines abwesenden Freundes die Empfangsquittung über eine von diesem sehnlichst erwartete Geldsendung, um sie ihm auszuhändigen.

Im Rechtsverkehr wird getäuscht, wenn der Täter die Absicht hat, den Getäuschten zu einem rechtserheblichen Verhalten zu veranlassen (RG. **47** 199, **64** 96).

Dies fehlt also, wenn mit der Fälschung ein schwer erkrankter Angehöriger beruhigt werden soll.

II. Gebrauchmachen von einer gefälschten Urkunde zur Täuschung im Rechtsverkehr. § 267. 2. Alternative. (N.)

Dieser Tatbestand kommt, abgesehen von Mittäterschaft zwischen Fälscher und Gebrauchmachendem, für den Alleintäter dann in Frage, entweder wenn er die Urkunde zunächst ohne Gebrauchsabsicht hergestellt hat und erst danach den Entschluß zur Täuschung faßt, oder wenn ein Dritter die Urkunde gefälscht hatte und der Täter sie ohne dessen Einverständnis gebraucht.

Gebrauchmachen heißt: Ermöglichung der Kenntnisnahme für die Person, die getäuscht werden soll (RG. **66** 313: Verbringen in den Machtbereich der zu täuschenden Person). Von der Urkunde selbst muß Gebrauch gemacht werden, nicht bloß von deren Abschrift (RG. **70** 133), doch soll nach RG. **69** 230 der Gebrauch eines Lichtbildes genügen (s. o. S. 213).

III. Besonderheiten

1. *Telegrammfälschung*

Schon das Aufgabetelegramm ist eine Urkunde; aber nicht mit ihm, sondern erst mit dem Ankunftstelegramm wird die Täuschung bezweckt. Auch das Ankunftstelegramm ist eine Urkunde des Aufgebenden, da der Telegraphenbetrieb nur das mechanische Werkzeug des Aufgebenden ist. Das gilt selbst bei telefonischer Aufgabe des Telegramms (RG. **57** 321, **66** 365).

Im übrigen zerfällt jedes Telegramm in einen postamtlichen Teil — dieser ist eine öffentliche Urkunde — und den Teil des eigentlichen Textes. Dieser kann privaten oder öffentlichen Charakter tragen, je nach dem, von wem und was telegraphiert wird. RG. **46** 286.

2. *Gesamturkunde*

Gesamturkunde ist die Urkunde mit mehreren Einzelerklärungen oder die feste Vereinigung mehrerer Schriftstücke zu einem Ganzen, die dazu bestimmt ist, über einen Kreis von Rechtsgeschäften erschöpfend Auskunft zu geben (RG. **60** 19): Handels- und Sparkassenbücher, Ausgangsjournale (RG. **67** 245), Lieferbücher (RG. **51** 36), Strafregister u. a. m.

Zweck der Gesamturkunde ist, nicht nur zu erklären was, sondern auch, daß nicht mehr geschehen ist, und nach RG. **38** 46, **51** 36 auch, daß nicht weniger geschehen ist (bedenklich!). Das bedeutet, daß bei der Gesamturkunde eine Verfälschung durch Tilgung von Einträgen begangen werden kann (und nach RG. **38** 46, **51** 36 auch durch Einschieben angeblich früherer Einträge), nicht aber durch spätere Abschreibungen, JW. **1933** 2522.

3. *Fälschung beglaubigter Abschriften*

Nach der oben S. 213 vertretenen Auffassung wird eine Urkundenabschrift durch den amtlichen Beglaubigungsvermerk selbst zur beweisfähigen Urkunde. Wer entweder die Abschrift einer unechten Urkunde oder die angebliche Abschrift einer Urkunde amtlich beglaubigen läßt, stellt eine unechte Urkunde her — denn die abschriftlich mitgeteilte Erklärung stammt nicht vom Aussteller — und verstößt gegen § 267.

Damit kann im letzteren Falle bezüglich des Beglaubigungsvermerks ein Verstoß gegen § 271 in Id. Konk. treten, wenn die Beglaubigung von einer eigentlichen Beglaubigungsbehörde vorgenommen wird (s. o. S. 212) und die Beglaubigung der angeblichen Übereinstimmung mit dem Original durch Täuschung des Beamten erreicht wird. Bei der Beglaubigung durch andere Behörden scheidet § 271 aus, da deren Beglaubigungsvermerke keine öffentlichen Urkunden sind

IV. Spezialfälle.

1. Fälschung von Gesundheitszeugnissen zum Gebrauch vor Behörden oder Versicherungsgesellschaften (§ 277, zweiaktiges Delikt) und Gebrauchmachen von gefälschten Gesundheitszeugnissen. § 279.

Der Grund der hierfür vorgesehenen Strafmilderung ist nicht ersichtlich.

2. Verfälschen einer amtlich zugänglichen Urkunde durch einen Beamten. § 348 Abs .2.

Tatobjekt ist eine Urkunde jeder Art: öffentliche, schlicht amtliche oder private Urkunde. Sie ist amtlich zugänglich, wenn der Beamte kraft seiner amtlichen Stellung zu ihr gelangen kann, darum nicht, wenn er sie nur durch dienstwidrige Handlung erreichen kann. RG. **61** 334, HRR. **1927** 440.

§ 59. Die übrigen Urkundendelikte

(Falschbeurkundung, Urkundenunterdrückung, Mißbrauch von Ausweispapieren, Grenzverrückung).

I. Die Falschbeurkundung.

Tatobjekt einer Falschbeurkundung sind außer der in § 278 genannten U. nur öffentliche Urkunden. Stets sind es echte, aber inhaltlich unrichtige Urkunden. Stellt jemand eine unechte Urkunde her, so macht er sich der Urkundenfälschung nach § 267, aber nicht der Falschbeurkundung schuldig.

1. Falschbeurkundung im Amt. § 348 Abs. 1.

: Vorsätzlich unrichtige Beurkundung einer rechtserheblichen Tatsache in öffentlicher Urkunde durch den zuständigen Beamten.

Der Beamte muß zur Ausstellung (= „Aufnahme") von Urkunden der fraglichen Art sachlich und örtlich befugt sein. Die Urkunde (oder das öffentliche Register oder Buch) muß den Erfordernissen der öffentlichen Urkunde entsprechen.

2. Mittelbare Falschbeurkundung. § 271.

: Ein Dritter veranlaßt einen Beamten, eine unwahre Tatsache öffentlich zu beurkunden, ohne daß der Beamte die Unwahrheit kennt.

Veranlaßt ein Dritter den zuständigen Beamten zu einer vorsätzlichen Falschbeurkundung, dann ist der Beamte Täter nach § 348 Abs. 1, der Dritte Anstifter. Kennt der Beamte die Unwahrheit der beurkundeten Tatsache nicht, so scheidet mangels Vorsatzes das Delikt nach § 348 und damit auch jede Art der Teilnahme aus. Das Gesetz hat darum einen eigenen Tatbestand, den § 271, geschaffen (und damit den finalen Handlungsbegriff anerkannt; denn wenn der

Vorsatz zur Schuld und nicht zur Handlung gehörte, müßte nach § 50 Abs. 1 jetzt Teilnahme an unvorsätzlicher Haupttat möglich und § 271 überflüssig geworden sein; vgl. zur gleichen Problemlage bei § 160 unten S. 252).

Ausnahmsweise kommt § 271 auch dann in Frage, wenn der Täter den Eintrag nicht durch Täuschung des Beamten, sondern durch Zwang bewirkt, da der Beamte nach der hier vertretenen Auffassung (oben S. 53) gemäß § 52 nicht rechtswidrig handelt. Wer dagegen den Nötigungsnotstand als Entschuldigungsgrund auffaßt, hat in diesem Fall Anstiftung zu § 348 Abs. 1 anzunehmen.

Zu beachten ist, daß nicht jede inhaltliche Unrichtigkeit für § 271 in Betracht kommt, sondern nur eine solche, auf die sich die öffentliche Beweiskraft der Urkunde erstreckt. Das ist bei den verschiedenen Urkunden verschieden, vor allem sind drei Gruppen zu unterscheiden. Die öffentliche Beweiskraft der Urkunden erstreckt sich

a) nur darauf, daß jemand unter Angabe eines bestimmten Namens eine bestimmte Erklärung abgegeben habe. Sie umfaßt also weder die Identität des Erklärenden noch die Wahrheit seiner Erklärung.

Hierher gehören nach Ansicht des RG. nicht nur die Straf- und Zivilprozeßprotokolle (RG. **59** 13, **46** 112), sondern auch die Strafurteile und Strafbefehle. RG. **41** 201; dagegen und für Beweiskraft bez. der Identität spricht, daß bei der ersten richterlichen Vernehmung des Beschuldigten nach § 136 Abs. 3 StPO. die persönlichen Verhältnisse zu „ermitteln" sind. Vgl. RG. **24** 311. Das muß erst recht für die Beweiskraft von Hauptverhandlungsprotokollen gelten. Binding II, 383. Für Identitätsbeweis in ZP.-Protokollen auch: Frank II, 1; Alsberg, GA. **61** 217.

b) darauf, daß eine bestimmte Person eine Erklärung abgegeben habe. Sie umfaßt zwar die Identität der Person, aber nicht die Wahrheit ihrer Erklärung.

Anmeldungen zum Handels- und Vereinsregister (RG. **66** 336, **61** 304), Angaben zum Gefangenenregister RG. **24** 308 (Bedenken bei Frank III), Anerkennung der Vaterschaft nach § 1719 BGB. (RG. **70** 237), gerichtlicher Vergleich. RG. **72** 226.

c) auf Identität der Person und Wahrheit ihrer Erklärung: Erklärungen zum Personenstandsregister nach § 60 Personenstandsgesetz (RG. **60** 231), Erklärung zur Paßausstellung auf das Recht zur Titelführung. RG. **60** 104.

Schlicht amtliche Urkunden, die nur für den inneren Dienst bestimmt sind, scheiden aus § 271 (wie schon aus § 348 Abs. 1) aus; so die preuß. Polizeimelderegister (RG. **74** 292), die Fremdenregister der Hotels (HRR. **2** 115).

Ein erschwerter Fall liegt vor, wenn der Täter in der Absicht handelt, sich oder einem anderen einen Vermögensvorteil zu verschaffen oder einem anderen Schaden zuzufügen. § 272.

3. Wissentliches (d. h. direkt vorsätzliches) Gebrauchmachen von einer unwahren öffentlichen Urkunde zum Zwecke der Täuschung. § 273.

Tatmittel ist eine unwahre öffentliche Urkunde im Sinne von § 271; gleichgültig ist, wie sie entstanden war, ob durch Täuschung des Beamten nach § 271 oder durch bloßen Irrtum oder vom Beamten vorsätzlich geschaffen (§ 348 Abs. 1) RG. **68** 200. § 273 bestraft den täuschenden Gebrauch einer solchen unwahren öffentlichen Urkunde.

Hatte sich der Täter jedoch schon nach § 271 strafbar gemacht, so ist für ihn das Gebrauchmachen nur straflose Nachtat. RG. **58** 34.

4. Ausstellen (= „Entäußern") unrichtiger ärztlicher Gesundheitszeugnisse zum Gebrauch vor einer Behörde oder Versicherungsgesellschaft. § 278.

Ausnahmsweise wird hier wegen ihrer besonderen Beweiskraft die Wahrheit einer Privaturkunde unter Strafschutz gestellt.

II. Urkundenunterdrückung.

1. **Unterdrückung fremder Urkunden.** § 274 Abs. 1.

: Beschädigen, Vernichten, Unterdrücken einer Urkunde, die dem Täter nicht ausschließlich gehört, in Benachteiligungsabsicht.

Der Urkundenbegriff ist der gleiche wie sonst: nach RG. **55** 74 soll er jedoch weiter sein: es genüge Beweiserheblichkeit für „Tatsachen"!

Die Urkunde darf dem Täter nicht ausschließlich „gehören". Hierfür ist das Eigentum nicht allein maßgebend (so jedoch Frank I), sondern das Recht, mit der Urkunde einen Beweis zu führen. Daher gehört die Urkunde nicht dem ausschließlich, der zwar Eigentümer, aber herausgabe- oder vorlegungspflichtig ist (Binding II, 300, vgl. auch RG. GA. **56** 217).

Die Urkunde ist beschädigt oder vernichtet, wenn ihre Beweisfähigkeit beeinträchtigt oder aufgehoben ist; sie wird unterdrückt, wenn dem Berechtigten die Benutzung entzogen oder vorenthalten wird (ohne daß Zueignungsabsicht besteht, da sonst Diebstahl oder Unterschlagung vorliegt! RG. **35** 64).

Zu beachten ist, daß bei der Gesamturkunde durch Tilgung von Einträgen nicht bloße Urkundenunterdrückung, sondern sogar Urkundenfälschung begangen werden kann. Ob das eine oder das andere vorliegt, hangt vom Vorsatz ab (ging er auf Gewinnung einer unechten Urkunde, so liegt § 267 vor).

Der Täter muß in der Absicht (= Beweggrund) handeln, einem anderen dadurch, daß er die Benutzung der Urkunde als Beweismittel vereitelt, einen Nachteil (nicht notwendig Vermögensnachteil) zuzufügen. Dies fehlt, wenn er bloß ein Sammlerstück vernichten will (dafür § 303). Frank I, 3.

2. Unterdrückung amtlich verwahrter Urkunden.

a) Urkundenunterdrückung durch Beamte. § 348 Abs. 2.

Über das Tatobjekt s. o. S. 217. Die Tathandlungen entsprechen denen des § 274 Ziff. 1 (Beiseiteschaffen = Unterdrücken; zu eng RG. **72** 197).

b) Verwahrungsbruch (über den Urkundenkreis hinausgehend. § 133 (s. u. S. 242).

III. Mißbrauch echter Ausweispapiere. § 281 (N.).

: Gebrauchmachen von fremden Ausweispapieren oder Überlassen von Ausweispapieren an andere zur Täuschung im Rechtsverkehr (früher § 363 Abs. 2).

Tatobjekt sind echte Ausweispapiere. Benutzung unechter ist nur im Rahmen der § 267 ff., 271 ff. strafbar.

Die 2. Alternative (Überlassen usw.) ist eine zum selbständigen Delikt erhobene Beihilfehandlung zur 1. Alternative.

Ausweispapiere sind amtliche Urkunden über die Identität oder die persönlichen Verhältnisse, z. B. Paß, Kennkarte, Führerschein; Urkunden, die als Ausweis benutzt werden, sind z. B. Diplome, Schulzeugnisse, Taufscheine.

IV. Grenzverrückung. § 274 Ziff. 2.

: Die in Benachteiligungsabsicht vorgenommene Fälschung oder Unterdrückung von Grenz- oder Wasserstandszeichen.

Tatobjekt ist ausnahmsweise ein bloßes Beweiszeichen. Es muß Beweiskraft haben, welche fehlt, wenn nur ein einzelner Beteiligter es einseitig gesetzt hat. Das Grenzzeichen dient zur Abgrenzung des Eigentums oder sonstiger (nicht bloß dinglicher) Rechte am Grundstück. Auch hier muß der Täter die Absicht verfolgen, den anderen durch Beeinträchtigung des Zeichens als eines Beweismittels zu schädigen, sonst nur § 303, z. B. beim bloßen Mutwillen.

§ 60. Straftaten gegen das Münzwesen sowie an Stempel- und Postwertzeichen

I. Münzdelikte. §§ 146—152

Tatobjekt ist in- oder ausländisches Metall- oder Papiergeld. Geld ist „jedes vom Staate oder von einer durch ihn dazu ermächtigten Stelle als Wertträger beglaubigte, zum Umlauf im öffentlichen Verkehr bestimmte Zahlungsmittel ohne Rücksicht auf eine Annahmepflicht" (RG. **58** 256 nach Gerland). Kein Geld ist verrufenes oder außer Kurs gesetztes Geld. Dem Gelde werden im Strafschutz bestimmte auf den Inhaber lautende Wertpapiere (Schuldverschreibungen, Banknoten, Aktien u. dergl.) gleichgestellt. § 149.

1. Falschmünzerei und Münzfälschung. § 146.

Erstere ist Nachmachen von Geld, wodurch der Eindruck von echtem Gelde gemacht wird (ohne daß eine entsprechende echte Geldsorte als Vorbild vorhanden sein müßte, RG. **58** 351). Bei letzterer wird echtem Gelde durch Veränderung an ihm der Schein höheren Wertes oder nicht mehr gültigem („verrufenem") Gelde der Schein des gültigen verliehen. Beide Handlungen müssen in der Absicht geschehen, das Falschgeld in den Verkehr zu bringen, sodaß ein anderer es wie echtes annimmt, um es evtl. weiterzugeben (dieses ist u. U. auch ohne Täuschung des Abnehmenden möglich, so beim Verkauf an Komplizen, RG. **1** 408). Die Tat ist mit dem Nachmachen oder Verfälschen vollendet, daher dann kein Rücktritt mehr möglich. Das Verbreiten ist straflose Nachtat.

2. Verbreiten und Abschieben von Falschgeld. § 147/48.

: In-Verkehr-bringen von Falschgeld als echt, das der Täter

a) entweder ohne Verbreitungsabsicht selbst hergestellt hatte (§ 147, 1. Altern.) oder

b) das er sich als Falschgeld verschafft hatte (§ 147, 2. Altern.) oder

c) das er als echt empfangen und nach erkannter Unechtheit als echt abschiebt (§ 148).

Die beiden Fälle b) und c) unterscheiden sich durch die Kenntnis bzw. Unkenntnis der Unechtheit des Geldes beim Erwerb. Die Strafmilderung des § 148 hat ihren Grund in dem Regelfall, daß der Täter einen unverschuldet erlittenen Schaden abwälzen will. „Verschaffen" im Sinne des § 147 und (wohl auch)

„Empfangen“ im Sinne von § 148 umfaßt jede Art von Erwerb, nicht nur abgeleiteten, sondern auch durch Fund oder Delikt (RG. **67** 295, Kohlrausch, a. A. Frank I, Binding II, 324).

§ 147 bestraft weiter die in Benachteiligungsabsicht erfolgende Einfuhr von Falschgeld, das sich der Täter im Ausland verschafft hat.

3. Münzverringerung. § 150.

: Verringerung echter Geldmünzen und In-Verkehr-bringen als vollgültiger (Kippen), desgl. das In-Verkehr-bringen verringerter Geldmünzen als vollgültiger entweder im Einverständnis mit dem Verringerer oder gewerbsmäßig (Wippen).

4. Strafbare Vorbereitungshandlungen. § 151.

: Anschaffen oder Anfertigen von Formen, die zur Anfertigung von Falschgeld dienlich (d. h. gebrauchsfertig (RG. **55** 46, **65** 203) sind, zum Zwecke eines Münzverbrechens.

Damit werden gewisse Vorbereitungshandlungen zum Münzverbrechen und zur Beihilfe zu einem solchen selbständig unter Strafe gestellt. Kommt es zum Versuch, so tritt § 151 zurück (RG. **65** 203). — Ergänzend: § 360, Ziff. 4—6; über Einziehung des Falschgeldes und der Formen vgl. § 152.

Zwischen Münzverbrechen und Urkundenfälschung ist Id. Konk. unmöglich, wohl aber mit Betrug (RG. **60** 316, a. A. Frank I), außer bei § 148, da sonst die Strafmilderung illusorisch wäre, a. A. RG. **54** 219.

II. Straftaten an Stempel- und Postwertzeichen. §§ 275/76.

Systematisch falsch unter die Urkundendelikte eingereiht, denn geschützt wird nicht ein urkundlicher Gedankeninhalt, sondern ein Wertzeichen.

Tatobjekt sind bestimmte in- oder ausländische Wertzeichen, nämlich Stempelpapiere, Stempelkarten, Postfreimarken.

Bestraft werden:

a) das zum Gebrauch erfolgende Nachmachen (§ 275, Ziff. 2) und Verfälschen (§ 275, Ziff. 3) und das Gebrauchen gefälschter Wertzeichen (§ 275, Ziff. 1),

b) das vorsätzliche Wiederverwenden schon gebrauchter Wertzeichen (§ 276), bei Postwertzeichen nur nach Entfernung des Entwertungszeichens (Abs. 2), anderenfalls liegt einfache Gebührenhinterziehung vor (§ 27 Postgesetz; RG. **63** 133),

c) das Veräußern schon verwendeter Wertzeichen nach Entfernung der Entwertungszeichen. § 364,

d) Vorbereitungshandlungen: Anfertigung von Formen usw. § 360, Ziff. 4 und 5.

Dritter Abschnitt

Strafbare Störungen des Gemeinschaftslebens

§ 61. Gemeingefährliche Straftaten

Vorbemerkung: Gefahr ist der regelwidrige Zustand, bei dem der Eintritt eines Schadens wahrscheinlich ist (s. o. S. 30). Gemeingefahr ist die Gefahr.

die die Allgemeinheit, das „Publikum" betrifft, entweder in der Vielheit der Individuen (Objekte) oder in der Unbestimmtheit der Individualität.

In diesem Sinne ist die verunglückte Legaldefinition des § 315 Abs. 3 zu verstehen (vgl. RG. 75 70, Kohlrausch, § 315, 8).

Gemeingefahr ist also nicht nur die Gefährdung einer Vielheit von Objekten, gleichgültig, ob die Zahl unbestimmt oder bestimmt ist (so: Binding II, 4, Frank vor § 306 II), sondern auch die Gefährdung eines einzigen, aber unbestimmten Objektes als Teil der Allgemeinheit, z. B. bei Beschädigung eines Steges, den nur eine — noch unbestimmte — Person betreten kann. Betrifft die Gemeingefahr Sachen, so müssen es bedeutende Sachwerte sein.

Über konkrete und abstrakte Gefährdungsdelikte s. o. S. 88. Im 27. Abschnitt sind keineswegs alle Delikte gemeingefährlich, und auch außerhalb des Abschnittes stehen gemeingefährliche Delikte, z. B. im Sprengstoffgesetz.

I. Die Brandstiftung. §§ 306—310a

Die gemeingefährlichen Delikte werden durch eine Straftat eröffnet, die keineswegs stets ein gemeingefährliches Verbrechen ist (z. B. nicht in § 308, 1. Altern.: Eigentumsdelikt). Doch ist Brandstiftung keine bloße qualifizierte Sachbeschädigung, denn einmal wird auch Brandstiftung an eigenen Sachen bestraft (§§ 306, 308, 2. Altern.), zweitens ist der Vollendungszeitpunkt bei beiden verschieden: die Sachbeschädigung kann schon vollendet sein (z. B. durch Ankohlen), während die Inbrandsetzung noch aussteht. So ist die Brandstiftung ein eigenständiges Delikt, das durch die Art des Tatmittels und des Tatobjektes herausgehoben ist.

Nur die in §§ 306—308 genannten Sachen sind taugliche Objekte der Brandstiftung, während an anderen Sachen nur Sachbeschädigung verübt werden kann.

1. Schwere Brandstiftung. § 306.

a) Taugliche Objekte sind:

aa) Gebäude für gottesdienstliche Versammlungen,

bb) Gebäude, Schiffe, Hütten, die zur Wohnung von Menschen tatsächlich dienen,

cc) Räumlichkeiten, die zeitweise zum Aufenthalt von Menschen dienen und zwar zu einer Zeit, in der gewöhnlich Menschen darin sind, z. B. Theater, Büroräume, aber nicht Scheunen oder Ställe, in denen Menschen nur arbeiten (RG. **69** 149).

Z. Zt. der Tat braucht niemand in dem Gebäude oder der Räumlichkeit zu sein. Auch auf die Eigentumsverhältnisse kommt es nicht an. Der Eigentümer wird bestraft, selbst wenn er einziger Bewohner ist, denn das Gesetz will auch das Leben anderer Personen schützen, die vielleicht im Gebäude sein könnten.

b) Die Tathandlung, das Inbrandsetzen, ist vollendet, wenn der Gegenstand selbst derart vom Feuer erfaßt ist, daß er selbständig weiterbrennen kann (RG. **71** 194).

Darum genügt bloßes Ankohlen nicht, erst recht nicht das Entzünden des Zündstoffes (dies ist Versuchsbeginn). Eine helle Flamme ist nicht erforderlich. Die Tat kann auch durch Unterlassen begangen werden; so hat der Feuerversicherte die Pflicht zum Löschen (RG. 64 276).

c) Der Vorsatz muß neben der Inbrandsetzung die Zugehörigkeit des Objektes zu den in § 306 genannten, besonders geschützten Ggegenständen umfassen. Ein Irrtum innerhalb dieser Gruppe (etwa Hütte statt Wohnhaus) ist unbeachtlich, da die Objekte gleichwertig sind. Hält der Täter aber ein Objekt des § 306 für ein solches nach § 308 (Wohnhaus für Scheune), dann geht der Vorsatz nur auf eine

Tat nach § 308. Bei umgekehrtem Irrtum (Scheune für Wohnhaus) liegt § 308 und Versuch nach § 306 vor (RG. **60** 137).

d) Sachbeschädigung wird von der Brandstiftung konsumiert (Binding II, 11, Normen II, 1125), und zwar nicht nur die Zerstörung des Zündmaterials, sondern auch des Mobiliars (a. A. RG. 57 296, Frank V: Id. Konk.). Wohl aber steht Brandstiftung in Id. Konk. mit § 265.

e) Qualifizierte Fälle:

Besonders schwere Brandstiftung (§ 307) liegt vor,

aa) wenn der Brand den Tod eines Menschen verursacht hat, der zur Tatzeit im Gebäude war (also nicht eines Feuerwehrmannes).

Die Art des Todes ist gleichgültig sofern nur der Brand die Ursache für ihn war, z. B. Erschlagen durch Balken, Herausspringen aus dem Fenster, wohl auch Herzschlag durch Aufregung (streitig). Die Tat ist erfolgsqualifiziertes Delikt. Kenntnis, daß ein Mensch im Raum ist, ist nicht erforderlich (h. L.; RG. 63 8, abweichend LK. 2).

bb) wenn die Brandstiftung Vorbereitungshandlung zu Mord, Raub oder Aufruhr ist; erst recht, wenn sie Versuchshandlung für diese Delikte ist (vgl. Frank I, 2).

cc) wenn der Täter Löschgeräte entfernt oder unbrauchbar macht, sei es vor oder nach der Tat. Hierzu gehört auch das Abstellen des Löschwassers (vgl. Frank I, 3).

2. Einfache Brandstiftung. § 308.

§ 308 enthält zwei Tatbestände: die Inbrandsetzung fremder und die eigener Sachen; erstere ist ohne Einschränkung strafbar, letztere nur bei gleichzeitiger Gefährdung von Sachen der §§ 306—308 1. Altern.

a) Taugliche Objekte sind Gebäude, Schiffe, Hütten (beides nicht ganz kleine oder schwache, RG. **17** 179), Bergwerke, Magazine, Warenvorräte auf öffentlichem Lagerplatz, Vorräte an landwirtschaftlichen Erzeugnissen und an Brenn- und Baumaterial (stets eine größere Menge von nicht unerheblichem Wert (JW. **1937** 997, RG. **73** 206), Früchte auf dem Felde (auch Wildgras und Heide), Waldungen (d. h. größere Baum- oder Buschflächen, wobei genügt, wenn Laub oder Unterholz brennen), Torfmoore. — Brandstiftung an sonstigen Sachen ist Sachbeschädigung.

b) Strafbar ist die Inbrandsetzung

aa) von fremden Sachen ohne Einschränkung (unmittelbare Brandstiftung). Strafgrund ist — soweit keine Gemeingefahr vorliegt — fremde Eigentumsverletzung. Daher schließt im letzteren Falle die Einwilligung des Eigentümers die Rechtswidrigkeit aus (RG. **12** 138), nicht aber bei Gemeingefährlichkeit (vgl. 2. Altern.).

bb) von eigenen Sachen, wenn die abstrakte Gefahr für Räume i. S. von § 306 oder für Gegenstände i. S. von § 308 1. Altern. geschaffen wird (mittelbare Brandstiftung).

Sie umfaßt auch die Brandstiftung an herrenlosen Sachen, da Strafgrund die Gemeingefahr ist (LK. II, a. A. Binding II, 16). Da keine konkrete Gefährdung erforderlich ist, wird auch die bei günstigem Winde verübte Tat bestraft.

c) der Vorsatz muß bei unmittelbarer Brandstiftung das fremde Eigentum, bei mittelbarer Brandstiftung die abstrakte Gefährdung umfassen. Besteht eine abstrakte Gefährdung für fremde Sachen, dann ist der Irrtum des Täters über die

Eigentumsverhältnisse am angezündeten Gegenstand unbeachtlich, da die Tat auf jeden Fall (an fremden wie an eigenen Sachen) strafbar ist (RG. DJ. **1940** 549).

d) Id. Konk. besteht mit § 265, nicht aber mit § 303 (Binding II, 11, Dohna Z. 61 34). Brennt der Täter eine Sache nach § 308 nieder und greift der Brand, wie der Täter voraussah, auf ein Gebäude nach § 306 über, dann liegt nur eine Brandstiftung vor, die nach der schwersten Bestimmung bestraft wird. Jede Brandstiftung wird nur nach der schwersten Bestimmung bestraft, daher grundsätzlich keine Id. Konk. zwischen § 306 und § 308 (a. A. RG. 64 279).

3. Fahrlässige Brandstiftung. § 309.

Bei Verursachung des Todes tritt eine Straferschwerung ein (erfolgsqualifiziertes Delikt). Im Gegensatz zu § 307 Ziff. 1 braucht der Getötete nicht z. Zt. der Tat im Gebäude gewesen zu sein (RG. 5 202).

4. Tätige Reue. § 310.

Ausnahmsweise befreit hier der Rücktritt von vollendetem Delikt von Strafe und zwar sowohl bei vorsätzlicher wie bei fahrlässiger Brandstiftung.

Voraussetzungen sind:

a) der Brand darf noch nicht entdeckt, d. h. von einem unbeteiligten Dritten ohne Mitwirkung des Täters wahrgenommen sein (RG. 19 394),

b) kein weiterer Schade als der durch die bloße Inbrandsetzung bewirkte darf entstanden sein, d. h. das Feuer darf noch keinen erheblich größeren Umfang angenommen haben, als zum selbständigen Weiterbrennen erforderlich ist,

c) der Täter muß den Brand (u. U. mit herbeigeholten fremden Kräften) gelöscht haben (RG. 19 395, LZ. 1931 1334).

Straflos wird nur die Brandstiftung, nicht die Sachbeschädigung. Ebenfalls keine Straflosigkeit wegen § 265 oder § 310a.

5. Vorsätzliche oder fahrlässige Herbeiführung einer Brandgefahr für feuergefährdete Betriebe und Anlagen, sowie für Betriebe oder Anlagen der Land- und Ernährungswirtschaft, in denen land- oder ernährungswirtschaftliche Erzeugnisse sich befinden, ferner für bestellte Felder oder solche, auf denen Getreide, Heu oder Stroh lagern, endlich für Wald-, Heide- oder Moorflächen. § 310a (N.).

Erforderlich ist konkrete Brandgefahr. Auf sie müssen sich Vorsatz oder Fahrlässigkeit erstrecken. Ist ein Brand entstanden, dann greifen §§ 306—309 ein, wobei das Gefährdungsdelikt hinter das Verletzungsdelikt zurücktritt. — Die Eigentumsverhältnisse sind gleichgültig, doch wird, wenn die Verletzungstat straflos bleiben würde (z. B. im Falle des § 308, 2. Altern.), auch die Gefährdungstat straflos bleiben müssen.

Ergänzende Vorschriften gegen Brandstiftung vgl. § 368, Ziff. 3—8, § 369, Ziff. 3, § 367, Ziff. 5—6.

II. Sprengstoffverbrechen

1. Zerstörung von Brandstiftungsobjekten durch Explosivstoffe. § 311.

Explosivstoffe sind solche, die durch Entzündung zur Explosion gebracht werden, also auch Benzin, nicht aber Wasserdampf. RG. 22 305.

2. Straftaten nach dem Sprengstoffgesetz v. 9. 6. 1884.

a) Vorsätzliche Gefährdung des Eigentums, der Gesundheit oder des Lebens eines anderen. § 5.

Dabei muß der Sprengstoff als Spreng-, nicht als Schießmittel gebraucht werden. Es genügt Gefährdungsvorsatz, wobei der Verletzungsvorsatz einen solchen enthält.

Abs. 2 und 3 enthalten qualifizierte Fälle und drohen sehr harte Strafen an: Abs. 3 Todesstrafe auf fahrlässige Tötung!

Beim Zusammentreffen mit § 311 wird das Gesetz mit der schwersten Strafdrohung angewendet (Alternativität); h. L.; Binding II, 25.

b) Dynamitverschwörung (§ 6), d. h. die Verabredung oder Verbindung zu einem Delikt nach § 5.

c) Vorbereitungshandlungen:

aa) Herstellung, Anschaffung, Besitz von Sprengstoffen in der Absicht zu einem Verbrechen nach § 5, desgleichen Überlassen an andere zu diesem Zweck. § 7.

bb) Herstellen, Anschaffen, Besitz von Sprengstoffen unter verdächtigen Umständen. § 8.

cc) Öffentliche Aufforderung zu einem Sprengstoffdelikt § 10, Nichtanzeige eines geplanten Sprengstoffdelikts § 13.

III. Überschwemmung. §§ 312—314.

1. Vorsätzliche Herbeiführung einer Überschwemmung mit konkreter Gemeingefahr für

a) Menschenleben § 312,

b) fremdes Eigentum (gleichgültig, ob eines oder mehrerer Eigentümer) § 313; dabei tritt Strafmilderung ein, wenn der Täter eigene Sachen schützen wollte (Abs. 2).

2. Fahrlässige Herbeiführung einer Überschwemmung mit Gemeingefahr für Leben oder Eigentum. § 314.

In allen drei Fällen muß sich der Vorsatz oder die Fahrlässigkeit auf den Eintritt der konkreten Gemeingefahr erstrecken. In §§ 312 und 314 wirkt die Verursachung des Todes strafschärfend. § 313 ist subsidär gegenüber § 312.

IV. Transportgefährdung. §§ 315—316 (N.).

§ 315 bestraft die vorsätzliche, § 316 fahrlässige Tat. Stets muß eine konkrete Gemeingefahr (Legaldefinition, § 315 Abs. 3, dazu o. Vorb.) herbeigeführt werden, worauf sich Vorsatz und Fahrlässigkeit beziehen müssen. Im übrigen unterscheiden beide Deliktsformen zwei Fälle nach den Angriffsobjekten:

1. Vorsätzliche Transportgefährdung nach § 315 Abs. 1.

a) Angriffsobjekt ist der Betrieb einer Eisen- oder Schwebebahn, der Schiffahrt oder Luftfahrt.

Eisenbahn ist eine Anlage zur Beförderung von Gütern oder Menschen, bei der die Fortbewegung auf Schienen auf mechanischem Wege erfolgt, also nicht Pferde- oder gleislose Bahnen. Dagegen gehören auch private Kleinbahnen dazu.
Geschützt ist der ganze „Betrieb“: Fahrzeuge, Beförderungsmittel und -gegenstände, Fahrgäste und Betriebspersonal (RG. 74 274).

b) Tathandlung ist das Beeinträchtigen der Betriebssicherheit (d. h. die Erhöhung der Betriebsgefahr) und dadurch Schaffung einer Gemeingefahr durch

aa) Beschädigen, Zerstören oder Beseitigen von Anlagen oder Beförderungsmitteln,

bb) Bereiten von Hindernissen, Geben falscher Zeichen oder ähnliche Eingriffe.

Diesen Handlungen wird die Gefährdung durch pflichtwidrige Unterlassung überflüssigerweise ausdrücklich gleichgestellt.

c) Der Vorsatz (auch dolus eventualis) muß die Herbeiführung der Gemeingefahr umfassen (bedenklich weitgehend RG. **71** 43).

2. Vorsätzliche Transportgefährdung nach § 315 Abs. 2.

Mildere Strafe ist angedroht, wenn das Tatobjekt eine Straßenbahn ist, d. h. eine Bahn, die keinen eigenen Bahnkörper hat, sondern die allgemeinen Verkehrswege benutzt, wobei es unerheblich ist, wenn sie streckenweise eine eigene Fahrbahn besitzt. Für gleislose Bahnen kommt § 321 in Betracht (Kohlrausch 7; a. A. Schönke III).

3. Fahrlässige Transportgefährdung. § 316.

Über Fahrlässigkeit bei beschrankten, aber offenstehenden Übergängen vgl. RG. 72 288.

V. Gefährdung des Telegrafen-, Telefon- und Rohrpostbetriebes. §§ 317—318a

1. Vorsätzliche oder fahrlässige Verhinderung oder Gefährdung des Betriebes einer öffentlichen Zwecken dienenden Telefon-, Telegrafen- oder Rohrpostanlage durch Beschädigung oder Veränderung von Teilen oder Zubehör. §§ 317/318a.

Die Anlagen müssen öffentlichen Zwecken dienen, d. h. entweder den Zwecken des Staates oder des allgemeinen Verkehrs. Dazu gehören auch Privattelefone, die an das Fernsprechnetz angeschlossen sind, nicht aber private Rundfunkanlagen. Keine Beschädigung ist die unbefugte, aber technisch ordnungsgemäße Benutzung der Anlage, etwa des Feuermelders (dafür eventuell § 304, vgl. RG 65 133).

2. Sonderdelikte der Aufsichtspersonen.

: Verhinderung oder Gefährdung der oben genannten Anlagen durch pflichtwidrige Nachlässigkeit der Bedienungspersonen. § 318 Abs. 2, 318a.

Die Fahrlässigkeit muß sich auf die Herbeiführung der Betriebsgefährdung erstrecken (Binding II, 51; LK. 4; h. L.; a. A. RG. 20 191, 22 164: es genüge bloßer Kausalzusammenhang).

VI. Zerstörung oder Beschädigung von Wasserbauten. §§ 321—326

und zwar von Wasserbauten (auch Wasserleitungen), von bestimmten Bergwerksbauten, Brücken, Fähren, Wegen (auch Privat- und Notwegen) mit konkreter Gefahr für Leben oder Gesundheit (auch nur eines) anderen.

In allen Fällen kann auch der Eigentümer Täter sein (RG. 27 365). Ein Weg kann auch durch Anbringen gefährlicher Hindernisse auf der Fahrbahn beschädigt werden (RG. 74 15). Subjektiv erfordert § 321 Vorsatz (Erfolgsqualifizierung in Abs. 2), während § 326 Fahrlässigkeit genügen läßt, falls ein weiterer über die Beschädigung der Anlage gehender Schade eingetreten ist, und zwar eine Lebens- und Gesundheitsbeschädigung, nicht bloß ein Sachschade, wie RG. 35 400 annimmt (h. L.). Fahrlässigkeit bezüglich dieses weiteren Schadens ist nicht erforderlich (h. L., a. A. Binding II, 56; Schönke II).

VII. Gemeingefährliche Vergiftung. §§ 324—326

1. a) Vorsätzliches Vergiften (nicht bloß Verunreinigen) von:

aa) Brunnen oder Wasserbehältern, die zum Gebrauch anderer Menschen dienen, gleichgültig, ob öffentliche oder private,

bb) Gegenständen, die zum öffentlichen, d. h. allgemeinen Verkauf oder Verbrauch bestimmt sind (dazu gehören nicht nur Lebensmittel, sondern alle Sachen), § 324;

b) Wissentliches (= direkt vorsätzliches) In-Verkehr-bringen derartiger vergifteter Gegenstände unter Verschweigen dieser Eigenschaft. § 324. Die Tat ist ein abstraktes Gefährdungsdelikt.

2. Die fahrlässige Tatbegehung wird in § 326 unter Strafe gestellt, falls eine Gesundheitsbeschädigung herbeigeführt wird (vgl. hierzu oben VI).

3. Ergänzende Vorschriften: §§ 11—15 Lebensmittelgesetz v. 17. 5. 36 (Änderung v. 14. 8. 43), § 26, Ziff. 2 Fleischbeschaugesetz v. 29. 10. 40, § 367, Ziff. 5.

VIII. Straftaten gegen den Seuchenschutz. §§ 327—328

: Vorsätzliche („wissentliche") Verletzung von Absperr- oder Aufsichtsmaßregeln oder von Einfuhrverboten zuständiger Behörden zur Verhütung des Einführens oder Verbreitens ansteckender Krankheiten und zwar:

a) bei menschlichen Krankheiten: § 327,

b) bei tierischen Krankheiten: § 328.

Beide Tatbestände sind abstrakte Gefährdungsdelikte mit Blankettstrafdrohungen, so daß auch nach der reichsgerichtlichen Rechtsprechung der Vorsatz die Kenntnis der Anordnungen umfassen muß. Die behördlichen „Anordnungen" können sich auch unmittelbar in Gesetzen oder Rechtsverordnungen befinden (RG. 37 178); so z. B. im Geschlechtskrankheitengesetz (RG. 74 229). § 327 deckt auch tierische Krankheiten, die auf Menschen übertragen werden können, z. B. Tollwut, Maul- und Klauenseuche, Trichinen, soweit die Anordnungen den Menschenschutz betreffen (RG. 21 121).

§§ 327—328 beziehen sich nicht bloß auf Anordnungen gegen akut drohende oder schon ausgebrochene Krankheiten, sondern ebenso gegen künftig mögliche (RG, 37 190; 44 149; h. L.).

Ergänzend siehe für § 327: Geschlechtskrankheitengesetz v. 18. 2. 1927; Spezialfälle sind §§ 44/5 Gesetz betr. Bekämpfung gemeingefährlicher Krankheiten v. 20. 6. 1900.

Für § 328: Viehseuchengesetz v. 26. 6. 1909, § 74 ff.

IX. Verletzung von Regeln der Baukunst. § 330

: Gefährdung anderer durch Verletzung der in der Praxis allgemein anerkannten Regeln der Baukunst bei Ausführung oder Leitung eines Baues.

„Bauen" umfaßt jede Bautätigkeit: Hoch- und Tiefbau, Wasser-, Straßen-, Brücken- und Bergbau (auch den Abbruch) mit allen Tätigkeiten für den Bau, auch die Erdarbeiten und den Gerüstbau.

Baufehler sind nicht nur Fehler bei der handwerklichen Bauausführung, sondern auch bei der statischen Berechnung (Schönke II, 2, a. A. Kohlrausch); ferner Fehler in gesundheitlicher Beziehung oder in der Feuersicherheit.

Die Gefahr muß auf Grund des geschaffenen Zustandes akut bestehen (RG. JW. 1926 589), sie muß dem Leben oder der Gesundheit anderer Personen als den Tätern drohen, z. B. auch den Bauarbeitern.

Taugliche Täter sind:

a) der Bauleiter, der die maßgebenden Anordnungen für die Ausführung des Baues als Ganzem gibt,

b) der Bauausführer, d. i. jeder, der irgendwie, auch untergeordnet, am Bau mitwirkt, allerdings nur für den Kreis, für den er verantwortlich ist.

Subjektiv genügt ausnahmsweise wegen der polizeilichen Natur des Delikts auch Fahrlässigkeit, RG. 29 73. Ergänzend § 367, Ziff. 14—15.

§ 62. Verletzung elementarer Verkehrsrücksichten und sozialer Pflichten.

I. Unterlassene Hilfeleistung § 330 c (N.).

: Unterlassen der Pflicht, bei Unglücksfällen oder gemeiner Not oder Gefahr im Rahmen des Zumutbaren Hilfe zu leisten.

Die Pflicht des § 330 c ist die allgemeine Hilfspflicht von Mensch zu Mensch bei Unglücksfällen. Wo der Unterlassende die spezielle Pflicht zur Gefahrenabwehr hatte, macht er sich wegen Begehungsdelikts strafbar. S. o S. 89ff.

Gegenüber dem alten Liebes-§ (§ 360 Ziff. 10) ist die Strafbarkeit nicht mehr von einer polizeilichen Aufforderung abhängig. Die Bedenken gegen die Gültigkeit wegen Erwähnung des gesunden Volksempfindens dürften nicht durchschlagen; denn sachlich handelt es sich um die Zumutbarkeit. (Fast gleichlautend ist Art. 296 schweiz. Entw. v. 1918! Vgl. Hafter I 55.) OLG. Koblenz, NJW. 1948 489; a. A OLG. Kassel, ebda S. 488.

1. Unglücksfall ist ein plötzliches Ereignis, das einen erheblichen Personen- oder Sachschaden verursacht hat und weiteren Schaden zu verursachen droht. Unglücksfälle sind nicht nur äußere (Natur-) Ereignisse, sondern z. B. auch Krankheiten (Schwangerschaften), die eine plötzliche Verschlimmerung genommen haben (RG. **75** 71, 161), ebenso Selbstmord und Mordversuch (RG. **71** 189). Über Gemeingefahr s. o. S. 221 und RG. **75** 70.

2. Die Hilfeleistung.

a) Erforderlich ist, daß Hilfe überhaupt nötig ist. Das ist nur dann der Fall, wenn ein weiterer, nicht unerheblicher Schaden droht.

Das fehlt, wenn der eine angefahrene Verkehrsteilnehmer tot, der andere völlig unverletzt ist (unzutreffend RG. 71 200).

b) Art und Maß der Hilfeleistungspflicht bestimmt sich nach dem, was dem Täter nach den Umständen zuzumuten ist. Keine Pflicht besteht bei erheblicher eigener Gefahr oder Verletzung anderer wichtiger Interessen (vgl. DR. **1944** 726).

3. Subjektiv ist Vorsatz erforderlich (RG. **75** 163).

Dabei muß der Täter Kenntnis vom Unglücksfall und von der tatsächlichen Voraussetzung der Hilfeleistungspflicht haben (DR. **1944** 726). Zum Unrechtsbewußtsein gehört das Bewußtsein der Pflichtverletzung.

4. Wer nicht hilft, bleibt auch dann strafbar, wenn der Schade anderweitig abgewendet wird.

5. Id. Konk. besteht mit § 139 a.

II. Der gemeingefährliche Rausch. § 330 a (N.)

Strafbar ist, wer sich vorsätzlich oder fahrlässig durch Genuß von Rauschmitteln in einen die Zurechnungsfähigkeit ausschließenden Rausch versetzt, wenn er in diesem Zustande eine mit Strafe bedrohte Handlung begeht.

Die Vorschrift stammt aus dem Entwurf 1927 (ähnlich ist Art. 263 Schweizer StGB). Sie bietet dogmatisch kaum überwindliche Schwierigkeiten: entweder faßt man sie als einen Fall der Erfolgshaftung auf („folgenschwere Unmäßigkeit“: so besonders H. Mayer, Z. 59 283; überw. Lehre und Praxis); dann ist sie als Vergehen mit dem Schuldgedanken nicht in Einklang zu bringen. Oder man versucht das Schuldprinzip zu wahren und legt dementsprechend § 330 a einschränkend aus: schuldhafte Herbeiführung eines gemeingefährlichen Rausches (so Kohlrausch III, Lange Z. 59 574); dann aber gerät man bei den subjektiven Erfordernissen der Tat im Rausch zu kaum überwindlichen Abgrenzungsschwierigkeiten (s. u. 2 b). Da lege ferenda dürfte sich empfehlen, die Tat als bloße Erfolgshaftung zum Polizeidelikt mit Denkzettelstrafe zu machen. Solange aber § 330 a ein Vergehen ist, wird man der Auffassung von Kohlrausch-Lange folgen müssen: Bestrafung des im Rausch kriminell gefährlichen Menschen, der sich schuldhaft in den Rausch versetzt hat.

Der Aufbau des Tatbestandes umfaßt 2 Teile.

a) das schuldhafte Sich-versetzen in einen gemeingefährlichen Rausch,

b) das Begehen einer mit Strafe bedrohten Handlung in einem schuldunfähigen Zustand.

1. Das schuldhafte Sich-berauschen:

a) Der Täter versetzt sich vorsätzlich oder fahrlässig durch Rauschmittel in einen die Zurechnungsfähigkeit ausschließenden Rausch.

Die Unzurechnungsfähigkeit muß gerade vom Genuß des Rauschmittels herrühren. Treten andere Ursachen (Gehirnerschütterung, Blutkoller) hinzu, mit denen der Täter nicht rechnen konnte, so scheidet § 330 a aus. Vgl. RG. **70** 85; **73** 133.

Vorsatz und Fahrlässigkeit müssen die Herbeiführung der Unzurechnungsfähigkeit durch den Rausch umfassen, nicht aber die Tat im Rausch, da sonst actio libera in causa vorliegt.

b) Erforderlich ist die Herbeiführung eines gemeingefährlichen Rausches, d. h. der Täter muß im Rausch zu Straftaten irgendwelcher Art neigen und muß das wissen.

Verboten ist nicht das Sich-berauchen als solches sondern nur das Berauschen eines gemeingefährlichen, weil zu Straftaten im Rausch neigenden Menschen. Erst dieses ungeschriebene Tatbestandsmerkmal hebt die Tat über eine bloße Erfolgshaftung hinaus (vgl. Kohlrausch III; a. A. überw. L.).

2. Die (schuldlose) Tat im Rausch.

Begehen einer mit Strafe bedrohten Handlung im zurechnungsunfähigen Zustand.

a) Es genügt nicht die Verwirklichung des objektiven Tatbestandes eines Delikts, denn ob und welche Straftat vorliegt, hängt von der Willensrichtung des Handelnden ab: so kann das Rollen von Zementrohren auf die Straße Verkehrsübertretung, Wegebeschädigung oder Mordversuch sein, je nach der Willensrichtung; und danach richtet sich auch die Strafe der Rauschtat, vgl. Abs 2 (RG. JW. 1936 456, RG. **73** 11). Völlig unabdingbar ist die Willensrichtung bei den Absichtsdelikten. Die bloße objektive Wegnahme ist überhaupt keine Straftat, sondern ist dies erst bei Zueignungsabsicht.

Erforderlich ist daher eine rechtswidrige Tat in objektiver und subjektiver Hinsicht, also auch Vorsatz und die besonderen Täterabsichten und Tendenzen. Bei fahrlässigen Taten kommt Fahrlässigkeit in hypothetischer Form in Betracht, d. h. es ist zu fragen, ob der konkrete Täter ohne den Rausch den Erfolg hätte vermeiden können (h. L.; RG. **73** 11).

b) Zweifelhaft ist, ob und wieweit einzelne Irrtümer oder Vorstellungslücken in bezug auf den Unrechtstatbestand unbeachtlich sind, weil sie durch den Rausch bedingt sind.

So, wenn der einen Dritten verletzende Rauschtäter sich im Trinkerwahn angegriffen glaubt (RG **73** 11) oder wenn er bei der Begehung unzüchtiger Handlungen nicht die Öffentlichkeit seiner Tatbegehung erkennt (RG. **70** 159). Soweit diese begleitenden Irrtümer gerade durch den Rausch bedingt sind, heben sie die die Gefährlichkeit des Rauschtäters indizierende Funktion der Tat nicht auf, und darum hat das RG. in diesen Fällen gestraft. Jedoch ist es prinzipiell unmöglich, innerhalb eines Deliktstatbestandes den „Grundstock des Handlungstypus“ (Lange), den der Wille des Rauschtäters umfassen muß, von den begleitenden Merkmalen, über die der Täter irren kann, zu trennen Für den Unrechtstatbestand sind alle Tatbestandsmerkmale gleich wichtig.

Darum muß jeder, auch der rauschbedingte Irrtum beachtet werden. Häufig wird fahrlässige Tatbegehung übrig bleiben.

3. Dogmatische Funktion der Rauschtat:

Die Rauschtat ist das konkrete Indiz für die Gemeingefährlichkeit des Berauschten. Es ist ein Stück des Unrechtstatbestandes, das ausnahmsweise abweichend von § 59 nicht vom Vorsatz des Sich-berauschenden umfaßt zu sein braucht. Dogmatisch **unrichtig hält** die h. L. die Rauschtat für eine bloße Strafbarkeitsbedingung (Bedenken in RG. **73** 180).

4. Einzelfragen:

a) § 330a ist eigenhändiges Delikt; daher ist mittelbare Täterschaft unmöglich, (h. L.), aber auch Teilnahme ist ausgeschlossen, da der Vorsatz des Teilnehmers sich auf den Erfolg, die Tat im Rausch, beziehen müßte, was nach der Natur des Deliktes ausgeschlossen ist (vgl. Z. **58** 522, h. L., abweichend Kohlrausch IV).

b) § 330a ist nach RG. 70 42 auch dann Vergehen, wenn die Tat im Rausch nur Übertretung war; doch darf die Strafe nach Art und Maß nicht schwerer sein, als für vorsätzliche Begehung der Tat im Rausch angedroht ist (Abs. 2). Ist die Rauschtat Antragsdelikt, dann auch § 330a.

c) Im Urteilstenor ist nur § 330a zu nennen (RG. 69 188). Das Sich-betrinken und die Tat im Rausch bilden eine Tat i. S. des Strafprozesses (Identität der Tat). Stellt sich daher in der Hauptverhandlung heraus, daß der angetrunkene Täter nicht schuldlos, sondern schuldhaft die Tat begangen hat, so handelt es sich beim Übergang von der einen zur anderen Beurteilung nur um den Wechsel des rechtlichen Gesichtspunktes. § 265. StPO. Ebenso wird die Strafklage verbraucht, wenn das Gericht bei Freispruch wegen der Tat im Rausch nicht auch den § 330a geprüft hat (JW. 1936 519).

d) § 330a ist als Gefährdungsdelikt subsidiär gegenüber der actio libera in causa.

III. Ruhestörender Lärm und grober Unfug. § 360 Ziff. 11

Vorgänger: § 183 II 20 ALR. („Mutwilliger Buben-Paragraph“).

1. Ungebührliche Erregung ruhestörenden Lärms. (1. Altern.).

a) Der Lärm braucht nur geeignet zu sein, die Ruhe (nicht bloß Nachtruhe) zu stören. Stets kommen nur grobe Ruhestörungen in Frage. Sie müssen ungebührlich, d. h. ohne gerechtfertigte Veranlassung sein, sodaß der mit einem erlaubten Betriebe notwendig verbundene Lärm nicht ungebührlich ist.

b) Nach h. L. muß sich der Lärm gegen die Ruhe der Allgemeinheit („des Publikums“), d. h. einer unbestimmten Mehrheit von Personen richten.

So aus Entstehungsgeschichte und dem Fehlen der Worte „eines anderen“, RG. 13 366, OLG. GA. 72 113, Frank XI; a. A. Binding I, 190, LK. IX, 8, Kohlrausch 12. Nach h. L. scheidet also § 360 Ziff. 11 aus, wenn die Ruhe der Mitbewohner nur eines Hauses gestört wird, falls es nicht Mietskaserne ist. (LZ. 1926 653, sehr bedenklich.)

c) Der Vorsatz muß die Ruhestörung umfassen.

2. Grober Unfug. (2. Altern.).

Der Tatbestand ist noch schwerer zu umgrenzen; denn er enthält die Gefahr, zum Generaltatbestand für alles, was sonst nicht unter Strafe gestellt ist, zu werden, zu einer Art subsidiärem Delikt (so auch in der ursprünglichen Praxis). Schwierig ist die Abgrenzung bei grobem Unfug gegenüber dem Einzelnen als solchem, z. B. einer Frau nachlaufen, Blenden mit Spiegel, Anpusten mit Pusterohr und dergl. Strafbedürfnis kann durchaus vorhanden sein, aber die Grenze zu Beleidigung, Körperverletzung ist kaum zu ziehen. Daher verlangt die h. L. einen Angriff auf die Allgemeinheit, das Publikum, nicht auf den Einzelnen als solchen. Der Angriff auf den Einzelnen, z. B. Küssen eines fremden Mädchens auf der Straße, ist grober Unfug nur dann, wenn die übrigen Passanten sich dadurch belästigt fühlen (RG. 34 364, 53 139).

Grober Unfug ist jede gegen die Verkehrssitte grob verstoßende Handlung, die geeignet ist, die Allgemeinheit, d. h. mehrere individuell unbestimmte Personen, auf Grund unmittelbarer Wahrnehmung zu belästigen oder zu beunruhigen. Das RG. spricht dabei von der Störung oder Gefährdung des äußeren Bestandes der öffentlichen Ordnung (RG. **36** 214).

Einzelheiten:

a) Belästigung eines Einzelnen ist grober Unfug nur, wenn unbestimmt viele andere Personen zugegen sind und durch die Wahrnehmung der Handlung beunruhigt werden können. Sie braucht nicht am öffentlichen Ort begangen zu werden. (A. A. Binding I, 191, LK. XI. 11/13: Belästigung eines Einzelnen genügt.)

b) Belästigung ist nicht nur durch sinnliche Wahrnehmung, sondern auch durch geistige Beeinflussung, z. B. durch Druckschriften möglich (RG. **19** 296; **27** 292). Vgl. auch RG. **1939** 1068 (Nacktbaden).

c) Die Belästigung muß unmittelbar durch die Wahrnehmung der betreffenden Handlung eintreten, daher genügt nicht die Beunruhigung durch spätere Berichte über sie (RG. **64** 253; HRR. **1935** 545, a. A. LK. XI 15, Hippel, S. 361.

d) Der Vorsatz muß die Eignung der Handlung zur Publikumsbelästigung umfassen.

IV. Gemeinlästige Straftaten

Gemeinsam ist ihnen ein asoziales, gemeinlästiges Verhalten, das der Arbeitsscheu entspringt.

1. Herumziehen als Landstreicher. § 361, Ziff. 3.

Landstreicher ist, wer aus eingewurzeltem Hange „zwecklos von Ort zu Ort unter ständigem Wechsel des Nachtquartiers umherzieht und dabei mit seinen Lebenskosten überwiegend anderen zur Last fällt“ (RG. DR. **1939** 365). Der Landstreicher fällt unter einen „Tätertyp“ (vgl. o. S. 74).

2. Bettelei. § 361, Ziff. 4.

: Betteln ist die an einen beliebigen Fremden gerichtete Bitte um ein geldwertes Geschenk mit dem Hinweis auf die Hilfsbedürftigkeit des Täters oder eines Angehörigen.

Kein Betteln ist die Kollekte für fremde Personen. Straflos ist auch das Angehen um eine Gabe, die nach der Sitte oder dem Ortsgebrauch üblich ist, z. B. die Bitte der reisenden Handwerksburschen bei ihren Meistern, Bitte um die Klostersuppe. Strafbar ist das Betteln selbst (vollendet mit Äußerung der Bitte), ferner das Anleiten oder Ausschicken von Kindern zum Betteln, endlich das Unterlassen, Personen, die der Gewalt oder der Aufsicht und dem Hausrecht des Täters unterstehen, vom Betteln abzuhalten, vgl. o. S. 195 — Das Betteln wird von der Landstreicherei konsumiert.

3. Verwahrlosung. § 361, Ziff. 5.

Danach ist strafbar, wer sich dem Spiel, Trunk oder Müßiggang derart hingibt, daß er sich selbst oder seine unterhaltberechtigten Angehörigen nicht mehr unterhalten kann, sondern behördlich fremde Hilfe in Anspruch genommen werden muß. Fahrlässigkeit genügt; bei Vorsatz wird meist § 170b eingreifen.

4. Arbeitsscheu. § 361, Ziff. 7.

Der öffentliche Armenunterstützung empfangende Täter weigert sich, die ihm von der Behörde zugewiesene, seinen Kräften entsprechende Arbeit zu verrichten.

Viertes Buch
Verbrechen gegen den Staat

§ 63. Hoch- und Landesverrat

: Hochverrat ist der Angriff gegen die bestehende innerstaatliche Ordnung, Landesverrat der Angriff auf die äußere Sicherheit und die Unabhängigkeit des Staates. Die Strafbestimmungen hierfür (§§ 80—93a) sind z. Zt. durch Gesetz Nr. 11 des Kontrollrates aufgehoben.

§ 64. Feindliche Handlungen gegen befreundete Staaten

Sie betreffen die Störung der auswärtigen Beziehungen des Staates. Die bisherigen §§ 102—104 sind z. Zt. durch Gesetz Nr. 11 des Kontrollrates aufgehoben.

§ 65. Straftaten gegen den Volkswillen

I. Straftaten gegen gesetzgebende Versammlungen des Reiches oder der Länder

1. Zwang gegen gesetzgebende Versammlungen. § 105.

: Das Unternehmen (d. h. auch schon der Versuch), eine gesetzgebende Versammlung auseinander zu sprengen, zur Duldung und Unterlassung von Beschlüssen zu nötigen oder Mitglieder aus ihnen gewaltsam zu entfernen.

2. Hinderung von Mitgliedern gesetzgebender Versammlungen durch Gewalt oder Drohung mit einer Straftat, sich an den Ort der Versammlung zu begeben oder zu stimmen. § 106.

Eine Strafbestimmung gegen aktive oder passive Bestechung von Abgeordneten fehlt, da Abgeordnete unter den Beamtenbegriff nicht fallen.

3. Beleidigung gesetzgebender Versammlungen. § 197 (s. o. S. 147).

II. Straftaten gegen das politische Wahl- und Stimmrecht

1. Wahlhinderung. § 107.

: Verhinderung eines Deutschen durch Gewalt oder Drohung mit einer Straftat. in Ausübung seiner staatsbürgerlichen Rechte zu wählen oder zu stimmen.

Geschützt ist das Wahl- und Stimmrecht in allen politischen Angelegenheiten in Staat, Kreis, Gemeinde, Verhinderung ist auch die Nötigung zur Wahl eines anderen Kandidaten (RG. 48 72), aber nicht zur Wahl überhaupt (h. L.; a. A. Binding II, 826).

2. Wahlfälschung. § 108.

: Herbeiführung eines unrichtigen oder Verfälschung des richtigen Wahlergebnisses in öffentlichen Angelegenheiten.

Der Strafschutz der §§ 108—109 greift über die Wahlen in politische Angelegenheiten (§ 107) hinaus auf Wahlen in allen öffentlichen Angelegenheiten, umfaßt also auch die Wahlen zu öffentlich-rechtlichen Körperschaften wie zum Betriebsrat oder zur Kirchenvertretung (RG. **64** 303).

Das Wahlergebnis liegt schon vor der Auszählung sogleich mit der Beendigung der Wahl selbst vor; es wird gefälscht, wenn die tatsächliche Durchführung des Wahlaktes gesetzwidrig war, z. B. durch Zulassung Unberechtigter, Nichtzulassung oder mehrfache Zulassung Berechtigter, Aushändigung schon angekreuzter Wahlzettel an Personen, die anders wählen wollten (RG. **63** 382). Verfälschen ist vor allem die unrichtige Auszählung oder Beurkundung des Wahlergebnisses.

3. Wahlbestechung. § 109.

: Kauf oder Verkauf einer Wahlstimme in öffentlichen Angelegenheiten.

„Kauf" etc. (im Sinne des täglichen Lebens gebraucht) ist die Willenseinigung über die Beschränkung des freien Wahlrechtes gegen wirtschaftliche Vorteile. Mit dieser Willenseinigung ist die Tat vollendet; ob und wie dann gewählt wird, ist unerheblich.

III. Schutz nicht verbotener Versammlungen. § 107a

: Verhinderung oder Sprengung nicht verbotener Versammlungen, Aufzüge, Kundgebungen mit Gewalt oder durch Bedrohung mit Verbrechen; desgl. Gewalttätigkeiten zur Sprengung solcher Versammlungen.

§ 107a dient dem Schutze demokratischer Formen der gemeinsamen Willensbildung oder Willensbekundung, gleichgültig, ob in politischen oder unpolitischen Angelegenheiten. Wo das Ziel der Zusammenkunft keine solche gemeinsame Willensbildung oder Willensbekundung ist, scheidet § 107a aus, so bei wissenschaftlichen Vorträgen, Theater, Konzerten, Bällen (RG. **38** 184).

§ 66. Auflehnung gegen die Staatsgewalt

Die Auflehnungstatbestände beziehen sich nur auf deutsche, nicht auch auf fremde Staatsgewalt, außer wenn durch Staatsvertrag oder deutsche Gesetze auch Angriffe auf fremde Staatsgewalt ausdrücklich einbezogen sind.

I. Staatsverleumdung. § 131

: Öffentliche Behauptung oder Verbreitung erdichteter oder entstellter Tatsachen wider besseres Wissen in der Absicht, Staatseinrichtungen oder obrigkeitliche Anordnungen verächtlich zu machen.

Nur die Anführung von Tatsachen, nicht bloßen Werturteilen fällt unter § 131; hierüber und über die Begriffe des Behauptens und Verbreitens s. o. S. 148; ferner RG. **22** 145. Der Täter muß die Unwahrheit positiv kennen (dolus eventualis genügt nicht) und die Absicht verfolgen, die Staatseinrichtungen etc. verächtlich zu machen. — Staatseinrichtungen sind die „bleibenden Bestandteile der Verfassung und Verwaltung". RG. **22** 253. Zu den obrigkeitlichen Anordnungen gehören auch die Gesetze und alle — generellen wie speziellen — Anordnungen, die nicht lediglich den inneramtlichen Dienst betreffen. RG. **23** 151. Verächtlichmachen heißt nicht nur als unsittlich, sondern auch als sozial völlig minderwertig erscheinen lassen (str.).

II. Öffentliche Aufforderung zum Ungehorsam

Die öffentliche Aufforderung zum Ungehorsam gegen die Rechtsordnung trägt schon in sich selbst, unabhängig von der Beteiligung an dem angesonnenen Rechtsbruch, eine Verhöhnung und Erschütterung der Staatsautorität.

1. Öffentliche Aufforderung zum Ungehorsam gegen Gesetze oder rechtsgültige Verordnungen oder obrigkeitliche Anordnungen. § 110.

Nach h. L. und ständiger Praxis betrifft § 110 nur die Aufforderung zur Nichtanerkennung des Gesetzes überhaupt, nicht zum bloßen Ungehorsam im Einzelfalle bei grundsätzlicher Anerkennung seiner Gültigkeit (RG. **65** 262) — eine schwer zu handhabende Unterscheidung! (vgl. Binding II, 852).

a) Zu den Gesetzen gehören nicht nur Gesetze mit öffentlich-rechtlichem Inhalt (wie Straf- und Steuergesetze), sondern auch das Privatrecht; daher ist strafbar auch die Aufforderung zum Vertragsbruch, zur Nichtzahlung von Pacht u. dergl. (RG. 54 266).

Die öffentlichen Anordnungen müssen von Organen ausgehen, die die Staatsgewalt in gewissem Umfange selbständig ausüben (also nicht lediglich von polizeilichen Vollzugsorganen) und müssen sich an einen über die Behördenorganisation reichenden Personenkreis wenden (RG. 65 261).

b) Die „Aufforderung" muß sich nach RG. 63 173 an den Intellekt wenden und die dem Aufgeforderten erkennbare Kundgabe enthalten, daß von ihm ein bestimmtes Tun oder Lassen gefordert werde; das bloße Anreizen, d. h. die mittelbare, dem anderen nicht zum Bewußtsein kommende Beeinflussung seines Willens durch Einwirkung auf Sinne und Leidenschaften genüge nicht. — Diese Auslegung läßt gerade die gefährlichsten Fälle straffrei! Die Aufforderung zum Ungehorsam kann immer nur durch Erregung der Leidenschaften geschehen. Die Frage ist nur, wie weit die Richtung der Aufforderung ausdrücklich erklärt sein muß. Selbst RG. 47 413; 72 338 lassen eine verschleierte und konkludente Kundgabe genügen. Darum ist Aufforderung i. S. des § 110 auch jede mittelbare (d. h. nicht ausdrückliche) Beeinflussung des Willens durch Anreizen der Leidenschaften, sofern sie eindeutig auf den Ungehorsam gegenüber bestimmten Gesetzen abzielt. Sie muß vom Aufgeforderten wenigstens wahrgenommen sein, mag er sie auch nicht verstanden haben. Binding II, 843. Auch der agent provocateur ist strafbar.

c) Die Aufforderung muß öffentlich vor einer Menschenmenge oder durch Verbreitung oder öffentlichen Anschlag oder Ausstellung von Schriften oder anderen Darstellungen erfolgen. „Öffentlich" ist sie, wenn sie für unbestimmt viele und unbestimmt welche Personen wahrnehmbar ist, ohne daß der Ort öffentlich sein müßte. Daher genügt Eisenbahnabteil oder Wirtsstube. Eine Menschenmenge, d. i. eine mit einem Blick nicht mehr zählbare Personenmenge muß wirklich zugegen sein. Die Aufforderung braucht nur vor der, nicht an die Menschenmenge zu erfolgen. Die Schriftenverbreitung, d. h. deren körperliche Weitergabe, braucht zwar nicht öffentlich zu sein, hat aber an einen größeren Personenkreis zu erfolgen; es genügt die Abgabe an eine Person, wenn diese sie mit Willen des Täters weitergibt. Frank II, 2; Binding II, 845. Weitergehend RG. 16 245

d) Der Vorsatz muß auch die Rechtsgültigkeit der Verordnung oder öffentlichen Anordnung umfassen. Binding II 854, Frank IV; a. A. RG. 40 55, 63 329.

2. Öffentliche Aufforderung zu einer strafbaren Handlung. § 111.

Im Unterschied zu § 110 muß in § 111 die Aufforderung nicht auf Mißachtung des Gesetzes überhaupt, sondern auf Begehung einer einzelnen kriminell strafbaren Handlung gerichtet sein (RG. **63** 328).

Die Strafe ist verschieden, je nachdem, ob die Aufforderung Erfolg hatte oder nicht. Im ersteren Falle ist der Auffordernde „gleich dem Anstifter" zu bestrafen, obwohl nicht wirklich Anstiftung vorliegt, da diese sich im Gegensatz zu § 111 an einen individuell bestimmten Personenkreis richten muß. Immerhin muß aus der Aufforderung des § 111 die Art der strafbaren Handlung, wenn auch nicht ihre Durchführung im Einzelnen, erkennbar sein (RG. **65** 200). Für Abs. 1 genügt, wenn die Aufforderung die Tat auch nur mittelbar zur Folge hatte (RG. **57** 285).

III. Widerstand gegen die Staatsgewalt

1. Beamtennötigung. § 114.

Die schwerste Form der Auflehnung gegen die Staatsgewalt ist der aktive Widerstand gegen sie. Da die Staatsgewalt durch ihre Organe tätig wird, ist allgemeinstes Delikt gegen die freie Betätigung der Staatsgewalt die Beamtennötigung.

: Das Unternehmen, durch Gewalt oder Drohung eine Behörde oder einen Beamten zur Vornahme oder Unterlassung einer Amtshandlung zu nötigen.

§ 114 schützt alle Beamten und betrifft nicht nur die Verhinderung von Amtshandlungen, sondern auch die Nötigung zur Vornahme von Amtshandlungen und bezieht sich auch auf zukünftige Amtshandlungen. Amtshandlung ist jede Handlung, die in den amtlichen Aufgabenbereich des betr. Beamten oder der Behörde fällt (RG. **54** 163). Auch Nötigung zur rechtmäßigen Amtshandlung fällt unter § 114. Außer Gewalt genügt an sich jede Drohung; doch scheidet die Androhung verkehrsmäßiger Übel aus, d. h. solcher, mit denen der Beamte ohnehin rechnen muß, wie z. B. Beschwerde (s. RG. **60** 343).

Schon das Unternehmen der Nötigung, d. h. der Versuch, wird mit Vollendungsstrafe bedroht. § 114 ist Spezialfall des § 240.

2. Widerstand gegen Vollstreckungsbeamte. § 113.

Aus der allgemeinen Bestimmung des § 114 sondert § 113 den Fall aus, in welchem der Widerstand gegen die Staatsgewalt am unmittelbarsten und härtesten heraustritt: der Widerstand gegen die Vollstreckungsgewalt. Merkwürdigerweise ist es der mildere Fall. Offenbar berücksichtigt der Gesetzgeber die Erregung des Täters über den Vollstreckungsakt mildernd.

: Widerstand gegen einen Vollstreckungsbeamten, der in rechtmäßiger Amtsausübung begriffen ist, durch Gewalt oder Bedrohung mit Gewalt; ferner der tätliche Angriff auf einen solchen Beamten während der rechtmäßigen Amtsausübung.

a) Geschützt werden anders als in § 114 nur Vollstreckungsbeamte, d. i. jeder „Beamte, der im einzelnen Falle, wo ihm Widerstand geleistet wird, durch sein Amt zur Vollstreckung des Staatswillens berufen ist und zu diesem Zwecke tätig wird" (RG. **61** 298, **41** 85).

Zu ihnen gehören vor allem die eigentlichen Exekutivbeamten: Polizei, Gerichtsvollzieher, Amtsdiener, aber auch Lehrer und sogar der Richter bei Ausübung der Sitzungspolizei. Den Vollstreckungsbeamten gleichgestellt sind die zu ihrer Unterstützung zugezogenen Personen, ferner die Mannschaften der bewaffneten Macht und der Gemeinde- und Bürgerwehr, z. B. freiwillige Feuerwehr, bei Ausübung ihres Dienstes (Abs. 3).

b) Tathandlungen sind entweder der Widerstand gegen die Amtshandlung oder der tätliche Angriff während einer solchen, ohne daß dieser sich gegen die Amtshandlung richten müßte. In beiden Fällen muß die Vollstreckungshandlung schon begonnen haben und noch nicht beendet sein; anderenfalls greift § 114 ein.

Widerstand ist nur die aktive Tätigkeit, die geeignet ist, die Durchführung der Vollstreckungshandlung zu erschweren (RG. **4** 376). Er muß durch eine mittelbar oder unmittelbar gegen die Person gerichtete Gewalt oder durch Drohung mit solcher Gewalt geleistet werden. Daher genügt nicht bloßes Verschließen der Tür vor dem Beamten.

Tätlicher Angriff ist jede in feindseliger Absicht unmittelbar auf den Körper des Beamten zielende Einwirkung ohne Rücksicht auf ihren Erfolg (RG. **59** 265). Auch die Einsperrung gehört dazu.

c) Der Beamte muß sich in rechtmäßiger Amtsausübung befinden. Dazu sind erforderlich:

aa) Sachliche und örtliche Zuständigkeit des Beamten. Die Handlung muß in den Kreis der Amtsgeschäfte des betr. Beamten fallen. Überschreitung der örtlichen

Zuständigkeit ist z. B. bei der Verfolgung Flüchtiger auf frischer Tat nach § 127 StPO. zulässig.

bb) Das Vorliegen der im einzelnen Falle erforderlichen sachlichen Voraussetzung der Amtshandlung, z. B. das Bestehen eines Vollstreckungstitels oder die Zugehörigkeit der zu pfändenden Sache zum Schuldnervermögen oder ein polizeiwidriger Zustand.

α) Hat der Beamte hierbei nach pflichtmäßigem Ermessen vorzugehen, so ist sein Handeln nur dann rechtswidrig, wenn seine Prüfung der tatsächlichen Umstände pflichtwidrig war, nicht schon dann, wenn sie nur objektiv unrichtig war, z. B. bei Festnahme eines Verdächtigen, der sich hinterher als unschuldig erweist (RG. **72** 311, Binding II, 769, Gerland 254, Kohlrausch 5, a. A. Liszt-Schm. 791). Irrt aber der Beamte nicht über die tatsächlichen Voraussetzungen, sondern über die rechtliche Zulässigkeit seines Einschreitens, so ist seine Handlung rechtswidrig.

β) Äußerst bestritten und schwierig ist die Frage der Rechtmäßigkeit von Amtshandlungen, wenn der Vollstreckungsbeamte den Befehl eines Vorgesetzten ausführt und dieser rechtswidrig ist (z. B. Durchführung eines vom Richter vorsätzlich gegen die falsche Person ausgestellten Haftbefehls). Nach der h. L. (vgl. jetzt v. Weber, MDR. 1948 S. 34) ist die Durchführung eines rechtswidrigen Befehls stets rechtswidrig, auch dann, wenn der Untergebene gutgläubig ist; der gute Glaube entschuldigt ihn nur. Nach einer Mindermeinung (Binding II 772; Gerland 120; RG. 55/162) handelt der Vollstreckungsbeamte dagegen rechtmäßig, wenn er gutgläubig, der Vorgesetzte zuständig und der Befehl formgerecht war. Hier fragt es sich, ob die Rechtmäßigkeit bzw. Rechtswidrigkeit der Befehlsausführung für § 113 vom befehlenden Vorgesetzten oder vom gehorchenden Unterbeamten her zu beurteilen ist. Da § 113 nicht so sehr den individuellen Vollstreckungsbeamten, als vielmehr die rechtmäßig handelnde Staatsgewalt schützen will, dürfte die Frage im ersteren Sinne zu beantworten sein (so h. L., Binding, Frank, Mezger, Kohlrausch; a A. RG. **55** 162; Hippel II, 260). Die Rechtswidrigkeit ist hier Tatbestandsmerkmal. S. o. S. 82.

cc) Wahrung der wesentlichen Formvorschriften, soweit solche bestehen (vgl. RG. **24** 390).

d) Subjektiv ist Vorsatz erforderlich, der sich nach den allgemeinen Grundsätzen auch auf die Rechtmäßigkeit der Amtshandlung, die unzweifelhaft Tatbestandsmerkmal ist (vgl. o. S. 41), erstrecken muß (so Binding, Normen II, 1131, Frank VII, h. L.). Im Gegensatz dazu nimmt RG. in ständiger Rechtsprechung an, daß mit Rücksicht auf einen verstärkten Beamtenschutz der Vorsatz abweichend von § 59 die Rechtmäßigkeit der Amtshandlung nicht zu umfassen braucht. RG. **55** 161.

3. Der Forstwiderstand. §§ 117—119 (N.).

Als erschwerter Spezialfall des § 113 gewährt § 117 den zum Forst-, Jagd- und Fischereischutz berechtigten Personen einen Sonderschutz.

a) Geschützt sind neben den Forst-, Jagd- und Fischereibeamten auch Privatpersonen, nämlich der Eigentümer des Waldes oder Fischgewässers, der Forst-

oder Fischereiberechtigte, der Jagd- oder Fischereiausübungsberechtigte und der von einer dieser Personen bestellte Aufseher, jedoch alle diese Personen nur bei der Ausübung der Rechte des Forst-, Jagd- oder Fischereischutzes, nicht sonstiger privater Rechte, etwa des Eigentums oder Jagdrechts (RG. **66** 340). In Frage kommen neben den eigentlichen Jagdschutzrechten der §§ 39, 40 Reichsjagdgesetz vor allem die vorläufige Festnahme nach § 127 StPO., Notwehr und Selbsthilfe.

b) Die Tathandlungen, Widerstand oder tätlicher Angriff, entsprechen denen des § 113.

c) Hinsichtlich der Rechtmäßigkeit der Amtsausübung gilt für die Forst-, Jagd- und Fischereibeamten das Gleiche wie bei § 113. Für die Gruppe der Privatpersonen ist, da ihre Auswahl nicht der gleichen Sorgfalt wie der der Beamten unterliegt, eine Einschränkung zu machen. Ihre Rechtsausübung muß stets objektiv rechtmäßig sein, es genügt nicht, wenn sie nur die Grenzen des pflichtmäßigen Ermessens innehalten. RG. **6** 400.

d) Für den Vorsatz gilt das Gleiche wie bei § 113.

Jedoch muß das RG. von seinen Standpunkt aus noch folgende Differenzierung vornehmen: soweit es sich um den Widerstand gegen einen als solchen erkennbaren Beamten handelt, ist das Bewußtsein der Rechtsmäßigkeit der Amtshandlung nicht erforderlich; dagegen schützt beim Widerstand gegen Privatpersonen den Täter sein irriger Glaube an die Rechtswidrigkeit des Einschreitens (HRR. **1931** 157).

e) Straferschwerungen treten ein: bei Gewalthandlungen an der Person oder bei Drohung mit gefährlichen Werkzeugen (§ 117 Abs. 2), bei Verursachung einer Körperverletzung (§ 118) und bei gemeinschaftlichem (mittäterschaftlichem) Forstwiderstand (§ 119).

IV. Auflauf und Aufruhr

1. Der Auflauf. § 116.

Der Tatbestand des Auflaufs setzt eine auf öffentlichen, d. h. allgemein zugänglichen Wegen, Straßen oder Plätzen versammelte Menschenmenge voraus, die von dem zuständigen Beamten oder Befehlshaber der bewaffneten Macht dreimal aufgefordert wird, sich zu entfernen. Strafbar macht sich dann jeder der Versammelten, der sich vorsätzlich nach der dritten Aufforderung nicht aus der Menge entfernt.

Der Auflauf ist ein echtes Unterlassungsdelikt, dessen Strafgrund in der Gefahr liegt, daß aus der Versammlung eine Zusammenrottung wird (Frank I). Ist bei dem Auflauf gegen die Beamten oder die bewaffnete Macht mit vereinten Kräften (s. u. 2) tätlicher Widerstand (s. o. III, 2 b) geleistet oder Gewalt verübt worden, so trifft jeden Teilnehmer an diesen Handlungen (Mittäter, Anstifter, Gehilfe) die Strafe des Aufrührers nach § 115, Abs 2 (§ 116. Abs. 2).

2. Aufruhr. § 115.

: Beteiligung an einer öffentlichen Zusammenrottung, bei welcher eine Handlung nach §§ 113 oder 114 mit vereinten Kräften begangen wird.

Die bloße räumliche Teilnahme, d. h. der Anschluß an die Zusammenrottung in Kenntnis ihres rechtswidrigen Zweckes macht strafbar (dagegen ist Teilnahme nicht im technischen Sinne zu verstehen).

Zusammenrottung ist die räumliche Vereinigung mehrerer zu einem gemeinschaftlichen bedrohlichen oder gewalttätigen Handeln (RG. **56** 281). Sie ist öffentlich, wenn die Möglichkeit der Beteiligung für unbestimmt viele Personen besteht (ohne daß der Ort öffentlich sein müßte), RG. 54 89. Daß bei der Zusammenrottung mit vereinten Kräften eine Handlung nach §§ 113/114 begangen wird, ist nur Bedingung der Strafbarkeit. Dabei genügt zum Handeln mit vereinten Kräften, wenn auch nur einer mit Billigung der anderen die Handlung begeht. RG. JW. 1933 429; a. A. Frank II, 4, Binding II, 809 (Mittäterschaft mindestens zweier Personen). Erhöhte Strafe trifft die Aufrührer, die Rädelsführer sind oder die eine Handlung nach §§ 113/114 begehen (Abs. 2).

V. Gefangenenbefreiung und Meuterei. §§ 120—122b

Gefangener im Sinne der §§ 120—122 ist, wer aus Gründen des öffentlichen Interesses der Freiheit beraubt ist und sich tatsächlich in der Gewalt der zuständigen Behörden oder Beamten befindet (RG. **44** 171). Dabei genügt formelle Ordnungsmäßigkeit der Freiheitsentziehung, erforderlich ist nicht auch ihre Rechtmäßigkeit im Einzelfalle (RG. **39** 189).

Demgemäß sind Gefangene: Straf- und Untersuchungsgefangene, polizeilich Festgenommene, Sicherungsverwahrte und Arbeitshäusler auf Grund der §§ 42c) und d) (vgl. § 122a); dagegen nicht Fürsorgezöglinge, da ihre Unterbringung nicht Schutz-, sondern Erziehungszwecken dient (RG. 73 347), und nicht die von einer Privatperson nach § 127 StPO. Festgenommenen vor ihrer Übernahme in amtlichen Gewahrsam (RG. 67 299).

Für die Befreiung sonstiger behördlich in einer Anstalt (z. B. Heil- und Pflegeanstalt, Trinkerheil- und Entziehungsanstalt, Asyle, Fürsorgeerziehungsanstalt) Untergebrachten, die also nicht Gefangene im Sinne der §§ 120—122b sind, gilt die Sonderbestimmung des § 122b: ergänzend § 76 Jug.Wohlf.Ges. (für Kinder im Schularrest kommen die §§ 120—122b nicht in Betracht; vgl. RG. 39 7).

Die Selbstbefreiung Gefangener läßt unser Strafrecht außer in der qualifizierten Form der Meuterei mit Rücksicht auf den Freiheitsdrang straflos. Dagegen bestraft es:

1. Gefangenenbefreiung durch Dritte. § 120.

a) Tathandlungen sind sowohl die Befreiung, wie schon die Beihilfe zur Selbstbefreiung des Gefangenen aus der Gefangenenanstalt oder aus der Hand der bewaffneten Macht, des Beamten oder desjenigen, unter dessen Aufsicht oder Begleitung er sich befindet (z. B. bei Krankenhausaufenthalt oder Außenarbeit). Dabei genügt eine vorübergehende Entziehung. Unter § 120 fällt nicht die bloße Anstiftung zur Selbstbefreiung.

b) Täter kann jeder sein außer dem Gefangenen selbst und den Aufsichtspersonen (für letztere §§ 121, 347). Die Privilegierung des Selbsterhaltungsdranges schließt eine Bestrafung des Gefangenen auch wegen Anstiftung zu seiner eigenen Befreiung aus (Frank VI, Binding II, 591, a. A. RG. **61** 32).

c) Der Versuch ist auch bei der Beihilfe zur Selbstbefreiung strafbar (Frank IV, Schönke IV, a. A. Binding II 590).

d) Keine Id. Konk. mit Begünstigung (§ 257); § 120 geht als typischerweise spezielleres Delikt vor (Dohna Z. **61** 132, a. A. RG. **57** 302).

2. Entweichenlassen eines Gefangenen durch eine Privatperson, die vom zuständigen Beamten mit der Beaufsichtigung oder Begleitung des Gefangenen beauftragt war (z. B. durch den Krankenwärter oder den Arbeitgeber bei Außenarbeit) § 121; (für Beamte gilt speziell § 347).

Die Tathandlung besteht entweder in einem reinen Unterlassen (Entweichenlassen) oder im Befördern der Befreiung durch positives Tun: Schaffen günstiger Bedingungen. Im letzteren Falle und nur in ihm (Frank II, Schönke IV, a. A. RG. **9** 40; h. L.), ist auch fahrlässige Tatbegehung strafbar (Abs. 2).

3. Meuterei. § 122.

: Mehrere Gefangene rotten sich zusammen und begehen mit vereinten Kräften Zwangsakte,

entweder gegen die Aufsichtspersonen, indem sie sie angreifen oder ihnen Widerstand leisten oder es unternehmen, sie zu Handlungen oder Unterlassungen zu nötigen,

oder gegen Sachen, indem sie einen gewaltsamen Ausbruch unternehmen (auch mittelbar, z. B. durch Erbrechen der Zivilkleiderkammer; RG. **49** 429).

Über die Tathandlungen vgl. oben IV, 2. Zur Nötigung genügt jedes Mittel, nicht nur Gewalt oder Drohung, sondern z. B. auch Arbeitsverweigerung (RG. 58 76).

Erhöhte Strafe trifft den Meuterer, der gegen einen Aufsichtsberechtigten oder Beamten Gewalttätigkeiten begeht, d. i. physische, gegen die Person gerichtete Gewalt, auch ohne schädigenden Erfolg. RG. 45 156, vgl. auch Binding II, 887.

§ 67. Störung des Volksfriedens

Der innere Friede des Volkes kann nach zwei Richtungen gestört werden: durch Gewalttätigkeiten gegen den objektiven Friedenszustand (Landfriedensbruch) oder durch Erschütterung des allgemeinen Vertrauens auf die Fortdauer des Friedenszustandes (Landzwang). Er kann gefährdet werden durch öffentliche Verhetzung und durch Bandenbildung.

I. Landfriedensbruch. § 125

: Teilnahme an einer öffentlich zusammengerotteten Menge, die mit vereinten Kräften Gewalttätigkeiten gegen Personen oder Sachen begeht.

Wie beim Aufruhr, dessen Tatbestandswerkmale weitgehend verwendet werden, macht die bloße räumliche Teilnahme, der „Anschluß" an die Zusammenrottung, strafbar, und zwar aus dem Grunde, weil jeder weitere Teilnehmer durch seine Anwesenheit die Gefährlichkeit der Zusammenrottung erhöht. Eine Beteiligung an den Gewalttätigkeiten (s. o. § 66 V 3) gegen Personen oder Sachen, die aus der Menge heraus wirklich begangen sein müssen, ist nicht erforderlich, ja nach RG. **54** 85 nicht einmal die Anwesenheit im Augenblick der Gewalttätigkeit (sehr bedenklich!). Zum Vorsatz gehört daher der Wille zum Anschluß an die gefährliche Zusammenrottung (selbst aus bloßer Neugier, RG. **58** 207) und das Bewußtsein, nicht notwendig auch die Billigung der Gewalttätigkeiten (RG. **55** 248).

Schwerere Strafe trifft die Rädelsführer, die an der Zusammenrottung selbst teilnehmen (sonst nur Anstiftung zu Abs. 1!!) und diejenigen Teilnehmer, die Gewalttätigkeiten gegen Personen begangen oder Sachen geplündert oder zerstört (nicht bloß beschädigt) haben (Abs. 2). Plünderung ist die diebische Wegnahme oder Abnötigung von Sachen unter Ausnutzung der Störung der öffentlichen Ordnung. Id Konk. ist möglich mit Aufruhr (§ 115), Heimsuchung (§ 124), ebenfalls mit §§ 111, 223 a, 226, 250.

II. Landzwang. § 126

: Die Störung des öffentlichen Friedens durch Androhung eines gemeingefährlichen Verbrechens.

Bei einer Mehrheit von Personen muß das Vertrauen in den Schutz der Rechtsordnung wirklich erschüttert werden durch die Androhung eines gemeingefährlichen Verbrechens im Sinne der §§ 306 ff. oder eines Sprengstoffverbrechens.

Der Täter braucht die Drohung nicht ernstlich zu meinen, muß aber die Bevölkerung ernstlich beunruhigen wollen. Sein Vorsatz muß die Friedensstörung und das Bewußtsein von der Schwere der Straftaten, natürlich nicht auch ihrer juristischen Qualifikation, umfassen.

III. Klassenverhetzung. § 130

: Gefährdung des öffentlichen Friedens durch öffentliche Anreizung verschiedener Klassen der Bevölkerung zu Gewalttätigkeiten gegeneinander.

1. Trotz irreführender Bezeichnung bezog sich von jeher der Begriff der Klasse nicht bloß auf die Gesellschaftsklassen (so vereinzelt RG. 22 293), sondern auf jede Bevölkerungsgruppe, die durch Gleichartigkeit der Lebensstellung oder der Interessenrichtung einigermaßen konkret umgrenzt ist: Stadtbevölkerung — Landbevölkerung, Katholiken — Protestanten — Mittelstand usw.

2. Es genügt, wenn das öffentliche Anreizen geeignet war, den öffentlichen Friedenszustand oder das Friedensgefühl zu storen (RG. 34 268, Hippel 359, 2.

IV. Kanzelmißbrauch. § 130a

Der sog. Kanzelparagraph bedroht den Geistlichen oder sonstigen Religionsdiener, der während oder bei Gelegenheit seiner Berufsausübung

entweder öffentlich vor einer Menschenmenge oder an einem zu religiösen Versammlungen bestimmten Ort oder vor mehreren Personen Angelegenheiten des Staates in einer den öffentlichen Frieden gefährdenden Weise zum Gegenstand der Verkündigung oder Erörterung macht,

oder Schriftstücke ausgibt oder verbreitet, in denen Angelegenheiten des Staates in einer den öffentlichen Frieden gefährdenden Weise zum Gegenstand der Verkündigung oder Erörterung gemacht sind.

Religionsdiener sind Personen mit geistlicher Funktion, nicht aber Küster, Organisten und dergl. Angelegenheiten des Staates sind alle Rechte und Pflichten, Interessen und Aufgaben des Staates, die durch das öffentliche Recht geordnet und gestaltet werden (RG. 27 430), auch Anordnungen von Behörden und Beamten (RG. 18 406). Bezüglich der Friedensgefährdung gilt das Gleiche wie bei § 130 (s. o. III, 2).

V. Bildung bewaffneter Haufen. § 127

Drei Tatbestände:

1. Bildung oder Befehligung eines bewaffneten Haufens, d. h. einer räumlich vereinten größeren Personenzahl (RG. **56** 282).

2. Lieferung von Waffen (im technischen Sinne) oder von Kriegsbedürfnissen an eine unbefugt gesammelte Mannschaft (d. i. eine militärähnlich organisierte Personenzahl, auch ohne räumliche Vereinigung).

3. Beteiligung an einem bewaffneten Haufen, gleichgültig, ob der Teilnehmer selbst bewaffnet ist (Abs. 2); RG. **30** 391.

§ 127 schützt vor allem den inneren Frieden, aber auch u. U. die Gefährdung der Autorität gegenüber dem Ausland (Frank I).

VI. Teilnahme an staatsgefährlichen Verbindungen. §§ 128—129

Verbindung ist die auf längere Dauer berechnete Personenvereinigung mit gewisser Organisation, d. h. Unterordnung der Mitglieder unter den Gesamtwillen (der Mehrheit oder eines Oberen) und mit gemeinsamer Zielsetzung.

Die Mitgliedschaft an ihr erfordert ebenfalls eine auf einige Dauer berechnete Einordnung in den Gesamtwillen (vgl. RG. **24** 328), nicht entscheidend ist ausdrückliche Aufnahme. Stifter und Vorsteher sind hervorgehobene Mitglieder; wer nicht Mitglied ist, kann nur Anstifter oder Gehilfe sein. Auch das Mitglied macht sich nur strafbar, wenn es an der Verbindung „teilnimmt", d. h. eine fördernde Tätigkeit entfaltet; bloß formelle Zugehörigkeit reicht nicht aus (vgl. Frank I).

1. Geheimbündelei. § 128.

: Teilnahme an geheimen Verbindungen oder solchen mit unbedingter oder gegenüber unbekannten Oberen zu erfüllender Gehorsamspflicht. Strafbar sind Mitglieder und — mit erhöhter Strafe — Vorsteher und Stifter.

§ 128 ist abstraktes Gefährdungsdelikt, es soll der mit der Unkontrollierbarkeit der Organisation leicht verbundenen Gefahr vorbeugen, daß die Verbindung zu staatsgefährlichen Zwecken mißbraucht werde.

Ziel der Verbindung muß die Einwirkung auf öffentliche, aber nicht notwendig auch politische Angelegenheiten sein (RG. **41** 264).

2. Teilnahme an staatsgefährlichen Verbindungen. § 129.

: Teilnahme an einer Verbindung, zu deren Zweck oder Beschäftigung gehört, Verwaltungsmaßregeln oder die Vollziehung von Gesetzen durch ungesetzliche (nicht notwendig strafbare) Mittel zu verhindern (vgl. RG. **40** 383, **54** 102).

3. Verbindung zur Tötung. § 49b (N.).

: Teilnahme an einer Verbindung, zu deren Zielen oder Mitteln Tötungsverbrechen gehören, desgl. die Unterstützung einer solchen Verbindung.

Zur Unterstützung genügt schon die einmalige Förderung des Zustandekommens oder Weiterbestehens der Verbindung (Kohlrausch 3).

Erweiterte Rücktrittsmöglichkeit besteht bei rechtzeitiger Anzeige (vgl. Abs. 3). Die Bestrafung wegen Teilnahme an den Tötungsverbrechen konsumiert die Strafbarkeit aus § 49b nur dann, wenn durch die Tat der Zweck der Verbindung erledigt ist (RG. **59** 377).

§ 68. Strafbare Eingriffe in die Staatsverwaltung

I. Amtsanmaßung. § 132

§ 132 enthält zwei Tatbestände (zu beiden vgl. RG. **68** 81):

1. Unbefugtes Sich-befassen mit öffentlichem Amt.

Der Täter tritt hier selbst als Amtsinhaber auf und handelt als solcher. Seine Tat ist auch dann strafbar, wenn die Handlung als die eines Nicht-Beamten befugt gewesen wäre, z. B. als vorläufige Festnahme; denn strafbar ist die Anmaßung der Amtsstellung (RG. **2** 292, a. A. Binding II, 511).

2. : Vornahme einer Handlung, die nur kraft öffentlichen Amtes vorgenommen werden darf (ohne daß der Täter selbst als Amtsinhaber auftritt). Hier nimmt der Täter als Nicht-Beamter eine Handlung vor, die nur ein Beamter vornehmen darf, z. B. Beschlagnahme, Durchsuchung, Erlaß von Zahlungsbefehlen.

Zu eng RG. **68** 255: der Täter müsse den Anschein erwecken, selbst die Handlung vorgenommen zu haben; dies fehle, wenn er die Unterschrift des betr. Beamten fälscht.

Unbefugt heißt: ohne Ermächtigung der berufenen Stelle. Täter kann auch ein Beamter sein, der über seine sachliche Zuständigkeit hinaus in den Geschäftskreis einer anderen Behörde eingreift. — Ein Teilnehmer, der sich nicht selbst ein Amt anmaßt, ist nur Gehilfe (RG. **59** 81)

Beide Tatbestände können nicht in Id. Konk. miteinander treten, da der erste typischerweise ein Spezialfall des zweiten ist. Vgl. Binding II, 503; a. A. RG. **58** 175 u. h. L.

II. Anmaßung hoheitlicher Abzeichen u. dergl.

1. Unbefugtes Tragen von in- oder ausländischen Uniformen, von Amtskleidungen des Staates oder der Kirche, von Berufstrachten oder -abzeichen der Krankenpflege. § 132a (N).

Rechtswidrig ist die Tat nur dann, wenn der Täter die Tracht usw. unter Umständen trägt, die den Eindruck erwecken können, daß er der betr. Gemeinschaft angehört, also z. B. nicht zur Fastnacht (vgl. RG. **61** 8).

2. Unbefugtes Führen von Titeln, Tragen von Orden u. dergl.

Vgl. Gesetz über Titel, Orden und Ehrenzeichen v. 1. 7. 37, Gesetz über Führung akademischer Grade v. 7. 6. 39.

3. Wappenanmaßung. § 360, Ziff. 7.

4. Angabe falscher Personalien oder Verweigerung der Angabe gegenüber zuständigen Beamten. § 360, Ziff. 8 (N.).

Zum Namen gehört auch der Vorname. Zuständig ist der Beamte, der das hoheitliche Recht hat, nach dem Namen zu fragen (RG. **72** 30).

III. Bruch amtlicher Verfügungsgewalt

1. Verwahrungsbruch. § 133.

: Beschädigen, Vernichten oder Beiseiteschaffen amtlich aufbewahrter oder einem Beamten oder Dritten amtlich übergebener Gegenstände.

§ 133 schützt den amtlichen Verwahrungsbesitz und zwar an Gegenständen jeder Art (Gesetzesfassung ist schlecht!), sofern und solange sie in amtlicher Verwahrung sind. Dazu gehören auch Gepäckstücke auf der Reichsbahn, Briefe im Briefkasten oder in der Sammeltasche des Postbeamten (RG. **22** 207).

Keine amtliche „Verwahrung" besteht am Büroinventar oder an dem zu verbrauchenden Material wie Holz, Kohle, Papier.

Auch ein Privater kann im amtlichen Auftrag den behördlichen Verwahrungsbesitz ausüben, so die Kleinbahn an Postsachen (RG. **53** 219). Die Sachen sind amtlich übergeben, wenn sie durch amtliche Anordnung oder mit Rücksicht auf das Amt übergeben sind (RG. **43** 246).

Die Tathandlungen, Beschädigen und Vernichten, sind wie in § 303 zu verstehen und umfassen bei Urkunden auch das Einwirken auf den Inhalt, dagegen nicht den zusätzlichen Eintrag. Beiseiteschaffen ist identisch mit dem Unterdrücken i. S. von § 274, Ziff. 1: der amtlichen Benutzung entziehen oder vorenthalten.

Zu eng verlangt RG. **72** 197 eine räumliche Entfernung. Eine dauernde Entziehung ist nicht erforderlich. Stets muß sie aber gegen den Willen des Berechtigten erfolgen (RG. **56** 118), daher scheidet § 133 bei freiwilliger, durch Täuschung erlangter Herausgabe aus.

Straferschwerung tritt bei gewinnsüchtiger Absicht des Täters ein, d. h. bei der Absicht, irgendeinen materiellen Vorteil, nicht bloß einen Vermögensvorteil, für sich oder einen Dritten zu erreichen (RG. **70** 19); dafür genügt nicht die Absicht der Strafentziehung.

§ 348, Abs. 2 ist Spezialfall des § 133 (nach RG. 58 335 nur des § 133, Abs. 1). Id. Konk. besteht mit Diebstahl und Unterschlagung und mit Urkundenunterdrückung (§ 274), nicht aber mit Sachbeschädigung; abweichend Binding II, 605: keine Id. Konk. mit Aneignungsdelikt, da § 133 das Fehlen der Aneignungsabsicht wesentlich sei.

2. Siegelbruch. § 136.

: Unbefugtes Erbrechen, Ablösen oder Beschädigen eines Amtssiegels, das von zuständiger Behörde oder Beamten angelegt ist, um Sachen zu verschließen, zu bezeichnen oder in Beschlag zu nehmen, desgl. das Aufheben des durch ein solches Siegel bewirkten amtlichen Verschlusses.

§ 136 schützt die im Siegel verkörperte Staatsautorität. Zu dem Siegel gehören nicht nur die Siegelmarken, sondern etwa auch die Plomben an Elektrizitätszählern u. dergl. Bei der 1. Alternative (Erbrechen usw.) muß auf das Siegel eingewirkt werden; bei der 2. Alternative (Aufheben des Verschlusses usw.) braucht dies nicht der Fall zu sein, wie z. B. beim Einsteigen in einen Raum, dessen Tür versiegelt ist.
Rechtswidrig ist die Tat nur, wenn die Siegelanlegung rechtsgültig war (Binding II, 625, Liszt-Schm. 811; a. A. RG. 36 157: es genüge, wenn der Beamte zur Siegelanlegung zuständig war). „Unbefugt" hat hier keine sachliche Bedeutung.

Täter kann sowohl ein Beamter wie ein Nicht-Beamter sein. Ist der Siegelbruch das Mittel zum Verstrickungsbruch (wie häufig), dann wird § 136 durch § 137 konsumiert (Binding II, 629, Dohna Z. 61 134; a. A. RG. 48 365, Frank: Id. Konk.). — Wird mit der Beschädigung des Siegels auch die Sache beschädigt, dann besteht Id. Konk. mit § 303.

3. Verstrickungsbruch (Pfand- oder Arrestbruch). § 137.

: Zerstören oder Beiseiteschaffen beschlagnahmter oder gepfändeter beweglicher oder unbeweglicher Sachen (nicht Forderungen) oder sonstiges Entziehen solcher Sachen aus der Verstrickung.

Während § 136 das äußere Sachherrschaftszeichen schützt, sichert § 137 das öffentliche Gewaltverhältnis.

Beschlagnahme ist jede zwangsweise Bereitstellung von Gegenständen zur Verfügung einer Behörde. Besitzergreifung bzw. Kennzeichnung der Beschlagnahme ist erforderlich, darum ist die Konkurseröffnung keine Beschlagnahme im Sinne von § 137 (Binding II, 614, Kohlrausch, a. A. RG. **41** 256, **63** 338, 347).

Die ordnungsmäßige Pfändung durch das zuständige Organ (vgl. § 804ff. ZPO.) bewirkt a) die Verstrickung, d. h. die öffentliche Beschlagnahme und b), falls die materiellen Voraussetzungen vorliegen, auch die Entstehung eines privatrechtlichen Pfandrechts. Für § 137 ist nur die Verstrickung von Bedeutung, für die Verletzung des Gläubigerpfandrechts kommen §§ 288/9 in Betracht (RG. **17** 42, **64** 78). Daher ist für § 137 unerheblich, daß das Pfandrecht nicht entstanden war. Dagegen scheidet § 137 auf, wenn trotz Pfändung die Verstrickung nicht eintritt. Das ist der Fall, wenn wesentliche Wirksamkeitsvoraussetzungen für sie fehlen, nämlich beim Fehlen von Titel und Klausel, von Besitzergreifung durch Gerichtsvollzieher bzw. Fehlen der Ersichtlichmachung der Pfändung (vgl. § 808 Abs. 1 u. 2 ZPO.). — Dagegen tritt die Verstrickung bei Pfändung von Sachen, die dem Schuldner nicht gehören, oder von unpfändbaren Sachen ein.

Die wirksame Beschlagnahme dauert fort bis zur Aufhebung durch das Vollstreckungsorgan („Entstrickung") oder bis zum Verzicht des Gläubigers auf das Pfandrecht („Freigabe": entweder gegenüber Gerichtsvollzieher oder Schuldner, regelmäßig durch Rückgabe der Pfandsache). Sie endet aber nicht schon mit der Befriedigung des Gläubigers, auch nicht mit der Aufhebung des Titels oder der Unzulässigkeitserklärung der Zwangsvollstreckung, ebenso nicht mit dem natürlichen Verfall des Pfandzeichens.

Die Tat ist vollendet, sobald der amtliche Beschlagnahmegewahrsam gebrochen ist. Dies kann auch durch Täuschung der Behörde geschehen. Täter kann jeder sein, auch ein unbeteiligter Dritter, sogar der Gerichtsvollzieher, z. B. bei Freigabe ohne Ermächtigung des Gerichts oder des Gläubigers (RG. **44** 43). Über Vorsatz und Schuld s. o. S. 81.

Id. Konk. mit §§ 242—246, 263, 288—289, 303, dagegen nicht mit § 136, a. A. RG. **48** 365 (s. o. 2) und nicht mit § 133, denn § 137 schützt nicht den bloßen Verwahrungs-, sondern den vom Staat eigenmächtig ergriffenen Verstrickungsbesitz, dessen Bruch wegen der Kollision mit den Interessen des Betroffenen milder bestraft wird (Binding II, 623, Dohna Z **61** 134, a. A. RG. **54** 245).

IV. Verletzung amtlicher Bekanntmachungen und Hoheitszeichen

1. Böswilliges Abreißen, Beschädigen oder Verunstalten öffentlich angeschlagener, behördlicher Bekanntmachungen, Verordnungen, Befehle oder Anzeigen. § 134.

Böswilligkeit, d. i. die feindselige oder grob egoistische Einstellung (s. o. S. 142), ist mehr als „Mutwillen" (hierfür : § 303).

2. Böswilliges Wegnehmen, Zerstören oder Beschädigen eines öffentlichen Zeichens der Reichs- oder Landesautorität, desgl. Verüben beschimpfenden Unfugs an einem solchen. § 135.

Geschützt sind alle Zeichen, die auf obrigkeitliche Anordnung im konkreten Falle dazu verwendet werden, die Staatsgewalt an diesem Ort oder Gegenstand zum Ausdruck zu bringen. Vgl. RG. **63** 287.

§ 69. Straftaten gegen die Rechtspflege

I. Nicht-Anzeige von Verbrechen. § 139 (N.)

1. Voraussetzung für die Tat ist die glaubhafte Kenntnis vom Vorhaben (d. h. dem ernstlichen Plan) bestimmter Straftaten und zwar des Tötungsverbrechens, Münzverbrechens, Raubs und Menschenraubs, eines gemeingefährlichen Verbrechens im Sinne des 27. Abschnittes.

Der Täter hat dann glaubhafte Kenntnis, wenn er mit der Ausführung der Tat rechnete, nicht aber, wenn er bloß damit rechnen mußte (RG. **64** 371).

2. Tathandlung ist das Unterlassen der rechtzeitigen Anzeige an die Behörde (regelmäßig an die Polizei) oder an den Bedrohten. Die Anzeige ist rechtzeitig, solange die Verhinderung der Tat oder wenigstens des Erfolges noch möglich ist.

3. Subjektiv ist jetzt bei der Höhe der Strafdrohung Vorsatz erforderlich (anders früher, vgl. RG. **45** 395).

4. Von der Anzeigepflicht sind ausgenommen:

a) der Bedrohte, falls sich das Verbrechen allein gegen ihn richtet;

b) Täter, Anstifter und Gehilfen der geplanten Tat. Sie unterfallen allein dem Tatbestand der geplanten Tat.

Dagegen sind anzeigepflichtig: Angehörige oder sonstige Zeugnisverweigerungsberechtigte, ebenso Hehler und Begünstiger.

5. § 139 ist ein echtes Unterlassungsdelikt. Trifft den Unterlassenden eine besondere, über § 139 hinausgehende Pflicht zur Verbrechensverhütung (Garantenpflicht: z. B. Polizei), so macht er sich als Teilnehmer an der Tat selbst strafbar.

6. Von Strafe kann abgesehen werden, wenn die Tat nicht einmal versucht wurde (§ 139, Abs. 1, 2).

7. Weitere Anzeigepflichten enthält § 13 Sprengstoffgesetz.

II. Flucht bei Verkehrsunfällen. § 139a (N.)

§ 139a dient zur Erleichterung der Aufklärung von Verkehrsunfällen. Er ist entstanden aus § 22 Kraftfahrzeuggesetz, der „Führerflucht", und ist auf jeden ausgedehnt, dessen Verhalten möglicherweise zur Verursachung des Unfalls beigetragen hat, also auch auf Mitfahrer, Fußgänger usw. § 139a legt ihnen die Pflicht auf, an Ort und Stelle zu bleiben, bis bestimmte Feststellungen getroffen worden sind. Demnach macht sich strafbar:

Jeder, dessen Verhalten nach den besonderen Umständen möglicherweise zur Verursachung des Verkehrsunfalles, sei es auch unverschuldet, beigetragen hat, wenn er sich nach dem Unfall der Feststellung der Person, seines Fahrzeuges, der Art seiner Beteiligung durch Flucht entzieht.

„Flucht" setzt voraus, daß jemand anwesend oder alsbald zu erwarten ist, der die betr. Feststellungen macht (RG. DR. 1942 1140, HRR. 1942 185).

Subjektiv ist Vorsatz erforderlich. Der Täter muß wissen, daß sein Verhalten bei der Verursachung möglicherweise in Frage kommt und daß er da zu bleiben hat, d. h. daß er damit zu rechnen hat, daß die Feststellungen alsbald getroffen werden (HRR. 1942 185). Das ist bei der Weite des Tatbestandes besonders sorgfältig zu prüfen.

Id. Konk. mit § 330c.

III. Strafvereitelung (persönliche Begünstigung). § 257

Über die Verschiedenartigkeit der beiden in § 257 äußerlich vereinigten Delikte der Strafvereitelung und der sachlichen Begünstigung vgl. o. S. 186.

Strafvereitelung verübt, wer nach Begehung eines Verbrechens oder Vergehens dem Täter oder Teilnehmer vorsätzlich Beistand leistet, um ihn der Bestrafung zu entziehen.

1. Objektiver Tatbestand:

a) Das Vordelikt: Der Vortäter muß sich wegen eines Verbrechens oder Vergehens beliebiger Art oder eines Versuchs hierzu strafbar gemacht haben. Die Tat muß also rechtswidrig-schuldhaft sein, ein persönlicher Strafausschließungsgrund oder Verfolgungshindernis darf nicht eingreifen.

An verjährten oder aus anderen Gründen nicht mehr verfolgbaren Taten ist daher keine Strafvereitelung mehr möglich (RG. 76 123). Ist die Vortat ein Antragsdelikt, so ist Strafvereitelung schon vor Antragsstellung möglich, aber erst nach gestelltem Antrag verfolgbar (RG. 75 234).

Ob die Vortat strafbar ist, hat das über die Strafvereitelung urteilende Gericht selbständig ohne Bindung an ein früheres Urteil nachzuprüfen (RG. 58 290), dies selbst dann, wenn der angebliche Vortäter nach rechtskräftiger Verurteilung der Strafvollstreckung entzogen werden sollte. Binding II, 647, a. A. RG. 73 333.

b) Die Tathandlung: Beistand leisten, um den Täter oder den Teilnehmer der Strafe zu entziehen.

Beistand ist jede Handlung, die objektiv geeignet und subjektiv dazu bestimmt ist, den Vortäter der Strafe zu entziehen. Wirkliche Verbesserung der Lage des Vortäters ist nicht erforderlich (RG. **58** 15, **76** 123, h. L.; abweichend RG. **76** 34, Frank).

Beispiele: Verwischen von Tatspuren, Ermöglichen der Flucht des Täters, unrichtige Zeugenaussagen, Einwirkung auf Zeugen, die Unwahrheit zu sagen, Strafverbüßung durch einen anderen (RG. 8 367), nach RG. 30 232 auch die Zahlung der Geldstrafe für einen anderen (sehr streitig!), nach Hippel 329, 5 nur die Zusage der Zahlung für ein künftiges Delikt. Keine Begünstigung ist die Einwirkung auf den Antragsberechtigten, den Antrag nicht zu stellen oder zurückzuziehen, außer durch Nötigung (§ 240), RG. 40 394, DStR. 1936 368. Ebenso ist keine Begünstigung die Hingabe von Bargeld zur Deckung von Veruntreuungen, wenn der Defekt endgültig damit beseitigt werden sollte (abweichend RG. HRR. 1930 1559).

Auch die Vereitelung von Nebenstrafen (Einziehung, Verfall des Bestecherlohnes u. a.) fällt unter die Strafvereitlung (Olshausen 18). Unzutreffend RG. **54** 132 (s. o. S. 186).

Über Vereitlung von Sicherungsmaßregeln s. § 257 a.

2. Der subjektive Tatbestand erfordert:

a) Vorsatz. „Wissentlich" bedeutet vorsätzlich mit Einschluß des dolus event.

Erforderlich ist das Bewußtsein, daß der Vortäter eine kriminell strafbare Handlung begangen hat, die Art der Vortat braucht er nicht zu kennen. Daß die Vortat gerade ein Verbrechen oder Vergehen ist, ist objektive Strafbarkeitsbedingung (s. o. S. 187). Der irrige Glaube, der Vortäter sei straflos, schließt den Vorsatz aus.

b) Absicht, den Täter ganz oder teilweise der Strafe zu entziehen.

3. Täter kann jeder sein, außer dem Vortäter.

a) Selbstbegünstigung ist straflos (RG. **60** 348), sofern nicht damit eine andere Straftat (Meineid, Betrug u. dergl.) begangen wird. Dagegen ist die Begünstigung des einen Mittäters durch den anderen strafbar, sofern der Täter nicht zugleich sich selbst begünstigen will (RG. **60** 348, **63** 375, **73** 268).

b) Unter dem Gesichtspunkt der Selbstbegünstigung ist auch die Teilnahme des Vortäters an der Begünstigung, die ihm ein Dritter gewährt, straflos (Frank IV 3, Binding II, 662, Liszt-Schm. S. 846, a. A. RG. **60** 348).

c) Begünstigung zu Gunsten eines Angehörigen bleibt straflos (§ 257, Abs. 2), außer, wenn sie vor der Tat zugesagt war (§ 257, Abs. 3), da sie dann Beihilfe zum Delikt selbst ist! Auch die Teilnahme seitens eines Angehörigen des Täters an der Begünstigung durch Dritte bleibt nach RG. **14** 102 straflos. (Persönl. Strafausschließungsgrund).

4. Einzelfragen

a) Die vor der Tat zugesagte Begünstigung wird als Beihilfe bestraft (vgl. o. S. 187).

b) Id. Konk. zwischen Strafvereitelung und sachlicher Begünstigung, Meineid u. dergl.; § 120 geht vor (s. o. S 187).

c) In allen Fällen darf die Strafe nach Art und Maß nicht schwerer sein als die für die Vortat angedrohte.

5. Erschwerte Fälle.

a) Eigennützige Begünstigung (vgl. o. S. 188).

b) Personenhehlerei. § 258.

Erschwerter Fall der eigennützigen Begünstigung (vgl. o. S. 183). Die Grundsätze des § 257, Abs. 1, S. 2, Abs. 3 gelten darum auch hier. Doch ist die Begünstigung durch Angehörige nicht straflos (§ 258 Abs. 2).

6. Vereitelung der Vollstreckung von Sicherungsmaßregeln. § 257 a (N.).

Ein milder bestrafter Parallelfall zur Strafvereitelung, der gegenüber §§ 120—122 b subsidiär ist.

IV. Falsche Anschuldigung. § 164 (N.)

Schutzobjekt ist die Rechtspflege, daneben sind es auch die Interessen des fälschlich Angeschuldigten (Arg. aus § 165 und aus der Straffreiheit der Selbstbezichtigung).

1. Grundtatbestand. § 164, Abs. 1 u. 2:

a) Objektiver Tatbestand:

: Vor einer Behörde, zuständigem Beamten oder öffentlich wird ein anderer

entweder einer kriminell oder disziplinarisch strafbaren Handlung verdächtigt (Abs. 1)

oder es werden über ihn unwahre Tatsachen behauptet, die geeignet sind, ein behördliches Verfahren oder behördliche Maßnahmen gegen ihn herbeizuführen oder fortdauern zu lassen (Abs. 2).

aa) Verdächtigung ist sowohl die ausdrückliche wie die versteckte (auch anonyme), auch die im Rahmen einer Zeugenvernehmung erfolgende Belastung (in letzter Beziehung früher anders RG. **69** 173). Sie muß auf eine konkret strafbare Handlung gehen. Dies fehlt, wenn sich aus der Darstellung des Täters ein Rechtfertigungsgrund oder Verfolgungshindernis ergibt (anders aber, wenn diese verschwiegen werden). Die Verdächtigung muß unwahr sein; dazu genügt die Unwahrheit des wesentlichen Inhalts (RG. DR. **1942** 1141). Eine Verdächtigung ist auch die Bestärkung eines bestehenden Verdachts, nicht aber seine bloße Wiederholung.

bb) Zu den behördlichen Verfahren und Maßnahmen gehören: Straf- oder Disziplinarverfahren, Strafversetzung, Entziehung von Konzessionen oder Approbationen.

cc) Der Angeschuldigte muß, wenn auch indirekt, erkennbar sein (RG. **46** 87), es muß stets ein anderer sein. Selbstbezichtigung fällt unter § 145 d.

b) Der subjektive Tatbestand erfordert:

aa) positive Kenntnis der Unwahrheit der Angaben („wider besseres Wissen"). Dolus eventualis genügt hierfür nicht, dafür Abs. 5

bb) für die übrigen Tatbestandsmerkmale, z. B. Zuständigkeit der Behörde oder des Beamten genügt jeder Vorsatz.

cc) Absicht, ein behördliches Verfahren oder Maßnahmen herbeizuführen oder andauern zu lassen. Absicht bedeutet den Beweggrund (nach RG. **69** 175: dolus directus).

Diese Absicht ist in allen Fällen, in denen die Anschuldigung nicht durch Anzeige erfolgt, besonders zu prüfen, da die Anschuldigung hier meist andere Ziele verfolgt (HRR. 1936 1384); doch kann dann § 145 d eingreifen. Es genügt die Absicht, ein Verfahren einzuleiten, auch wenn der Täter weiß, daß die Bestrafung mangels Strafantrag etc. nicht möglich sein wird (HRR. 1938 1206).

c) Einzelfragen:

aa) Die Einwilligung des Bezichtigten rechtfertigt nicht, da das Delikt gegen die Rechtspflege gerichtet ist. § 193 ist auf § 164 nicht anwendbar (RG. **72** 96, **74** 261).

bb) Keine Id. Konk. mit Beleidigung, da § 164 das Beleidigungsmoment mit umfaßt (Binding I, 160; II, 537; Dohna Z. **61** 133; a. A. Frank VI, RG. **35** 206, JW. **1938** 1014).

2. Geschärfte und gemilderte Fälle.

a) Strafschärfung tritt ein, wenn der Täter den Absatz 1 oder 2 verwirklicht, um sich oder einem anderen einen Vorteil zu verschaffen (Abs. 3). Es braucht weder ein Vermögens- noch ein rechtswidriger Vorteil zu sein.

Dagegen geht RG. 72 388 zu weit, wenn es die Absicht genügen läßt, den Verdacht einer Straftat von sich abzulenken. Damit wird der mildere Fall der Selbstbegünstigung zum schwereren gemacht!

b) Priviligierter Fall (Abs. 5).

Mildere Strafe tritt ein, wenn der Täter die unwahre Angabe nicht wider besseres Wissen, sondern bedingt vorsätzlich oder gar nur leichtfertig, d. h. grob fahrlässig vorgebracht hat (RG. **71** 37, 176). Der Täter hat eine Erkundigungspflicht. Im übrigen muß der sonstige objektive und subjektive Tatbestand der Absätze 1 oder 2 vorliegen, vor allem auch die Absicht, ein behördliches Verfahren in Gang zu bringen!

V. Vortäuschen einer Straftat. § 145d (N.)

1. Der objektive Tatbestand enthält zwei Alternativen:

: Gegenüber einer Behörde (= staatl. Dienststelle) wird entweder:

a) die Begehung einer Straftat vorgetäuscht oder

b) über die Person des Täters oder Teilnehmers einer (wirklichen) Straftat zu täuschen gesucht.

Im Falle a) ist eine Straftat nicht begangen, sondern wird nur vorgetäuscht, z. B. um eine andere Straftat, etwa eine Unterschlagung, zu verdecken. Im Falle b) ist eine Straftat begangen, aber die Behörde wird über den Täter irregeführt.

Meist wird hier Begünstigung oder falsche Anschuldigung vorliegen. Doch scheiden sie aus, wenn der Täter ohne Begünstigungsabsicht oder ohne die Absicht, ein Verfahren gegen den anderen herbeizuführen, gehandelt hat, sondern etwa, um die Polizei hinters Licht zu führen oder den Verdacht auf den „großen Unbekannten" zu lenken. Eine falsche Selbstbezichtigung kann in beiden Fällen begangen werden. Wer sich aber selbst anzeigt, um seine Unschuld feststellen zu lassen, täuscht nicht vor.

2. Der subjektive Tatbestand erfordert Handeln wider besseres Wissen, d. h. also dolus directus in bezug auf die Unwahrheit der Angabe.

3. § 145d ist subsidiär gegenüber schwereren Tatbeständen, besonders gegenüber §§ 164, 257, nicht aber gegenüber § 263, da dieser ein ganz anderes Rechtsgut schützt (a. A. Schönke).

VI. Verletzung der Dingpflicht. § 138

: Vorschützen unwahrer Entschuldigung für das Nicht-Erscheinen eines ordnungsmäßig berufenen Zeugen, Sachverständigen oder Schöffen. Darunter faßt RG. **29** 315 auch die zur Vermeidung von Ordnungsstrafen vorgebrachte nachträgliche unwahre Entschuldigung.

§ 70. Fortsetzung: Falsche Beweisaussage

Das StGB. strafte ursprünglich nur die Eidesverletzung. Erst die Novelle vom 29. 5. 43 stellte nach österreichischem Vorbild auch die falsche uneidliche Aussage unter Strafe. Damit wurde klargestellt, daß die ganze Deliktsgruppe sich gegen die Reinheit der Beweisführung im staatlichen Verfahren, vor allem in der Rechtspflege richtet (RG. 73 147), wozu bei Meineid die Verletzung eines sakralen Moments strafschärfend hinzutritt. Damit dürfte die alte Streitfrage, ob Meineid die Nicht-Übereinstimmung der beschworenen Aussage mit der Wirklichkeit oder die Nicht-Übereinstimmung der Aussage mit der Überzeugung des Täters von der Wirklichkeit ist, zu Gunsten der ersten Auffassung (objektive Theorie) entschieden sein.

Als Eidesverletzung bestraft das Gesetz nur die Verletzung des assertorischen Eides (die falsche eidliche Aussage), nicht die des eidlichen Gelöbnisses (promissorischer Eid, wie der Beamteneid) mit der einzigen bedeutungslosen Ausnahme des § 162.

I. Falsche uneidliche Beweisaussage. § 153. (N.)

: Vorsätzlich falsche uneidliche Aussage des Zeugen oder Sachverständigen vor Gericht oder einer anderen zur eidlichen Vernehmung zuständigen Stelle.

1. Falsch ist die Aussage, wenn sie mit der Wirklichkeit nicht übereinstimmt, nicht dagegen, wenn sie lediglich mit der subjektiven Überzeugung des Täters von der Wirklichkeit nicht übereinstimmt. Im letzteren Falle liegt nur untauglicher Versuch vor. Die Aussage kann mündlich oder schriftlich abgegeben werden.

Da jede Beweisaussage ihre Beweiskraft aus der Person des Aussagenden bezieht, umfaßt die Wahrheitspflicht auch die Angaben zur Person.

2. Es genügt nicht eine Aussage vor beliebiger Amtsperson, auch nicht vor Polizei, Staatsanwalt, Notar; vielmehr muß die Stelle, vor der die Aussage abgegeben wird, zur Eidesabnahme zuständig sein; das sind vor allem die Gerichte.

3. Taugliche Täter sind niemals die Prozeß-Parteien, sondern nur Zeugen oder Sachverständige, diese aber auch dann, wenn sie nach § 60 StPO. nicht zu vereidigen sind. Sagt ein Eidesunmündiger falsch aus, so kann die Strafe gemildert oder von ihr abgesehen werden (§ 157, Abs. 2).

II. Meineid. § 154. (N.)

: Vorsätzlich falsche eidliche Aussage der Prozeßpartei, des Zeugen oder Sachverständigen vor Gericht oder einer anderen zur Eidesabnahme zuständigen Stelle.

1. Eid ist die in den gesetzlich vorgeschriebenen Formen vorgenommene feierliche Beteuerung der Wahrheit. Unerläßlich ist der Gebrauch der Worte: „Ich schwöre..." (RG. **67** 333), während die Anrufung Gottes und die Erhebung der Hand nicht wesentlich sind. Der Eidesleistung stellt § 155 bestimmte Versicherungen gleich.

2. Falsch ist die Aussage (wie oben I, 1) bei ihrer Nichtübereinstimmung mit dem objektiven Sein, nicht schon mit der andersartigen (irrigen) Überzeugung des Täters (RG. **61** 160).

Ist die Aussage objektiv richtig, so wird die Reinheit der Beweisführung, welche das Schutzobjekt des § 154 ist, objektiv nicht verletzt, auch wenn der Täter irrigerweise eine andere Überzeugung hatte. Er kann also, indem er entgegen seiner Überzeugung zufällig doch das objektiv Richtige aussagt, nur einen untauglichen Versuch begehen. Dabei muß es gleichgültig sein, ob der Täter die Aussage in der Wissens- oder Überzeugungsform („Ich weiß, daß..." oder „Nach bestem Wissen...") abgibt oder nicht (abweichend RG. 68 282).

Natürlich kann Aussagegegenstand auch eine frühere Seelenlage des Täters sein, z. B. seine Gutgläubigkeit beim Eigentumserwerb. Hier liegt Meineid dann vor, wenn er über die frühere Seelenlage objektiv unrichtig berichtet.

Falsch kann die Aussage auch dadurch sein, daß der Täter etwas verschweigt, was zum Beweisthema gehört. Das ist vor allem beim Offenbarungseid wichtig (§ 807 ZPO.), bei dem der Schuldner grundsätzlich seine gesamten Vermögenswerte, auch die unpfändbaren, anzugeben hat (RG. **71** 330).

Eine Aussage kann selbst dann, wenn sie buchstäblich genommen richtig ist, nach ihrem sich aus Zusammenhang und Zweck der Aussage ergebenden Sinn falsch sein, vgl. RG. **59** 343, **63** 50.

Z. B. der Beklagte schwört in einem Prozeß, in welchem nur der Kaufabschluß, nicht das Alter des verkauften Stieres strittig war, er habe den 1³/₄ Jahre alten Stier nicht gekauft. Tatsächlich hat er ihn gekauft, aber der Stier war nicht 1³/₄ Jahre, sondern 2 Jahre alt.

Aus dem oben I, 1 angegebenen Grund umfaßt der Eid auch die Angaben zur Person und zwar nicht nur der Zeugeneid (RG. **60** 407), sondern auch der Partei- und Sachverständigeneid (Binding II, 142; a. A. RG. **20** 235).

3. Beim Nacheid beginnt der Meineid erst mit dem Anfang des Nachsprechens der Eidesworte und ist vollendet mit Abschluß der Eidesformel (RG. **54** 117).

Beim Voreid (heute nur noch beim Sachverständigeneid im Zivilprozeß) beginnt er mit dem Anfang des unrichtigen Gutachtens und ist vollendet erst mit dem Abschluß des Gutachtens; bis dahin ist Rücktritt möglich.

4. Die Behörde muß zur Abnahme von Partei-, Zeugen- oder Sachverständigeneiden im allgemeinen zuständig sein (nicht notwendig gerade im vorliegenden Falle) und durch einen hierzu berufenen Beamten tätig werden (also nicht bloß durch einen Referendar, RG. **65** 207). Bloße Formverstöße sind unbeachtlich.

5. Täter kann nur der Schwörende sein (eigenhändiges Delikt); weder mittelbare Täterschaft noch Mittäterschaft sind möglich.

Meineidsunfähig sind die eidesunmündigen Personen, d. h. Jugendliche unter 16 Jahren und Personen, die infolge geistiger Unreife die Bedeutung des Eides nicht erfassen können (§ 60, Ziff. 1 StPO.). Dagegen sind meineidfähig Personen, denen nach § 161 StGB. die Eidesfähigkeit als Zeuge oder Sachverständiger abgesprochen ist oder die wegen Verdachts der Teilnahme uneidlich zu vernehmen sind, falls sie doch vereidigt werden. Vgl. § 60, Ziff. 2 und 3 StPO.

6. Der Vorsatz (auch dolus eventualis) muß die Unwahrheit des Beschworenen und die Zuständigkeit der Behörde zur Eidesabnahme (RG. **65** 208) umfassen. Zum Unrechtsbewußtsein gehört die Kenntnis vom Umfang der Wahrheitspflicht.

III. Vorsätzlich falsche eidesstattliche Versicherung. § 156

Die eidesstattliche Versicherung wird zur Glaubhaftmachung von Tatsachen benutzt. Eine bestimmte Form für sie ist nicht vorgeschrieben, sie kann daher auch mündlich abgegeben werden. Doch muß sich aus der Erklärung selbst ergeben, daß sie eine an Eides Stelle tretende Versicherung ist. Das bloße Erbieten, etwas beschwören zu wollen, genügt nicht (RG. **15** 126, **70** 266).

Wie bei jeder Beweisaussage (s. o. I, 1; II, 2) umfaßt die Wahrheitspflicht auch die Angaben zur Person; bei schriftlichen Erklärungen also auch die Unterschrift (die eigenhändig sein muß! RG. **69** 119). Wer also eine eidesstattliche Versicherung mit falschem Namen unterzeichnet, verstößt gegen § 156 (in Id. Konk. mit § 267), mag auch der sonstige Erklärungsinhalt wahr sein. A. A. RG. **69** 119.

Unter Strafschutz stehen nur Erklärungen vor solchen Behörden, welche zur Entgegennahme von eidesstattlichen Versicherungen der betreffenden Art in den betreffenden Verfahren zuständig sind. Liegt eine ausdrückliche gesetzliche Ermächtigung hierfür nicht vor, so muß sich wenigstens „aus der bestehenden Behördenorganisation und aus den diese regelnden Gesetzesnormen“.... eindeutig das Recht der Behörde ergeben, „selbst“ Beweise zu erheben und gesetzlich zulässige Glaubhaftmachungen zu veranlassen“, RG. **38** 210. Dazu gehören vor allem die Gerichte im Verfahren nach der ZPO., StPO., KO., FGG.; Notare, nicht aber die StA. Bei der völlig willkürlichen Art, in der heute von jeder beliebigen Behörde, ja sogar seitens Privatpersonen, eidesstattliche Versicherungen verlangt werden, ist die gesetzliche Ermächtigung der Behörde hierzu besonders sorgfältig zu prüfen.

Vgl. das sorgfältige Urteil RG. 17 208 über die Zuständigkeit einzelner Fakultäten betr Autorschaft von Dissertationen. OLG. Tübingen DRZ. 1947 267; Schönke SJZ. 1948 299.

Voraussetzung ist ferner, daß „die eidesstattliche Versicherung über den Gegenstand, auf den sie sich bezieht, und in dem Verfahren, um das es sich handelt, der Behörde abgegeben werden darf und rechtlich nicht völlig wirkungslos ist“. RG. **73** 144, vgl. auch RG. **62** 120, **70** 268. Unzulässig und darum völlig bedeutungslos sind eidesstattliche Versicherungen des Beschuldigten im Strafverfahren (RG. **62** 119).

Stets muß die Versicherung der Behörde gegenüber abgegeben werden, der gegenüber der Beweis unternommen wird (RG. **47** 156). Dabei ist sie „abgegeben“, wenn sie mit dem Willen des Erklärenden an die betr. Behörde gelangt (RG. **32** 435), die Übergabe einer bloßen Abschrift genügt nicht (RG. **70** 132).

Täter können auch Personen sein, die nach § 60 StPO. nicht zu vereidigen sind, also auch Eidesunmündige. Die Strafmilderung des § 157, Abs. 2 gilt für § 156 nicht.

IV. Strafmilderungen

1. Aussagenotstand. § 157. (N.).

Hat ein Zeuge oder Sachverständiger nach §§ 153—156 die Unwahrheit ausgesagt, um von sich oder einem Angehörigen die Gefahr einer gerichtlichen Bestrafung abzuwenden, so kann der Richter die Strafe mildern und bei uneidlicher Aussage auch ganz von ihr absehen.

a) Die Privilegierung geht von dem Gedanken aus, daß der prozessuale Zeugniszwang, dem der Zeuge oder Sachverständige unterliegt, ihn in die Zwangslage bringt, entweder durch eine wahrheitsgemäße Aussage sich oder einen Angehörigen zu belasten oder durch eine falsche Aussage ein Delikt nach § 153 ff. zu begehen. Daher sieht das Gesetz für die Partei, die dem Zeugniszwang nicht unterliegt, eine Milderung nicht vor (vgl. RG. 75 37). Jedoch ist dieser Grundsatz mehrfach durchlöchert, z. B. durch den Zwang der Partei zum Offenbarungseid (vgl. § 901 ZPO.) wie umgekehrt durch das Aussageverweigerungsrecht bestimmter Zeugen. Darum wird mit gutem Grund die analoge Anwendung des § 157 auf die Aussage der Partei befürwortet, jedoch dürfte der klare Wortlaut und der Unterschied zu § 158 diesen Analogieschluß hindern.

Teilnehmern kommt § 157 gemäß § 50 dann zugute, wenn die Bestrafung ihnen oder ihren Angehörigen droht (h. L., a. A. RG. 72 20, zweifelnd RG. 75 41).

b) Zur gerichtlichen Bestrafung gehört die dienststrafgerichtliche. Die „Gefahr“ einer Bestrafung besteht auch dann, wenn der Aussagende die Tat nicht begangen hat, aber die wahre Aussage die Möglichkeit einer Bestrafung heraufbeschwört (RG. **69** 41); keine Gefahr besteht, wenn der Bestrafung rechtliche Hindernisse, wie Verjährung oder Ablauf der Antragsfrist, entgegenstehen. Im übrigen kommt es nicht darauf an, ob die Gefahr objektiv besteht, sondern ob der Täter sie subjektiv befürchtete.

2. Widerruf. § 158. (N.).

Rechtzeitige Berichtigung der Aussage ermächtigt den Richter zur Strafmilderung oder zum Absehen von Strafe. § 158 ist ein Fall der tätigen Reue bei vollendetem Delikt. Im Unterschied zu § 157 umfaßt er auch die Parteiaussage.

Berichtigung ist jede Erklärung, durch die der Erklärende unter Bezugnahme auf seine frühere Aussage diese als unrichtig anerkennt oder als unvollständig ergänzt. Dies braucht nicht notwendig ausdrücklich zu erfolgen; Schweigen auf bestimmt gestellte Frage genügt unter Umständen (RG. 58 381). Auch braucht die Berichtigung nicht notwendig freiwillig zu sein, vielmehr genügt Furcht vor sicherer Anzeige (RG. 62 304). Rechtzeitig ist sie nur, wenn

a) gegen den Täter noch keine Strafanzeige (i. S. von § 158 StPO.) erstattet oder eine Untersuchung (auch polizeiliche oder staatsanwaltliche Ermittlung) eingeleitet ist (vgl. RG. 67 89) und

b) noch kein Nachteil für einen anderen — nämlich eine Privatperson (nicht etwa lediglich für den Staat) — entstanden ist, und

c) die Berichtigung bei der Entscheidung noch verwertet werden kann (Abs. 2).

Maßgebend ist der Zeitpunkt des Zugangs der Berichtigung bei der Behörde, nicht der Kenntnisnahme durch sie (RG. 61 123). Zuständige Behörden vgl. Abs. 3.

V. Selbständige Beteiligungshandlungen. §§ 159/160

1. § 159 (N.) dehnt die Vorschriften über die Bestrafung der erfolglosen Anstiftung und anderer Vorbereitungshandlungen bei Verbrechen (§ 49a) auf die Vergehensfälle der falschen Beweisaussage aus. Er ist wie § 49a subsidiär gegenüber §§ 48/9.

2. Verleitung zur unvorsätzlich falschen Aussage. § 160.

§ 160 ist eine Folge nicht nur davon, daß der Meineid und die sonstigen falschen Beweisaussagen eigenhändige Delikte sind, sondern auch davon, daß der Vorsatz entgegen der h. L. kein bloßes Schuldelement, sondern ein Handlungselement ist. Denn wäre er ein Element der Schuld, so wäre § 160 überflüssig geworden, da es nach § 50 Abs. 1 bei der Teilnahme auf die Schuld des Haupttäters nicht mehr ankommt; die Verleitung zur „schuldlosen", nämlich unvorsätzlichen falschen Aussage müßte als Anstiftung zu §§ 153 ff. bestraft werden. Das lehnt das Gesetz selbst ab.

Es sind folgende 3 (5) Fälle zu unterscheiden:

a) Jemand verleitet einen anderen zu einer (wirklich geleisteten) vorsätzlich falschen Aussage: dann liegt, gleichgültig, ob der andere schuldhaft oder schuldlos gehandelt hat, Anstiftung zu §§ 153—156 vor, vgl. § 50, Abs. 1.

b) Jemand verleitet einen anderen zu einer (wirklich geleisteten) unvorsätzlich falschen Aussage, dann liegt Verleitung zur Falschaussage nach § 160 vor.

c) Jemand versucht erfolglos, einen anderen zu einer vorsätzlich falschen Aussage zu verleiten, dann greift § 159 (§ 49a) ein.

Zu diesen drei Fällen treten noch die zwei Irrtumsfälle:

d) Jemand glaubt, einen anderen zu einer vorsätzlich falschen Aussage verleitet zu haben, während der andere unvorsätzlich falsch aussagt: dann liegt § 159 vor; denn für § 159 ist maßgebend der Vorsatz des Verleitenden, der auf Verleitung zur vorsätzlichen Falschaussage ging.

e) Jemand glaubt, einen anderen zur unvorsätzlich falschen Aussage verleitet zu haben, während der andere vorsätzlich falsch aussagt, dann greift § 160 ein (Begründung wie zu d)). Unbefriedigend RG. **11** 418: nur Versuch des § 160.

VI. Der fahrlässige Falscheid. § 163

: Fahrlässige Abgabe einer falschen eidlichen Aussage oder falschen eidesstattlichen Erklärung.

Der Tatbestand des fahrlässigen Falscheides ist fast allen außerdeutschen Rechten unbekannt (außer Ungarn und Bulgarien). Zweifel daran, ob und wieweit bei ihm der Vorwurf einer Willensschuld erhoben werden kann, haben zu Bedenken gegen die Strafwürdigkeit geführt.

Die Fahrlässigkeit kann zwei Formen annehmen:

1. Fahrlässige Unkenntnis der Unwahrheit oder Unvollständigkeit der Aussage.

a) Am ehesten begründbar ist der Schuldvorwurf in diesen Fällen dann, wenn der Täter es pflichtwidrig unterläßt, sich vor seiner Vernehmung, etwa an Hand von Aufzeichnungen, Büchern und dergl. auf seine Aussage vorzubereiten. Eine solche Vorbereitungspflicht legt RG. **62** 126 der Partei auf, z. B. beim Offenbarungseid; sie muß auch für den Sachverständigen bestehen.

b) Dagegen hat nach RG. der Zeuge nur die Pflicht, sich während der Vernehmung sein bestes Wissen zum Bewußtsein zu bringen und es zutreffend wiederzugeben. Auch hier wird der Vorwurf vor allem dann begründet sein, wenn der Zeuge äußere Anhaltspunkte, z. B. vor ihm liegende Augenscheinobjekte, leichtfertig nicht oder ungenügend benutzt. Dagegen kann praktisch kaum der Vorwurf erhoben werden, der Täter hätte durch stärkere Gedächtnisanspannung das richtige und vollständige Vorstellungsbild reproduzieren können, da die willentliche Konzentration die Vorstellungsreproduktion in unkontrollierbarer Weise stört (RG. **57** 234, **63** 370; bedenklich RG. **42** 236).

Fahrlässigkeit kann auch darin liegen, daß der Täter eine bewußt unrichtige oder unvollständige Aussage, die er noch vor Schluß der Vernehmung berichtigen will, zu berichtigen oder zu vervollständigen vergißt (RG. **45** 151, **57** 152).

2. Fahrlässige Unkenntnis der Wahrheitspflicht.

a) Der Täter kennt die Unrichtigkeit oder Unvollständigkeit seiner Aussage, irrt aber über den Umfang seiner Wahrheits- und Offenbarungspflicht (RG. **46** 140, **57** 152, **60** 406, **61** 429). Ein Schuldvorwurf wird hier meist nur bei Außerachtlassen der richterlichen Belehrung zu begründen sein

b) Der Täter erkennt fahrlässig nicht, daß die schriftliche Erklärung eine eidesstattliche Versicherung ist (RG. **34** 298, **70** 266) oder daß die Behörde zur Eidesabnahme zuständig ist (RG. **21** 198).

Zu 1. und 2.: Auch bei fahrlässigem Falscheid ist strafbefreiender Widerruf möglich. Vgl. § 163 Abs. 2.

VII. Nebenstrafen und Nebenfolgen

Neben jeder Verurteilung wegen Meineides außer nach §§ 157/158 ist auf Verlust der bürgerlichen Ehrenrechte und auf dauernde Unfähigkeit, als Zeuge oder Sachverständiger (nicht aber als Partei!) vernommen zu werden, zu erkennen (§ 161, Abs. 1); in den Fällen der §§ 153, 156—159 kann auf Ehrenverlust erkannt werden (Abs. 2). Wieweit die Eidesfähigkeit auch bei Verurteilung wegen Versuchs und Beihilfe abzuerkennen ist, ist bestritten; dagegen RG. **71** 118; dafür (bei Versuch): Binding II, 158.

§ 71. Die Amtsverbrechen

Vorbemerkung: Die reichlich unsystematische Zusammenstellung von Delikten im 28. Abschnitt geht auf §§ 323—508 II 20 ALR. zurück, in denen erstmalig die Amtsdelikte in polizeistaatlicher Breite geregelt waren. Der 28. Abschnitt behandelt nicht nur Straftaten von Amtsträgern im weiteren Sinne, sondern auch von Personen, die heute keine Beamten mehr sind, wie die Rechtsanwälte, die es aber z. Zt. des preußischen StGB. noch waren. Einige Tatbestände (§§ 333, 334, Abs. 2, 353 c) betreffen Straftaten von Nicht-Beamten gegen die Amtsführung und sind überhaupt nie Amtsverbrechen gewesen.

1. Das Wesen der Amtsdelikte besteht darin, daß die Straftaten unter Mißbrauch der Amtsgewalt als Amtspflichtverletzungen begangen werden.

Nicht etwa die Beamteneigenschaft macht die Tat zum Amtsverbrechen — auch der Beamte kann gemeine Unterschlagung, Korperverletzung, Freiheitsberaubung begehen —, sondern die Verletzung der Amtspflicht ist das Kennzeichen des Amtsdelikts. Unabhängig von der Strafbarkeit wegen Amtsverbrechens und weitergehend als diese erfolgt die disziplinarische Maßregelung des Beamten, die der Staat als Dienstherr zur Sauberhaltung des Beamtenstandes vornimmt. In aller Regel sind die rein internen Dienstpflichtverletzungen, z. B. die nachlässige Amtsfuhrung, bloße Disziplinarvergehen (ausgenommen § 353 b); erst Amtspflichtverletzungen, die sich gegen Rechtsgüter der Allgemeinheit oder des Einzelnen richten, sind unter Kriminalstrafe gestellt. Der 28. Abschnitt betrifft nur deutsche Beamte, gleichgültig, ob sie im In- oder Auslande tätig sind.

2. Die Amtsdelikte zerfallen in:

a) eigentliche (echte), die nur ein Beamter begehen kann, weil die Straftat nur als Amtshandlung möglich ist, wie die Rechtsbeugung (§ 336).

b) uneigentliche (unechte), bei denen die Amtspflichtverletzung nur Strafschärfungsgrund ist, während die Straftat als solche ein gemeines Delikt ist, wie die Amtsunterschlagung (§ 350).

Diese Unterscheidung ist wichtig für die Teilnahme: Teilnahme am uneigentlichen Amtsdelikt richtet sich nach § 50, Abs. 2, während bei Teilnahme am echten Amtsdelikt der Nicht-Beamte nach der Strafdrohung des Amtsdelikts bestraft wird. Mittäterschaft und mittelbare Täterschaft des Nicht-Beamten am echten Amtsdelikt sind unmöglich. S. o. S. 39, 70 f.

3. Der Begriff des Beamten im strafrechtlichen Sinne (§ 359) ist ein doppelter (vgl. RG. **67** 299). Er umfaßt

a) alle Beamten im staatsrechtlichen Sinne, d. h. die nach den Bestimmungen des Beamtenrechts ins Beamtenverhältnis berufen sind. Gleichgültig ist hier die Tätigkeit des Beamten. Auch eine rein mechanische Tätigkeit genügt (RG. **60** 139), selbst Tätigkeiten, die sich ganz auf dem Boden des Zivilrechts bewegen, sofern sie nur dem Beamten als amtliche Aufgabe überwiesen sind und nicht völlig außerhalb des Aufgabenbereiches der zuweisenden Behörde liegen, z. B. die Tätigkeit als Sparkassenbeamter oder der Beamten der städtischen Straßenbahn (RG. **67** 299; **68** 70). Mittelbare Staatsbeamte sind die Beamten einer unter staatlicher Aufsicht stehenden Körperschaft, Anstalt oder Stiftung des öffentlichen Rechts, z. B. der Gemeinden, der Reichsbank. Kirchenbeamte sind mittelbare Staatsbeamte nur, soweit sie staatliche Aufgaben haben, z. B. Verwalter des Kirchenvermögens (RG. **71** 149);

b) alle Personen, die, ohne staatsrechtlich Beamte zu sein, durch ausdrücklichen oder stillschweigenden öffentlich-rechtlichen Akt mit hoheitsrechtlichen Dienstaufgaben betraut sind (RG. **16** 378; **20** 70; **49** 113; JW. **1917** 726). Bei diesen Personen kommt es also auf die Art der Dienste an (LK. § 359, 2).

Gegen Einbeziehung dieser Personen: Binding II, 388, Frank II, Gerland, Liszt-Schm. u. a. Dafür mit Recht Hippel 311, Kohlrausch, Schönke. § 359 bestimmt den Beamtenbegriff selbständig für das Strafrecht und deckt beide Gruppen. Die weigehende Betrauung von Privatangestellten und ehrenamtlich tätigen Personen im Staatsdienst mit hoheitlichen Funktionen macht ihre Unterstellung unter den strafrechtlichen Beamtenbegriff zur Sicherung der Sauberkeit ihrer Tätigkeit unerläßlich. (Daher gehören zu den Beamten i. S. von § 359 auch die Laienrichter!) Ausdrücklich auch die Notare, nicht aber Rechtsanwälte.

Noch weitergehend läßt das RG. besonders seit RG. **51** 65, 398 die Betrauung auch mit sonstigen Dienstverrichtungen zur Erfüllung staatlicher Tätigkeit ohne hoheitlichen Charakter genügen. RG. **60** 140, **62** 24, **67** 299).

Maßgebend sei, ob die betr. Verrichtung zum „Wesen" der Dienststelle gehört (JW. 1939 625). Dagegen komme es nicht darauf an, ob es sich um Ausübung von Hoheitsrechten handelt (RG. 51 398); nicht auf Selbständigkeit und Eigenverantwortlichkeit (JW. 1939 625), ja nicht einmal, ob mehr geistige oder mehr mechanische Arbeit geleistet wird (vgl. RG. 51 65), auch nicht, ob die Tätigkeit nach außen zum Publikum hin geübt wird (RG. 70 255), doch schließt JW. 1936 3005 eine ganz untergeordnete, rein mechanische Tätigkeit aus. Selbst Personen im Vorbereitungs- und Probedienst oder Minderjährige sind Beamte, wenn sie Dienste im obigen Sinne leisten, so der Kassenlehrling (RG. 72 362), die 15-jährige Tochter eines Postagenten, die als Vertreterin des Vaters von der Postverwaltung verpflichtet wurde (HRR. 1940 711, DR. 1940 1520). So hat man als Beamte angesehen: Postaushelfer (RG. 51 65, 399; 52 309), Briefkastenentleerer (HRR. 1940 1424), Postfacharbeiter (RG. 74 342), Reichsbahngehilfen (HRR. 1940 264), städt. Straßenbahnschaffner (JW. 1935 2433, RG. 75 355), ja sogar den Gasuhrableser (JW. 1936 1606, 3005). Dagegen sind keine Beamten: die Angestellten der Privatbahnen (DR. 1940 2062), der Vormund (RG. 39 204), Konkursverwalter, Zwangsverwalter, Testamentsvollstrecker, Ärzte, Apotheker.

Zum inneren Tatbestand aller Amtsdelikte gehört das Bewußtsein des Täters, daß er sich in einer Dienststellung befindet, die ihm erhöhte Pflichten gegenüber der Allgemeinheit auferlegt (RG. **53** 131; **57** 366).

I. Bestechlichkeit und Bestechung. §§ 331—335

Unbestechlichkeit ist die elementarste Amtspflicht jedes Beamten bei allen Amtshandlungen. Darum ist Bestechlichkeit (passive Bestechung) das allgemeinste Amtsverbrechen, dessen sich jeder Beamte bei allen Amtshandlungen schuldig machen kann. Bei der gesetzlichen Tatbestandsbildung steht die passive Bestechung im Vordergrund, aktive Bestechung seitens des Nicht-Beamten ist an jener orientiert und mangels Treupflichtverletzung nur in geringerem Umfange und milder strafbar. Das Gesetz unterscheidet die einfache und schwere passive Bestechung, je nachdem ob die Amtshandlung an sich pflichtwidrig ist oder nicht (§§ 331—332). Unterart beider ist die Richterbestechung (§ 334). Bei der aktiven Bestechung ist nur die zu §§ 332 und 334, nicht die zu § 331 strafbar (§ 333). Zusammenfassend hierüber RG. 77 75. Die passive Bestechung ist echtes Amtsdelikt.

1. Einfacher Bestechlichkeit (unerlaubter Geschenkannahme) macht sich ein Beamter schuldig, der für eine an sich nicht pflichtwidrige Amtshandlung Geschenke oder andere Vorteile fordert, annimmt oder sich versprechen läßt. § 331.

a) Es genügen Vorteile irgendwelcher Art; auch Befriedigung des Geltungsbedürfnisses und der Eitelkeit, auch die Zuwendung bezahlter Nebenbeschäftigung, selbst Geschlechtsverkehr (RG. **64** 291; **71** 396; **77** 77). Die Vorteile brauchen dem Beamten nur mittelbar, z. B. durch Zuwendung an seine Frau, zugute zu kommen (RG. **1** 404, **39** 197).

b) Der Vorteil muß als Gegenleistung für eine Amtshandlung gedacht sein, die an sich nicht pflichtwidrig ist.

aa) Amtshandlungen sind alle Handlungen, die in den Kreis der Dienstobliegenheiten des Beamten fallen und von ihm nur kraft seiner Amtsstellung vorgenommen werden können; dagegen nicht Tätigkeiten, die der Amtshandlung nur gleichgeartet sind (z. B. Privatunterricht des Lehrers), selbst wenn sie unter Verletzung der Dienstpflicht, etwa ohne Genehmigung ausgeübt werden (RG. **28** 427, **51** 258). Konkrete Amtszuständigkeit ist nicht erforderlich. Nach RG. **77** 77 genügt, wenn die Handlung nicht völlig außerhalb des Aufgabenbereiches des Beamten liegt.

Unterlassungen stehen den Handlungen gleich. Daher ist Bestechung auch die Geschenkannahme für die Unterlassung pflichtwidriger Handlungen (RG. **42** 385).

Den Gegensatz zu Amtshandlungen bilden reine Privathandlungen, die in keinem oder nur äußerst lockerem Zusammenhange mit dem Dienst stehen, z. B. die Besorgung von Erfrischungen durch den Bahnschaffner.

bb) Zwischen Amtshandlung und Vorteil muß ein beiden Teilen bewußter Zusammenhang stehen, wonach der Vorteil als Gegenleistung für die Amtshandlung gedacht ist. Darum muß die Amtshandlung in ihrer Eigenart erkennbar, wenn auch in ihren Einzelheiten nicht notwendig bestimmt sein (RG. **64** 335, **77** 77).

Dies fehlt, wenn sich der Beamte etwas schenken läßt für den Fall, daß seine Tätigkeit irgendwie und irgendwann einmal in Anspruch genommen werden könnte (RG. **2** 129). Nach der h L. bezieht sich § 331 nicht nur auf künftige, sondern auch auf vollzogene Amtshandlungen, selbst wenn der Beamte nicht durch die Aussicht auf sie bestimmt wurde (RG. **63** 367). Allerdings ist hier der Nachweis für den erforderlichen Zusammenhang von Vorteil und Handlung sehr schwierig; darum a. A. Binding II, 730. Steht die Amtshandlung noch bevor, so braucht der Beamte nicht den Willen zu haben, sie vorzunehmen

Keine Gegenleistung ist der Vorteil, der nur bei Gelegenheit einer Amtshandlung als Ausdruck gesellschaftlicher Höflichkeit oder des Wohlwollens gewährt wird (RG. **77** 76)

c) Die Rechtswidrigkeit ist ausgeschlossen, wenn der Vorgesetzte die Geschenkannahme entsprechend dem Beamtenrecht genehmigt. — Geschenke, die der Verkehrssitte entsprechen, z. B. Neujahrsgeschenke für den Postboten, kleine Gefälligkeiten, scheiden ganz aus dem Bestechungstatbestand aus (Hippel 314, 5).

d) Vollendet ist die Tat mit dem Fordern, Sich-versprechen-lassen, Annehmen. nicht erst mit der Vornahme der Amtshandlung.

e) Täter kann nur ein Beamter sein. Teilnahme ist möglich auf der Seite des bestochenen Beamten, z. B. durch Annahme des Geschenks für ihn (RG. **42** 383). Der Bestechende ist stets straffrei, auch der Teilnehmer für ihn (Arg. aus § 333, Frank V).

f) Keine Id. Konk. mit Erpressung: Einseitiges Verschaffen von Vorteilen ist nur Erpressung. Das Gleiche gilt für Betrug; a. A. HRR. **1937** 534, vgl. Frank VIII.

2. Schwere Bestechlichkeit (§ 332) liegt vor, wenn sich die passive Bestechung i. S. des § 331 auf eine pflichtwidrige Amtshandlung (oder Unterlassung) bezieht.

Ermessensentscheidungen sind nach RG. **77** 78 schon dann pflichtwidrig, wenn der Beamte infolge der Bestechung nicht unbefangen an sie herangeht, mögen sie auch objektiv einwandfrei sein. Damit wird der einfache Bestechungsfall in einen schweren umgewandelt und zugleich die Möglichkeit der Bestrafung des Nicht-Beamten nach § 333 eröffnet.

Den Zusammenhang zwischen Vorteil und Amtshandlung müssen beide Teile erkennen, wobei jedoch der Geschenkgeber nicht zu wissen braucht, daß die Amtshandlung pflichtwidrig ist (RG. **77** 77). Auch hier genügt nachträgliche Belohnung. Ebenso ist zur Vollendung der Tat nicht die Vornahme der pflichtwidrigen Amtshandlung, ja nicht einmal der Wille des Beamten hierzu erforderlich (RG. **77** 78). Der Vorsatz muß die Pflichtwidrigkeit der Amtshandlung umspannen.

3. Aktive Bestechung (§ 333) begeht, wer einem Beamten Geschenke oder Vorteile anbietet, verspricht oder gewährt, um ihn zu einer pflichtwidrigen Amts- oder Diensthandlung zu bestimmen.

§ 333 ist das Gegenstück zu § 332, wodurch Teilnahmehandlungen zu § 332 zum selbständigen Delikt erhoben werden (das Gegenstück zu § 331 fehlt).

Der Täter muß die Absicht verfolgen, den Beamten zu einer — wenigstens seiner Meinung nach — künftigen Amtshandlung zu bestimmen. Unerheblich ist, daß der Beamte schon zur Handlung entschlossen war (HRR. **1942** 251), erst recht, ob er sie überhaupt begeht. RG. **74** 255.

Der Vorsatz (auch dolus eventualis) muß das Bewußtsein umfassen, daß die Amtshandlung pflichtwidrig ist (RG. **77** 77). Ist sie es nur nach Meinung des Täters, dann begeht er ein Wahnverbrechen.

Täter kann jeder sein. Der Beamte macht sich nie als Teilnehmer zu § 333, sondern als Täter nach § 332 (§ 331) strafbar.

Id. Konk. mit § 185. — Hat der Beamte die pflichtwidrige Handlung ausgeführt und ist diese strafbar, so macht sich der Bestecher außer wegen Bestechung auch wegen Anstiftung zu dem betr. Delikt strafbar (h. L., a. A. Binding II, 724).

4. Richterbestechlichkeit und -bestechung. § 334.

Passive und aktive Bestechung (i. S. der §§ 331—333) eines Richters, Schiedsrichters, Beisitzers im Arbeitsgericht, Geschworenen, Schöffen in der Absicht, eine Rechtssache, deren Leitung oder Entscheidung diesem obliegt, zu Gunsten oder zum Nachteil eines Beteiligten zu leiten oder zu entscheiden.

§ 334 ist erschwerter Sonderfall der §§ 331—333, qualifiziert durch die Person des Bestochenen und den Zweck der Bestechung.

Rechtssache ist jede Angelegenheit mit gegensätzlicher Interessenrichtung mehrerer Beteiligter, über die nach Rechts-, nicht bloß nach Zweckmäßigkeitsgrundsätzen zu entscheiden ist: Zivil-, Straf-, Disziplinarsachen, Verwaltungsstreitigkeiten, Angelegenheiten der FGG. mit gegensätzlichen Beteiligten, vgl. RG. **71** 315. Die Leitung oder Entscheidung muß z. Zt. der Tat noch bevorstehen (RG. **63** 370).

Für Geschenkannahme nach diesem Zeitpunkt greifen §§ 331—332 ein. § 334 verlangt nicht, daß die Leitung oder Entscheidung sachlich unrichtig ist. Rechtsbeugung ist also nicht erforderlich!

Zu 1.—4.: In allen Bestechungsfällen ist der Bestecherlohn oder sein Wert als verfallen zu erklären (Nebenstrafe). § 335.

II. Mißbrauch der Rechtspflege

1. Richterbestechung. § 334 (s. o.).

2. Rechtsbeugung (§ 336) begeht ein Beamter oder Schiedsrichter, der bei Leitung oder Entscheidung einer Rechtssache zu Gunsten oder zu Ungunsten eines Verfahrensbeteiligten das Recht bewußt falsch anwendet (oder nicht anwendet).

a) Rechtssache ist wie in § 334 zu verstehen, also als jede Sache, in der der Beamte wie ein Richter nach Rechtsgrundsätzen zu entscheiden hat, z. B. auch Strafbescheide einer Verwaltungsbehörde, polizeiliche Strafverfügungen, nach RG. **71** 315 auch Steuerbescheide.

b) Rechtsbeugung ist die bewußte Falsch- oder Nichtanwendung des objektiven Rechts auf den festgestellten Sachverhalt. Falschanwendung ist in dreifacher Weise möglich:

aa) durch Fälschung des Sachverhaltes, vor allem durch bewußt unrichtige Würdigung des Beweisergebnisses;

bb) durch Fälschung der Rechtsnorm, entweder durch

α) unrichtige Auslegung einer (gültigen) Rechtsnorm und deren Anwendung auf den Sachverhalt.

Gibt die Norm dem Richter einen Ermessensspielraum, wie z. B. der Strafrahmen, so kann eine Rechtsbeugung trotz formeller Einhaltung der Ermessenschranke darin liegen, daß die Entscheidung bewußt die Rechtsgrundsätze verläßt, die für die Ausübung des richterlichen Ermessens maßgebend sind.

β) oder durch Anwendung einer ungültigen Norm. Der Richter ist nur an das Recht, d. h. an die gültige Norm gebunden. Darum hat der Richter den Rechtscharakter, die Gültigkeit, einer Norm nachzuprüfen. Der Rechtscharakter einer Norm hängt von zwei Momenten ab: ihrer tatsächlich ordnenden Kraft und ihrem sachlichen Wertgehalt. Grundsätzlich hat der Richter um der Rechtssicherheit willen die von der Staatsgewalt ausgehende Norm anzuwenden, falls sie nicht in einem unerträglichen Widerspruch zur Gerechtigkeit steht. Liegt letzteres vor, so macht sich der Richter der Rechtsbeugung schuldig, wenn er wider besseres Wissen die ungültige Norm anwendet. Vgl. Aufsätze von Coing, v. Hodenberg, Radbruch, Wimmer, Figge in SJZ. **1946** 105; **1947** 61, 113ff. 147; Kiesselbach, Monatsschr. d. R. **1947** 2ff.; vgl. auch Güde, DRZ. **1947** 115.

Der Rechtscharakter fehlt vor allem solchen Normen, die bestimmten Menschengruppen den Personcharakter nehmen und sie zur bloßen Sache machen; denn solche Normen erfüllen diesen Menschen gegenüber nicht einmal die elementarste Funktion des Rechts: die Aufhebung des bellum omnium contra omnes. Hierher gehören Normen, die die Sklaverei praktisch wieder einführen oder Menschen als sozial wertlos zu vernichten oder mit ihnen wie mit Tieren zu experimentieren gestatten, ebenso Normen mit Strafdrohung, die nicht als gerechte Vergeltung den Verbrecher zugleich als „Vernünftiges ehren" (Hegel), sondern ihn zum bloßen Mittel der terroristischen Abschreckung anderer machen.

Rechtsbeugung ist stets nur die bewußt falsche Rechtsanwendung. In Fällen des Anwendungszweifels gilt der Satz Bindings: „Für jeden Richter ist nur seine Auslegung des Gesetzes Gesetz." (II, 560).

c) Rechtsbeugung ist nur strafbar, wenn sie zum Vorteil oder Nachteil eines Verfahrensbeteiligten („Partei") führt; erst damit ist die Tat vollendet.

Vorteil oder Nachteil ist schon die günstige oder ungünstige Verfahrenssituation. Verfahrensbeteiligter ist auch der Nebenkläger, Nebenintervenient, Zeuge oder Sachverständige im Zwischenstreit; ferner in Straf-, Disziplinar- und Steuersachen auch der Staat.

d) Der Vorsatz muß sich nicht nur auf die Rechtsverletzung, sondern auch auf den Vorteil oder Nachteil des Beteiligten beziehen (Absicht ist nicht erforderlich).

e) Täter kann neben dem Schiedsrichter jeder Beamte sein, der eine Rechtssache zu leiten oder zu entscheiden hat, also nicht nur ein Richter, sondern auch ein Polizei-, Finanz- oder sonstiger Verwaltungsbeamte. Als Beamte i. S. von § 359 gehören auch Schöffen, Geschworene oder sonstige Laienbeisitzer zum Täterkreis (v. Hippel **316, 2, a. A. h. L.**; s. o. Vorbem.).

f) Führt die Rechtsbeugung zu einer ungerechtfertigten Freiheits- oder Todesstrafe, so besteht Id. Konk. mit Freiheitsberaubung oder Mord in mittelbarer Täterschaft.

g) Wegen Teilnahme macht sich nur strafbar, wer weiß und will, daß der Beamte vorsätzlich das Recht beugt. Mittelbare Täterschaft an der Rechtsbeugung ist unmöglich, wohl aber an der durch unvorsätzlich falsche Rechtsanwendung herbeigeführten Freiheitsberaubung oder Tötung (vgl. den entsprechenden Fall des Prozeßbetrugs). Dabei muß der mittelbare Täter nicht nur diese Folgen vorausgesehen und gewollt haben, sondern auch wissen, daß ihre Herbeiführung rechtswidrig ist, insbesondere muß er wissen, daß der Beamte das Recht objektiv falsch anwendet. Eine solche mittelbare Täterschaft ist vor allem in den Fällen möglich, in denen der Täter das objektiv unrichtige Urteil durch Fälschung der Beweisgrundlage (durch falsche Zeugenaussage etc.) herbeiführt. Selten dagegen in den (oben bb) entsprechenden) Fällen, in denen der Richter unwissentlich das Recht falsch auslegt oder eine ungültige Norm anwendet und der Täter dies ausnutzt; denn hier müßte der Täter das Recht besser kennen als der Richter selbst!

In allen diesen Fällen handelt es sich um mittelbare Täterschaft durch ein „rechtmäßig" (d h. subjektiv amtspflichtmäßig) handelndes Werkzeug. Vgl. dazu o. S. 61.

3. Verfolgung Unschuldiger (§ 344) begeht ein Beamter, der vorsätzlich zum Nachteil einer Person, deren Unschuld er positiv kennt, die Eröffnung oder Fortsetzung einer Untersuchung beantragt oder beschließt.

§ 344 ist Spezialfall der Rechtsbeugung (§ 336), darum echtes Amtsdelikt.

Untersuchung ist jedes Verfahren einer zuständigen Behörde mit dem Ziel der Bestrafung oder der Anordnung einer Sicherungs- bzw. Besserungsmaßregel (vgl. RG. **25** 366, **42** 65), daher auch das Verfahren zur Unterbringung in Fürsorgeerziehung, die Disziplinaruntersuchung und dergl. (a. A. Binding II, 544, Liszt-Schm. 823: nur die Untersuchung im Strafprozeß).

Dementsprechend ist „unschuldig" als das Fehlen der Voraussetzungen für die betr. Maßregel in der Person des Betroffenen zu verstehen. Natürlich ist Unschuld auch die geringere Schuld.

4. Aussagenerpressung (§ 343) begeht ein Beamter, der in einer Untersuchung unerlaubte Zwangsmittel anwendet oder anwenden läßt, um Geständnisse oder Aussagen zu erpressen.

§ 343 ist Spezialfall der Nötigung (§ 240). RG. 71 375.

Untersuchung ist wie in § 344 (s. o. 3.) zu verstehen. Welche Zwangsmittel gesetzlich erlaubt sind, richtet sich nach dem Betroffenen: Zwangsmittel, die gegen den Zeugen zulässig sind (vgl. § 70 StPO.), sind es nicht gegen den Beschuldigten.

Zur Tathandlung gehört auch das Anwenden-lassen von Zwangsmitteln, d. h. die Anstiftung oder Beihilfe des Beamten zur Aussagenötigung, die ein Dritter begeht; Beihilfe kann der Beamte auch durch bloßes Unterlassen begehen, wenn er die Amtspflicht zum Einschreiten hatte, Hippel 322, 4; Liszt-Schm. 822, RG. DR. **1939** 1311 (für § 340), a. A. RG. **59** 86. Anstiftung und Beihilfe werden dadurch zum selbständigen Delikt erhoben. Erpressen ist das Nötigen zur Aussage (RG. **74** 375), wozu auch die Nötigung zur Nichtaussage gehört (Binding II, 568). Täter kann jeder Beamte sein, der amtlich bei der Untersuchung mitwirkt: Richter, Staatsanwalt, Polizei (h. L., RG. **71** 374; nach Binding II, 367 nur der Richter).

5. Unzulässige Strafvollstreckung (§ 345 [N.]) begeht ein Beamter, der vorsätzlich eine Strafe oder Sicherungs- oder Besserungsmaßregel unzulässig vollstreckt. Bei fahrlässiger Tat mildere Bestrafung. (Echtes Amtsdelikt.)

Strafe im Sinne von § 345 ist nicht nur die Kriminalstrafe (so Binding II, 571), sondern auch die Disziplinar- und Ordnungsstrafe (Gerland 364, Schönke II). Die „Vollstreckung" umfaßt die Anordnung, Durchführung und Überwachung der Strafe. Unzulässig ist jede Abweichung von der verhängten Strafe, auch nach Maß und Art. Eine Nachprüfung der Richtigkeit des Urteils steht dem Vollstreckungsbeamten nicht zu (Binding II, 569).

Täter ist nur der amtlich bei der Vollstreckung mitwirkende Beamte (nicht notwendig an leitender Stelle: RG. **63** 176, Binding II, 570).

6. Strafvereitelung (Begünstigung) im Amt (§ 346 [N.] begeht ein Beamter, der amtlich am Strafverfahren oder an der Vollstreckung einer Strafe oder Sicherungsmaßregel mitzuwirken hat und dabei jemanden wissentlich der gesetzlichen Strafe oder Maßregel entzieht.

§ 346 ist Spezialfall der §§ 257, 257 a (RG. 73 298, 74 181), daher kein echtes Amtsdelikt.

Nur Kriminalstrafen, nicht Disziplinarstrafen fallen unter § 346 (h. L.). Als Tathandlungen kommen in Frage (vgl. § 346 a. F.):

Unterlassung der Verfolgung, z. B. Polizist erstattet keine Anzeige (RG. 70 252) oder Anzeige gegen Unbekannt trotz Kenntnis des Täters (RG. 63 276).

Handlungen, die den Täter der gerechten Strafe entziehen sollen, z. B. durch Unterdrückung belastender Tatsachen, Nicht-betreiben der Vollstreckung oder Vollstreckung einer milderen Strafe.

Vollendet ist die Tat, wenn der staatliche Strafanspruch mindestens zeitweilig vereitelt wird (RG. **70** 254).

Der Täter muß wissentlich, d. h. mit dolus directus handeln, sein Beweggrund ist gleichgültig (RG. **73** 297).

Täter kann nur ein Beamter sein, der am Strafverfahren unter eigener Verantwortung mitzuwirken hat (RG. **73** 297; **76** 395). Das legt das RG. weit aus: auch der Registraturbeamte, der die Akten fristgemäß vorzulegen hat, könne Täter sein (!) HRR. **1940** 650. Im übrigen gehören zum Täterkreis auch Polizeibeamte, Finanzbeamte u. dergl.

Für den Staatsanwalt ergibt sich die Verfolgungspflicht aus dem Legalitätsprinzip (§ 152, Abs. 2 StPO.). Auch die Gehorsamspflicht gegenüber dem Dienstvorgesetzten entbindet den Staatsanwalt nicht von der Verfolgungspflicht (h. L., a. A. Löwe-Rosenberg § 152, 8).

Der Dienstvorgesetzte hat grundsätzlich keine Pflicht, strafbare Handlungen Untergebener anzuzeigen (RG. 73 266, 74 180). Es handelt sich um eine Frage seines pflichtmäßigen Ermessens, bei dessen Fehlgreifen er sich nicht der Begünstigung schuldig macht, außer wenn er sein Ermessen mißbraucht.

Wie in § 257 ist Selbstbegünstigung straflos (RG. **70** 252).

7. Gefangenenbefreiung (§ 347) begeht ein Beamter, der einen Gefangenen den er zu beaufsichtigen, zu begleiten oder zu bewachen hat, vorsätzlich entweichen läßt oder dessen Befreiung er vorsätzlich bewirkt oder befördert. Auch fahrlässige Beförderung oder Erleichterung des Entweichens ist strafbar (Abs. 2).

§ 347 ist qualifizierter Fall des § 121 (unechtes Amtsdelikt). Der objektive Tatbestand entspricht dem des § 121 (s. o. S. 238). Täter kann jeder Beamte sein, für den die Amtspflicht zur Beaufsichtigung des Gefangenen besteht (RG. 27 210, h. L.). Diese Pflicht besteht auch bei Verhaftung aus eigener Initiative.

8. Parteiverrat des Rechtsbeistandes (Praevarikation) (§ 356) begeht ein Rechtsanwalt oder anderer Rechtsbeistand, der bei Angelegenheiten, die ihm vermöge seiner besonderen Stellung anvertraut worden sind, in derselben Rechtssache beiden Parteien durch Rat oder Beistand pflichtwidrig dient.

a) Zum Täterkreis gehören nicht nur Rechtsbeistände, die „Amtsträger" im weiteren Sinne sind (so jedoch RG. **51** 220), sondern auch die Prozeßagenten des § 157 ZPO. und Personen, die sonst kraft allgemeiner Vorschrift oder besonderer Zulassung jemandem Rechtsbeistand vor Rechtspflegebehörden leisten (z. B. Justizbeamte oder Referendare als Verteidiger nach § 142 StPO., als Armenvertreter nach § 116 ZPO., Universitätslehrer als Verteidiger, Justiziare usw.), Kohlrausch 1.

b) Zur Reinerhaltung der Rechtspflege ist ihnen verboten, in derselben Rechtssache beiden Parteien pflichtwidrig zu dienen (Rechtssache wie oben II, 2). „Dieselbe Rechtssache" ist weit zu fassen, maßgebend ist die Identität des anvertrauten materiellen Rechtsverhältnisses, nicht etwa bloß des einzelnen Anspruchs oder Prozeßfalles (RG. **62** 291; wichtig ist dabei der Umfang des Mandats, RG. **71** 236).

Daher besteht Identität der Rechtssache bei Verteidigung des Angeklagten im Strafprozeß wegen Körperverletzung und Vertretung des Verletzten im Schadensersatzprozeß gegen den Angeklagten (RG. 49 344).

Die Rechtssache braucht noch nicht zum Prozeß, ja noch nicht einmal zum Streit gekommen zu sein.

Pflichtwidrig ist die Handlung, wenn der Täter auch der anderen Partei im entgegengesetzten Interesse dient (RG. **62** 158). Dabei ist es unerheblich, ob das alte Mandat noch besteht oder nicht. Sogar Befreiung durch den ersten Mandanten schließt § 356 nicht aus (RG. **71** 253, **72** 139). Kein gegensätzliches Dienen ist die Bemühung um einen Vergleich (RG. **45** 305).

c) Zum Vorsatz gehört das Wiedererkennen des alten Gegenstandes im neuen Auftrag (RG. **60** 298), also der Identität der Rechtssache und des Interessengegensatzes (nach RG. nur der Tatsachen hierfür, während das Nichterkennen der Identität und des Gegensatzes ein unbeachtlicher Strafrechtsirrtum sei; RG. **62** 157, **72** 141).

d) Die Partei bleibt straflos, soweit nur notwendige Teilnahme vorliegt. Die bloße Auftragserteilung geht hierüber noch nicht hinaus, anders das Anbieten eines besonderen Honorars (RG. **71** 114).

e) Erschwerte Strafe tritt ein, wenn der Rechtsbeistand im Einverständnis mit der Gegenpartei zum Nachteil der Partei handelt (ohne daß der Nachteil schon eingetreten sein müßte; Binding II, 582, h. L., a. A. Frank IV).

III. Bedrückung der Staatsbürger

1. Körperverletzung im Amt (§ 340) begeht ein Beamter, der in Ausübung oder in Veranlassung der Ausübung seines Amts vorsätzlich eine Körperverletzung begeht oder begehen läßt.

Der Beamte muß in amtlicher Eigenschaft auftreten und dabei entweder in (vermeintlicher) Amtsausübung oder bei Gelegenheit einer solchen und im inneren Zusammenhang mit ihr die Körperverletzung begehen (RG. 17 165, LK. 5, Kohlrausch; weitergehend Frank II, 2; Binding II, 411). Über Begehen-lassen s. o. II, 4.

Erschwerte Strafe tritt bei schwerer Körperverletzung ein (Abs. 2).

§ 340 ist qualifizierter Fall der vorsätzlichen Körperverletzung und zwar Abs. 1 zu § 223, Abs. 2 zu § 224. §§ 232, 233 (Antrag und Retorsion) sind unanwendbar, wohl aber § 231 (Busse).

2. Hausfriedensbruch im Amt (§ 342) d. h. in Ausübung oder in Veranlassung der Ausübung des Amtes. Qualifizierter Fall des § 123. Strafantrag ist nicht erforderlich. Der Tatbestand entspricht dem des § 123. Bezüglich der Qualifizierungsmomente s. o. 1.

3. Freiheitsberaubung im Amt (§ 341) begeht ein Beamter, der vorsätzlich und rechtswidrig entweder eine Verhaftung, vorläufige Festnahme (Ergreifung) oder Vorführung (Zwangsgestellung) vornimmt oder vornehmen läßt oder die Dauer der Freiheitsentziehung verlängert.

§ 341 ist qualifizierter Fall des § 239, also unechtes Amtsdelikt. Bei Verlängerung einer Freiheitsstrafe kommt nur § 345 zur Anwendung.

Der Täter muß als Beamter auftreten, gleichgültig, ob er zur Verhaftung oder Festnahme überhaupt befugt ist (RG. 27 287, h. L.; a. A. Binding II, 411). Geht der Betroffene mit, so wird § 341 nicht ohne weiteres ausgeschlossen (RG. 61 239). Über „Vornehmen-lassen" s. o. II, 4.

IV. Sonstige Amtsverbrechen

1. Urkundendelikte im Amt. § 348.

a) Falschbeurkundung (§ 348, Abs. 1), echtes Amtsdelikt.

b) Urkundenverfälschung und -unterdrückung (Abs. 2), unechtes Amtsdelikt.

Über beide vgl. oben S. 217 ff.

2. Amtsunterschlagung.

a) Einfache Amtsunterschlagung. § 350.

: Unterschlagung von Geldern oder anderen Sachen, die der Beamte in amtlicher Eigenschaft empfangen oder in Gewahrsam hat.

Qualifizierter Fall des § 246. Nicht anwendbar sind §§ 247, 248 a, 370 Ziff. 5 (RG. 46 378). Nicht qualifiziert ist der Diebstahl im Amt, daher liegt bei Bruch des Mitgewahrsams § 242, nicht § 350 vor (abweichend Schönke III, 3).

aa) Die Empfangnahme oder Verwahrung muß eine Amtsausübung darstellen (Binding I, 280; Frank I 2; vgl. RG. **71** 97). Das ist in erster Linie dann der Fall, wenn der Beamte zur Annahme oder Verwahrung zuständig ist, aber auch dann, wenn der Geber den Beamten für zuständig hielt und der Beamte dies erkannte; dagegen nicht, wenn die Unzuständigkeit beiderseits bekannt war und der Geber den Beamten nur für besonders vertrauenswürdig hielt (RG. **71** 106). Die bloße Tatsache, daß die Sache dem Beamten dienstlich zugänglich ist, begründet für ihn noch keinen amtlichen Gewahrsam (RG. **54** 227; bezüglich Fund in Diensträumen: RG. **57** 320).

bb) Die Hervorhebung der Gelder als Tatobjekt unterstreicht, daß amtlich eingenommene oder verwahrte Gelder niemals vertretbar sind, daß also der Beamte nicht auf Einwilligung des Staates in die Zueignung rechnen kann, auch wenn die Möglichkeit sofortigen Ersatzes besteht (JW. **1930** 1217). Auch die Einwilligung des Vorgesetzten reicht hierzu in der Regel nicht aus (HRR. **1937** 533; **1938** 635).

Selbst die Aufrechnung mit eigener Forderung ist dem Beamten verwehrt (DR. 1939 994). Keine Zueignung aber ist die bloße Umwechselung des Geldes, selbst wenn sie der Dienstinstruktion widerspricht (Binding I, 280). Soweit Einwilligung des Vorgesetzten rechtfertigende Kraft besitzt, kann dem Täter das Unrechtsbewußtsein bei irriger Annahme der Einwilligung fehlen (JW. 1930 1217).

cc) Beihilfe unter den erschwerenden Umständen des § 350 kann ein Beamter nur dann begehen, wenn auch ihm die Sache im weiteren Sinne amtlich anvertraut ist (mag er auch nicht Gewahrsam an ihr haben!). RG. **68** 90, **75** 289. Ist das nicht der Fall, so begeht er nur Beihilfe nach § 246.

dd) Id. Konk. mit § 266.

b) Schwere (verschleierte) Amtsunterschlagung (§ 351) liegt vor, wenn der Täter zur Verdeckung der beabsichtigten oder schon vollzogenen Amtsunterschlagung unrichtige Buchungen macht oder falsche Belege vorlegt.

§ 351 ist ein qualifizierter Fall des § 350 (RG 65 102).

Täter kann jeder Beamte sein, nicht bloß der Kassenbeamte, aber für die erste Alternative nur ein solcher, der selbst die Bücher zu führen hat, für die zweite Alternative auch der, der die Belege einem anderen buchführenden Beamten vorlegt oder vorlegen läßt (RG. **67** 178. 196; **69** 298). Wegen Teilnahme unter den erschwerenden Umständen des § 351 macht sich gemäß § 50, Abs. 2 nur strafbar, für wen ebenfalls die Voraussetzungen des §§ 350 und 351 vorliegen (RG. **68** 91, **75** 290); andernfalls nur Beihilfe zu § 350 bzw. § 246.

Die Täuschung, die nach § 351 notwendig begangen wird, ist nicht als Betrug strafbar (RG. 70 12); ebenso werden § 267 und § 348 konsumiert. A. A. RG. 65 102: Id. Konk.

3. Gebührenüberhebung und Leistungsverkürzung.

a) Wissentlich unberechtigte Gebühren- oder Vergütungserhebung durch Beamten, Rechtsanwalt oder sonstigen Rechtsbeistand zum eigenen Vorteil. § 352.

Die Tat ist sachlich Betrug, der zum eigenständigen Delikt erhoben ist, darum keine Id. Konk. mit § 263 (vgl. RG. 77 123). Täter können nur solche Personen sein, die berechtigt sind, Gebühren oder Vergütungen unmittelbar oder mittelbar für sich zu erheben: Notare, Gerichtsvollzieher, Amtsarzte, Anwälte, Prozeßagenten nach § 157 ZPO. (Hippel 324, 1; a. A. RG. 73 126).

Gebühr ist die gesetzliche, Vergütung die vertragsmäßige Leistung; Auslagen gehören zu ihnen nur, soweit sie Pauschgebühren sind; sonst bei unrichtigem Auslagensatz: Betrug. Vollendung tritt erst mit der Leistung ein, das Auffordern ist nur Versuch.

„Wissentlich" ist dolus directus; Binding II, 933; Frank III; a. A. RG. HRR. 1936 372

b) Wissentlich unberechtigte Abgabenerhebung durch Erhebungsbeamten, der dabei das Überhobene nicht zur öffentlichen Kasse bringt. § 353.

In § 352 fließen die Gebühren dem Täter persönlich zu, in § 353 sind es Abgaben für die öffentliche Kasse. Sachlich ist die Tat Betrug plus Amtsunterschlagung, daher besteht keine Id. Konk. mit §§ 263, 350. Binding II, 935, a. A. RG. 17 321

Abgaben und Gebühren sind nur öffentlich-rechtliche Leistungen; nach RG. 22 308, 52 165 auch Frachtsätze, Fahrkartenpreise, Postporto (dagegen: Frank I).

c) Leistungsverkürzung (§ 353, Abs. 2) begeht ein Beamter, der bei amtlicher Ausgabe von Geld oder Naturalien vorsätzlich und rechtswidrig Abzüge macht und die Ausgaben als voll geleistet in Rechnung stellt.

Die Tat ist ein zweiaktiges Delikt, der erste Akt ein Betrug gegen den Empfänger, der zweite eine Unterschlagung gegen den Staat. Fehlt der zweite Akt, dann bleibt nur Betrug oder Erpressung gegen den Empfänger übrig. — § 353, Abs. 2 schließt §§ 263/350 aus; a. A. RG. 61 37.

4. Verletzung des Post- und Telegrafengeheimnisses.

a) Verletzung des Postgeheimnisses (§ 354) begeht ein Postbeamter, der der Post anvertraute Briefe oder Pakete widerrechtlich öffnet oder unterdrückt oder dies einem anderen gestattet oder ihm dabei Hilfe leistet.

Zweck der Bestimmung ist der Schutz des Postgeheimnisses und der Zuverlässigkeit des Postverkehrs (RG. 72 197). Bezüglich des Unterdrückens ist die Tat ein eigentliches, im übrigen ein uneigentliches Amtsdelikt (RG. 28 102, vgl. § 299).

Briefe (im postalischen Sinne zu verstehen) sind alle Postsendungen, die nicht Pakete sind. Binding II, 995; LK. 3, Gerland; a. A. Frank, Kohlrausch: nur Mitteilungen von Person zu Person, einschl. Postanweisungen, Zahl- und Paketkarten (RG. **72** 193, **73** 236). Sie sind „anvertraut", wenn sie ordnungsmäßig dem Postverkehr übergeben sind. Dazu gehören auch die Postsachen der Post selbst, nach RG. **65** 146, **69** 271 sogar ein „Fangbrief" zur Überführung eines Verdächtigen. „Unterdrücken" wie in § 274 Ziff. 1. (s. o. S. 214): dem Postverkehr, wenn auch nur vorübergehend, entziehen (RG. **52** 249, **72** 192).

Dies fehlt, wenn der aus dem Briefkasten entnommene Brief dem Absender zurückgegeben wird (RG. 47 68), ebenfalls wenn die Nachnahmesendung ohne Bezahlung ausgehändigt wird (Kohlrausch 5, a. A. RG. 71 330). Wird die Unterdrückung einem anderen gestattet, dann ist der Beamte Täter nach § 354, der Dritte nach § 299 oder § 303.

Subjektiv genügt trotz „wissentlich" jeder Vorsatz (RG. **71** 332). Keine Id. Konk. mit § 133, a. A. RG. **54** 122; § 350 konsumiert § 354; a. A. RG. **51** 115: Id. Konk..

b) Verletzung des Telegrafen- und Fernsprechgeheimnisses (§ 355) begehen Telegrafenbeamte und das Bedienungs- oder Aufsichtspersonal öffentlichen Zwecken dienender Telegrafenanstalten, die Depeschen verfälschen, eröffnen, unterdrücken, ihren Inhalt Dritten mitteilen oder anderen derartige Handlungen gestatten oder dabei helfen. Den Depeschen stehen Nachrichten durch öffentliche Telefonanlagen gleich.

Zum Depescheninhalt gehören auch der Name von Übersender und Empfänger, Absende- und Bestimmungsort.

5. Geheimnisbruch im Amt und Offenbaren amtlicher Geheimnisse.

a) Bruch der Amtsverschwiegenheit. § 353b (N.).

: Ein Beamter oder früherer Beamter offenbart vorsätzlich ein ihm bei Ausübung seines Amtes anvertrautes oder zugänglich gewordenes Geheimnis und gefährdet dadurch vorsätzlich oder fahrlässig wichtige öffentliche Interessen (bei Fahrlässigkeit mildere Bestrafung). Dem Beamten wird eine für eine Behörde tätige Person gleichgestellt, die durch Handschlag oder zur Verschwiegenheit besonders verpflichtet ist (Abs. 2). Verfolgung ist nur mit Zustimmung der vorgesetzten Behörde zulässig.

b) Offenbaren amtlicher Geheimnisse. § 353c (N.).

Kein Amtsdelikt. Täter braucht weder Beamter noch Behördenangestellter zu sein.

Zwei Tatbestände:

aa) Täter (gleichgültig wie er die Kenntnis erlangt hat) teilt unbefugt ein geheimes oder vertrauliches Schriftstück oder dessen Inhalt einem anderen vorsätzlich mit und gefährdet dadurch vorsätzlich oder fahrlässig wichtige öffentliche Interessen (Abs. 1, 4).

bb) Der Täter gibt unbefugt vorsätzlich einem anderen eine Mitteilung weiter, zu deren Geheimhaltung er von der zuständigen Stelle besonders verpflichtet worden war, und gefährdet dadurch vorsätzlich oder fahrlässig wichtige öffentliche Interessen (Abs. 2 und 4).

6. Unzulässige Eheschließung.

a) Vornahme der kirchlichen Trauung vor der zivilen. Die Tat ist straflos, wenn ein Aufschub wegen lebensgefährlicher Erkrankung eines Verlobten nicht möglich war. § 67 Personenstandsgesetz.

b) Wissentliche Mitwirkung eines Personenstandsbeamten bei Abschluß einer Doppelehe. § 338. Sachlich Beihilfe zu § 171, die zu einem eigenständigen echten Amtsdelikt erhoben ist.

V. Strafrechtliche Verantwortlichkeit des Amtsvorgesetzten. § 357

Der Amtsvorgesetzte oder Aufsichtsbeamte, der einen Untergebenen zu einem Amtsdelikt i. S. des 28. Abschnittes anstiftet oder anzustiften versucht oder ein Amtsdelikt des Untergebenen durch aktives Tun oder durch Geschehenlassen unterstützt, verwirkt die auf das betreffende Delikt angedrohte Strafe.

§ 357 erhebt die Anstiftung und Beihilfe, auch den Anstiftungsversuch zum selbständigen Delikt. Daher schließt § 357 die §§ 48, 49 und 49a Abs. 1 aus. Ist aber der Vorgesetzte Mittäter, dann scheidet § 357 aus (RG. **67** 177). Im Falle des wissentlichen (= vorsätzlichen) Geschehenlassens (Konnivenz) muß der Vorgesetzte nicht nur gewußt haben, daß der Untergebene die Tat vorhatte, sondern er muß auch den Willen gehabt haben, durch seine Passivität die Tat zu fördern (HRR. **1937** 773). Bedingter Vorsatz genügt.

Gesetzesregister

Strafgesetzbuch vom 15. Mai 1871

Sachverzeichnis

(Die Zahlen verweisen auf die Seiten)

Recht, Staat, Wirtschaft, Soziologie

Abhandlungen des kriminalistischen Instituts an der Universität Berlin. Auf Wunsch nähere Angaben.

Achilles-Greiff, Bürgerliches Gesetzbuch, nebst Einführungsgesetz, Jugendwohlfahrtsgesetz, Schiffsrechtgesetz, Ehegesetz, Testamentsgesetz. Mit Anmerkungen und Sachregister und mit Erläuterungen der Verordnung über das Erbbaurecht, des Gesetzes über die religiöse Kindererziehung sowie von Teilen des Familienrechtsänderungsgesetzes, der Familienrechtsangleichungsverordnung und des Verschollenheitsgesetzes. Herausgegeben von G. Beitzke, R. v. Godin, J. Greiff, F. Oegg. 19. Aufl. 1949. 1360 S. Dünndruckpapier . . . . Ganzleinen 36,—
(Guttentagsche Sammlung Nr. 38/39.)

Aufsichtsamt für das Versicherungswesen Groß-Berlin. Veröffentlichungen.
1. Jahrg. Nr. 1. 1948 . . . . 6,—
2. Jahrg. Nr. 1. 1949 3,80
Nr. 2. 1949 3,60
Nr. 3. 1949 . . . . 4,—
Erscheinungsweise: Nach Bedarf, Preis je nach Umfang.

Beling, E., Deutsches Reichsstrafprozeßrecht mit Einschluß des Strafgerichtsverfassungsrechts. 1928. 568 S. 13,50
(Lehrbücher und Grundrisse der Rechtswissenschaft. Bd. XVII.)

Berg, H., Übungen im Bürgerlichen Recht. Eine Anleitung zur Lösung von Rechtsfällen an Hand von praktischen Beispielen. 2. Aufl. In Vorbereitung.

Beseler, D. v., Englisch-deutsches und deutsch-englisches Taschenwörterbuch der Rechts- und Geschäftssprache. 2. durchgesehene und erweiterte Auflage. 1947. 271 S. . . . . 15,—

Bilfinger, K., Der Reichssparkommissar. 1928. 68 S. 3,60
(Beiträge zum ausländ. öff. Recht und Völkerrecht, Heft 7)

Bissing, W. M. v., Der Realkredit der deutschen Landwirtschaft.
1930. 232 S. . . . . 9,—

Blomeyer, K., Zwangsvollstreckung. Ein Lehrbuch von . . . .
1933. 187 S. . . . . geb. 4,50
(Lehrbücher und Grundrisse der Rechtswissenschaft. Bd. XV.)

Bochalli, A. u. K. Linckelmann, Wasserverbandrecht. 2. Aufl. . . ca. 8,—

Böhmer, E., Haftpflichtgesetz . . . . ca. 15,—

v. Boehmer, H., Das D-Markbilanzgesetz und die Umstellung von Schuldverhältnissen. Kommentar. Din A 5 . . . . ca. 12.—

Bösselmann, K., Die Entwicklung des deutschen Aktienwesens im 19. Jahrhundert. 1939. XI, 204 S. . . . . 7,—

Brandstetter, E., Erläuterungen der bayerischen Verordnung über die Wiedereinführung der Schwurgerichte. In Vorbereitung.

Braunias, K., Das parlamentarische Wahlrecht. Ein Handbuch über die Bildung der gesetzgebenden Körperschaften in Europa.
Bd. I: Das Wahlrecht in den einzelnen Staaten. 1932. XVIII, 640 S. 22,50
(Beiträge zum ausländ. öffentl. Recht und Völkerrecht, Heft 18)
Bd. II: Allgemeiner Teil. 1932. XII. 332 S. . . . . 15,—
(Beiträge zum ausländ. öffentl. Recht und Völkerrecht, Heft 18a)

Bruck, E. u. H. Möller, Reichsgesetz über den Versicherungs-Vertrag. 8. Aufl. In Vorbereitung. (Guttentagsche Sammlung Nr. 83.)

Bürgerliches Gesetzbuch nebst Einführungsgesetz. Textausgabe mit ausführlichem Sachregister. 21. Aufl. Nachdruck 1949. XIV. 890 S. Ganzleinen 6,50
(Guttentagsche Sammlung von Textausgaben ohne Anmerkungen mit Sachregister)

Chen, J., Probleme der Strafe der Brandmarkung im Lichte von rechtsvergleichenden Quellen. 1948. 56 S. . . . . 4,—
(Abhandlung d. Kriminalist. Instituts a. d. Universität Berlin. 4. Folge. 5. Bd. 2. Heft.)

Coing, Lehrbuch der Rechtsphilosophie. In Vorbereitung.
(Lehrbücher und Grundrisse der Rechtswissenschaft.)

——, **Rechtsgeschichte der Neuzeit des privaten und öffentlichen Rechts.** (Leitfaden der Rechtswissenschaft.)

Corpus juris civilis, Taschenwörterbuch zum —, den Institutionen des Gajus und anderen römischen Rechtsquellen. 4./5. Aufl. 1923. 176 S. . . 3,—

Criminal Iustice Bill. Übersetzt von H. Sieverts. In Vorbereitung.
(Sammlung außerdeutscher Strafgesetzbücher.)

Dalcke, A., Strafrecht und Strafverfahren. 35. Aufl. In Vorbereitung

Dokumentenakkreditive. Einheitliche Richtlinien und Gebräuche für Dokumentenakkreditive. Drucksache Nr. 82 der Internationalen Handelskammer. Neudruck Mai 1948. Herausgegeben unter Mitarbeit von Dr. E. Trost, Berlin. 1948. 36 S. 1,—
Kommissionsverlag.

Ebel, H., Preußisches Allgemeines Berggesetz nebst Nebengesetzen und wichtigen, den Bergbau betreffenden Bestimmungen mit Erläuterungen. 1944. 692 S. . . . . 25,—
(Guttentagsche Sammlung preuß. Gesetze Nr. 12)

Endemann, F., Erbrecht des Bürgerlichen Gesetzbuches. 2. Aufl. v. H. Lehmann . . . . ca. 5,—
(Lehrbücher und Grundrisse der Rechtswissenschaft, Bd. V.)

Entscheidungen des Obersten Gerichtshofes für die Britische Zone. Herausgegeben von den Mitgliedern des Gerichtshofes u. der Staatsanwaltschaft. Zivilsachen — Strafsachen. Preis pro Band Heftausgabe (5 Hefte) 8,—
Bandausgabe, geb. 10,—
Bisher liegen vor: Zivilsachen. Bd. I, Heft 1—5.
Strafsachen. Bd. I, Heft 1—5.

Entscheidungen des Reichsgerichts in Zivilsachen. Gekürzte Ausgabe der amtlichen Sammlung. Eine Auswahl der für die jetzigen Rechtsverhältnisse noch wichtigen Entscheidungen aus den Bänden 1—171. Nach Fachgebieten zusammengestellt und mit einem chronologischen Register versehen. Herausgegeben von Rechtsanwalt Dr. Auerbach, Berlin; Präsident Dr. Eylau, Berlin; Rechtsanwältin Graf, Berlin; Ministerialdirektor Dr. Knoll, Berlin; Rechstanwalt Kummerow, Berlin; Rechtsanwalt Reuss, Berlin; Rechtsanwalt Dr. Walter Schmidt, Düsseldorf; Landgerichtsdirektor Dr. Swarzenski, Berlin; Rechtsanwalt Dr. Vahldieck, Berlin. Etwa 25 Bände. Geb. je etwa 10,— bis 12,—

Erdmann, G., Gewerbeordnung. In Vorbereitung.
(Guttentagsche Sammlung Nr. 211.)

Federau, F., Die deutsche Geldwirtschaft. 1949. 96 S. . . . . 4,—

Fehr, H., Deutsche Rechtsgeschichte. 4. verb. Aufl. 1948. XI, 280 S. Geb. 15,—
(Lehrbücher und Grundrisse der Rechtswissenschaft. Band X)

Ferid, M., Der Neubürger im internationalen Privatrecht. 1. Teil. Allgemeine Grundlagen. 1949. 113 S. 6,80
(Beiträge zum ausländischen und internationalen Privatrecht. Herausgegeben vom Kaiser-Wilhelm-Institut für ausländisches und internationales Privatrecht. 18.)
Im Gemeinschaftsverlag mit J. C. B. Mohr (Paul Siebeck) Tübingen. Auslieferung für Berlin und die Ostzone.

Fisher, I., Der schwankende Geldwert. Seine Ursachen und Folgen und Vorschläge zu seiner Beseitigung. Deutsche Ausgabe der Abhandlung „Stabilizing the Dollar". 1924. 48 S. . . . . 2,—

Frank, R., Strafrechtliche Fälle für Übungen an Universitäten und bei Justizbehörden. 1933. 9. durchges. Aufl. 56 S. 1,50

Freiwillige Gerichtsbarkeit. Die Gesetze des Reiches und Preußens über die freiwillige Gerichtsbarkeit. Textausgabe mit Sachregister. 2. Aufl. 1947. 115 S. 3,60
(Guttentagsche Samml. v. Textausgaben ohne Anmerk. mit Sachregister)

Fuhrmann, E., Wirtschaftsstrafverordnungen. Erläutert. 1943. 203 S. 5,—

Furler, H., Der Unterhaltsanspruch der geschiedenen Ehegatten. 1941. 164 S. . . . . 6,—

Gierke, J. v., Handelsrecht und Schiffahrtsrecht. 6. neugestalt. Aufl. ca. 25,—

Godin, R. v., Aktiengesetz. Gesetz über Aktiengesellschaften und Kommanditgesellschaften auf Aktien vom 30. Januar 1937. 2. Aufl. In Vorbereitung.

— —, Nutzungsrecht an Unternehmen und Unternehmensbeteiligungen. 1949. XII, 129 S. . . . . 8,—

Godin, R. v. u. H. v. Godin, Ehegesetz vom 20. Februar 1946 mit Abdruck der noch in Kraft befindlichen Bestimmungen der Durchführungsverordnungen zum Ehegesetz vom 6. Juli 1938. Mit Erläuterungen der §§ 606 bis 639 Zivilprozeßordnung von Reichsgerichtsrat Dr. Tölke.
(Sammlung Guttentag Nr. 230) 1947. 477 S. . . . . 15,—

— —, Rückerstattung feststellbarer Vermögensgegenstände in der amerikanischen Besatzungszone. Militärregierungsgesetz Nr. 59 vom 10. November 1947, mit Ausführungsvorschriften. Erläutert. 1948. VIII, 319 S. 12,—
(Sammlung Guttentag Nr. 232)

Grentrup, Th., Die Missionsfreiheit nach den Bestimmungen des geltenden Völkerrechts. 1927. 112 S. 5,50
(Beitr. z. ausl. öffentl. Recht u. Völkerrecht, Heft 5)

Lizenzen-Handbuch deutscher Verlage. Zeitungen, Zeitschriften, Buchverlage. 1949. 452 S. . . . . Halbleinen 30,—

Handelsgesetzbuch nebst Einführungsgesetz vom 10. Mai 1897. Textausgabe mit Sachregister. 16. Aufl. in Vorbereitung.
(Guttentagsche Samml. v. Textausgaben ohne Anmerk. mit Sachregister)

Handelsgesetzbuch, Kommentar zum Handelsgesetzbuch. Von Mitgliedern des früheren Reichsgerichts. 2. Aufl. 4 Bde. . . . . . je Bd. ca. 40,—

Heck, K., Der Aufbau des britischen Reiches. (Der Verhandlungsbericht der Reichskonferenz von 1926). 1927. 152 S. . . . . 6,—
(Beiträge zum ausländ. öffentl. Recht u. Völkerrecht, Heft 3)

Hedemann, J. W., Schuldrecht des Bürgerlichen Gesetzbuches. 3. umgearb. Aufl. 1931. XXX, 422 S. . . . . Halbleinen 18,—
(Lehrbücher und Grundrisse der Rechtswissenschaft. Band II)

Heyland, C., Das Berufsbeamtentum im neuen demokratischen deutschen Staat. Eine staatsrechtliche Studie. 1949. 156 S. . . . . 6,—

Heymann-Kötter, Handelsgesetzbuch. Mit Erläuterungen. 20. Aufl. ca. 15,—
(Sammlung Guttentag Nr. 4)

Hsü Dau-Lin, Die Verfassungswandlung. 1932. 182 S. 5,40
(Beiträge zum ausländ. öffentl. Recht u. Völkerrecht, Heft 15)

Hueck, A., Das Recht der offenen Handelsgesellschaft. Systematisch dargestellt. 1946. 309 S. . . . . 18,—

Julier, M., Polizeiliche Untersuchung von Kraftfahrzeugunfällen. 2. Auflage. In Vorbereitung

Juristische Rundschau mit Beiblatt: Mitteilungen aus der Berliner Justiz und Rechtsanwaltschaft. Herausgeg. von Dr. Siegfried Loewenthal, Dr. Kurt Wergin, Reinhard Frhr. v. Godin, Prof. Dr. E. Reimer, Dr. Ernst Wolff, Dr. Walter Schmidt. Erscheinen: halbmonatlich im Umfang von je 32 S. Bezugspreis vierteljährlich . . . . 9—

Kiefersauer, F., Grundstücksmiete. In Vorbereitung.

Kohlrausch, E. und E. Koffka, Neue Rechtskartei für Berlin und Brandenburg, enthaltend sämtliche Rechtsvorschriften der Alliierten, des Magistrats Berlin und der Provinzialverwaltung Brandenburg.
1946. Loseblattausgabe . . . . 30,—
I. Nachtrag. Enthält Ergänzungen zu Teil I Berliner Recht. 1947 12,—
II. Nachtrag Brandenburgisches Recht. 1948. ca. 800 S. . . . . . 30,—

Kohlrausch, E., Deutsches Strafgesetzbuch mit Nebengesetzen. Textausgabe mit Erläuterung der Änderungen. 2. Aufl., besorgt von Prof. Dr. R. Lange. 1949. 168 S. . . . . 6,—
(Guttentagsche Sammlung von Textausgaben)

Kohlrausch, E. u. R. Lange, Strafgesetzbuch. Erläuterungsausgabe. 39. Aufl. . . . . ca. 15,—
(Sammlung Guttentag Nr. 2)

Kruse, V., Das Eigentumsrecht. Aus dem Dänischen übersetzt von Dr. Knud Larsen. 3 Bände. 1931—1936. XXXXIX, 2523 S. . . . . . Geb. 75,—

Kummerow, E., Allgemeiner Teil des Bürgerlichen Gesetzbuches. 1949. 76 S. . . . . 3,—
(Leitfaden d. Rechtsw. Bd. 1)

——, **Familienrecht.** 1947. 122 S. . . . . 4,—
(Leitfaden d. Rechtsw. Bd. 4)

——, **Erbrecht.** 1947. 93 S. 4,—
(Leitfaden d. Rechtsw. Bd. 5)

——, **Sachenrecht.** 1948. 138 S. 4,50
(Leitfaden der Rechtswissenschaft, Bd. 6)

——, **Gesetz über die Verschollenheit, die Todeserklärung und die Feststellung der Todeszeit,** vom 4. 7. 1939 (RGBl. I S. 1186) erläutert. 1949. 63 S. 2,80
(Sammlung Guttentag Nr. 234)

Kussmann, H., Lexikon des BGB. 203 S. . . . . ca. 18,—

Lang, J. u. L. Weidmüller, Das Reichsgesetz, betreffend die Erwerbs- und Wirtschaftsgenossenschaften. Kleiner Kommentar. 26. Aufl. In Vorbereitg. (Guttentagsche Sammlung Nr. 29)

Der Lastenausgleich. Sammlung und Kommentierung sämtlicher Gesetze und Verordnungen sowie der laufenden Rechtsprechung auf dem Gebiete des Lastenausgleichs.

Teil I: Wortlaut der Gesetze und Verordnungen.

Teil II: Kommentierung.

Herausgegeben und erläutert von Dr. P. Binder, Dipl.-Kfm. Dr. J. Drexl, Dipl.-Kfm. Dr. W. Wehe, A. Seweloh. Etwa 40—50 Bogen in loser Blattform. 1949. . . . . Bogenpreis etwa 0,50—0,60
(Sammlung Guttentag Nr. 235)

Lebendige Soziologie. Schriften und Texte zum Studium der modernen Gesellschaft und der Gesellschafts-Lehre. Herausgeg. v. Werner Ziegenfuss.

Ziegenfuss, W., Lenin. Soziologie und revolutionäre Aktion im politischen Geschehen. 1948. 166 S. 6,—

——, **Die Genossenschaften.** 1948. 144 S. 5,50

——, **Augustin,** Christliche Transzendenz in Gesellschaft u. Geschichte 1948. 180 S. . . . . 7,—

——, **Gerhart Hauptmann.** Dichtung und Gesellschaftslehre des bürgerlichen Humanismus. 1948. 182 S. . . . . 7,—

——, **Die bürgerliche Welt.** 1948. ca. 160 S. . . . . ca. 6,—

Ledig, G., Kriminologie. 1947. 96 S. . . . . 3,—
(Kleine kriminalistische Bücherei. Bd. 6)

Lehmann, H., Allgemeiner Teil des Bürgerlichen Gesetzbuches. 6. vermehrte und verbesserte Auflage. 1949. XVI, 384 S. . . . . . . Halbleinen 20,—
(Lehrbücher und Grundrisse der Rechtswissenschaft, Bd. I)

——, **Deutsches Familienrecht.** 2. verm. u. verb. Aufl. 1948. 311 S. . 15,—
(Lehrbücher und Grundrisse der Rechtswissenschaft, Bd. IV)

Lehmann, R., Das Recht der Schuldverhältnisse. 1. Hälfte, Allgemeiner Teil. 1947. 110 S. . . . . 4,—
(Leitfaden d. Rechtsw. Bd. 2)

——, 2. Hälfte, Besonderer Teil. 1948. 204 S. . . . . 6,—
(Leitfaden d. Rechtsw. Bd. 3)

Leibholz, G., Das Wesen der Repräsentation unter besonderer Berücksichtigung des Repräsentationsystems. Ein Beitrag zur allgemeinen Staats- und Verfassungslehre. 1929. 214 S. . . . . 14,—
(Beiträge zum ausländ. öffentl. Recht und Völkerrecht, Heft 13)

Lüke, A., Vermögensteuergesetz. In Vorbereitung.

Melchior, G., Die Grundlagen des deutschen internationalen Privatrechts. 1932. XXXI, 558 S. . . . . 24,—

Meyer, H., u. K. Schlegel, ABC der Kostenordnung. Teil I. Die Gerichtskosten in familienrechtlichen Angelegenheiten, in Nachlaß- und Teilungssachen. 1942. 261 S. . . . . 6,—

Mohn, L., Gesetzgebung, Rechtsprechung und Verwaltung. Eine Zusammenstellung der wichtigsten geltenden Gesetze, Verordnungen und Befehle, insbesonders für Groß-Berlin, sowie ein Streifzug durch die aktuellen Fragen der heutigen Zeit. 1948. 208 S. . . . . 9,—

Müller, F., Straßenverkehrsrecht. (Reichsgesetz über den Verkehr mit Kraftfahrzeugen) mit den einschlägigen Nebenbestimmungen, insbesondere der Reichsstraßenverkehrsordnung und einem technischen Leitfaden mit Abbildungen. 16. Aufl. (Stilkes Rechtsbibliothek Nr. 44). In Vorbereitung.

Müller, H. W., Freiwillige Gerichtsbarkeit (Leitfaden der Rechtswissenschaft) . . . . ca. 4,—

——, **Die Reichszivilprozeßordnung** mit Gerichtsverfassungsgesetz und den wichtigsten Nebengesetzen. Textausgabe mit Einführung, Verweisungen und ausführlichem Stichwörterverzeichnis. 2. Aufl. LVI, 678 S. . . 12,—
Ganzleinen 13,50

——, **Zivilprozeßrecht** (Leitfaden der Rechtswissenschaft, Bd. 7) ca. 4,—

Nehlert, G., Die Beschränkung der deutschen Gerichtsbarkeit. Die Gesetzgebung der Besatzungsmächte, insbesondere Gesetze Nr. 2 und Nr. 52 und Befehl 124 nebst Ausführungsbestimmungen. Zusammengestellt und erläutert. 1948. 136 S. (Sammlung Guttentag Nr. 233) . . . . 5,—

Niethammer, E., Strafrechtliche Übungen. Siebzig Rechtsfälle und siebzig lehrmäßige Aufgaben. 1948. 76 S. 3,50

Oberbach, H., Allgemeine Versicherungsbedingungen für Haftpflicht-Versicherung. II. Teil §§ 5—6: Der Versicherungsfall. §§ 7—12: Das Versicherungsverhältnis. 1947. 368 S. . . . . 20,—
(Sammlung Guttentag Nr. 213 a)

Petters, W., Praktische Strafprozeßfälle mit Lösungen. 5. vollst. neugearb. Aufl. 1948. 156 S. (Petters, Strafrecht und Strafprozeß, Bd. 2) . . 8,—

——, **Praktische Strafrechtsfälle mit Lösungen.** 9. vollk. umgearbeit. Aufl. (Petters, Strafrecht u. Strafprozeß, Bd. I) . . . . ca. 20,—

——, **Strafgesetzbuch** mit Erläuterungen nebst den wichtigsten Nebengesetzen und einem Anhang über Strafprozeßrecht, Wirtschafts- und Jugendstrafrecht. Zum Gebrauch für Polizei-, Kriminal- und Gendarmeriebeamte. 19. völlig umgearbeitete Auflage. 1949. 371 S. 7,20

Planck's Kommentar zum BGB. nebst Einführungsgesetz. 4., völlig neubearbeitete Auflage.
Band II, 2. Schuldverhältnisse. Besonderer Teil. 1928. XII, 1924 S. 49,—
Band IV, 1. Familienrecht. 1928. VII, 701 S. . . . . 26,—
Band V. Erbrecht. 1930. XII, 1136 S. . . . . 51,—, geb. 54,—

Quandt, G., Tabellen zur Gebührenordnung für Rechtsanwälte, zur Reichskostenordnung in freiwilliger Gerichtsbarkeit, zum Gerichtskostengesetz und Umsatzsteuergesetz nebst ergänzenden Bestimmungen und Erläuterungen. 15. Aufl. 1949. 42 S. . . . . Halbleinen 6,—

Richter, D. H., Das materielle und formelle deutsche Grundbuchrecht in seiner Beziehung zum Liegenschaftskatasterdienst unter besonderer Berücksichtigung der bayerischen und rheinpfälzischen Verhältnisse. In Vorbereitung.

Riezler, E., Internationales Zivilprozeßrecht. 1949. ca. 680 S. . . . . 30,—
(Beiträge zum ausländischen und internationalen Privatrecht. Herausgegeben vom Kaiser-Wilhelm-Institut für ausländisches und internationales Privatrecht. 20.) Im Gemeinschaftsverlag mit J. C. B. Mohr (Paul Siebeck) Tübingen. Auslieferung für Berlin und die Ostzone.

Roeschel, A. u. E. Blaese, Die Strafvollstreckung. Durchführung der Vollstreckung gerichtlicher Strafen mit Beispielen. 1944. 280 S. . . . 7,50

Sass, C., Grundlagen und Gedanken über den Wiederaufbau in Theorie und Praxis. In Vorbereitung.

Sauer, W., Lehrbuch der Kriminologie . . . . ca. 20,—

——, **Allgemeine Strafrechtslehre.** 2., völlig neue Auflage der Grundlagen des Strafrechts. Mit Leitsätzen zur Anfertigung von Übungsarbeiten und Urteilen. 1949. XII, 264 S. . . . . Halbleinen 14,—

Schäfer, K., Strafprozeß (Leitfaden der Rechtswissenschaft) . . . ca. 4,—

——, **Strafrecht** (Leitfaden der Rechtswissenschaft) . . . . . . ca. 4,—

Schmidt, E., Aktienstrafrecht. Kommentar zu den §§ 288—304 des Aktiengesetzes. 1940. 50 S. . . . . 3,—

Schmidt, W., Die Umgestaltung der Satzungen der Aktiengesellschaften nach dem neuen Aktiengesetz. 1938. 197 S. 5,40

Schubert, F., Zwangsvollstreckung in Forderung und andere Vermögensrechte. 2. neubearb. Aufl. Mit Nachtrag 1941. 1938. 310 S. . . . 6,—

Schwerin, Cl. v., Recht der Wertpapiere (einschl. Wechsel- und Scheckrecht). 3. Aufl., bearbeitet von W. Siebert. In Vorbereitung. (Lehrbücher und Grundrisse der Rechtswissenschaft. Band VII)

Seelig, E. u. K. Weindler, Die Typen der Kriminellen. 1949. In Vorbereitung . . . . ca. 8,—

Strafprozeßordnung. (Guttentagsche Sammlung von Textausgaben ohne Anmerkungen mit Sachregister). In Vorbereitung.

Strauss u. Torney, H. v., und C. Sass, Straßen- und Baufluchtengesetz. Kommentar. 7. neubearb. Aufl. 1934. 368 S. . . . . 11,—

Staudingers Kommentar zum BGB. 10. neubearb. Aufl.
Lfg. 1—5, 10—22, 24, 25 . . . . zus. 237,—
(Lfg. 6—9 u. 23 z. Z. nicht greifbar.)
Weitere Lieferungen in Vorbereitung.

Sydow-Busch-Krieg, Deutsches Gerichtskostengesetz nebst Gebührenordnungen für Gerichtsvollzieher und für Zeugen und Sachverständige in den neuesten Fassungen. Auf der Grundlage der Sydow-Busch'schen Textausgabe mit Anmerkungen bearb. 11. Aufl. 1928. XI. 433 S. . 6,75 (Guttentagsche Sammlung Deutscher Reichsgesetze Nr. 15)

Tetzner, H., Die Photographie in der Kriminalistik. Eine Einführung in die photographischen Arbeitsmethoden der naturwissenschaftlichen Kriminaluntersuchung. Mit 51 Abb. 1949. 152 S. . . . . 10,—

Thieme, P., Grundbuchordnung in der Fassung der Bekanntmachung vom 5. August 1935. Mit Anmerkungen und einer Zusammenstellung der Reichsausführungsbestimmungen und der wichtigsten in Reichs-, Zonen- und Landes-Gesetzen, -Verordnungen und -Verfügungen enthaltenen Vorschriften über die Grundbuchverfassung und das Grundbuchverfahren. 3. neubearbeitete Aufl. 1949. In Vorbereitung. (Stilkes Rechtsbibliothek Nr. 80) ca. 24,—

Thurnwald, R., Die menschliche Gesellschaft in ihren ethnosoziologischen Grundlagen.
Bd. I: Repräsentative Lebensbilder von Naturvölkern. Mit 12 Tafeln und 12 Textbildern. 1931. XXIII, 311 S. 16,20
Bd. II: Werden, Wandel und Gestaltung von Familie, Verwandtschaft und

Bünden im Lichte der Völkerforschung. Mit 12 Tafeln und 1 Textbild. 1932. VIII, 360 S. 16,20
Bd. III: Werden, Wandel und Gestaltung der Wirtschaft im Lichte der Völkerforschung. Mit 12 Tafeln u. 9 Diagrammen. 1932. VII, 248 S. 15,30
Bd. IV: Werden, Wandel und Gestaltung von Staat und Kultur im Lichte der Völkerforschung. Mit 6 Tafeln. 1935. XIX, 377 S. . . . . . 22,—
Bd. V: Werden, Wandel und Gestaltung des Rechtes im Lichte der Völkerforschung. Mit 2 Tafeln. 1934. VIII, 232 S. . . . . 18,—

Trenck, S. v. d., Der einheitliche Schutzgegenstand des Patents. Prüfung, Umgrenzung und Auslegung der Erfindungstragweite nach dem neuen Patentgesetz. 1936. XII, 260 S. . . . . 12,—

Triepel, H., Staatsrecht und Politik. Rede beim Antritt des Rektorats der Friedrich Wilhelms-Universität zu Berlin am 15. Oktober 1926 1927. 40 S. . . . . 2,—
(Beiträge zum ausländ. öffentl. Recht und Völkerrecht, Heft 1)

Trumpler, H., Die Börsengesetzgebung der Vereinigten Staaten. 1938. 90 S. 2,50

Turegg, E. v., Verwaltungsrecht. 1949. In Vorbereitung. (Leitfaden der Rechtswissenschaft)

— —, **Lehrbuch des Verwaltungsrechts.** In Vorbereitung. (Lehrbücher und Grundrisse der Rechtswissenschaft)

Voelkels, C., Grundzüge des Bergrechts unter besonderer Berücksichtigung des Bergrechts Preußens. Systematisch dargestellt. 3. Aufl., neubearb. von G. Boldt. In Vorbereitung.

Vogels, W. u. K. Seybold, Gesetz über die Errichtung von Testamenten und Erbverträgen. 4. Aufl. 1949 . . . . ca. 12,—

Wagelaar, H., Gewerbesteuergesetz vom 1. Dezember 1936 (RGBl. I S. 979). Textausgabe m. kurzen Erläuterungen. 1947. 256 S. . . . . 6,—
(Sammlung Guttentag Nr. 231)

— —, **Reichsabgabenordnung** vom 22. Mai 1931. Textausgabe mit kurzen Erläuterungen. 1949. 298 S. . . . . Geb. 7,50
(Sammlung Guttentag Nr. 236)

Wegler, K. und J. Leopold, Der Testamentsvollstrecker. Rechte u. Pflichten des Testamentsvollstreckers. 1938. 59 S. . . . . 2,—

Wegner, A., Einführung in die Rechtswissenschaft. 2. erweiterte u. verbess. Aufl. 1948. 344 S. Geb. 18,—

Welzel, H., Das deutsche Strafrecht in seinen Grundzügen. 2. Auflage. In Vorbereitung.

— —, Die Wahrheitspflicht im Zivilprozeß. 1935. 27 S. . . . . . . 2,—

Wolff, E., Vorkriegsverträge in Friedensverträgen. 1949. XII, 196 S. 8,80
(Beiträge zum ausländischen und internationalen Privatrecht. Herausgegeben vom Kaiser-Wilhelm-Institut für ausländisches und internationales Privatrecht. 19.)
Im Gemeinschaftsverlag mit J. C. B. Mohr (Paul Siebeck) Tübingen. Auslieferung für Berlin und die Ostzone.

Wolff, F. und K. A. Crisolli, Das Recht der Reklame. 1929. XX, 403 u. 54 S. . . . . Geb. 10,—

Druck: Otto Walter, Berlin SW 29. 16000. 8. 49.

Kolibri 360 GmbH
Ferdinand-Jühlke-Straße 7
99095 Erfurt, Deutschland
produktsicherheit@kolibri360.de